建築設計のための
構造力学

建築構造技術の基礎

髙畠秀雄 Hideo Takabatake

鹿島出版会

序

　建築を学ぶ学生にとっては、構造力学は構造物の力学的挙動を知るための基礎科目であり、静定構造、不静定構造の断面力の算定を習うことになっている。構造物に対する構造計算は、構造力学の手法から得られた構造部位（柱や梁等）の断面力に対して部材の断面設計を行う。断面算定法は、構造材料の違いにより鉄筋コンクリート構造、鉄骨構造、木構造等に分かれる。本来の構造力学は直接設計に関与し、作用する力は設計に際して考慮すべき外力であるはずが、あまりにも理想化されて、構造力学の知識が実務の構造計算に直結しない傾向がある。このことがデザイン系の学生を含めて、構造力学を難解にし、また、物づくりの一端のみを担う分野と誤解され、興味を失うことにもなっている。建築家は、構造的な知識、環境的な知見、デザインセンスを同時に保有する知的な産業分野を担う職種であり、人と自然との関わりが密接である。人が住む環境は千差万別であり、それを満足する環境を担う建築家の役割は極めて大きい。

　今日、コンピュータの利用はすべての産業に不可欠な役割を担うとともに、建築構造の分野でも汎用構造計算ソフトの普及により、誰でも構造計算ができる状況にある。構造計算ソフトは、決められた条件を満足する場合の規準式や理論式をソフト化しているものであり、それらの理論や規準式を繋ぎ合わせて一貫構造計算ソフトが出来上がっている。個々の規準式の継ぎ目は、どのような方針や工学的仮定により理論立てていくかは、構造設計者の判断が必要である。その判断をソフトに任せる場合、構造設計者は計算結果の妥当性を判断しなければならない。この判断には、構造力学等の基礎知識が不可欠である。構造物に外力が作用した場合、どんな変形状態をするかを自分で想定し、それと構造計算ソフトによる結果とを比較すれば、計算結果の妥当性に対する大方の見当はつく。その際に留意すべきは数値のオーダーである。今日 SI 単位となり、汎用ソフトでは長さが補助単位の mm を使用する関係上、並ぶ数値の桁が大きくなる傾向があるが、通常扱うオーダーを把握していれば判断できる。

　話の前置きが冗長したが、本来の構造力学の目的は、構造物の設計を工学的判断を用いて論理的・合理的に簡易に設計することにある。初等構造力学をより高度にした構造解析も、すべて構造力学の範疇である。構造物の設計は、構造物に作用する外力を、合理的に当該構造物を支持している地盤または構造体に伝達することが大切であり、これができなければ構造物は耐荷力を喪失し崩壊する。力学的感性は、自然界に生きている植物や動物から学ぶことができる。構造力学は、構造物がどのようにして外力に耐えるかを簡易に知る設計のための力学である。構造力学は、その力の伝達過

程を簡易に解析することを特色としている。

　出版の意図は、構造力学の持っている潜在的な面白さを紹介し、構造力学が持っている設計のための力を、実務家、研究者を含めた「建築家」に広く伝えることにある。第1に、設計に直結した構造力学の考え方を説明し、第2に、建築家が力の流れを理解し、新しい発想の起爆剤となることを目的としている。

　本書は、従来の大学課程での構造力学のみにとどまらず、設計するための構造力学に主を置いて全体的な流れを理解することに重視した。本書は5部よりなる。第1部は、静定構造物のモデル化と解析法であり、静定構造物の計算を単純明快に解析するためのモデル化と解析法を述べる。第2部は、釣合系の断面力学と断面特性であり、構造物に外力が作用した際に構造物の荷重伝達の仕組みを、応力、ひずみ、変位、断面性能、座屈、仮想仕事等について記述する。第3部は、不静定構造物のモデル化と解析法として、応力法の考え方を述べたのち、実際の高次不静定骨組を解析する方法として、たわみ角法、固定モーメント法を紹介する。第4部は、骨組および部材挙動の評価法について述べ、マトリックス法による骨組構造の解析、骨組の塑性解析法、さらに、鉄骨構造の柱および梁に使用する薄肉断面の捩りを記している。第5部は、現行耐震設計法の考え方と問題点を述べ、骨組構造に作用する地震力を耐力壁および柱に負担させる按分法、耐力壁の耐震性能の評価法、D値法の考え方、さらに、耐震計算法の考え方を記述し、近年発生した地震に対する建物被害から、現行の耐震設計法の問題点について言及している。

　本書の内容は多岐にわたるが、本書により構造計算法の大要が理解でき、理論および計算法・考え方が構造設計に直結する実戦力となるように、適所に例題を設けている。例題を通して、本書の目的である「構造力学をどのように設計に結び付け、斬新な設計を生む原動力の育成」が達成されると確信している。

　構造部材の断面算定は、鉄筋コンクリート構造、鉄骨構造等の構造種別ごとに部材の断面算定法や構造規定が異なるので、本書の後に読めば理解も容易である。要は、構造設計には、構造物の安全性をどのようなモデル化で、どのような考え方で保障するかのレシピが必要である。このレシピが理解できると、一流のシェフが創作料理を作るように、斬新なデザインにチャレンジできる自信が備わると考えている。

　歌手が歌う美声は耳を通して五感にしみわたり、理解と感動に直結する。「美しき天然」の歌詞のように、天然が奏でる色彩、音、動きは人々を魅了する。四季豊かな我が国は、この恵まれた環境で生活できることに深く感謝すべきである。

　地球上には様々な生物が存在し、それらの生物は個々の生き方に対応できるように進化し、美しく機能的な姿を持っている。生物の進化は、継続的な循環の中での生き方をした姿である。構造力学は、自然の力に対して耐え忍ぶことができる構造物を作るものづくりに直結する根本的な学問であり、それは構造物の合理的で美しい姿を志向している。複雑な解析を避け、工学的に合理的な仮定を設けて、適切で簡易に構造物の挙動を把握できるのは先人達のおかげである。しかるに、構造力学を学問と捉えると、考え方を主にせず計算のみに終始し、無味乾燥の世界に入ってしまう。

構造力学に、歌や景色のように五感を通した創造性豊かな伝達はないものかと考えた。それには、各段階での理解が設計にどのように結び付いているかを常に明らかにすることにより、構造力学が担う設計力学としての役割が明確になってくる。本書は、従来の構造力学を大きく越えて、建築家の力学を常に語ることに終始した。

　コンピュータの進展は目覚ましく、多様な形態の建築物が可能となる時代に向かっている。しかし、今日の基礎をなした根本的な摂理は、新しい時代にふさわしいレシピを生む潜在的な原動力であり、本書がその一面でも寄与できることを切望するものである。

平成30年2月
豪雪の中で　金沢にて
髙畠　秀雄

目　　次

序 ……………………………………………………………………………………………… *iii*

第 1 部　静定構造物のモデル化と解析法 …………………………………… *1*

第 1 章　構造物の設計手順 ……………………………………………………… *3*
 1.1　静的設計法と動的設計法 …………………………………………………… *3*
 1.2　建築構造物の設計 …………………………………………………………… *3*
 1.3　SI 単位 ………………………………………………………………………… *4*

第 2 章　構造物に作用する力の挙動 …………………………………………… *5*
 2.1　荷重の種類と組合せ ………………………………………………………… *5*
 2.2　構造物に作用する力 ………………………………………………………… *7*
 2.3　力の合成 ……………………………………………………………………… *9*
  (1)　力群が一点に作用する平面力の合成 ……………………………… *9*
  (2)　力群が一点に作用しない平面力の合成 …………………………… *11*
 2.4　偶力および偶力モーメント ………………………………………………… *12*

第 3 章　構造物のモデル化と反力 ……………………………………………… *13*
 3.1　構造部材の線材置換 ………………………………………………………… *13*
 3.2　力の釣合条件 ………………………………………………………………… *14*
 3.3　静定構造物の反力の求め方 ………………………………………………… *15*
  (1)　片持梁（cantilever）………………………………………………… *15*
  (2)　単純支持梁（simply supported beam）…………………………… *17*
  (3)　3 ピン式骨組 ………………………………………………………… *18*

第 4 章　構造物の断面力 ………………………………………………………… *19*
 4.1　断面力 ………………………………………………………………………… *19*
 4.2　断面力の図示 ………………………………………………………………… *19*
 4.3　曲げモーメントとせん断力の関係 ………………………………………… *20*
 4.4　片持梁の断面力 ……………………………………………………………… *21*
 4.5　片持梁形式ラーメンの断面力 ……………………………………………… *24*

4.6	単純支持梁の断面力	26
4.7	単純支持梁形式ラーメンの断面力	30
4.8	3ピン式ラーメン	31
4.9	複雑な静定ラーメン	32
4.10	安定・不安定・静定・不静定の判定式	34

第5章 静定トラスの断面力 36

5.1	静定トラス	36
5.2	解析上の仮定および断面力の正負	36
5.3	トラスの軸方向力に関する諸性状	37
5.4	解法の種類	38
5.5	Cremonaの図解法	38
5.6	Ritterの切断法	40
5.7	M図・Q図を利用した平行弦トラスの近似解法	43

第2部　釣合系の断面力学と断面特性 47

第6章　応　力 49

6.1	応力（stress）	49
6.2	簡単な垂直応力とせん断応力	50
	(1)　垂直応力（引張応力と圧縮応力）	50
	(2)　せん断応力	51
6.3	応力成分の一般的な表示法	52
6.4	主応力、主応力面	53
6.5	単純応力状態における応力	53
6.6	2軸応力状態における応力	56
	(1)　主応力軸の決定	56
	(2)　主応力の大きさ	57
	(3)　主せん断応力と主せん断応力面の方向	58
	(4)　主応力面の方向θ_1と主せん断応力の方向$\bar{\theta}_1$の関係	58
6.7	Mohrの応力円	60
	(1)　Mohrの応力円	60
	(2)　Mohrの応力円の書き方	60
	(3)　主応力σ_1, σ_2と作用方向	62

第7章　ひずみ 64

7.1	ひずみ（strain）の定義	64

7.2	垂直ひずみ、ポアソン比	64
7.3	せん断ひずみ	65
7.4	体積ひずみ e	66

第8章　応力とひずみの関係（構成方程式） ... 67

8.1	応力とひずみの関係	67
8.2	単純応力状態の構成方程式	69
8.3	3軸主応力状態の構成方程式	70
8.4	一般的な3次元応力状態の構成方程式（一般化したフックの法則）	70

第9章　断面定数 ... 72

9.1	断面積 A	72
9.2	断面1次モーメント S_y, S_z	72
9.3	断面2次モーメント I_y, I_z	75
9.4	断面相乗モーメント I_{yz}	76
9.5	断面極2次モーメント I_p	77
9.6	断面係数 Z_y, Z_z	77
9.7	断面2次半径および細長比 r_y, r_z	78

第10章　柱、梁、beam-column の応力 ... 79

10.1	対称曲げを受ける梁	79
10.2	断面の主軸	83
(1)	主軸の決定法（その1）	84
(2)	主軸の決定法（その2）	87
10.3	軸方向力と曲げモーメントを受ける棒材	88
(1)	beam-column の応力	88
(2)	断面の核	89

第11章　梁のせん断応力 ... 92

11.1	梁のせん断応力	92

第12章　部材の変形 ... 98

12.1	弾性曲線式	98
12.2	一般化した弾性曲線式	104
12.3	モールの定理（Mohr's Theorem）	108

第13章　圧縮材の座屈 ... 112

13.1	圧縮材の曲げ座屈	112

13.2	一端ピン他端ローラー部材の弾性座屈（Euler座屈）	112
13.3	各種境界条件への拡張	114
13.4	鋼構造設計基準の許容圧縮応力度	117

第14章 仕事に関する原理 … 119
14.1	仕事とエネルギー	119
14.2	仮想仕事の原理	120
14.3	仮想仕事の原理による静定構造物の変形	123
14.4	仮想仕事の原理による静定トラスの変形	125
14.5	相反作用の定理	126

第3部 不静定構造物のモデル化と解析法 … 129

第15章 応力法による不静定ラーメンの解法 … 131
15.1	概説	131
15.2	応力法の解法の原理	131
(1)	解法例1：1次不静定構造	131
(2)	解法例2：1次不静定ラーメン	133
(3)	解法例3：2次不静定構造	134

第16章 応力法による不静定トラスの解法 … 136
| 16.1 | 不静定トラス | 136 |
| 16.2 | 応力法による不静定トラスの解法 | 136 |

第17章 たわみ角法による矩形ラーメンの解法 … 140
17.1	たわみ角法の概説	140
17.2	たわみ角法の基本的仮定	140
17.3	未知数を低減する工学的仮定	141
17.4	たわみ角、部材角、材端断面力の定義	143
17.5	たわみ角法基本式－その1（両端剛接の場合）	144
17.6	たわみ角法基本式－その2（一端剛接、他端ピンの場合）	148
17.7	節点方程式	150
17.8	層方程式	150
17.9	矩形ラーメンの解法順序	151
17.10	対称ラーメンの有効剛比	157
17.11	鉄筋コンクリート造矩形ラーメンの解法例	160

第 18 章　たわみ角法による異形ラーメンの解法 ………………………… 168
- 18.1　ラーメンの変形に関する条件式（適合条件式） ………………… 168
- 18.2　部材角相互の関係 …………………………………………………… 169
- 18.3　ラーメン材端の曲げモーメント・せん断力 ……………………… 172
- 18.4　未知数と力の釣合条件式の数 ……………………………………… 173
- 18.5　節点方程式 …………………………………………………………… 174
- 18.6　せん力方程式 ………………………………………………………… 174
  - (1)　せん力方程式（その 1） ……………………………………… 175
  - (2)　せん力方程式（その 2） ……………………………………… 176
  - (3)　せん力方程式（その 3） ……………………………………… 176
- 18.7　異形ラーメンの解法順序 …………………………………………… 177
- 18.8　異形ラーメンの解法例 ……………………………………………… 177

第 19 章　固定モーメント法による矩形ラーメンの解法 ……………… 185
- 19.1　概要 …………………………………………………………………… 185
- 19.2　到達率・分配率 ……………………………………………………… 185
  - (1)　到達率（carry-over factor） ………………………………… 185
  - (2)　分配率（Distribution factor） ……………………………… 186
- 19.3　解法の原理 …………………………………………………………… 187
- 19.4　固定モーメント法の図表計算順序（節点移動のないラーメン） … 190
- 19.5　節点移動のあるラーメン …………………………………………… 195

第 4 部　骨組および部材挙動の評価法 ……………………………………… 205

第 20 章　マトリックス法による骨組の解法 ……………………………… 207
- 20.1　構造解析法の現状 …………………………………………………… 207
- 20.2　平面骨組の解析 ……………………………………………………… 208
- 20.3　座標変換 ……………………………………………………………… 209
- 20.4　rod 要素および beam 要素の要素剛性マトリックス …………… 210
  - (1)　rod 要素の剛性マトリックス ………………………………… 210
  - (2)　beam 要素の剛性マトリックス ……………………………… 211
- 20.5　beam-column 要素の剛性マトリックス ………………………… 213
- 20.6　全体座標系で表示した要素剛性マトリックス $[k]$ …………… 214
- 20.7　等価節点力 …………………………………………………………… 215
- 20.8　バンド幅 ……………………………………………………………… 217
- 20.9　矩形ラーメンの解法 ………………………………………………… 218

第 21 章　骨組の塑性解析法 ································ 228
- 21.1　線材部材の弾塑性挙動 ································ 228
- 21.2　梁の弾塑性解析 ································ 228
  - (1)　単純支持梁（矩形断面とする）の場合 ································ 228
  - (2)　矩形断面梁の M–ϕ 曲線 ································ 230
- 21.3　M–N の相関曲線 ································ 232
- 21.4　降伏条件 ································ 234
  - (1)　1 次元応力場の降伏条件 ································ 234
  - (2)　3 次元応力場の降伏条件 ································ 234
  - (3)　基本的な降伏条件 ································ 236
- 21.5　塑性関節（Plastic hinge） ································ 238
- 21.6　単純塑性解析法（塑性ヒンジを用いる方法） ································ 238
- 21.7　崩壊の 3 条件 ································ 239
- 21.8　上界定理（upper bound theorem）：動力学的方法により求めた場合 ································ 241
- 21.9　下界定理（lower bound theorem）：静力学的方法により求めた場合 ································ 241
- 21.10　ラーメンの塑性設計法 ································ 242
- 21.11　節点振り分け法による保有水平耐力の算定方法 ································ 242
  - (1)　節点振り分け法 ································ 242
  - (2)　節点振り分け法の計算手順 ································ 243
  - (3)　柱の曲げ終局モーメント（鉄骨構造の場合） ································ 243

第 22 章　薄肉断面の捩り挙動 ································ 248
- 22.1　薄肉開断面の座屈 ································ 248
  - (1)　薄肉開断面の座屈形態 ································ 248
  - (2)　曲げ座屈 ································ 248
  - (3)　局部座屈 ································ 249
  - (4)　横座屈 ································ 251
- 22.2　棒材の捩り ································ 252
- 22.3　St. Venant の単純捩り理論 ································ 253
- 22.4　単純捩りの解析法 ································ 254
  - (1)　応力関数による解析法 ································ 254
  - (2)　薄膜相似法による単純捩りの解法 ································ 258
- 22.5　薄肉開断面の単純捩り ································ 259
  - (1)　薄肉開断面の単位反り関数 φ ································ 259
  - (2)　薄肉開断面の捩り定数 J ································ 260
- 22.6　薄肉閉断面の単純捩り ································ 261
  - (1)　単室薄肉閉断面の捩り定数 J_T ································ 261
  - (2)　単室薄肉閉断面の単純捩り ································ 261

	(3) 薄肉閉断面の反り	263
22.7	反り拘束振り	264
	(1) 薄肉開断面の反り拘束振り	265
	(2) 式(22.96)の一般解	267
	(3) せん断中心	267
	(4) 曲げ理論と反り拘束振り理論の相関性	269
22.8	薄肉閉断面の反り拘束振り	273
22.9	H 形断面梁の横座屈モーメントの支配方程式	273
	(1) 等曲げの場合	273
	(2) 不等曲げの場合	276
22.10	鉄骨構造の許容曲げ応力度 f_b	277

第5部 現行耐震設計法の考え方と問題点 ... 281

第23章 水平荷重時による骨組の解法 ... 283

23.1	水平荷重による応力計算法の概要	283
	(1) 応力計算に関する仮定	283
	(2) 応力計算法	285
23.2	せん断力分布係数（D 値）	286
	(1) 柱の分布係数の略算	286
	(2) 普通ラーメンの柱の分布係数 D 値	288
	(3) 柱高が異なるときの柱の分布係数 D 値	289
23.3	分布係数法（D 値法）による骨組解法	291
23.4	無開口独立耐力壁の負担せん断力の評価	298
	(1) 水平力に対する抵抗要素	298
	(2) 実務設計における設計法	299
23.5	耐力壁の剛性の計算法	300
	(1) 柱の D 値(内柱)の n 倍を耐力壁の D 値と仮定する略算法（計算法1）	301
	(2) 独立耐力壁として扱う方法（計算法2）	301
	(3) 耐力壁を線材に置換して架構として解く方法（計算法3）	306
	(4) 耐力壁のせん断剛性をブレースに置換して解く方法（計算法4）	307
	(5) 壁エレメント（線材）置換法（計算法5）	308
23.6	開口のある耐力壁の分布係数	309
	(1) 開口の影響	309
	(2) 各種開口形に対する実用的な対応	310
23.7	震動方向に平行でない耐力壁の分布係数	311
23.8	耐力壁偏在による柱・壁のせん断力の補正	312

	(1)	x 方向のせん断力 Q_x が e_y 偏心するとき	312
	(2)	y 方向のせん断力 Q_y が e_x 偏心するとき	313
23.9	柱の軸方向力		316
23.10	耐力壁付柱の軸方向力		316
23.11	D 値法による応力計算の求め方		318

第 24 章　耐震計算法 …… 322

- 24.1　構造物の応答と耐震計算ルート …… 322
  - (1)　構造物の応答 …… 322
  - (2)　地震入力に対する構造物の耐震性の評価法 …… 323
  - (3)　許容応力度設計法による構造計算 …… 323
  - (4)　耐震計算のフロー …… 325
- 24.2　木造建築物等の取扱い …… 327
- 24.3　層間変形角 γ …… 329
- 24.4　剛性率・偏心率、その他 …… 330
  - (1)　剛性率 …… 330
  - (2)　偏心率 …… 331
  - (3)　その他必要な構造計算の基準⇒告示 1791 号 …… 333
- 24.5　地震時のエネルギー吸収 …… 333
  - (1)　ルート 3 での検討法 …… 333
  - (2)　エネルギー吸収と D_s …… 333
  - (3)　D_s 値 …… 334
  - (4)　形状係数 F_{es} …… 335
  - (5)　保有水平耐力の計算法 Q_u …… 335
- 24.6　現行耐震設計法の問題点 …… 336
  - (1)　熊本地震 …… 336
  - (2)　二次設計における大地震の取扱い …… 337
  - (3)　繰返し載荷による構造物の耐震挙動 …… 337
  - (4)　地震地域係数の取扱い …… 338
  - (5)　耐力壁等への水平力の伝達 …… 340
- 24.7　各種構造の D_s 値 …… 341
  - (1)　鉄骨造の D_s を算出する方法 …… 341
  - (2)　鉄筋コンクリート造の D_s を算出する方法 …… 343
- 24.8　参考：木造の構造計算 …… 346
  - (1)　木造の構造計算法 …… 346
  - (2)　木造の構造計算ルート …… 346

付録　マトリックス代数の概説 …… 347

参考文献 …… 352

第1部
静定構造物のモデル化と解析法

構造物に作用する動的および静的な外力を、静的外力として置換した際の荷重の取扱基準に対する考え方が理解できる。次に、力が構造物に作用した際の力の釣合式、構造物を簡易に解析するための工学的取り扱い法として、構造部材を線材に置換するモデル化、反力、断面力の求め方を静定構造物について説明する。外力が作用する静定構造物に発生する設計用断面力を、工学的に容易に計算できる能力が備わる。

―― 内容 ――

第1章　構造物の設計手順　*3*
　静的設計法と動的設計法／建築構造物の設計／SI 単位

第2章　構造物に作用する力の挙動　*5*
　荷重の種類と組合せ／構造物に作用する力／力の合成／偶力および偶力モーメント

第3章　構造物のモデル化と反力　*13*
　構造部材の線材置換／力の釣合条件／静定構造物の反力の求め方

第4章　構造物の断面力　*19*
　断面力／断面力の図示／曲げモーメントとせん断力の関係／片持梁の断面力／片持梁形式ラーメンの断面力／単純支持梁の断面力／単純支持梁形式ラーメンの断面力／3 ピン式ラーメン／複雑な静定ラーメン／安定・不安定・静定・不静定の判定式

第5章　静定トラスの断面力　*36*
　静定トラス／解析上の仮定および断面力の正負／トラスの軸方向力に関する諸性状／解法の種類／Cremona の図解法／Ritter の切断法／M 図・Q 図を利用した平行弦トラスの近似解法

第1章　構造物の設計手順

1.1　静的設計法と動的設計法

　構造物に作用する荷重（外力）は、一般には動的荷重である。動的荷重が作用する構造物の応答は、構造物の減衰や塑性化により内部で力を消費すると同時に、構造物に作用した力を地盤に伝達する。構造物の応答は動的荷重の時刻変化に影響を受けるので、その取り扱いが複雑になる。そこで、動的応答が外力を静的に置換して求めた値の何倍になっているかがわかれば、動的荷重による計算に代えて、静的荷重を割増して計算すれば静的設計法で対応できる。このような理由から、高さが、60m以上の高層ビルについては動的設計法を適用するが、それ以下の建築物は静的設計法を適用する。

　建築構造物の安全性の確認や計算法についての最低基準は、建築基準法および同施行令に規定されている。建築物の設計は建築基準法および同施行令、告示等に加えて、学会等の規準を基にして実施するが、当該建築物が要求する性能が高ければ、これらの基準以上の設計をする。

1.2　建築構造物の設計

　建築物の設計は、意匠設計・構造設計・設備設計よりなる。構造設計は構造計画と構造計算とからなる。最初に構造計画で、配置計画、空間計画、設備計画、生産計画、コスト計画等の以下の項目を総合的に検討して、建築物の骨組を決定する。

- 構造種別 → RC（鉄筋コンクリート構造）、S（鉄骨構造）、SRC（鉄骨鉄筋コンクリート構造）、W（木構造）
- 構造形式 → ラーメン、壁式構造、トラス、アーチ、シェル、折板、チューブ構造、吊構造、空気膜
- 構造部材の断面寸法
- 基礎構造 → 直接基礎、杭基礎、その他
- 施工法
- 躯体コスト

　次に、構造計画で決定した構造部材が、その構造物に作用する外力（荷重）に対して安全であることを証明するために構造計算書を作成し、その結果を柱、梁、基礎等の構造部位について構造図に記す。構造計算書および構造図は、概ね次の内容を含む。

[構造計算書]
① 一般事項 → 建物の概要、設計方針、使用材料、設計荷重の仮定
② スラブ、小梁、階段の設計
③ 準備計算 → 剛比、架構
④ 鉛直荷重による応力算定
⑤ 水平荷重による応力算定
⑥ 部材の設計 → 梁、柱、耐力壁
⑦ 基礎の設計

[構造図]
梁・柱伏図、基礎伏図、梁断面表、柱断面表、スラブ、壁配筋図、構造矩形図

なお、構造計算書ではスラブ、小梁、階段の設計を後の方に記述している場合が多いが、これは体裁上のことで、これらの部材は固定荷重に関係するので、最初に計算する必要がある。

1.3 SI 単位

使用する単位は SI 単位系（国際単位系）である。SI 単位系は、SI 単位群と接頭語からなる。接頭語は 1 個のみ使用できる。建築の分野では、長さは mm を使用する（**表 1-1**）。

表 1-1 SI 単位

SI	SI 単位群	基本単位（7個）	長さ（m）、質量（kg）、時間（s）、電流（A）、熱力学的温度（K）、物理量（mol）、光度（cd）
		補助単位（2個）	平面角（rad）、立体角（sr）
		組立単位	
	SI 単位の10の整数乗倍を示す接頭語（20個） 例えば $T(10^{12})$、 $M(10^6)$、 $k(10^3)$、 $m(10^{-2})$、 $\mu(10^{-6})$		

第 2 章　構造物に作用する力の挙動

2.1　荷重の種類と組合せ

建築物に作用する荷重は、建築物自身の重さのように時間に変動しないものと、時間および地域特性等により変動する荷重とがあり、前者を死荷重（dead load）、後者を活荷重（live load）と呼ぶ。活荷重といっても静的設計法であるので、時間に依存しない。荷重は**表 2-1** のように分類される。建築物に作用する死荷重は、建築物が存在する間は継続的（長期的）に作用し続ける。一方、活荷重は作用する期間が短期的である場合が多い。

表 2-1　荷重の分類

死荷重	固定荷重 G
活荷重	積載荷重 P、積雪荷重 S、風荷重 W、地震荷重 K

構造物を安全に設計するには、許容応力度設計法によると、外力の作用により構造物の各構造部位に発生した応力（存在応力と呼ぶ）が、その構造部位に使用している材料の許容応力度 f 以下でなければならない。

$$\frac{存在応力 \sigma}{許容応力度 f} \leq 1 \tag{2.1}$$

許容応力度 f は、構造部材に発生する引張および圧縮の軸方向力、曲げモーメント、せん断力に対応して、それぞれ許容引張応力度 f_t、許容圧縮応力度 f_c、許容曲げ応力度 f_b、許容せん断応力度 f_s と規定され、各荷重状態により定められる材料の破壊応力や耐荷限界値（例えば、座屈応力、横座屈モーメント等）により定まる各々の限界応力 σ_{cr} を、それぞれの応力状態に対応して規定した安全率 ν で割った値と定義する。

$$許容応力度 \quad f = \frac{使用材料の基準強度\ F}{安全率 \nu} \tag{2.2}$$

安全率 ν は、概ね工業製品である鋼材に対しては長期 1.5、短期 1 である。その他のコンクリート、土、木材等の材料に対しては長期 3、短期 1.5 である。鋼材の安全率が小さく抑えられているのは、鋼材には降伏点以後破壊に至るまでの間に大きな靱性が期待できることによる。

式(2.1)は、構造部位に作用する力群により発生する部位の応力が単独の場合について規定している。例えば、柱に軸方向力と曲げモーメントが同時に作用する場合、柱

に発生する軸方向の応力は、軸方向力により発生した存在応力（圧縮応力）σ_cと、曲げモーメントにより発生した軸方向の応力σ_bが同時に発生する。このような組合せ状態の場合、式(2.1)での各荷重状態（圧縮状態、曲げ状態など）により発生した存在応力を、その荷重状態に対応した許容応力で割った比の和が1以下であれば安全とする。具体的に示すと、許容圧縮応力度をf_c、許容曲げ応力度をf_bとすると、組合せ荷重状態での式(2.1)は次のようになる。

$$\frac{\sigma_c}{f_c}+\frac{\sigma_b}{f_b} \leq 1 \tag{2.3}$$

設計用荷重と検討すべき応力状態は、建築基準法施行令82条により**表2.2**のように規定されている。多雪区域とは、建設省告示1074号昭27により、過去に垂直最大積雪量が1m以上あった区域と定義する。積雪深が大きいほど積雪の下の方が水分を多く含むので、雪の単位体積当たりの重量は大きくなる。積雪荷重は、積雪の単位重量に屋根の投影面積およびその地方における垂直積雪量を乗じて計算する。単位積雪重量は、一般地域では積雪量1cmについて20N/m^{2}以上とするが、多雪地域では特定行政庁が規則で定める。

表2-2　設計荷重と検討すべき応力状態

応力の種類		荷重・外力について想定する状態	一般の場合	多雪区域内	備考
長期		常時	G+P	G+P+0.7S	
短期		積雪時	G+P+S	G+P+S	
		暴風時	G+P+W	G+P+W	転倒・柱の引抜き検討用のPは実状に応じて減らす
				G+P+0.35S+W	
		地震時	G+P+K	G+P+0.35S+K	
		極めて稀に発生する積雪時（限界耐力計算に限る）	G+P+1.4S	G+P+1.4S	
		極めて稀に発生する暴風時（限界耐力計算に限る）	G+P+1.6W	G+P+1.6W	
				G+P+0.35S+1.6W	

(記号) G=固定荷重による応力；K=地震力による応力；P=積載荷重による応力；S=積雪荷重による応力；W=風圧力による応力。

なお、**表2-2**の組合せは最低限の基準を提示しているので、建築物の要求性能によってはこれ以上であってもよい。例えば、積雪荷重の低減は当該建築物の要求性能により0.7を1.0、0.35を0.5等に変更される。

(参考)
建築基準法は守るべき最低限の基準を示している。住宅の品管確保の促進等に関する法律（平成11年法律第81号）の規定に基づき、住宅の性能に関して表示すべき事項および表示方法を定めた「日本住宅性能表示基準」が施行された。この基準は、設計段階では「設計住宅性能評価」と、施工段階では「建設住宅性能評価」からなる。
新築住宅（木造および非木造建築物）の荷重・外力の大きさに基づき設計される等級には、

耐震等級（二次設計レベルでの構造躯体の倒壊等防止）、耐震等級（一次設計レベルでの構造躯体の損傷防止）、耐風等級（構造躯体の倒壊等防止および損傷防止）、耐積雪等級（構造躯体の倒壊等防止および損傷防止）からなる。「倒壊等防止」は「極めて稀に発生する」荷重・外力に対して要求され、一方、「損傷防止」は「稀に発生する」荷重・外力に対して適用される。これらの荷重・外力の状態は、地震力で言えば二次設計時（レベル2）、一次設計時（レベル1）にそれぞれ対応する。「等級1」は建築基準法の構造計算規定により定められた荷重・外力の取扱を示す**表2-2**に相当する。

　耐震等級は、等級1～3の3ランクで評価・表示し、建築基準法が規定する地震力に対して、等級2は1.2倍以上、等級3は1.5倍以上の力に対して所要の性能を有している。一方、耐風等級および耐積雪等級は等級1および2の2ランクがあり、等級2は、建築基準法の荷重・外力の1.2倍に対して所要の性能を有している。なお、耐積雪等級は多雪区域内の住宅にのみ適応する。また、これらの評価の対象は、柱、梁、耐力壁、基礎などの構造躯体である。

　建築構造物に作用する荷重は、死荷重（固定荷重）と活荷重（積雪荷重、積載荷重等）がある。死荷重は構造物が存在する間継続的に作用する荷重であり、鉄筋コンクリート造建築物と鉄骨造建築物とでは大きな違いがある。死荷重に対する活荷重の比が大きい程、活荷重の影響を受ける。特に、大きな積雪荷重を受ける緩勾配の大きな屋根（体育館、倉庫等）については、固定荷重が軽い鉄骨造建築物の崩壊が発生したことから、大スパンの緩勾配屋根に対する積雪荷重の割増が、平成30年1月に改正告示された。なお、梁および平板構造の応答挙動における固定荷重の影響については、著者は先駆的に論文発表[43-48]している。

2.2　構造物に作用する力

　力は作用する点（作用点）、作用する方向（作用方向）、大きさの3要素で定義でき、ベクトル表示を用いれば容易に表せる。**図2-1(a)**は、力Pが点Oに作用したときのベクトル表示（太字の矢印）で図示している。

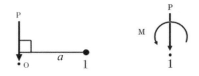

(a) 点Oに作用する力　(b) 点1に作用する力とモーメント

図2-1　力とモーメント

　図2-1(a)に示す点Oと離れた点1から力Pに下した垂線の長さ（腕の長さ）をaとすると、力Pは、点1に対して点Oと同様の作用方向の力Pに加えて、点1まわりに回転するモーメント$M=Pa$を発生させる。すなわち、力Pは作用線より離れた点に対して、力Pと同時にモーメントMを生じさせる（**図2-1(b)**）。逆に、力の作用線上にある点では、腕の長さ$a=0$となり、モーメントは生じない。モーメントMの符号は、右まわり（時計まわり）に回転するときを正と定義し、左まわり（反時計まわり）は負とする（**図2-2**）。

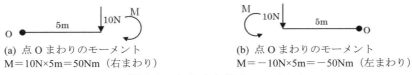

(a) 点 O まわりのモーメント 　　　　　(b) 点 O まわりのモーメント
M＝10N×5m＝50Nm（右まわり）　　　　M＝－10N×5m＝－50Nm（左まわり）

図 2-2　点 O まわりのモーメント

　図 2-3 は、力 P が点 O から垂線距離 e で離れて作用する場合（図 2-3(a)）に、点 O には力 P と点 O まわりのモーメント $M=Pe$ が同時に作用することを示している（図 2-3(c)）。図 2-3(b)のように、点 O に大きさが等しく方向が反対な 2 力 P を作用させても、図 2-3(a)と同じである。図 2-3(b)の偶力（大きさが等しく方向が反対の 2 力が距離 e 離れて作用する）を構成する 2 つの力 P による偶力モーメント $M=Pe$ と考えると、図 2-3(c)のように、点 O には力 P とモーメント $M=Pe$ とが作用することになる。これは力の平行移動の概念となる。柱の中心 O より距離 e だけ離れた点に作用する力 P は、点 O に作用する力 P とモーメント $M=Pe$ が作用した場合と同じである。距離 e を偏心距離と言う。

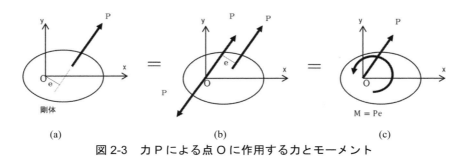

図 2-3　力 P による点 O に作用する力とモーメント

　図 2-4 は、柱に図心（重心）O から偏心距離 e の位置に力 P が作用した際、上述のように、図心には力 P と同時にモーメント $M=Pe$ が作用する。

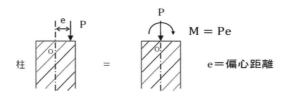

図 2-4　偏心した力の作用

　力 P は、作用点 O を通るベクトルの線上にあれば、偏心距離は $e=0$ であるので、力が作用点 O を通る線上のどこにあっても点 O にとって同じ効果を持つ（図 2-5）。これを「**力の移動性の法則**」と呼び、「物体を剛体と見なせるとき、力の作用点は力の作用線上の任意の点に移動できる」という、極めて重要な法則である。

図 2-5　力の移動性の法則

力 P は 2 力 P_1 と P_2 に分解できる。逆に、その 2 力 P_1 と P_2 のなす平行四辺形の対角線の大きさおよび方向を持つ 1 つの力として合成することもできる（**図 2-6**）。これを「力の平行四辺形の法則」と呼び、「2 力 P_1 および P_2 の合力は、その 2 力を 2 辺とする平行四辺形の対角線の大きさおよび方向を持つ」。

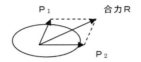

図 2-6　力の平行四辺形の法則

力の分解は、直交座標系でも斜交座標系でも成立する（**図 2-7**）。

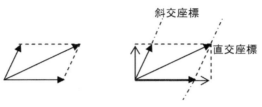

図 2-7　力の分解と合成

力 P を、斜交座標の成分 P_x および P_y に分解する数式解法を以下で示す（**図 2-8**）。

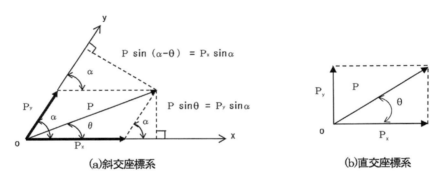

図 2-8　力の分解

$$P_x = \frac{\sin(\alpha - \theta)}{\sin \alpha} P \; ; \quad P_y = \frac{\sin \theta}{\sin \alpha} P \tag{2.4}$$

ここに、$\alpha =$ 座標軸 x と y のなす角度。座標系が直交座標系のとき $\alpha = \dfrac{\pi}{2}$ となるから、

$$P_x = P \cos \theta \; ; \quad P_y = P \sin \theta \tag{2.5}$$

2.3　力の合成

力の合成と分解の方法には、図式解法と数式解法とがある。力を合成する際、その力が一点に作用しない場合、モーメントが発生するので、説明を 2 つに分ける。

(1)　力群が一点に作用する平面力の合成（力が一点に作用するのでモーメントが発生しない）

［図式解法の場合］→ 示力図より求まる（図 2-9）。

図 2-9　示力図と合力 R

（示力図の書き方）
① ある適当に取った始点から力 P_1 を作図する。力を図示するスケール（例えば 1kN＝1cm と表す）を決めて P_1 に平行に書く。
② 力 P_2 を P_1 の終点から①と同様に書く。以下、力のすべてを同様に書く。
③ 最初の力の始点と最後の力の終点とを結ぶ。これが合力 R を表すベクトルである。
④ 始点と終点が閉じる場合は示力図が閉じると言う。これは力が釣り合っていることを意味し、合力 R は生じない（図 2-10）。

示力図が閉じている → 釣り合っている。

図 2-10　示力図が閉じる場合（R＝0）

［数式解法の場合］（図 2-11）

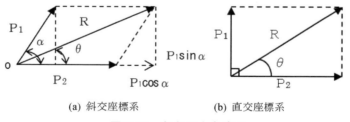

(a) 斜交座標系　　(b) 直交座標系

図 2-11　合力 R と角度 θ

ピタゴラスの定理より合力 R と角度 θ が求まる。
$$R = \sqrt{(P_1 \sin\alpha)^2 + (P_1 \cos\alpha + P_2)^2} = \sqrt{P_1^2 + P_2^2 + 2P_1 P_2 \cos\alpha} \tag{2.6}$$
$$\tan\theta = \frac{P_1 \sin\alpha}{P_2 + P_1 \cos\alpha} \tag{2.7}$$
斜交座標系の角度 α が $\pi/2$ のとき直交座標系となり次式となる。
$$R = \sqrt{P_1^2 + P_2^2} \quad ; \quad \tan\theta = \frac{P_1}{P_2} \tag{2.8}$$

(2) 力群が一点に作用しない平面力の合成

（力群が一点に作用しないのでモーメントが発生する）

［図式解法による場合］（図2-12参照）

　示力図では力の合力が求まるが、その合力の作用位置は決まらない。作用位置を決めるのが連力図であり、合力により作り出されるモーメントが等価でなければならないことより求まる。よって、モーメントが発生する場合の力の合成は、示力図と連力図を併用して求める（図2-12）。

（示力図・連力図の書き方）

① 示力図を上述した方法で書く。
② 示力図上に任意点Oをとり、この点Oと各力を結ぶ線に平行な線を順次書く。
　（注）点Oと各力を結ぶ線ができるだけ明瞭になるように点Oを選ぶと、図式解法の精度が向上する。
③ 連力図の最初の線O1（点Oと始点を結ぶ線）と最後の線O4（点Oと終点を結ぶ線）との交点を通るように、示力図より求めた合力Rを平行にとる。合力Rの作用点は、連力図の交点を通る線上にあれば、「力の移動性の法則」よりどこでもよい。

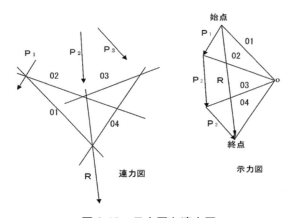

図2-12　示力図と連力図

［数式解法による場合］

　平行力の合力を数式解法で求める。

　力P_1、P_2が作用するとき、合力Rとその作用点は次のように求まる（図2-13）。

① 合力Rの大きさ　　　→　　$R = P_1 + P_2$
② モーメントの釣合　　　→　　$P_1 x_1 + P_2 x_2 = R\bar{x}$

よって、合力Rの作用点 $\bar{x}$ が得られる。

$$\bar{x} = \frac{P_1 x_1 + P_2 x_2}{R} = \frac{P_1 x_1 + P_2 x_2}{P_1 + P_2} \tag{2.9}$$

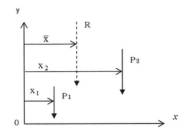

図 2-13　平行力 P_1 および P_2 が作用する場合の合力 R

2.4　偶力および偶力モーメント

　大きさが同じで方向が反対の 2 個の力が、ある距離を置いて平行に作用する場合、偶力と呼び偶力モーメントを発生する。

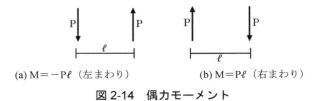

(a) $M = -P\ell$（左まわり）　　　(b) $M = P\ell$（右まわり）

図 2-14　偶力モーメント

第 3 章　構造物のモデル化と反力

3.1　構造部材の線材置換

　柱や梁で構成される骨組を線材で置換して骨組として考える。構造部材が交わる点を節点と呼び、構造物を支える基礎の部分を支点と呼ぶ（**図 3-1**）。

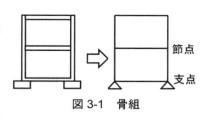

図 3-1　骨組

　節点は、工学的にピン節点と剛節点の 2 つに分けて考える。ピン節点では節点に接続する部材同士が各々独立に回転できるので、曲げモーメントに抵抗できない。一方、剛節点は節点に接続する部材同士が同じ回転角をするように剛に接合されているので、外力により発生した曲げモーメントは節点に集まる部材で分担する。節点を剛にするほど、外力の作用に対して構造物全体で負担するので、変形が少なくなり、それに伴い部材に発生する断面力も小さくなる。このため、建築構造物では柱および梁の節点を剛にしたラーメン構造を使用する。**図 3-2** は節点がピンで構成するトラスと、節点が剛で構成するラーメンを示す。

図 3-2　ピン節点と剛節点の例

　支点は、工学的にローラー、ピン、固定の 3 種類に分けて考える（**図 3-3**、**表 3-1**）。
① 　移動端：ローラー
・垂直移動を拘束
・水平移動が可能　　　　$\Sigma H = 0$
・回転が可能　　　　　　$\Sigma M = 0$

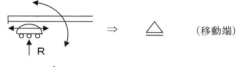

② 　回転端：ピン
・垂直移動および水平移動を拘束
・回転が可能　　　　　　$\Sigma M = 0$

③ 　固定端
・水平移動・垂直移動・回転を拘束

図 3-3　支点と表示記号

表 3-1 支点と反力

	移動端	回転端	固定端
記号			
反力の数	1個	2個	3個
拘束	垂直移動	垂直・水平移動	垂直・水平・回転移動

各支点に発生する反力の数は、変位および回転を拘束する数だけ発生する。これは「作用・反作用の法則」である「物体が釣り合っているとき、その支点では、大きさが等しく、方向が反対の2力が作用して釣り合っている」を意味する（図 3-4）。

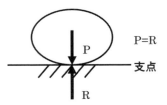

図 3-4 作用・反作用の法則

3.2 力の釣合条件

図 3-5 に示すような x 軸と y 軸の平面上に位置する平面構造を考える。

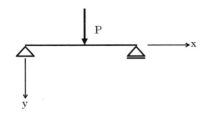

図 3-5 平面構造

この構造物が外力の作用に対して釣り合っている場合、構造物は x 方向および y 方向の移動と、x-y 面での回転が拘束される必要がある。これらを数式で表すと次式となる。

x 方向のすべての力に対して　　$\Sigma X = 0$　（x 方向の移動なし）　　　　(3.1)

y 方向のすべての力に対して　　$\Sigma Y = 0$　（y 方向の移動なし）　　　　(3.2)

x-y 面任意点 i まわりのモーメントに対して $\Sigma M_{(i)} = 0$　（点 i まわりの回転なし）

(3.3)

モーメントを発生しない場合は、式(3.3)は自動的に満足する。また、式(3.2)は、式(3.3)の任意点 i 以外の任意点 j までの腕の長さを掛けて、点 j でのモーメントに対して、

$$\Sigma M_{(j)} = 0 \tag{3.4}$$

と考えても同じである。式(3.4)は、一見矛盾するようであるが、単純支持梁の支点反力を求める際、式(3.2)よりもモーメントの釣合を求める方が支点の反力を他の式と連成せずに単独で求めることができるので便利である。

力の釣合式は、式(3.1)〜式(3.3)（式(3.2)の代わりに式(3.4)を使用できる）の合計 3 個である。構造物の支点の反力が全部で 3 個の場合、式と未知数の数が一致するので支点反力はすべて求まる。このような構造物を「**静定構造物**」と呼ぶ。支点反力の数が 3 個より少ない場合は、構造物は釣合状態を保つことができなくなる。このような構造物を「**不安定構造物**」と呼ぶ。逆に、支点の反力数が 3 個を超える場合は「**不静定構造物**」と呼び、3 個の釣合式に加えて、3 個を超えた反力により拘束される変位に対する適合条件を用いて反力を求める。静定構造物には、片持梁、単純支持梁、3 ピン式骨組、静定トラス等がある（図 3-6）。

図 3-6　静定構造と不静定構造

構造物が崩壊する過程は、部材が降伏してそれ以上の荷重を負担することができなくなり、当該節点が剛節点からピン節点になり、最終的に不静定構造物から静定構造物に移行し、次に構造部位の降伏等により不安定構造物に移行して崩壊する。建築構造物の柱および梁は比較的細い部材であるので、節点を剛に接合したラーメン構造にすることにより、崩壊から逃げていることになる。一方、土木構造物は大型構造物であるが単純な構造形式が多いので、構造を明確化して安全にする立場から静定構造物が多い。しかし、静定構造物のピン支点が損傷を受けてローラーになるとすぐに崩壊することから、不静定定数を上げる方向にある。

3.3　静定構造物の反力の求め方

静定構造物が釣り合っているとき、支点の反力は 3 個の釣合式(3.1)、式(3.2)（または式(3.4)）、式(3.3)から、3 個の反力が求まる。反力が求まれば、部材断面に発生する断面力や断面モーメントが容易に求まる。そのため、最初に支点の反力を求めることから述べる。静定構造物である片持梁、単純支持梁、3 ピン式骨組の反力を求める。

(1)　片持梁（cantilever）

構造物の一端が固定で他端が自由な梁を「**片持梁**」と呼ぶ。片持梁は庇、塔状構造物等に広く利用されている。

例題 1 片持梁の先端に集中荷重 P が作用する場合を考える。

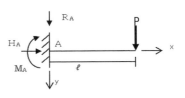

支点 A は固定端であるので、支点の反力数は**表 3-1** に示したように 3 個である。最初に、支点 A の反力 R_A, H_A, M_A の方向を図示のように仮定する。反力を含めた構造物全体の力に関する釣合式(3.1)、式(3.2)、式(3.3) より次式を得る。

$$\Sigma X = 0 \quad \Rightarrow \quad H_A = 0$$
$$\Sigma Y = 0 \quad \Rightarrow \quad R_A + P = 0 \quad \therefore R_A = -P$$
$$\Sigma M = 0 \quad \Rightarrow \quad M_A + P \times \ell = 0 \quad \therefore M_A = -P\ell$$

支点反力 R_A, M_A は負の値であるので、仮定した方向とは逆に作用することを意味する。

(注) この結果からも理解されるように、反力は外力と打消し合うように作用する(作用・反作用の法則)。

例題 2 片持梁の先端に右まわりの外力モーメント m が作用し、集中荷重 P が固定端より測った x 軸の a の位置に作用する場合を考える。集中荷重 P を x 軸および y 軸の成分に分解した成分をそれぞれ P_x, P_y と表す。荷重の正負は座標軸の正の方向を示すとき正とする。

$$P_x = -P\cos\alpha \quad (左向き)$$
$$P_y = P\sin\alpha \quad (下向き)$$

固定端の支点反力 R_A, H_A, M_A の方向を、図示のように仮定する。

構造物が釣り合っているとき、次の条件が成立する。

$$\Sigma X = 0 \quad \Rightarrow \quad H_A - P\cos\alpha = 0$$
$$\Sigma Y = 0 \quad \Rightarrow \quad -R_A + P\sin\alpha = 0$$
$$\Sigma M_{(A)} = 0 \quad \Rightarrow \quad -M_A + m + (P\sin\alpha) \times a = 0$$

これより、反力 R_A, H_A, M_A を求めると、

$$H_A = P\cos\alpha \ ; \ R_A + P\sin\alpha \ ; \ M_A = m + P\sin\alpha \times a$$

となる。求めた反力の値がいずれも正であるから、反力の方向は仮定した方向となる。もし、負の場合は仮定した方向とは反対である。

例題 3 等分布荷重が作用する場合を考える。

集中荷重が連続して単位長さ当たりに作用する場合を分布荷重と呼ぶ。荷重の分布形状が長さに対して一様な場合を等分布荷重と言う。等分布荷重は、荷重の中心位置に合力として等価な集中荷重が作用したと考えても、反力の大きさには影響しない。しかし、4.6節 例題3で述べるように、梁に生じる断面モーメントの大きさには影響し、等分布荷重の方が等価な集中荷重が作用する場合よりも小さな断面モーメントとなる。

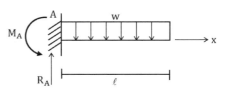

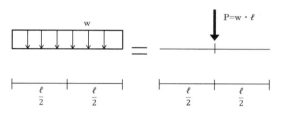

よって、支点の反力は片持ち梁の中間に等価な集中荷重 ($P = w\ell$) が作用する場合と同じである。この解法は前述したので省略する。

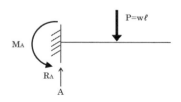

$$M_A = P\frac{\ell}{2} = \frac{w\ell^2}{2}$$

$$R_A = P = w\ell$$

(2) 単純支持梁 (simply supported beam)

支点の一端がピンで他端がローラーの梁を「**単純支持梁**」と呼ぶ。

例題 4　支点 A がピン支点、支点 B がローラー支点の単純支持梁に集中荷重 P が作用した場合を考える。支点の反力は、A 端のピン支点では H_A と R_A であり、ローラー支点 B では R_B であり、支点の反力の合計は 3 個となる。

支点 A および B の反力 H_A, R_A, R_B の方向を図示のように仮定する。

釣合式を次のように考える。

水平方向の釣合式より、

$$\Sigma X = 0 \quad \Rightarrow \quad H_A = 0$$

支点 A まわりのモーメントの釣合より、

$$\Sigma M_{(A)} = 0 \quad \Rightarrow \quad 3 \times P - 5 \times R_B = 0 \quad \rightarrow \quad R_B = \frac{3P}{5}$$

支点 B まわりのモーメントの釣合より、

$$\Sigma M_{(B)} = 0 \quad \Rightarrow \quad -2 \times P + 5 \times R_A = 0 \quad \rightarrow \quad R_A = \frac{2P}{5}$$

求めた反力はいずれも正および 0 であるから、仮定した反力の方向は正しい。
（注）$\Sigma M_{(B)} = 0$ の代わりに垂直方向の釣合式 $\Sigma Y = 0$ でもよい。

$$\Sigma Y = 0 \quad \Rightarrow \quad -R_A - R_B + P = 0$$

この場合、未知数 R_A および R_B が単独には求まらなく、一方を決定してから、他方の反力が求まる。この様な式を連成していると言う。よって、$\Sigma M_{(A)} = 0$、$\Sigma M_{(B)} = 0$ の方が、反力が単独に求まるので便利である。

例題 5 外力モーメントが作用する場合

・支点反力 H_A, R_A, R_B の方向を仮定する。
・釣合式より反力を求める。

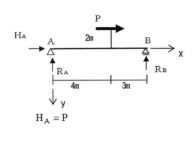

x 方向の釣合式より、
$$\Sigma X = 0 \quad \Rightarrow \quad H_A + P = 0 \quad \Rightarrow \quad H_A = -P$$

支点 A 点まわりのモーメントの釣合より、
$$\Sigma M_{(A)} = 0 \quad \Rightarrow \quad 2P - 7R_B = 0 \quad \Rightarrow \quad R_B = \frac{2P}{7}$$

支点 B 点まわりのモーメントの釣合より、
$$\Sigma M_{(B)} = 0 \quad \Rightarrow \quad 2P + 7R_A = 0 \quad \Rightarrow \quad R_A = -\frac{2P}{7}$$

反力 H_A, R_A は負であるから、仮定した反力の方向は逆である。その他の反力は、仮定した方向と一致する。

（参考）
各支点 A および B まわりのモーメントの釣合を考えることにより、$\Sigma Y = 0$ が当然成立する。

(3) 3 ピン式骨組

この構造は、1 つの節点がピンで 2 個の支点がピン支点である。反力が 4 個あり、構造物全体の釣合式 3 個より 1 個多い。しかし、節点 C がピンである条件より、式の数が 4 個となり、未知数と一致するので静定構造である。

例題 6 集中荷重 P が作用する 3 ピン式骨組の反力

・支点 A および B の支点反力 H_A, H_B, R_A, R_B の方向を図示のように仮定する。

・釣合式を考える。未知数は 4 個であるから、式は 4 個必要である。

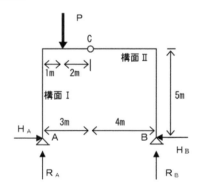

$$\Sigma X = 0 \quad \Rightarrow \quad H_A - H_B = 0 \qquad 式①$$
$$\Sigma M_{(A)} = 0 \quad \Rightarrow \quad 1 \times P - 7R_B = 0 \qquad 式②$$
$$\Sigma M_{(B)} = 0 \quad \Rightarrow \quad -6P + 7R_A = 0 \qquad 式③$$

節点 C がピンであり、点 C の左側と右側の構造を構面 I および II と呼ぶ。いずれかの構面について点 C まわりのモーメントの釣合を考えればよい。

構面 II の点 C まわりのモーメントの釣合　　$\Sigma M_{(C)} = 0 \Rightarrow 5H_B - 4R_B = 0$ 　　式④

式①～式④より反力が求まる。

$$R_A = \frac{6P}{7} \;;\; R_B = \frac{P}{7} \;;\; H_A = H_B = \frac{4P}{35}$$

求めた反力はいずれも正であるから、仮定した反力の方向は正しい。

（参考）
式④の代わりに、構面 I の点 C まわりのモーメントの釣合 $\Sigma M_{(C)} = 0$ を考えてもよい。

$$\Sigma M_{(C)} = 0 \quad \Rightarrow \quad -2P + 3R_A - 5H_A = 0 \qquad 式⑤$$

第 4 章　構造物の断面力

4.1　断面力

　構造物に外力が作用すると、構造物が変形せずに剛体運動として平行移動と回転をする。しかし、建築構造物では構造物の剛体運動（平行移動と回転）を支点で拘束しているので、構造物は外力の作用に対して変形し、構造物内部にこの変形を戻そうとする力が生じて外力の作用と釣り合う。この構造部材に生じる力を応力（stress）と呼ぶ。応力は単位面積当たりの力であり、N/m^2 の単位を持つ。部材の断面に生じる応力を断面全体について積分した合力は、断面力（N）および断面モーメント（N・m）となる。断面力は軸方向力 N とせん断力 Q であり、断面モーメントは曲げモーメントまたは捩りモーメント M からなる。

　図 4-1 に示す棒材 AB の任意点 C を仮想に切断すると、切断面の一方には軸方向力 N、せん断力 Q、曲げモーメント M が生じており、切断面と対をなしている反対の面と、大きさが等しく方向が反対の対をなす断面力および断面モーメントと釣り合って力が伝達される。以後、断面モーメントを含めて断面力と総称する。

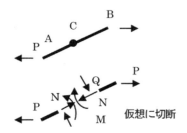

図 4-1　部材の断面力および断面モーメント

4.2　断面力の図示

　軸方向力 N およびせん断力 Q には、その応力状態を表示するため正負の符号を付ける。しかし、曲げモーメント M は常に引張側に書くと決めているので、正負を決める必要はない。ただし、第 12 章で述べる弾性曲線式のように梁の下側を正とした場合は、曲げモーメント図に正負の符号を付ける場合もある。軸方向力は引張を正、圧縮を負とする。せん断力は右まわりにせん断変形する場合を正とし、逆を負とする（**表 4-1**、**図 4-2** 参照）。

表 4-1　断面力 N および Q の正負

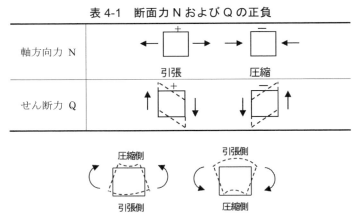

図 4-2　曲げモーメントにより生じる部材の引張・圧縮側

　構造部材ごとに断面力の分布形を図示すると、力がどのように伝達されるかがわかる。各断面力図に対して、軸方向力図は N 図、せん断力図は Q 図、曲げモーメント図は M 図と呼ぶ。N 図および Q 図は正負を付けるので、構造部材のどちら側に書いても統一された書き方ならば混乱しない。しかし、M 図は常に引張側に書く。部材が RC 造ならば、M 図が書いてある部分には引張鉄筋が必要である。

4.3　曲げモーメントとせん断力の関係

　図 4-3(a)の梁の微小長さ dx の釣合を考える。図 4-3(b)のように微小長さ AB 間に作用する分布荷重を w とすると、図 4-2 に示すように、梁の下端は伸び、上端は縮む状態になる。A 端および B 端のせん断力および曲げモーメントを Q、M および $Q+dQ$、$M+dM$ とすると、釣合式は次式となる。

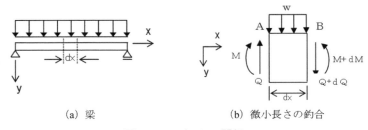

(a) 梁　　　　(b) 微小長さの釣合

図 4-3　M と Q の関係

・y 方向の釣合より

$$\Sigma Y = 0 \quad \Rightarrow \quad -Q+(Q+dQ)+w\cdot dx = 0 \quad \therefore \frac{dQ}{dx}=-w \tag{4.1}$$

・点 B でのモーメントの釣合より

$$\Sigma M_{(B)} = 0 \quad \Rightarrow \quad M-(M+dM)+Q\cdot dx-(w\cdot dx)\frac{dx}{2}=0$$

ここで、上式の第 4 項は他の項と比較して微小であるから無視すると、

$$Q = \frac{dM}{dx} \tag{4.2}$$

となり、Q と M の関係について以下のことが言える。点 A および B の曲げモーメントおよびせん断力をそれぞれ M_A、M_B、Q_A、Q_B とする。

① せん断力は、曲げモーメントを微分した値（曲げモーメント図の傾き）である。
　M が一定のとき　⇒　せん断力　$Q =$ 0
　M が 1 次勾配のとき　⇒　せん断力　$Q =$ 一定

② $M_B > M_A$ のとき、曲げモーメントの増分勾配は $dM_B > 0$ となるから $Q_A > 0$ となる。よって、

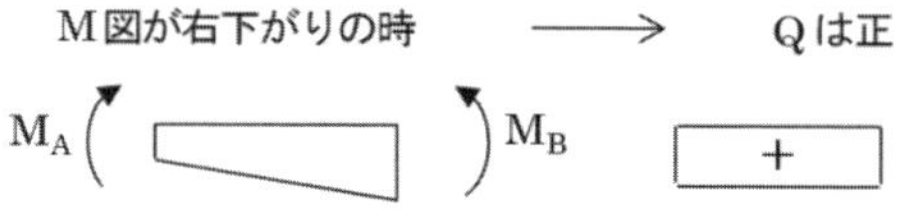

M図が右下がりの時
Qは正
MA
MB
+

③ $M_B < M_A$ のとき、曲げモーメントの増分勾配は $dM_B < 0$ となるから $Q_A < 0$ となる。

M図が右上がりの時
Qは負
MA
MB
−

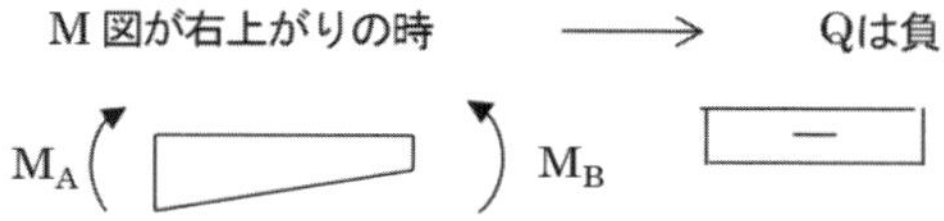

以上のように、曲げモーメント図（M 図）の傾きにより、せん断力の正負が容易に求められる。

4.4　片持梁の断面力

片持梁の断面力は、自由端側から考えると支点の反力を求めなくても求まる。

例題 1　集中荷重 P_1 と P_2 が作用する場合を考える（**例図 1**）。

a
b
P1
P2
A
B
C
x
ℓ

例図 1　集中荷重を受ける片持梁

集中荷重 P_1, P_2 が作用する区間によって断面力が変化するので、区間を分けて考える。

① AC 区間：釣合関係は常に成立するから、点 A より x 離れた断面で仮想に切り出して釣合を考える。

距離 x の位置での断面力を N_x, Q_x, M_x と表示し、断面力の方向を図示のように仮定する。

P1
A
Mx
Nx
Qx
x

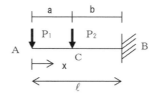

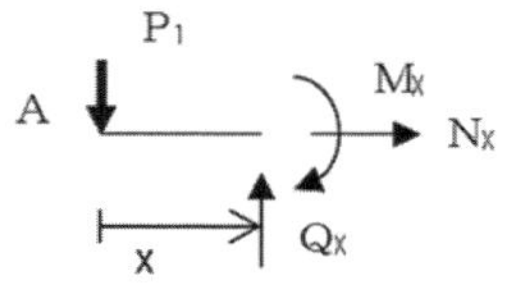

釣合式を考えると、

$\Sigma X = 0 \quad \Rightarrow \quad N_x = 0$

$\Sigma Y = 0 \quad \Rightarrow \quad P_1 - Q_x = 0 \qquad \therefore Q_x = P_1$

$\Sigma M_{(x)} = 0 \quad \Rightarrow \quad -P_1 x + M_x = 0 \qquad \therefore M_x = P_1 x$

得られた断面力の値がいずれも正または 0 の値であるので、断面力の仮定した方向は正しい。断面力は外力に抵抗して構造物を釣合状態にするので、断面力の仮定する方向は外力と反対になるように選定すると仮定した方向が正しくなる。

② CB 区間：自由端 A より x の位置での断面で仮想に切り出して釣合を考える。

距離 x での断面力 N_x, Q_x, M_x の方向を図示のように仮定し、釣合式を考えると、

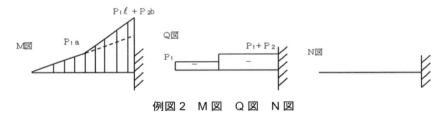

$\Sigma X = 0 \quad \Rightarrow \quad N_x = 0$

$\Sigma Y = 0 \quad \Rightarrow \quad P_1 + P_2 - Q_x = 0 \qquad \therefore Q_x = P_1 + P_2$

$\Sigma M_{(x)} = 0 \quad \Rightarrow \quad -P_1 x - P_2(x-a) + M_x = 0$

$\therefore M_x = P_1 x + P_2(x-a)$

得られた断面力の値が正または 0 の値であるので、断面力の仮定した方向が正しい。

③ 上述の結果に座標値 x を順に代入すると M 図、Q 図、N 図が求まる（**例図 2**）。

例図 2　M 図　Q 図　N 図

（注 1）M 図は引張側に書く。M_x の方向が正しいとき、梁の引張側に M 図が書かれている。
（注 2）Q 図には（＋）または（－）の符号が付いているので、Q 図を梁の上側または下側に書く規則はない。しかし、（－）を上側に書くときは、（＋）は下側に書いて区別する。

（参考）

反力と断面力の関係を**例図 3** について確認する。

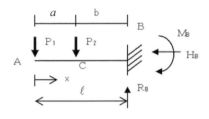

例図 3　反力と断面力

① 固定端 B での反力 H_B, R_B, M_B の方向を**例図 3** のように仮定する。
② 片持梁全体の釣合式より反力を求める。

$\Sigma X = 0 \quad \Rightarrow \quad H_B = 0$

$\Sigma Y = 0 \quad \Rightarrow \quad P_1 + P_2 - R_B = 0 \qquad \therefore R_B = P_1 + P_2$

$\Sigma M_{(B)} = 0 \quad \Rightarrow \quad -P_1 \ell - P_2 b + M_B = 0 \qquad \therefore M_B = P_1 \ell + P_2 b$

よって、反力 R_B は $x=\ell$ でのせん断力 Q に等しい。反力 M_B は $x=\ell$ での曲げモーメント M に等しい。

例題 2 集中荷重 $P_1 > P_2$ とする（例図 4）。

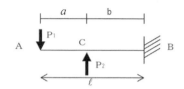

例図 4　集中荷重を受ける片持梁

① 例題 1 の結果で $P_2 \to -P_2$ とおけばよい。
② M 図、Q 図（例図 5）

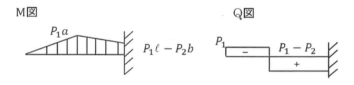

例図 5　M 図および Q 図

例題 3 等分布荷重が作用する場合を考える（例図 6）。

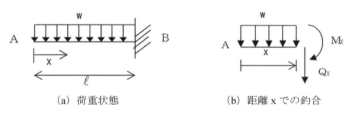

(a) 荷重状態　　　　(b) 距離 x での釣合

例図 6　等分布荷重を受ける片持梁

① 点 A から x の位置で断面を仮想に切り出して例図 6(b) の釣合を考える。
② 点 x での断面力 Q_x, M_x の方向を仮定する（この場合、軸力 $N_x = 0$ となる）。
③ 釣合式を考える。

$\Sigma Y = 0 \quad \Rightarrow \quad wx + Q_x = 0 \quad \therefore Q_x = -wx$（負は仮定した Q_x の方向が逆）

$\Sigma M_{(x)} = 0 \quad \Rightarrow \quad -wx \cdot \dfrac{x}{2} + M_x = 0 \quad \therefore M_x = \dfrac{wx^2}{2}$（正は仮定した方向が正しい）

④ M 図、Q 図（例図 7）

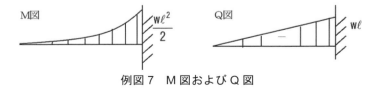

例図 7　M 図および Q 図

例題 4 曲げモーメントが作用する場合を考える（**例図 8**）。

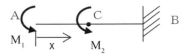

例図 8　曲げモーメントが作用する片持梁

① AC 区間：A 点から x の位置で部材を仮想に切り出して釣合を考える。

断面力 Q_x, M_x の方向を図のように仮定し、釣合式を考える。

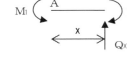

$$\Sigma Y = 0 \quad \Rightarrow \quad Q_x = 0$$
$$\Sigma M_{(x)} = 0 \quad \Rightarrow \quad -M_1 + M_x = 0 \quad \therefore M_x = M_1$$

仮定した断面力の方向は正しい。

② CB 区間：x の位置で部材を仮想に切り出して釣合を考える。

断面力 Q_x, M_x の方向を図のように仮定し、釣合式を考える。

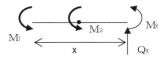

$$\Sigma Y = 0 \quad \Rightarrow \quad Q_x = 0$$
$$\Sigma M_{(x)} = 0 \quad \Rightarrow \quad -M_1 - M_2 - M_x = 0$$

$$\therefore M_x = -(M_1 + M_2) \quad (仮定した方向と逆)$$

③ M 図、Q 図（**例図 9**）

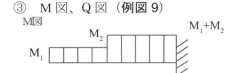
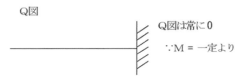

例図 9　M 図および Q 図

4.5 片持梁形式ラーメンの断面力

片持梁形式ラーメンは静定構造物であり、断面力は自由端から解く方が便利である。

例題 1　集中荷重 P が節点 C に作用する場合を考える（**例図 1**）。

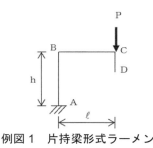

例図 1　片持梁形式ラーメン

① BC 区間：点 C から x の位置にある部材を切り出し釣合を考える。

断面力の方向を仮定し、釣合式を考える。

$$\Sigma X = 0 \quad \Rightarrow \quad N_x = 0$$
$$\Sigma Y = 0 \quad \Rightarrow \quad Q_x = P$$

$$\Sigma M_{(B)} = 0 \Rightarrow \quad M_x = Px$$

断面力はいずれも正であるので、仮定した断面力の方向は正しい。

② BA区間：点Bからxの位置にある部材を切り出し、釣合を考える。
断面力の方向を図のように仮定し、釣合式を考える。

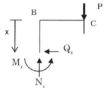

$$\Sigma X = 0 \quad \Rightarrow \quad Q_x = 0$$
$$\Sigma Y = 0 \quad \Rightarrow \quad N_x = P$$
$$\Sigma M_{(x)} = 0 \Rightarrow \quad M_x = P\ell$$

断面力はいずれも正または0であるので、仮定した断面力の方向は正しい。

③ M図、Q図、N図（例図2）

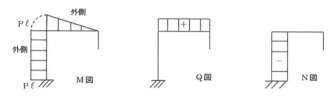

例図2　M図、Q図およびN図

（注）ラーメンの特色は、ラーメンの節点に外力として曲げモーメントが作用しない場合、節点に関して片側の部材の曲げモーメントが外側（内側）のとき、一方の部材の曲げモーメントも外側（内側）に出る。これは釣合を満足していることを示している。

例題 2　集中荷重 P_1 および P_2 が作用する場合を考える（例図3）。

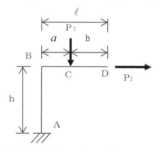

例図3　集中荷重が作用する片持梁形式ラーメン

① CD区間：点Dからxの位置で切り出した部材の釣合を考える。
断面力の方向を図のように仮定し、釣合式を考える。

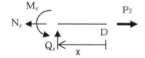

$$\Sigma X = 0 \quad \Rightarrow \quad N_x = P_2$$
$$\Sigma Y = 0 \quad \Rightarrow \quad Q_x = 0$$
$$\Sigma M_{(X)} = 0 \Rightarrow \quad M_x = 0$$

断面力は正または0なので、仮定した断面力の方向は正しい。

② BC区間：点Dからxの位置で切り出した部材の釣合を考える。
断面力の方向を仮定し、釣合式を考える。

$$\Sigma X = 0 \quad \Rightarrow \quad N_x = P_2$$
$$\Sigma Y = 0 \quad \Rightarrow \quad Q_x = P_1$$
$$\Sigma M_{(X)} = 0 \quad \Rightarrow \quad M_x = P_1(x-b)$$

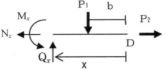

断面力は正であるので、仮定した断面力の方向は正しい。

③ BA 区間：点 B から x の位置で切り出した部材の釣合を考える。

断面力の方向を仮定し、釣合式を考える。

$$\Sigma X = 0 \quad \Rightarrow \quad Q_x = P_2$$
$$\Sigma Y = 0 \quad \Rightarrow \quad N_x = P_1$$
$$\Sigma M_{(X)} = 0 \quad \Rightarrow \quad P_1 a + P_2 x - M_x = 0$$
$$\therefore M_x = P_1 a + P_2 x$$

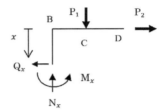

断面力は正であるので、仮定した断面力の方向は正しい。

④ M 図、Q 図、N 図（**例図 2**）

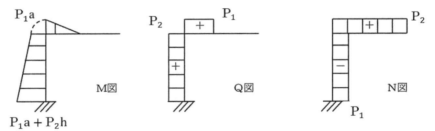

例図 2　M 図、Q 図および N 図

4.6　単純支持梁の断面力

単純支持梁の断面力は、最初に支点の反力を求め、次に、得られた支点反力を外力のように考えて支点から解法すると、片持梁と同様な方法で求まる。

例題 1　集中荷重が作用する単純支持梁を考える（**例図 1**）。

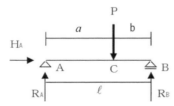

例図 1　集中荷重が作用する単純支持梁

① 支点 A および B の反力 R_A, H_A, R_B を求める。反力の方向を図のように仮定し、釣合式を考える。

$$\Sigma X = 0 \quad \Rightarrow \quad H_A = 0$$
$$\Sigma M_{(B)} = 0 \quad \Rightarrow \quad R_A \ell - Pb = 0 \quad \therefore R_A = \frac{Pb}{\ell}$$

$$\Sigma M_{(A)} = 0 \Rightarrow -R_B \ell + Pa = 0 \quad \therefore R_B = \frac{Pa}{\ell}$$

反力の値はすべて正で得られたので、反力の仮定した方向は正しい。

② AC 区間：支点 A から x の位置で仮想に切り出した部材の釣合を考える。

点 x での断面力 N_x, Q_x, M_x の方向を図のように仮定し、釣合式を考える。

$$\Sigma X = 0 \quad \Rightarrow \quad N_x = 0$$

$$\Sigma Y = 0 \quad \Rightarrow \quad -R_A + Q_x = 0 \quad \therefore Q_x = R_A = \frac{Pb}{\ell}$$

$$\Sigma M_{(X)} = 0 \quad \Rightarrow \quad R_A x - M_x = 0 \quad \therefore M_x = R_A x = \frac{Pbx}{\ell}$$

断面力が正であるので、仮定した断面力の方向は正しい。

③ CB 区間：支点 A から x の位置で仮想に切り出した部材の釣合を考える。

点 x での断面力 N_x, Q_x, M_x の方向を仮定し、釣合式を考える。

$$\Sigma X = 0 \quad \Rightarrow \quad N_x = 0$$

$$\Sigma Y = 0 \quad \Rightarrow \quad -R_A + P - Q_x = 0$$

$$\therefore Q_x = -R_A + P = \frac{Pa}{\ell}$$

$$\Sigma M_{(X)} = 0 \quad \Rightarrow \quad R_A x - P(x-a) - M_x = 0$$

$$\therefore M_x = R_A x - P(x-a) = \frac{Pbx}{\ell} - P(x-a)$$

Q_x, M_x が正であるので、仮定した断面力の方向は正しい。

④ M 図、Q 図（**例図 2**）

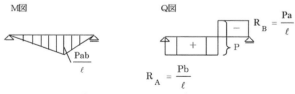

例図 2 M 図および Q 図

（注）支点 A および B はピンおよびローラーであり、曲げモーメントを拘束していないので、両支点での M 図は 0 であることに留意する。また、荷重の作用点 C の微小長さでは、下図のように、両隣の梁のせん断力 Q_A と Q_B と大きさ等しく、方向が反対のせん断力が作用し、その合計の上向きのせん断力が荷重 P と釣合う（**例図 3**）。

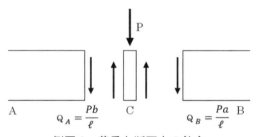

例図 3 荷重と断面力の釣合

例題 2　2 点に集中荷重を受ける単純支持梁を考える（例図 4）。

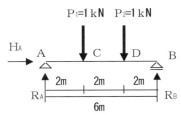

例図 4　集中荷重が作用する単純支持梁

① 支点 A と B の反力 R_A, H_A, R_B を求める。反力の方向を**例図 4** のように仮定し、釣合式を考える。

$\Sigma X = 0 \quad \Rightarrow \quad H_A = 0$

$\Sigma M_{(B)} = 0 \quad \Rightarrow \quad 6R_A - 4P_1 - 2P_2 = 0 \quad \therefore R_A = \dfrac{4P_1 + 2P_2}{6} = 1\,\text{kN}$

$\Sigma M_{(A)} = 0 \quad \Rightarrow \quad 2P_1 + 4P_2 - 6R_B = 0 \quad \therefore R_B = \dfrac{2P_1 + 4P_2}{6} = 1\,\text{kN}$

反力 R_A および R_B はいずれも正であり、反力の仮定した方向は正しい。

② 集中荷重が 2 点に作用するので、検討区間を AC 区間、CB 区間、DB 区間に分けて考える。

③ AC 区間：支点 A から x の位置で切り出した部材の点 x での断面力 N_x, Q_x, M_x の方向を図のように仮定し、釣合式を考える。

$\Sigma X = 0 \quad \Rightarrow \quad N_x + H_A = 0 \quad \therefore N_x = -H_A = 0$

$\Sigma Y = 0 \quad \Rightarrow \quad -R_A + Q_x = 0 \quad \therefore Q_x = R_A = 1\,\text{kN}$

$\Sigma M_{(X)} = 0 \quad \Rightarrow \quad R_A x - M_x = 0 \quad \therefore M_x = R_A x = 1\,\text{kN} \cdot x$

断面力はいずれも正であるので、仮定した断面力の方向は正しい。

④ CD 区間：支点 A から x の位置で切り出した部材の点 x での断面力 N_x, Q_x, M_x の方向を図のように仮定し、釣合式を考える。

$\Sigma Y = 0 \quad \Rightarrow \quad -R_A + P_1 - Q_x = 0 \quad \therefore Q_x = -R_A + P_1 = -1 + 1 = 0$

$\Sigma M_{(X)} = 0 \quad \Rightarrow \quad R_A x - P_1(x-2) - M_x = 0$

$\therefore M_x = R_A x - P_1(x-2) = 1x - 1(x-2) = 2$

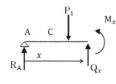

仮定した断面力の方向は正しい。

⑤ DB 区間：支点 B より x の位置で切り出した部材の点 x での断面力 N_x, Q_x, M_x の方向を仮定し、釣合式を考える。

$\Sigma Y = 0 \quad \Rightarrow \quad -R_B + Q_x = 0 \quad \therefore Q_x = R_B = 1\,\text{kN}$

$\Sigma M_{(X)} = 0 \quad \Rightarrow \quad -R_B x + M_x = 0 \quad \therefore M_x = R_B x = x$

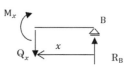

・仮定した断面力の方向は正しい。

（注）支点 A より x の位置での釣合を求めても上記の結果が得られる。

$$\Sigma Y = 0 \quad \Rightarrow \quad -R_A + P_1 + P_2 - Q_x = 0 \quad \therefore Q_x = 1 \text{ kN}$$
$$\Sigma M_{(X)} = 0 \quad \Rightarrow \quad R_A x - P_1(x-2) - P_2(x-4) - M_x = 0$$
$$\therefore M_x = x - 1(x-2) - 1(x-4) = -x + 6$$

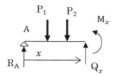

⑥ M図、Q図（例図5）

例図5　M図およびQ図

例題3　等分布荷重が作用する場合を考える（例図6）。

① 支点AおよびBでの反力を求める。反力の方向を例図6のように仮定する。x方向に荷重が作用しないので、$\Sigma X = 0$が成立し、$H_A = 0$となる。

$$\Sigma M_{(B)} = 0 \quad \Rightarrow \quad R_A \ell - (w\ell)\frac{\ell}{2} = 0 \quad \therefore R_A = \frac{w\ell}{2}$$
$$\Sigma M_{(A)} = 0 \quad \Rightarrow \quad (w\ell)\frac{\ell}{2} - R_B \ell = 0 \quad \therefore R_B = \frac{w\ell}{2}$$

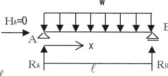

例図6　単純支持梁

反力はすべて正の値で得られたので、反力の仮定した方向は正しい。

② 支点Aからxの位置での釣合を考える。点xでの断面力 N_x, Q_x, M_x の方向を図のように仮定し、釣合式を考える。

$$\Sigma Y = 0 \quad \Rightarrow \quad -R_A + Q_x + wx = 0 \quad \therefore Q_x = \frac{w\ell}{2} - wx$$

$$\Sigma M_{(X)} = 0 \quad \Rightarrow \quad R_A x - (wx)\frac{x}{2} + M_x = 0 \quad \therefore M_x = -\frac{w\ell x}{2} + \frac{wx^2}{2}$$

③ M図、Q図（例図7）

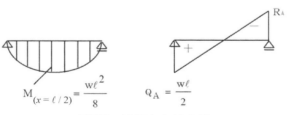

例図7　M図およびQ図

（注）荷重には集中荷重と分布荷重とがある。いま、同じ荷重の大きさを集中荷重と等分布荷重の状態で単純支持梁に作用したときのモーメント分布を比較する。例題3の等分布荷重が例題1の集中荷重に等しくおくと、$P = w\ell$ となるので、梁の中央 $x = \ell/2$ でのMの値は次の値となる。

(集中荷重の場合) $\quad M_{\left(x=\frac{\ell}{2}\right)} = \frac{w\ell}{2} \cdot \frac{\ell}{2} = \frac{w\ell^2}{4}$

(等分布荷重の場合) $\quad M_{\left(x=\frac{\ell}{2}\right)} = \frac{w\ell^2}{8}$

荷重が等分布に作用すると、梁に生じる最大曲げモーメントは集中荷重の場合の半分になる。支点の反力は共に $w\ell/2$ で変わらない。

4.7 単純支持梁形式ラーメンの断面力

単純支持梁と同様に梁がラーメン形式となる単純支持梁形式ラーメンの場合も静定構造物であり、容易に計算できる。

例題 集中荷重が点 D に作用する場合を考える。

① 反力を求める。反力の方向を図のように仮定し、釣合式を求める。

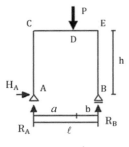

$\sum X = 0 \quad \Rightarrow \quad H_A = 0$

$\sum M_{(B)} = 0 \quad \Rightarrow \quad R_A \ell - Pb = 0 \quad \therefore R_A = \frac{Pb}{\ell}$

$\sum M_{(A)} = 0 \quad \Rightarrow \quad -R_B \ell + Pa = 0 \quad \therefore R_B = \frac{Pa}{\ell}$

反力はいずれも正であるので、仮定した方向は正しい。

② AC 区間:支点 A より x の位置での断面力 N_x, Q_x, M_x の方向を図のように仮定し、釣合式を考える。

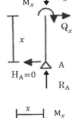

$\sum X = 0 \quad \Rightarrow \quad Q_x = H_A = 0$

$\sum Y = 0 \quad \Rightarrow \quad N_x = R_A$

$\sum M_{(X)} = 0 \quad \Rightarrow \quad M_x = -H_A x = 0$

③ CD 区間:点 C より x の位置での断面力の方向を仮定し、釣合式を考える。

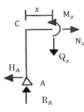

$\sum X = 0 \quad \Rightarrow \quad N_x = H_A = 0$

$\sum Y = 0 \quad \Rightarrow \quad Q_x = R_A$

$\sum M_{(X)} = 0 \quad \Rightarrow \quad M_x = H_A h + R_A x = \frac{Pb}{\ell} x$

④ DE 区間:点 C より x の位置での断面力の方向を仮定し、釣合式を考える。

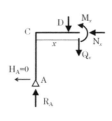

$\sum X = 0 \quad \Rightarrow \quad N_x = 0$

$\sum Y = 0 \quad \Rightarrow \quad -R_A + P + Q_x = 0$

$\therefore Q_x = R_A - P = \frac{Pb}{\ell} - P = -\frac{Pa}{\ell}$

$\sum M_{(X)} = 0 \quad \Rightarrow \quad R_A x - P(x-a) - M_x = 0$

$\therefore M_x = R_A x - P(x-a)$

(注)反力がわかっているので、点 E から x の位置での釣合を考える方が便利。

$\sum X = 0 \quad \Rightarrow \quad N_x = 0$

$\sum Y = 0 \quad \Rightarrow \quad -R_B + Q_x = 0 \quad \therefore Q_x = R_B = \dfrac{Pa}{\ell}$

$\sum M_{(X)} = 0 \quad \Rightarrow \quad M_x - R_B x = 0 \quad \therefore M_x = \dfrac{Pa}{\ell} x$

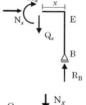

⑤ BE区間：点Bからxの位置での部材の釣合を考える。

$\sum X = 0 \quad \Rightarrow \quad Q_x = 0$

$\sum Y = 0 \quad \Rightarrow \quad N_x = R_B = \dfrac{Pa}{\ell}$

$\sum M_{(X)} = 0 \quad \Rightarrow \quad M_x = 0$

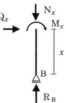

⑥ M図、Q図、N図（**例図1**）

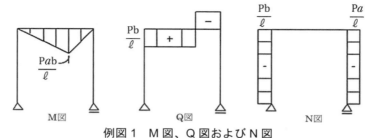

例図1　M図、Q図およびN図

4.8　3ピン式ラーメン

3ピン式ラーメンの解法は、最初に反力を求める。既に3.3節(3)で述べたように、反力の数は4個であるから、構造物全体の釣合式およびピン節点の条件を使用する。反力が求まると断面力は前述した方法と同様に求まる。

例題　集中荷重が作用する場合を考える。

① 反力を求める。図のように反力の方向を仮定し、釣合式を考える。

$\sum X = 0 \quad \Rightarrow \quad P - H_A - H_B = 0$

$\sum Y = 0 \quad \Rightarrow \quad R_A - R_B = 0$

$\sum M_{(A)} = 0 \quad \Rightarrow \quad Ph - R_B \ell = 0$

構面IIに対して点Dでのモーメント＝0より、$\sum M_{(D)} = 0 \quad \Rightarrow \quad H_B h = 0$

よって反力が求まる。$H_A = P$; $H_B = 0$; $R_A = R_B = \dfrac{Ph}{\ell}$

反力はいずれも正または0であり、反力の仮定した方向は正しい。

② 部材AC：支点Aからxの位置での断面力の方向を図のように仮定し、釣合式を求める。

$\sum X = 0 \quad \Rightarrow \quad Q_x = H_A = P$

$\sum Y = 0 \quad \Rightarrow \quad N_x = R_A = Ph/\ell$

$\sum M_{(X)} = 0 \quad \Rightarrow \quad M_x = H_A x = Px$

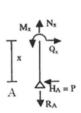

③ 部材 CD：支点 C から x の位置での断面力の方向を仮定
し、釣合式を求める。

$\sum X = 0 \quad \Rightarrow \quad N_x = H_A - P$

$\sum Y = 0 \quad \Rightarrow \quad Q_x = R_A$

$\sum M_{(X)} = 0 \quad \Rightarrow \quad M_x = H_A h - R_A x = Ph - \dfrac{Phx}{\ell}$

④ 部材 DB：支点 B より x の位置での断面力の方向を仮定
し、釣合式を考える。

$\sum X = 0 \quad \Rightarrow \quad Q_x = 0$

$\sum Y = 0 \quad \Rightarrow \quad N_x = R_B = \dfrac{Ph}{\ell}$

$\sum M_{(X)} = 0 \quad \Rightarrow \quad M_x = H_B x = 0$

⑤ M 図、Q 図、N 図（例図 1）

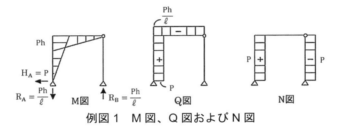

例図 1　M 図、Q 図および N 図

4.9　複雑な静定ラーメン

静定構造物が結合した構造物の解法は、順次静定構造部分を解き、その反力の反対
が他の支持構造に対して外力のように作用するとして解く。

例題 1　片持梁の結合

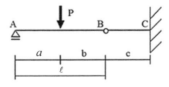

① AB 部材を切り出し、点 B の断面力 X_B, Y_B を求める。
反力および断面力の方向を図のように仮定し、釣合式を
考える。

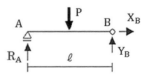

$\sum X = 0 \quad \Rightarrow \quad X_B = 0$

$\sum M_{(B)} = 0 \quad \Rightarrow \quad R_A \ell - Pb = 0 \qquad \therefore R_A = \dfrac{Pb}{\ell}$

$\sum Y = 0 \quad \Rightarrow \quad P - R_A - Y_B = 0 \qquad \therefore Y_B = \dfrac{Pa}{\ell}$

反力はいずれも正または0であり、仮定した方向は正しい。
② 作用および反作用の原理より、点 B の支点反力 X_B, Y_B の反対向きが、片持梁 BC の点 B に外力として作用する。

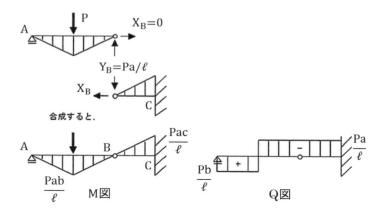

例題 2 単純支持梁形式ラーメンの重ね合わせ

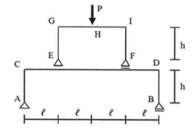

上部の単純梁形式ラーメンを解き、その反力が逆に、下部の単純梁形式ラーメンの荷重として作用する。

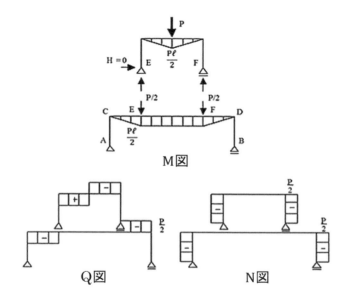

4.10 安定・不安定・静定・不静定の判定式

　支点の反力が3個未満の場合には、構造物は釣合を保てなく不安定になる。また、トラスの場合には、構造部材が三角形を形成していないと不安定になる。構造物が安定か不安定か、さらに、静定構造物か不静定構造物かの判定は、各節点（支点を含める）の構造部材の断面力の数（未知数）の総和と、釣合式の数（式の数）の総和を比較して決定される。

　部材の両端の支持条件により未知数が変わるが、釣合式は部材ごとに3個ある。構造物が、**表4-2**に示すように部材の両節点の拘束条件により、剛接－剛接の部材がs_1個、剛接－ピンがs_2個、ピン－ピンがs_3個から構成されている場合を考える。支点の反力数をtとする。

表4-2　未知数と釣合式の数

部材	未知数	釣合式の数
・剛接－剛接　s_1個 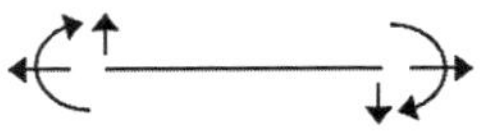	$6 \times s_1$	$3 \times s_1$
・剛接－ピン　s_2個 	$5 \times s_2$	$3 \times s_2$
・ピン－ピン　s_3個 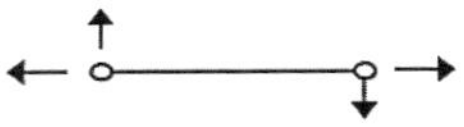	$4 \times s_3$	$3 \times s_3$
	支点の反力数 t	剛節点　$3 \times k_1$ ピン節点　$2 \times k_2$

$$\text{骨組の未知数の数} = 6s_1 + 5s_2 + 4s_3 + t \qquad 式①$$
$$\text{力の釣合式の数} = 3(s_1 + s_2 + s_3) + 3k_1 + 2k_2 \qquad 式②$$

未知数と式の数の差をmで表すと、

$$\begin{aligned} m &= (\text{骨組の未知数の数①}) - (\text{力の釣合式の数②}) \\ &= 3s_1 + 2s_2 + s_3 + t - 3k_1 - 2k_2 \qquad 式③ \end{aligned}$$

となる。ここで次の表示を用いる。

$s = s_1 + s_2 + s_3$　　　全部材数（一端が自由端の部材も部材数に数える）
$k = k_1 + k_2$　　　全節点数（自由端および支点も節点数に数える）
$r = 2s_1 + s_2 - k_1$　　剛接数

剛接数は、節点に剛接されている部材の数を示す（**図4-4** 参照）。

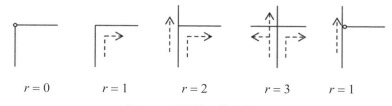

図 4-4　剛接数の数え方

以上のように表示すると、式③は次式となる。

$$m = r + s + t - 2k \tag{4.3}$$

この m の値より、構造物の安定・不安定および静定・不静定が判別できる。

- $m < 0$　　不安定構造
- $m = 0$　　静定構造
- $m > 0$　　m 次不静定構造　　（$m =$ 不静定次数）

例題　判定式(4.3)を用いて構造物の判定を行う。

①

剛接数 $r = 1$　全部材数 $s = 3$　反力数 $t = 3$　節点数 $k = 4$
$m = 1 + 3 + 3 - 2 \times 4 = -1 < 0$　　∴ 不安定構造物

②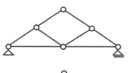

剛接数 $r = 0$　全部材数 $s = 8$　反力数 $t = 3$　節点数 $k = 6$
$m = 0 + 8 + 3 - 2 \times 6 = -1 < 0$　　∴ 不安定構造物

③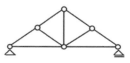

剛接数 $r = 0$　全部材数 $s = 9$　反力数 $t = 3$　節点数 $k = 6$
$m = 0 + 9 + 3 - 2 \times 6 = 0$　　∴ 静定構造物

④

剛接数 $r = 2$　全部材数 $s = 4$　反力数 $t = 4$　節点数 $k = 5$
$m = 2 + 4 + 4 - 2 \times 5 = 0$　　∴ 静定構造物

（注）点線の矢印は剛接数の数え方を示す。

⑤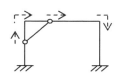

剛接数 $r = 4$　全部材数 $s = 6$　反力数 $t = 6$　節点数 $k = 6$
$m = 4 + 6 + 6 - 2 \times 6 = 4 > 0$　　∴ 4 次不静定構造

第 5 章　静定トラスの断面力

5.1　静定トラス

　トラスは、構造部材が三角形を構成するように配置され、各部材は軸方向力のみで荷重を支持する構造形式である。各節点はピン接合であり、トラスの各部材の名称は**図 5-1** に示す。陸梁と合掌材とは同じ断面の部材を使用し、斜材および垂直材はサイズが半分になる場合が多い。垂直材で区切られた区間をパネルと呼び、**図 5-1** では 6 パネルのトラスである。トラスのスパンが長くなると各部材の長さが長くなり、圧縮材は座屈を発生しやすいので、パネル数を多くして部材長さを短くする。トラスは部材と節点が多いことから、施工が面倒である。H 形鋼等の普及によりトラス構造は減少する傾向にあるが、スパンが大きい場合は大断面を用いたトラス構造が使用される。近年は、静定トラスでなく不静定トラスをユニット化させたシステムトラス（立体トラス）が普及している。

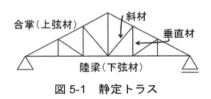

図 5-1　静定トラス

　山形トラスの場合、屋根勾配は水平距離 10 に対して、例えば高さが 3 の場合 3 寸勾配と呼ぶ。

5.2　解析上の仮定および断面力の正負

　トラスの解析に際して次の仮定を使用する。
① 節点を結ぶ部材は直線で構成し、トラス形状はトラスの部材の材軸と一致する。
② 節点は摩擦のないピンである。
③ 外力はすべて節点に作用する。
④ 微小変形である（釣合は変形前の位置で考えればよい）。

　部材の軸方向力の正負は、圧縮状態を負、引張状態を正とする。また正負の表記方向は、**図 5-2** のように、部材の軸方向力を示す矢印が節点を押す場合を負（圧縮）、逆の場合を正（引張）とする。

図 5-2 軸方向力の正負

5.3 トラスの軸方向力に関する諸性状

トラスは各節点で 2 個の釣合式 $\varSigma X=0$、$\varSigma Y=0$ を持つことから、荷重の作用状況により軸方向力を容易に見いだせる。

① 節点に集まる部材が 2 個でかつ、この節点に外力が作用しないとき、節点での釣合式 $\varSigma X=0$、$\varSigma Y=0$ より、この 2 部材の軸方向力は 0 である（**図 5-3** の○印の部材は軸方向力＝0 である）。

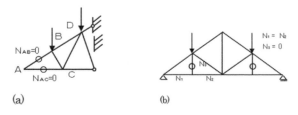

図 5-3 軸方向力が 0 の部材

② 節点に 3 個の部材が集まり、そのうちの 2 個の部材が一直線上にあり、かつ、節点に外力が作用しないとき（**図 5-3(b)** および**図 5-4(a)**）、節点での釣合式 $\varSigma X=0$、$\varSigma Y=0$ より、直線上にある 2 個の軸方向力は等しい。他の 1 部材の軸方向力は 0 である。

③ 部材が**図 5-4(b)** のように一直線で交差するとき、直線上にある 2 個の軸方向力は等しい。

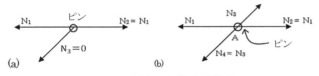

図 5-4 直線で交差する場合

・N_4 の代わりに外力 P が作用するとき（**図 5-5**）⇒ $N_3=P$ となる。

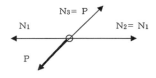

図 5-5 直線で交差する部材と外力の場合

例題 下図のトラスの軸方向力が 0 の部材は○印の部材である。

(1)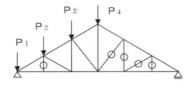

(2)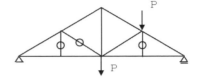

5.4 解法の種類

　トラスの解法には、下記のように概ね①〜④の方法があるが、①および④が実用的である。コンピュータの普及により最近ではマトリックス法およびFEM（有限要素法）により解析する場合が多く、①の図式解法は送電線鉄塔等の分野に限定されている。図式解法は、途中の計算が誤っていると釣合が閉じない空間となり、誤りをすぐに見つけることができる。

節点の釣合条件による方法
① 図式解法（Cremonaの図解法）… 示力図が閉じる。
② 数式解法 … $\varSigma X=0$、$\varSigma Y=0$

構面の釣合条件による方法
③ 図式解法（Cremonaの図解法）… 示力図・連力図が閉じる。
④ 数式解法（Ritterの切断法）… $\varSigma X=0$、$\varSigma Y=0$、$\varSigma M=0$

以下、①と④の方法について説明する。

5.5 Cremonaの図解法

　トラスの部材軸力は、示力図を重ねて書くことによりコンパクトに求めることができる。各節点での釣合式は2個であるから、未知な部材の数が2個あれば求まる。これを各節点ごとに図解法で順次求めていくのがCremonaの図解法である。荷重の大きさを適当なスケールで表示し、図が大きいほど精度が良い。

［作図法］
① 部材および外力により区切られた空間を順に番号を付ける。部材の名称はトラス部材の軸をまたぐ空間と空間の名称で規定する。
② 支点または自由端より順次、示力図を書き軸方向力を求める。このとき、反力がある場合は反力も含めて示力図を書く。外力の大きさを適切なスケールで決める。
③ Cremonaの図の長さを測って、部材の軸方向力の大きさを決める。
④ Cremonaの図の順路より、力の方向（圧縮か引張）を決める。部材の軸方向力が節点に対して作用する方向を**図5-2**より判断して、圧縮または引張と定義する。

例題 1　片持梁式トラス

① 節点荷重を含めた部材間の空間に番号 1, 2, 3,… 6 を付ける。

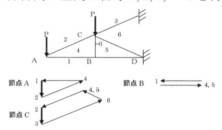

② 各節点ごとの示力図を、まとめて下図のように表記すれば便利である。これが Cremona の図である。

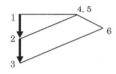

③ 示力図の経路に沿って各節点ごとに矢印を付け、矢印が節点を圧縮するか引張るかで当該部材の圧縮と引張を決定する（**図 5-2** 参照）。各部材の軸方向力は、Cremona の図より長さを測り換算する。

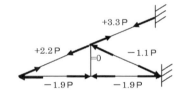

例題 2　単純支持梁式トラス

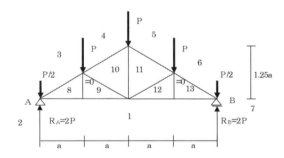

① 最初に支点反力を求めておく。反力 $R_A = R_B = 2P$
（注）反力を図式解法で求めてもよい。
② 空間に番号 1～13 を付ける。

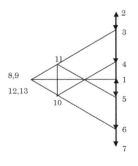

(参考)
架構および外力が対称であるから、半分のみを解いてもよい。Cremona の図より、部材の軸方向力の大きさと向きを測る。

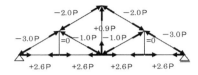

5.6 Ritter の切断法

Ritter の切断法は、トラスの任意の材の軸方向力を直接に求めることができるので便利である。通常、トラスの部材は同じ構造部位では同一断面を使用するので、最大軸方向力で断面を決定すれば、他の部分では安全になる。

[**解法順序**]

① 片持梁形式のトラス以外の単純支持梁形式のトラスでは、支点の反力を構造物全体の釣合式 $\Sigma X=0$、$\Sigma M_{(A)}=0$、$\Sigma M_{(B)}=0$ より求める。ここに、A および B は支点を示す。

② 軸方向力を求めたい部材が 3 個以下になるように、部材を仮想に切断し(**図 5-6**)、トラス全体を 2 つの構面に分ける（静定トラスでは釣合式は 3 個なので、切断する部材を 3 個以下にする必要がある）。

③ 構面のいずれか一方について、力の釣合条件（一般には $\Sigma M=0$）を用いて、軸方向力を求める。未知な部材の軸方向力のみを単独で求めたい場合は、他の 2 個の未知な部材の軸方向力が交差する節点でのモーメントの釣合を考える。

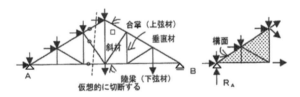

図 5-6　Ritter の切断法

例題 1　片持梁式トラスの場合（例図 1）

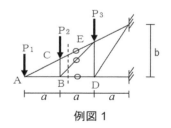
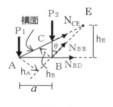

例図 1　　　　　　例図 2

① ○印の部材の軸方向力を求めるために**例図1**の破線位置でトラスを仮想に切断する（**例図2**）。部材の未知数は3個以内になる位置で切断する。
② 求めたい部材力 N_{CE}、N_{BD}、N_{BE} の方向を仮定する。未知な軸方向力は常に引張方向を仮定し、結果が負となれば圧縮に変更した方が便利である。
③ N_{CE} を求めるため、点 B でのモーメントの釣合 $\Sigma M_{(B)}=0$ を考える。

$$\Sigma M_{(B)} = -P_1 a + N_{CE} \cdot h_B = 0 \qquad \therefore N_{CE} = \frac{P_1 a}{h_B} \quad \text{（引張）}$$

ここに、$h_B=$ 点 B から部材 AC に下した垂線の長さ。

（注）N_{BE} と N_{BD} は点 B で交差するので、点 B のモーメントを考えると、その節点に作用する N_{BE} および N_{BD} によるモーメントは 0 となり、N_{CE} のみの式となる。

④ N_{BD} を求めるため、点 E のモーメント $\Sigma M_{(E)}=0$ を考える。

$$\Sigma M_{(E)} = -P_1 \cdot 2a - P_2 \cdot a - N_{BD} \cdot h_E = 0 \qquad \therefore N_{BD} = -\frac{1}{h_E}(2P_1 a + P_2 a) \quad \text{（圧縮）}$$

ここに、$h_E=$ 点 E から部材 BD に下した垂線の長さ。

（注）N_{BD} の値が負となることは、仮定した方向と逆であることを示す。いま、N_{BD} は引張と仮定したので圧縮となる。

⑤ N_{BE} を求めるため、点 A のモーメント $\Sigma M_{(A)}=0$ を考える。

$$\Sigma M_{(A)} = P_2 \cdot a - N_{BE} \cdot h_A = 0 \qquad \therefore N_{BE} = \frac{P_2 a}{h_A} \quad \text{（引張）}$$

ここに、$h_A=$ 点 A から部材 BE に下した垂線の長さ。

例題 2　単純支持梁形式トラスの場合（**例図3**）

部材 DF、CF、CE の軸方向力を求める。トラスが単純支持梁形式であるので、支点反力を先に求めて、Ritter の切断法を用いて必要とする部材の軸方向力を求める。求めた支点反力は、外力のように扱う。

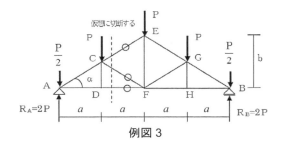

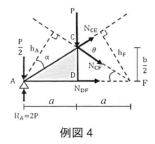

例図 3　　　　　　　　　　　例図 4

① 支点 A、B の反力 R_A、R_B を求める。鉛直荷重のみが作用するので、$H_A=0$
　$R_A = R_B = 2P$
② ○印の部材の軸力を求めるため、**例図4**のように仮想に切断して、軸方向力を図のように仮定する。
③ N_{CE} を求めるため、他の未知な軸方向力の交点 F でのモーメント $\Sigma M_{(F)}=0$ を考える。

$$\Sigma M_{(F)} = 2P \cdot 2a - \frac{P}{2} \cdot 2a - P \cdot a + N_{CE} \cdot h_F = 0 \qquad \therefore N_{CE} = -\frac{2Pa}{h_F} \quad (圧縮)$$

ここに、h_F = 点 F から部材 AC に下した垂線の長さ。

④ N_{DF} を求めるため、点 C でのモーメント $\Sigma M_{(C)}=0$ を考える。

$$\Sigma M_{(C)} = 2P \cdot a - \frac{P}{2} \cdot a - N_{DF} \cdot \frac{b}{2} = 0 \qquad \therefore N_{DF} = \frac{3Pa}{b} \quad (引張)$$

⑤ N_{CF} を求めるため、点 A でのモーメント $\Sigma M_{(A)}=0$ を考える。

$$\Sigma M_{(A)} = P \cdot a + N_{CF} \cdot h_A = 0 \quad \therefore N_{CF} = -\frac{Pa}{h_A} = -\frac{Pa}{2a\,\sin\alpha} = -\frac{P}{2\,\sin\alpha} \quad (圧縮)$$

ここに、h_A = 点 A から部材 CF に下した垂線の長さ。

例題 3　平行弦トラスの場合

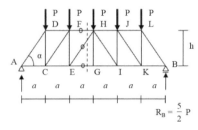

例図 5

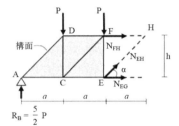

例図 6

① 支点 A、B の反力 R_A、R_B を求める（**例図 5**）。対称な垂直荷重のみが作用するので、$H_A=0$ である。

$$R_A = R_B = \frac{5}{2}P$$

② ○印の部材の軸方向力を求めるため、**例図 6** のように仮想に切断して、軸方向力を図のように仮定する。未知な軸方向力は 3 個である。

③ N_{FH} を求めるため、点 E でのモーメント $\Sigma M_{(E)}=0$ を考える。

$$\Sigma M_{(E)} = \frac{5}{2}P \cdot 2a - P \cdot a + N_{FH} \cdot h = 0 \qquad \therefore N_{FH} = -\frac{4Pa}{h} \quad (圧縮)$$

④ N_{EG} を求めるため、点 H でのモーメント $\Sigma M_{(H)}=0$ を考える。

$$\Sigma M_{(H)} = \frac{5}{2}P \cdot 3a - P \cdot 2a - P \cdot a - N_{EG} \cdot h = 0 \qquad \therefore N_{EG} = \frac{9Pa}{2h} \quad (引張)$$

⑤ N_{EH} を求める。この場合、N_{FH} と N_{EG} は平行であるから、交点を求めることはできない。よって、交点でのモーメント $\Sigma M=0$ の代わりに、構面における $\Sigma Y=0$ の釣合より、N_{EH} を求める。

$$\Sigma Y = -\frac{5}{2}P + P + P - N_{EH} \sin\alpha = 0 \qquad \therefore N_{EH} = -\frac{P}{2}\frac{1}{\sin\alpha} \quad (圧縮)$$

5.7 M図・Q図を利用した平行弦トラスの近似解法

5.6節の例題3より、**図5-7**の平行弦トラスの力学的性状は次のように求まる。この方法は、トラス部材の軸方向力を概算する際に便利である。平行弦トラスの場合、上弦材および下弦材の部材断面は同じサイズを使用するので、最大軸方向力を求めればトラスの部材断面は決定できる。

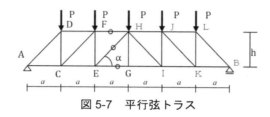

図5-7 平行弦トラス

トラスを単純支持梁に置換して、梁の曲げモーメントを求める。
① 上弦材の軸方向力 N_{FH} は、単純支持梁の点Eでの曲げモーメントをトラスの高さ h で割った値である。
② 下弦材の軸方向力 N_{EG} は、単純支持梁の点Gでの曲げモーメントをトラスの高さ h で割った値である。
③ 上弦材、下弦材の軸方向力は単純支持梁ABの曲げモーメントをトラスの高さ h で割ったM/h図より求まる。M図の書かれている側の弦材が引張になり、反対側の弦材は圧縮となる（**図5-8、図5-9**）。

（注）上記の弦材に対する①および②は、斜材の向きにより異なる。

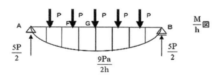

図5-8 等価荷重を受ける単純支持梁

（参考）
　点Gの曲げモーメントが最大となる（**図5-8**）。
$$M_{max} = \frac{5P}{2} \cdot 3a - P \cdot 2a - P \cdot a = \frac{9Pa}{2}$$

上弦材の軸方向力（圧縮）
$$N_{上下} = \mp \frac{M_{max}}{h}$$
下弦材の軸方向力（引張）
斜材の軸方向力
$$N = \pm \frac{Q_{max}}{\cos \alpha}$$

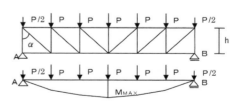

図5-9 上下弦材の軸方向力

④　斜材 N_{EH} は単純支持梁 AB の点 E のせん断力 Q を斜材の傾きで割った値である。よって、斜材の軸力は、単純梁の Q 図を書き、斜材の角度に平行に引いた値に等しい（図 5-10）。

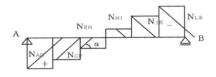

＋符号はせん断力が＋であることを示す。

図 5-10　斜材の軸方向力

⑤　Q 図・M / h 図の正負とトラスの軸力の正負
（斜材）　Q 図（図 5-11）

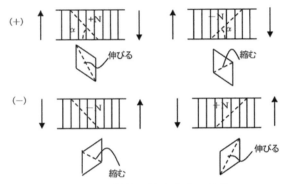

図 5-11　斜材の軸方向力の正負

（垂直材）
　　斜材（＋）（引張）のとき ⇒ 垂直材（－）（圧縮）
　　斜材（－）（圧縮）のとき ⇒ 垂直材（＋）（引張）
　　斜材が 0 のとき（図 5-12）

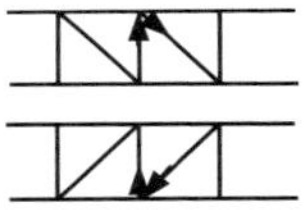

N は引張（＋）　　　N は圧縮（－）

図 5-12　鉛直材の軸方向力

例題　単純梁形式平行弦トラスの部材軸方向力を概算で求める。

① 反力

$$H_A = 0$$
$$R_A = R_B = 2P$$

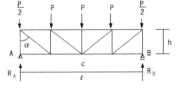

② $M_{max} = 2P \cdot \dfrac{\ell}{2} - \dfrac{P}{2} \cdot \dfrac{\ell}{2} - P \cdot \dfrac{\ell}{4} = \dfrac{P\ell}{2}$

$Q_{max} = 2P - \dfrac{P}{2} = \dfrac{3P}{2}$

③　弦材の軸方向力の最大値　→（通常、トラスは上下弦材共に同じ断面を使用する）

$$N_{max} = \dfrac{M_{max}}{h} = \dfrac{P\ell}{2h}$$

④　斜材の軸方向力の最大値

$$N = \pm \frac{3P}{2\cos\alpha} \qquad \text{ここに、} \quad \cos\alpha = \frac{\sqrt{h^2 + \left(\frac{\ell}{4}\right)^2}}{h}$$

（注）この場合は、斜材は引張（＋）になる。

第 2 部
釣合系の断面力学と断面特性

外力が作用した構造物が釣合状態を保つには、断面内に応力、ひずみが発生して、外力に釣合う内力を生じる。この応力の大きさは、断面形状に基づく断面定数に依存する。軸方向力、曲げモーメント、せん断力をそれぞれ受ける柱、梁、beam-column の応力は、応力分布の最適な形状をとる。ひずみにより部材は変形をする。梁の変形を支配する弾性曲線式により梁のたわみが求まる。この弾性曲線式こそが、今日のたわみ角法、マトリックス法の基盤となる。また、圧縮力を受ける部材は座屈を生じて、降伏荷重より小さい荷重で耐荷力を喪失するので、設計力学として重要な事項である。仮想仕事の原理と、それを応用した静定構造物の変形を求めることができる。

---——内容——―

第 6 章　応　力　49
　応力／簡単な垂直応力とせん断応力／応力成分の一般的な表示法／主応力、主応力面／単純応力状態における応力／2 軸応力状態における応力／Mohr の応力円

第 7 章　ひずみ　64
　ひずみの定義／垂直ひずみ、ポアソン比／せん断ひずみ／体積ひずみ

第 8 章　応力とひずみの関係（構成方程式）　67
　応力とひずみの関係／単純応力状態の構成方程式／3 軸主応力状態の構成方程式／一般的な 3 次元応力状態の構成方程式（一般化したフックの法則）

第 9 章　断面定数　72
　断面積／断面 1 次モーメント／断面 2 次モーメント／断面相乗モーメント／断面極 2 次モーメント／断面係数／断面 2 次半径および細長比

第 10 章　柱、梁、beam-column の応力　79
　対称曲げを受ける梁／断面の主軸／軸方向力と曲げモーメントを受ける棒材

第 11 章　梁のせん断応力　92
　梁のせん断応力

第 12 章　部材の変形　98
　弾性曲線式／一般化した弾性曲線式／モールの定理

第 13 章　圧縮材の座屈　112
　圧縮材の曲げ座屈／一端ピン他端ローラー部材の弾性座屈（Euler 座屈）／各種境界条件への拡張／鋼構造設計基準の許容圧縮応力度

第 14 章　仕事に関する原理　119
　仕事とエネルギー／仮想仕事の原理／仮想仕事の原理による静定構造物の変形／仮想仕事の原理による静定トラスの変形／相反作用の定理

第6章　応力

6.1　応力（stress）

　構造物を構成している物体は小さな分子よりなる連続体である。物体が外力を受けると、物体内の分子間には、外力に抵抗し、元に戻ろうとする力が生じる。この力を内力（internal force）と言う。この内力が存在することによって、物体は外力に抵抗して外力を支持することができる。内力の単位面積当たりの大きさを応力（stress）と呼ぶ。単位は N/m^2 または、N/mm^2 である。

　応力（stress）は単位面積当たりについて定義される量であるが、これを明確に表すため応力度とも言う。建築の場合、応力を断面について積分した断面力（stress resultant）である軸方向力（N）、せん断力（N）、応力の断面軸まわりのモーメントを積分した断面モーメント（stress couple）である曲げモーメント（Nm）を設計用応力と呼ぶ習慣があり、応力（stress）を、この設計用応力と混同することを避けるために、応力度という表現を用いる。しかし、応力は単位面積当たりについて定義される量であり、断面力を断面応力等と呼ばない限り混同は生じない。

　図 6-1 に示す1次元の連続体（棒材）に外力 P が作用して、釣合状態にあるときを考える。この棒材を**図 6-2** のように仮想に切断すると、その切断面（界面と呼ぶ）には、内力が作用し、界面（Ⅰ）に作用する内力と相等しく、方向が反対の内力が界面（Ⅱ）の同じ点には必ず作用している。仮想に切断した棒材の各々は、外力 P と内力とで釣り合っている。

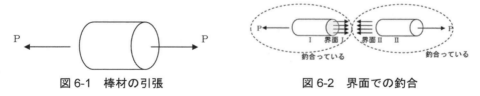

図 6-1　棒材の引張　　　　　図 6-2　界面での釣合

　棒材の材軸方向を x 軸とする右手直交座標系 x, y, z をとる。**図 6-2** に示した仮想の切断面は、常に材軸線に対して垂直である必要はない。いま、**図 6-3** のように、界面（断面）の法線と材軸線とが角度 θ をなす面には、常に応力 S が作用している。この応力は、一般には界面に垂直でも平行でもない。そこで、この応力を界面に対して垂直な成分と平行な成分に分ける。それらを垂直応力 σ とせん断応力 τ と呼ぶ。

垂直応力	σ = 応力 S の垂直成分	⇒ 界面に垂直方向（法線）
せん断応力	τ = 応力 S の平行成分	⇒ 界面に平行方向（接線）

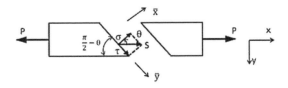

図 6-3　材軸線 x と直交しない断面の応力

　この垂直応力 σ とせん断応力 τ は、考えている任意の断面に対して、それぞれ、法線方向と接線方向であることに留意すべきである。断面（界面）の法線が、図 6-3 のように、材軸線と θ の傾きをなすとき、垂直応力 σ は棒材の軸方向力でない。同様に、せん断応力 τ は界面に対するせん断応力であり、棒材の材軸に垂直なせん断応力でない。垂直応力 σ および、せん断応力 τ の正負は、界面の法線が座標軸の正方向を示す面については、界面上に設定された座標系 $\bar{x}, \bar{y}, \bar{z}$ の正方向を示すとき正と定義する。逆の場合の面については、すべて逆向きを正とする。

6.2　簡単な垂直応力とせん断応力

(1)　垂直応力（引張応力と圧縮応力）

　両端の図心に外力 P が作用する図 6-4 の棒材を考える。図 6-3 に示した界面（断面）の傾き θ を $\theta=0°$ にとると、界面（断面）は材軸線に直交する。棒材は軸方向の外力しか作用しない一軸載荷状態であるから、材軸線に垂直な横断面上のせん断応力 τ は 0 である。

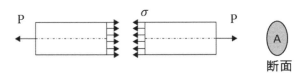

図 6-4　材軸線に垂直な界面

　棒材の断面積を A とすると、垂直応力 σ は、この場合一様に作用していると考えられるから、棒材が釣り合うには、

$$P = \sigma A \tag{6.1}$$

の関係が成立しなければならない。ここに、$A=$ 変形前の棒材の横断面積。よって、公称垂直応力 σ は、

$$\sigma = \frac{P}{A} \quad (\text{N/m}^2) \tag{6.2}$$

で与えられる。これより次のことが言える（図 6-5）。

　　P が引張力のとき（＋）と表記すると、応力 σ は（＋）となり、引張応力と呼ぶ。
　　P が圧縮力のとき（－）と表記すると、応力 σ は（－）となり、圧縮応力と呼ぶ。

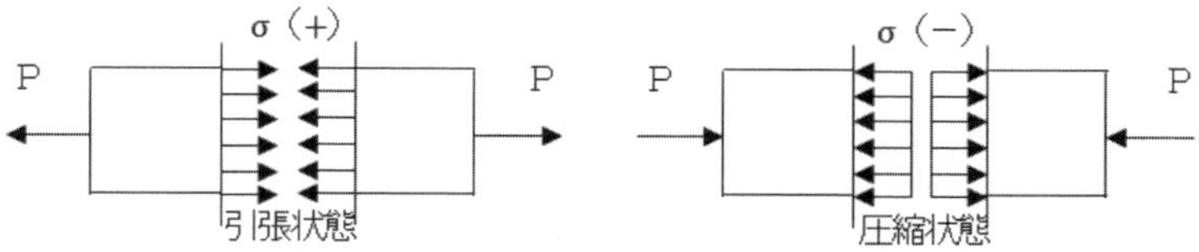

第6章 応力

図6-5 応力σの引張および圧縮

棒材に軸方向力が作用すると、横断面積が膨らんだり縮んだりする。応力が微小な範囲内ならば断面積の変化は無視できるが、塑性変形を生じる場合には、式(6.2)の断面積はその時点での変化した断面積 A_e を用いる。この有効断面積 A_e を用いた応力を真応力 σ_e と呼び、次式で定義する。

$$\sigma_e = \frac{P}{A_e} \quad (\text{N/m}^2) \tag{6.3}$$

(2) せん断応力

図6-6のように、棒材にせん断力 Q のみが作用する場合を考える。いま、棒材の材軸線に垂直な横断面における応力を考える。軸方向力が作用しないので、断面にはせん断応力 τ のみが作用する。せん断応力 τ は平均的に分布していると考えると、平均せん断応力 τ は次式となる。

$$\tau = \frac{Q}{A} \quad (\text{N/m}^2) \tag{6.4}$$

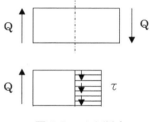

図6-6 せん断力

図6-6に示した梁の曲げモーメントにより発生する梁の実際のせん断応力 τ の分布は、梁の上下縁では0になるから、断面に沿って一様に分布しない。最大せん断応力 τ_{MAX} は、平均せん断応力の κ 倍とすると、

$$\tau_{MAX} = \kappa \frac{Q}{A} \tag{6.5}$$

で与えられる。κ は断面の形状により決定される定数であり、**表6-1**に代表的な断面形について示す。

表6-1 曲げに伴うせん断応力分布係数

	断面形	せん断応力 τ	κ の最大値
(1)	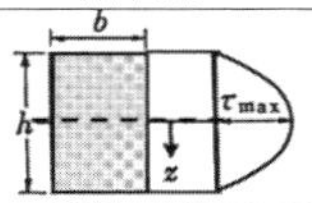 矩形 $b \times h$	$\dfrac{3}{2}\dfrac{Q}{bh}\left\{1-\left(\dfrac{2z}{h}\right)^2\right\}$	$\dfrac{3}{2}$
(2)	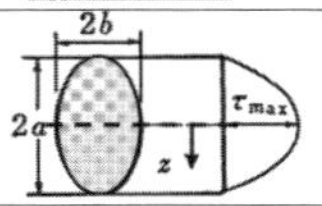 楕円 $2a \times 2b$	$\dfrac{4}{3}\dfrac{Q}{\pi ab}\left\{1-\left(\dfrac{z}{a}\right)^2\right\}$	$\dfrac{4}{3}$
(3)	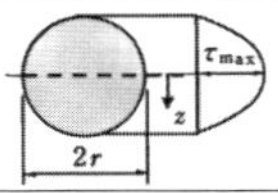 円 $2r$	$\dfrac{4}{3}\dfrac{Q}{\pi r^2}\left\{1-\left(\dfrac{z}{r}\right)^2\right\}$	$\dfrac{4}{3}$
(4)	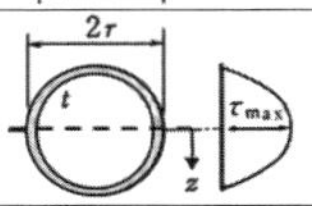 円管 $2r, t$	$2\cdot\dfrac{Q}{2\pi rt}\left\{1-\left(\dfrac{z}{r}\right)^2\right\}$	2

例題 1　1面せん断

図 6-7(a)のように $Q=10\text{kN}$ が作用する板をボルト 2 本で接合したとき、ボルト 1 本に作用するせん断応力を求める。ボルトの直径は $\phi=25\text{mm}$ とする。図 6-7(a)のように、ボルトに作用するせん断面が 1 面の場合、1 面せん断と呼ぶ。なお、ボルトはネジ部でなく軸部でせん断力を受けると仮定する。

$$\text{ボルト 1 本の断面積} \qquad a = \pi r^2 = \pi\left(\frac{2.5}{2}\right)^2 = 4.9\,\text{cm}^2$$

$$\text{ボルトの作用するせん断応力} \quad \tau = \frac{Q}{2\cdot a} = \frac{10}{2\times 4.9} = 1.02\,\text{kN/cm}^2$$

（注）ボルトにはネジが切ってあり、ネジ溝により断面積は小さくなっている。概算的には断面積に 0.75 を乗じた値を用いる。本例題 1 では、ネジ部破断でなく軸部破断を考えている。

例題 2　2面せん断

図 6-7(b)のように、$Q=10\text{kN}$ が作用する板をボルト 2 本を用いた 2 面せん断形式で接合したとき、ボルト 1 本に作用するせん断力を求める。ボルトは $\phi=25\text{mm}$ とする。

$$a = 4.9\,\text{cm}^2 \text{ より } \tau = \frac{Q}{2\cdot 2\cdot a} = \frac{10}{4\times 4.9} = 0.51\,\text{kN/cm}^2$$

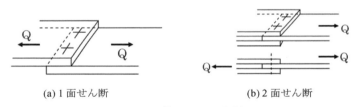

(a) 1 面せん断　　　　　(b) 2 面せん断

図 6-7　ボルトのせん断

図 6-7(b)は、ボルトに作用するせん断面が 2 面あるので 2 面せん断と呼ぶ。2 面せん断は 1 面せん断よりもボルトに作用する力が半分であるので、継手の強さは 2 倍になる。主要な継手は 2 面せん断とする。鉄骨構造の大梁および柱の継手は、H 形断面の場合、フランジおよびウェブ共にスプライスプレート（添板）を 2 面（両面）に当てて 2 面せん断とする。

6.3　応力成分の一般的な表示法

応力は任意の断面で定義されるので、任意の座標系に対して混同なく一般的に応力を表示するために、応力は 2 つの添字で表す。

$\tau_{\circ\circ}$：第 1 番目の添字は応力の作用面を、第 2 番目の添字は応力の作用方向を表す。

また、作用面の外向き法線が座標軸の正の向きに一致する面を正面、負の向きに一致する面を負面と定義し、

> 正面に生じる正の向きの応力を正とし、負の向きの応力を負とし、
> 負面に生じる負の向きの応力を正とし、正の向きの応力を負とする。

3次元連続体における右手直交座標 x, y, z 軸に関する正の向きを示す応力は、**図 6-8**のようになる。

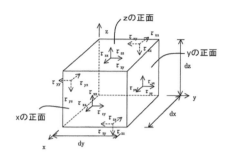

図 6-8　3次元連続体の応力

応力をマトリックス表示すると次式になる。

$$[\tau] = \begin{bmatrix} \tau_{xx} & \tau_{xy} & \tau_{xz} \\ \tau_{yx} & \tau_{yy} & \tau_{ya} \\ \tau_{zx} & \tau_{zy} & \tau_{zz} \end{bmatrix} = \begin{bmatrix} \sigma_x & \tau_{xy} & \tau_{xz} \\ \tau_{yx} & \sigma_y & \tau_{yz} \\ \tau_{zx} & \tau_{zy} & \sigma_z \end{bmatrix} \tag{6.6}$$

ここで、マトリックスの対角項は垂直応力を表し、同じ添字をそれぞれ持っているので、これらの垂直応力を σ で表す。

$$\tau_{xx} = \sigma_x \ ; \ \tau_{yy} = \sigma_y \ ; \ \tau_{zz} = \sigma_z \tag{6.7}$$

式(6.6)に示す応力のマトリックスは対称 $(\tau_{ij} = \tau_{ji})$ であり、3次元連続体の場合は 6 個が独立である。

$$\tau_{xy} = \tau_{yx} \ ; \ \tau_{yz} = \tau_{zy} \ ; \ \tau_{zx} = \tau_{xz} \tag{6.8}$$

6.4　主応力、主応力面

図 6-3 に示したように、応力 S（stress）は任意の断面（界面）で定義でき、応力 S を成分に分解すると、垂直応力とせん断応力とが存在している。界面の傾きをある値にとったとき、その界面に生じるせん断応力が 0 となり、垂直応力のみが存在する界面がある。このときの垂直応力を主応力と呼び、このときの面を主応力面と呼ぶ。

6.5　単純応力状態における応力

棒材に軸方向力 P が作用するような単純応力状態にある連続体の応力 S は、界面の法線が材軸線と傾き θ をなす任意の断面で表すことができる。θ は反時計まわりを正とする（右手直交座標系を用いているので、z 方向は紙面に対して上向きであり、回

転角はz軸の右まわりを正にとるので、θは反時計まわりを正とする）（図6-9）。

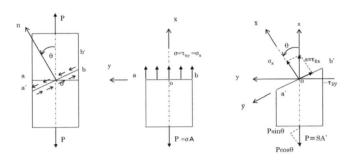

図6-9 垂直応力とせん断応力

2個の右手直交座標系x, yと$\bar{x}, \bar{y}$とを考える。座標系x, yは棒材の材軸線方向にx軸をとり、$\theta=0$の場合である。一方、座標系$\bar{x}, \bar{y}$は$\bar{x}$軸がx軸と左まわりにθだけ傾いている右手直交座標系である。両座標系間での垂直応力およびせん断応力がどのような関係にあるかを調べる。座標系x, yでの垂直応力およびせん断応力をσ_x（$=\tau_{xx}$）およびτ_{xy}、座標系$\bar{x}, \bar{y}$での垂直応力およびせん断応力を$\sigma_{\bar{x}}$（$=\tau_{\bar{x}\bar{x}}$）および$\tau_{\bar{x}\bar{y}}$と表示して区別する。

断面$a'b'$面での応力をS、断面積を$\bar{A}$とすると、釣合式 $P=S\bar{A}$が成立する。

$$\bar{A}=A/\cos\theta \text{ より} \quad S=\frac{P}{\bar{A}}=\frac{P}{A}\cos\theta=\sigma_x\cos\theta$$

となる。ここに、Aは断面ab面の断面積である。また、σ_xは次式で定義する。

$$\sigma_x=\frac{P}{A} \tag{6.9}$$

応力Sを$\bar{x}$軸、$\bar{y}$軸の成分$\sigma_{\bar{x}}$、$\tau_{\bar{x}\bar{y}}$に分けると、

$$\sigma_{\bar{x}}(=\tau_{\bar{x}\bar{x}})=S\cos\theta=\sigma_x\cos^2\theta \tag{6.10}$$

$$-\tau_{\bar{x}\bar{y}}=S\sin\theta=\sigma_x\sin\theta\cos\theta=\frac{\sigma_x}{2}\sin 2\theta \tag{6.11}$$

上式より物体内の一点の応力は垂直応力とせん断応力を生じることがわかる。$\theta=0$のとき$\sigma_{\bar{x}}=\sigma_x$，$\tau_{\bar{x}\bar{y}}=0$となるので垂直応力は最大となり、主応力となる。$\theta=\pi/4$のとき$\sigma_{\bar{x}}=\sigma_x/2$，$\tau_{\bar{x}\bar{y}}=-\sigma_x/2$となり、せん断応力は最大となる。

よって、x軸方向のみに軸方向力を受ける棒材でも、物体内にせん断応力を生じる面が存在する。

一般に、材料は垂直応力よりもせん断応力に弱いので、圧縮荷重が作用する場合でも、脆性材料ではせん断応力により破壊する。図6-10は圧縮荷重を加えたときの各種材料の破壊形状を示す。図6-10(a)の延性材料（軟鋼,銅等）の場合は、上下の接触面の摩擦によって、太鼓形に変形するが破壊はしない。図6-10(b)および図6-10(c)の鋳鉄やコンクリートのような脆性材料の場合は、ほぼ最大せん断応力を生ずる面でせん

断破壊をし、物体の内部の摩擦により、破断面は横断面と50°から60°の角度をなす。支える面がガラスの上に置かれたように試験体の端面の摩擦が極めて小さければ、図6-10(d)のように縦割れを生じる。

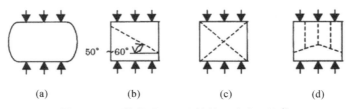

図 6-10　圧縮荷重による材料の破壊形状 [1]

(参考)
　コンクリートの強度を調べるために、テストピースを作り圧縮試験を行う。このとき、テストピースの破壊は図6-11のように最大せん断応力を生じる面に破壊する。理論的には、$\theta = \pi/4$, $\theta = 3\pi/4$面に生じるが、コンクリート粒子の内部摩擦のため、破断面のなす角は45°より大きくなる。

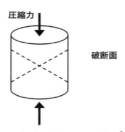

図 6-11　コンクリートのテストピースの破壊

式(6.10)および式(6.11)を変形すると、$\sigma_x, \sigma_{\bar{x}}, \tau_{\bar{x}\bar{y}}$との関係が明らかになる。

$$\sigma_{\bar{x}} = \sigma_x \cos^2 \theta = \frac{\sigma_x}{2} + \frac{\sigma_x}{2} \cos 2\theta \tag{6.12}$$

$$\tau_{\bar{x}\bar{y}} = -\frac{1}{2}\sigma_x \sin 2\theta \tag{6.13}$$

　Mohr（モール）は、横軸を垂直応力 σ で、縦軸をせん断応力 τ で表す座標系において、上式が円の中心を $\sigma_x/2$ にとる半径 $\sigma_x/2$ の円で表せることに着目し、上式の関係を Mohr の応力円により図化した（図6-12）。任意の角度 θ に生じる垂直応力 $\sigma_{\bar{x}}$ およびせん断応力 $\tau_{\bar{x}\bar{y}}$ は、モールの応力円の座標軸 σ（垂直応力を表す）と τ（せん断応力を表す）の値を示している。せん断応力の最大値（主せん断応力）は、主応力の半分であることがわかる。

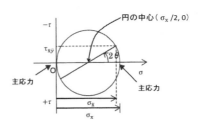

θ は反時計まわりに測る。

図 6-12　Mohr の応力円

6.6 2軸応力状態における応力

鉄骨構造の柱と梁の仕口でのパネルゾーンに発生する応力状態に相当する2軸応力状態を考える。図 6-13 のように、長方形板の周辺に一様に分布した垂直応力およびせん断応力が生じている場合を考える。

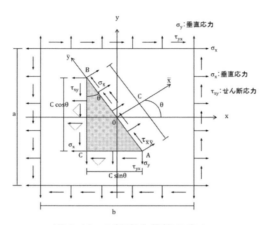

図 6-13　2軸応力状態の応力

これらの要素におけるモーメントの釣合を考えると、

$$(b\tau_{yx})a = (a\tau_{yx})b \tag{6.14}$$

より、$\tau_{yx} = \tau_{xy}$ となり、せん断応力は対称であることを示している。これはまた、式(6.6)の応力成分は対称であることを意味する。

(1) 主応力軸の決定

図 6-13 に示す長方形板内の一点 O を通る AB 面に生じる応力を求める。三角形要素 ABC を考え、図のように辺 AB に垂直方向、接線方向、および紙面に上向き方向に、それぞれ $\bar{x}, \bar{y}, \bar{z}$ 軸をとる。

$\bar{x}$ 軸方向の力の釣合から、

$$\overline{AB}\,\sigma_{\bar{x}} = \overline{BC}\,\sigma_x\cos\theta + \overline{AC}\,\sigma_y\sin\theta + \overline{BC}\,\tau_{xy}\sin\theta + \overline{AC}\,\tau_{yx}\cos\theta \tag{6.15}$$

上式に、辺 $\overline{BC}$ および $\overline{AC}$ は、

$$\overline{BC} = \overline{AB}\cos\theta \;,\quad \overline{AC} = \overline{AB}\sin\theta \tag{6.16}$$

の関係を代入すると

$$\boxed{\sigma_{\bar{x}} = \sigma_x\cos^2\theta + \sigma_y\sin^2\theta + \tau_{xy}\sin 2\theta} \tag{6.17}$$

同様に、$\bar{y}$ 軸方向の力の釣合から、

$$\overline{AB}\,\tau_{\bar{x}\bar{y}} = \overline{BC}\,\sigma_x\sin\theta + \overline{AC}\,\sigma_y\cos\theta + \overline{BC}\,\tau_{xy}\cos\theta - \overline{AC}\,\tau_{yx}\sin\theta$$

$$\boxed{\tau_{\bar{x}\bar{y}} = \frac{1}{2}(\sigma_y - \sigma_x)\sin 2\theta + \tau_{xy}\cos 2\theta} \tag{6.18}$$

また、$\bar{y}$ 軸に直角な面に生ずる応力は、式(6.17)、式(6.18)で $\theta \to \theta + \pi/2$ に置き換えると得られる。

$$\boxed{\sigma_{\bar{y}} = \sigma_x \sin^2\theta + \sigma_y \cos^2\theta - \tau_{xy}\sin 2\theta} \tag{6.19}$$

$$\tau_{\bar{y}\bar{x}} = \tau_{\bar{x}\bar{y}} \tag{6.20}$$

応力 $\sigma_{\bar{x}}$ は、式(6.17)から θ の値により変化する。$\sigma_{\bar{x}}$ の極値は $\dfrac{d\sigma_{\bar{x}}}{d\theta} = 0$ となるから、式(6.17)を θ について微分すると、

$$\frac{d\sigma_{\bar{x}}}{d\theta} = \sigma_x(-2\cos\theta\sin\theta) + \sigma_y(2\sin\theta\cos\theta) + \tau_{xy}(2\cos 2\theta) = 0$$

これより主応力軸の決定式を得る。

$$\boxed{\tan 2\theta = \frac{2\tau_{xy}}{\sigma_x - \sigma_y}} \quad (\text{主応力軸の決定式}) \tag{6.21}$$

式(6.21)を式(6.18)に代入すると、$\tau_{\bar{x}\bar{y}} = 0$ となり、$\sigma_{\bar{x}}$ は主応力となる事が確認される。よって、主応力軸は式(6.21)より決定される。式(6.21)を満足する θ の最小値を θ_1 とすれば、$\theta = \theta_1 + \dfrac{\pi}{2}$ もまた式(6.21)を満足するから、式(6.21)を満足する θ の値は 2 個存在し、お互いに直交し、$\sigma_{\bar{x}}$ は一方の面で最大になり、他の面で最小になる。

(2) 主応力の大きさ

主応力の大きさを求める。式(6.17)を変形すると次式になる。

$$\sigma_{\bar{x}} = \sigma_x \cos^2\theta + \sigma_y \sin^2\theta + \tau_{xy}\sin 2\theta$$

$$= \frac{\sigma_x}{2}(1+\cos 2\theta) + \frac{\sigma_y}{2}(1-\cos 2\theta) + \tau_{xy}\sin 2\theta$$

$$= \frac{\sigma_x + \sigma_y}{2} + \frac{\sigma_x - \sigma_y}{2}\cos 2\theta + \tau_{xy}\sin 2\theta \tag{6.22}$$

ここで、$\cos 2\theta$, $\sin 2\theta$ の値を式(6.21)より求める。三角関数の関係を用いると、

$$\sec^2 2\theta = 1 + \tan^2 2\theta = \frac{(\sigma_x - \sigma_y)^2 + 4\tau_{xy}^2}{(\sigma_x - \sigma_y)^2}$$

となり、次式を得る。

$$\cos 2\theta = \frac{1}{\sec 2\theta} = \pm\frac{\sigma_x - \sigma_y}{\sqrt{(\sigma_x - \sigma_y)^2 + 4\tau_{xy}^2}} \tag{6.23}$$

$$\sin 2\theta = \pm\frac{2\tau_{xy}}{\sqrt{(\sigma_x - \sigma_y)^2 + 4\tau_{xy}^2}} \tag{6.24}$$

式(6.23)および式(6.24)を式(6.22)に代入すると、主応力 σ_1 および σ_2 は次式となる。

$$\boxed{\begin{Bmatrix} \sigma_1 \\ \sigma_2 \end{Bmatrix} = \frac{\sigma_x + \sigma_y}{2} \pm \sqrt{\left(\frac{\sigma_x - \sigma_y}{2}\right)^2 + \tau_{xy}^2}} \tag{6.25}$$

主応力 σ_1 および σ_2 は式(6.25)より求まり、その主応力軸は式(6.21)より与えられる。ここで、式(6.23)および式(6.24)の±は、両辺の正負が一致するように選ばなければならないから、

$$\left.\begin{array}{l} \dfrac{\cos 2\theta_1}{\sigma_x - \sigma_y} > 0 \text{ の場合、主応力 } \sigma_1 \text{ の作用方向は反時計まわりに } x \text{ 軸と } \theta_1 \text{ の} \\ \text{角度をなす方向に作用する。} \\ \dfrac{\cos 2\theta_1}{\sigma_x - \sigma_y} < 0 \text{ の場合、主応力 } \sigma_2 \text{ の作用方向は反時計まわりに } x \text{ 軸と } \theta_1 \text{ の} \\ \text{角度をなす方向に作用する。} \end{array}\right\} \tag{6.26}$$

(3) 主せん断応力と主せん断応力面の方向

一方、主せん断応力は式(6.18)を θ で微分し、$\dfrac{d\tau_{\bar{x}\bar{y}}}{d\theta} = 0$ において生じ、次の主せん断応力の方向 θ を得る。

$$\boxed{\tan 2\theta = -\frac{\sigma_x - \sigma_y}{2\tau_{xy}}} \quad \text{（主せん断応力面の決定式）} \tag{6.27}$$

主せん断応力 τ_1, τ_2 は次式で与えられる。主せん断応力面も 2 個あり、式(6.28)から与えられる。

$$\boxed{\begin{Bmatrix} \tau_1 \\ \tau_2 \end{Bmatrix} = \pm\sqrt{\left(\frac{\sigma_x - \sigma_y}{2}\right)^2 + \tau_{xy}^2}} \quad \text{（主せん断応力の決定式）} \tag{6.28}$$

式(6.27)より、

$$\cos 2\theta = \pm\frac{2\tau_{xy}}{\sqrt{(\sigma_x - \sigma_y)^2 + 4\tau_{xy}^2}} \quad ; \quad \sin 2\theta = \mp\frac{\sigma_x - \sigma_y}{\sqrt{(\sigma_x - \sigma_y)^2 + 4\tau_{xy}^2}} \tag{6.29}$$

この関係を満足する θ の最小値を $\bar{\theta}_1$ とすると、

$$\left.\begin{array}{l} \dfrac{\sin 2\bar{\theta}_1}{\sigma_x - \sigma_y} > 0 \text{ の場合、主せん断応力 } \tau_1 \text{ の作用面の法線は } x \text{ 軸と反時計まわり} \\ \text{に } \bar{\theta}_1 \text{ の角度をなす。} \\ \dfrac{\sin 2\bar{\theta}_1}{\sigma_x - \sigma_y} < 0 \text{ の場合、主せん断応力 } \tau_2 \text{ の作用面の法線は } x \text{ 軸と反時計まわり} \\ \text{に } \bar{\theta}_1 \text{ の角度をなす。} \end{array}\right\} \tag{6.30}$$

(4) 主応力面の方向 θ_1 と主せん断応力の方向 $\bar{\theta}_1$ の関係

主応力面の方向 θ_1 と主せん断応力の方向 $\bar{\theta}_1$ の間には式(6.21)、式(6.27)より、

$$\tan 2\theta_1 \cdot \tan 2\bar{\theta}_1 = -1 \tag{6.31}$$

の関係が成立するから、$2\theta_1$ と $2\bar{\theta}_1$ の差は 90°に等しい。よって、主応力面と主せん断応力面は 45°に交わる。また、式(6.25)、式(6.28)より、

$$\begin{Bmatrix} \tau_1 \\ \tau_2 \end{Bmatrix} = \pm \frac{1}{2}(\sigma_1 - \sigma_2) \tag{6.32}$$

となり、主せん断応力は主応力の差の 1/2 に等しい。(これはモールの応力円より明らか)

例題 $\sigma_x = 12\,\text{N/cm}^2$, $\sigma_y = -5\,\text{N/cm}^2$, $\tau_{xy} = 6\,\text{N/cm}^2$ の応力状態での主応力、主せん断応力の大きさと、それらの作用面を求める。

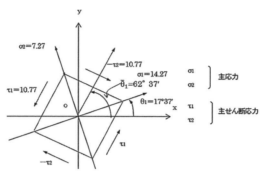

例図 1 主応力および主せん断応力

① 主応力 σ_1, σ_2：式(6.25)より、

$$\begin{Bmatrix} \sigma_1 \\ \sigma_2 \end{Bmatrix} = \frac{\sigma_x + \sigma_y}{2} \pm \sqrt{\left(\frac{\sigma_x - \sigma_y}{2}\right)^2 + \tau_{xy}^2} = \frac{12-5}{2} \pm \sqrt{\left(\frac{12+5}{2}\right)^2 + 6^2}$$

$$= 3.50 \pm 10.77 = 14.27、-7.27$$

よって、$\sigma_1 = 14.27\,\text{N/cm}^2$、$\sigma_2 = -7.27\,\text{N/cm}^2$ となる。

② 主応力軸：式(6.21)より、

$$\tan 2\theta = \frac{2\tau_{xy}}{\sigma_x - \sigma_y} = \frac{2 \times 6}{12+5} = 0.706 \qquad \therefore 2\theta_1 = 35°14'、\therefore \theta_1 = 17°37'$$

式(6.26)より、

$$\frac{\cos 2\theta_1}{\sigma_x - \sigma_y} = \frac{\cos 35°14'}{12+5} > 0$$

であるから、x 軸と反時計方向に $\theta_1 (= 17°37')$ の角度をなす方向に作用する主応力が σ_1 である。

③ 主せん断応力 τ_1, τ_2：式(6.32)より（または式(6.28)より求まる）、

$$\begin{Bmatrix} \tau_1 \\ \tau_2 \end{Bmatrix} = \pm \frac{\sigma_1 - \sigma_2}{2} = \pm \frac{14.27 + 7.27}{2} = \pm 10.77$$

よって、$\tau_1 = 10.77\,\text{N/cm}^2$、$\tau_2 = -10.77\,\text{N/cm}^2$ となる。

④ 主せん断応力面 $\bar{\theta}_1$：主応力面と主せん断応力面は 45° に交わるので、

$$\bar{\theta}_1 = 45° + \theta_1 = 45° + 17°37' = 62°37'$$

式(6.30)より、

$$\frac{\sin 2\overline{\theta}_1}{\sigma_x - \sigma_y} = \frac{\sin 12°14'}{12+5} > 0$$

であるから、法線が x 軸と反時計まわりに $\overline{\theta}_1$ の角度をなす面に作用する主せん断力が τ_1 である。

6.7　Mohrの応力円

(1)　Mohrの応力円

　主応力、主せん断力およびそれらの作用方向は、それぞれ式(6.25)、式(6.28)および式(6.21)、式(6.27)から計算できるが、Mohrの応力円により図式的に求めることもできる。主応力を σ_x および σ_y とすると、簡略化のため $\sigma_x = \sigma_1$、$\sigma_y = \sigma_2$ と表示する。主応力面では $\tau_{xy}=0$ となる。式(6.17)を順に変形すると次式となる。

$$\sigma_{\overline{x}} = \sigma_1 \cos^2 \theta + \sigma_2 \sin^2 \theta = \frac{\sigma_1 + \sigma_2}{2}\left(\cos^2\theta + \sin^2\theta\right) + \frac{\sigma_1 - \sigma_2}{2}\left(\cos^2\theta - \sin^2\theta\right)$$

$$= \frac{\sigma_1 + \sigma_2}{2} + \frac{\sigma_1 - \sigma_2}{2}\cos 2\theta \tag{6.33}$$

式(6.18)より、主応力面では $\tau_{xy} = 0$ であるから、

$$\tau_{\overline{x}\overline{y}} = -\frac{\sigma_1 - \sigma_2}{2}\sin 2\theta \tag{6.34}$$

式(6.19)より、$\tau_{xy} = 0$ であるから、式(6.33)と同様な展開を行うと次式を得る。

$$\sigma_{\overline{y}} = \frac{\sigma_1 + \sigma_2}{2} - \frac{\sigma_1 - \sigma_2}{2}\cos 2\theta \tag{6.35}$$

$$\tau_{\overline{y}\overline{x}} = \tau_{\overline{x}\overline{y}} \tag{6.36}$$

これより、Mohr（モール）の応力円は**図 6-14** のように書ける。

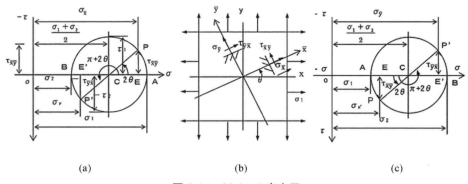

図 6-14　Mohr の応力円

(2)　Mohrの応力円の書き方

　図 6-14 に基づいて説明する。

① 横軸に σ を、縦軸に τ を選び、原点 O から $\dfrac{\sigma_1 + \sigma_2}{2}$ だけ離れた点 C を中心にして、直径 $|\sigma_1 - \sigma_2|$ の円を書く。

② $\sigma_1 > \sigma_2$ とすると、$\overline{OA} = \sigma_1$、$\overline{OB} = \sigma_2$ になる。σ_1 の作用方向、すなわち、x 軸から反時計まわりに（σ_2 の作用方向、すなわち、y 軸側）に θ の角度をなす軸を $\bar{x}$ とする。

③ $\bar{x}$ 面の垂直応力 $\sigma_{\bar{x}}$、せん断応力 $\tau_{\bar{x}\bar{y}}$ は、$\overline{CA}$ と 2θ の角度をなす半径 $\overline{CP}$ を引けば、図 6-14(a) より、

$$\overline{OE} = \overline{OC} + \overline{CE} = \frac{\sigma_1 + \sigma_2}{2} + \frac{\sigma_1 - \sigma_2}{2}\cos 2\theta = \sigma_{\bar{x}}$$

$$\overline{PE} = -\frac{\sigma_1 - \sigma_2}{2}\sin 2\theta = \tau_{\bar{y}\bar{x}}$$

の関係にあるので、Mohr の応力円より、点 P の横座標 $\overline{OE}$ は垂直応力 $\sigma_{\bar{x}}$ を、点 P の縦座標 $\overline{PE}$ はせん断応力 $\tau_{\bar{x}\bar{y}}$ を表している。

一方、$\bar{y}$ 面の応力は、σ_1 の作用方向から $\frac{\pi}{2} + \theta$ の角度をなすから、図 6-14(c) より点 P に対称な点 P' の横座標 $\overline{OE'}$ は垂直応力 $\sigma_{\bar{y}}$ を、点 P に対称な点 P' の縦座標 $\overline{P'E'}$ はせん断応力 $\tau_{\bar{x}\bar{y}}$ を表している。これは次の関係よりも明らかである。

$$\overline{OE'} = \overline{OC} + \overline{CE'} = \frac{\sigma_1 + \sigma_2}{2} - \frac{\sigma_1 - \sigma_2}{2}\cos 2\theta = \sigma_{\bar{y}}$$

$$\overline{P'E'} = \frac{\sigma_1 - \sigma_2}{2}\sin 2\theta = -\tau_{\bar{x}\bar{y}}$$

④ 主せん断応力 τ_1, τ_2 は Mohr の応力円の半径である。$\theta = 45°, \theta = 135°$ をなす $\bar{x}, \bar{y}$ 面の主せん断応力が τ_1, τ_2 である。

例題 1　主応力軸と断面の法線が角度 θ をなす断面上の応力を求める。

平面内の一点の応力が $\sigma_x = 5\text{N/cm}^2$, $\sigma_y = 1\text{N/cm}^2$, $\tau_{xy} = 0$ である。x 軸と反時計まわりに 30°および 120°の角度をなす方向を $\bar{x}, \bar{y}$ 軸とすると、$\bar{x}$ 断面および $\bar{y}$ 断面に生じる垂直応力およびせん断応力を Mohr の応力円より求める（例図 1）。

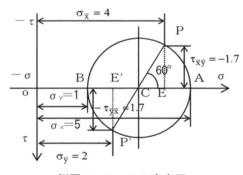

例図 1　モールの応力円

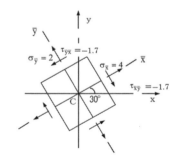

例図 2　$\bar{x}, \bar{y}$ 面に作用する応力

σ_x および σ_y は $\tau_{xy} = 0$ より主応力であるので、$\sigma_x = \sigma_1$, $\sigma_y = \sigma_2$ と表記する。

［作図手順］
① $\overline{OA} = 5$, $\overline{OB} = 1$ にとり、点 A, B を定める。

② $\overline{AB}$ の中心 C に円の中心をとり、点 A, B を通る円を書く。
③ 30°回転した面での応力 $\sigma_{\bar{x}}, \tau_{\bar{x}\bar{y}}$ を求めるため、$\angle PCA = 2\times30°=60°$ になる点 P を定める。

点 P の座標値（4, −1.7）は $\bar{x}$ 面の応力を表している。
$\overline{OE} = 4$ より $\quad \sigma_{\bar{x}} = 4\,\mathrm{N/cm^2}$
$\overline{PE} = -1.7$ より $\quad \tau_{\bar{x}\bar{y}} = -1.7\,\mathrm{N/cm^2}$

④ $\bar{y}$ 面の応力は点 C に関して点 P と対称な点 P′ の座標値（2, 1.7）から求まる。
（$2\theta = 2\times120° = 240°$）
$$\sigma_{\bar{y}} = \overline{OE'} = 2\,\mathrm{N/cm^2} \quad ; \quad -\tau_{\bar{y}\bar{x}} = \overline{E'P'} = 1.7\,\mathrm{N/cm^2} \quad ; \quad \therefore\ \tau_{\bar{y}\bar{x}} = -1.7\,\mathrm{N/cm^2}$$

（注）せん断応力の負は**例図 2** の方向とは逆向きであることを示す。

(3) 主応力 σ_1, σ_2 と作用方向

σ_x, σ_y, τ_{xy} が与えられた場合に、主応力 σ_1, σ_2 とそれらの作用方向を求める。

これは、Mohr の応力円を逆に書くことにより求まる。**図 6-15** に基づき作図法を述べる。

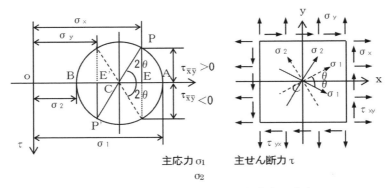

図 6-15 Mohr の応力円による主応力の決定

［作図法］
① $\sigma_x = \overline{OE}$、$\sigma_y = \overline{OE'}$ になるように点 E, E' を定める。
② $\tau_{xy} < 0$ のとき → τ の負側に
　$\tau_{xy} > 0$ のとき → τ の正側に $\Big\}$ $|\tau_{xy}| = \overline{EP}$ なる点 P を定める。
③ $\overline{E'E}$ の中心を点 C とし、$\overline{CP}$ を半径とする円を書く。
④ 円と σ 軸との交点を A, B とすると、
$\overline{OA} = \sigma_1 \quad ; \quad \overline{OB} = \sigma_2 \quad ; \quad \angle ACP = 2\theta$
⑤ x 軸方向の応力 σ_x は σ_1 の作用方向から反時計まわりに θ の角度をなす方向に作用するから、逆に、σ_1 は x 軸から時計まわりに θ の角度をなす方向に作用する。σ_2 は σ_1 の方向より 90°だけ反時計まわりに回転した方向に作用する。

例題 2　Mohr の応力円を用いて主応力を求める。

平面上の一点の応力が $\sigma_x = 9\,\text{N/cm}^2$, $\sigma_y = 18\,\text{N/cm}^2$, $\tau_{xy} = 3\,\text{N/cm}^2$ のとき、主応力 σ_1, σ_2 およびその方向を求める。

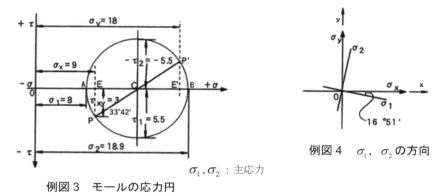

例図 3　モールの応力円　　　　例図 4　σ_1, σ_2 の方向

σ_1, σ_2：主応力

［作図法］

① σ 軸上に、$\sigma_x = \overline{OE} = 9$, $\sigma_y = \overline{OE'} = 18$ なる点 E, E' を定める。

② $\tau_{xy} = 3$ に対応する $\overline{EP} = 3$ になる点 P をとる。

③ $\overline{EE'}$ の中心 C を円の中心をとり、点 P を通る円を書く。

④ $\overline{OA} = 8$ より $\sigma_1 = 8\,\text{N/cm}^2$； $\overline{OB} = 18.9$ より $\sigma_2 = 18.9\,\text{N/cm}^2$； $\angle ACP = 33°42'$ より $\theta = 16°51'$ となる。よって、σ_1 の作用方向は、x 軸から時計まわりに $16°51'$ の方向に作用する。σ_2 の作用方向は、y 軸から時計まわりに $16°51'$ の方向に作用する。

第7章 ひずみ

7.1 ひずみ（strain）の定義

連続体に外力が作用すると連続体は変形（deformation）する。そのとき生じる連続体内の各点の変位（displacement）は、連続体が変形せず剛体的に移動する剛体変位と連続体が変形する変形変位とからなる。

変位 ─┬─ 剛体変位 → 連続体の各点がその相対的位置を変えることなく並進移動と回転により移動
　　　└─ 変形変位 → 連続体の形状を変形させる変位

通常の構造物は剛体変位を生じないように支点で拘束されているから、構造物の変位は変形変位である。変形変位は、連続体内のひずみが合計された結果として発生する。このひずみは、応力の場合と同様に、連続体の長さの変化を示す垂直ひずみと、連続体のずれの変化を示すせん断ひずみとがある。ひずみの大きさから、微小ひずみと有限ひずみに分けられるが、構造物の変形が大きいと使用上支障をきたすので、変形を小さくする。したがって、構造物の設計には微小ひずみが主に扱われる。

7.2 垂直ひずみ、ポアソン比

垂直ひずみは、図 7-1 に示すように、連続体の変形前および変形後に生じた伸びを、変形前の長さ ℓ_0 で割った無次元量として定義される。

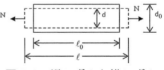

図 7-1　縦ひずみと横ひずみ

図 7-1 のような棒材に軸方向力 N が作用するとき、棒材は軸方向（縦方向）と横断面方向にひずみを生じる。縦方向（軸方向）のひずみを縦ひずみ ε_x、横方向のひずみを横ひずみ ε_y と呼ぶと、公称ひずみは以下のように定義される。

$$\varepsilon_x = \frac{\ell - \ell_0}{\ell_0} \qquad \varepsilon_y = \frac{d - d_0}{d_0} \tag{7.1}$$

ひずみが大きくなると、公称ひずみの代りに対数ひずみ ε_{ex} を用いる。

$$\varepsilon_{ex} = \ell_n \frac{\ell}{\ell_0} \tag{7.1}_2$$

ここに、ℓ_n は自然対数（ネイピアの定数 e を底とする対数）を示す。公称ひずみ ε_x と

対数ひずみ ε_{ex} とは次の関係にある。
$$\varepsilon_{ex} = \ell_n(1+\varepsilon_x) \tag{7.1}_3$$

弾性範囲ではひずみが小さいので、ε_x と ε_{ex} との差はないが、塑性範囲では両者の違いがある。ひずみの正負は、応力の正負と同様に、伸びる場合（引張）を正、縮む場合（圧縮）を負とする。

棒材は質量不変の法則により、材軸方向に伸びれば断面は細くなる。反対に、材軸方向に縮むと断面は太くなる。断面方向のひずみ（横ひずみ）に対する材軸方向のひずみ（縦ひずみ）の比の絶対値をポアソン比（Poisson's ratio）ν と定義する。

$$\nu = \left|\frac{\varepsilon_y}{\varepsilon_x}\right| \tag{7.2}$$

ポアソン比 ν は、鋼材に対して $\nu=0.3$、鉄筋コンクリートに対し $\nu=0.17$ をとる。ポアソン比の逆数をポアソン数 m と呼ぶ。

$$m = \frac{1}{\nu} \tag{7.3}$$

例題　変形前の長さ $\ell_0=10\text{m}$、変形後の伸びた長さ $\ell=10.01\text{m}$ の棒材の縦方向のひずみ ε_x を求める。ポアソン比 $\nu=0.3$ とするときの、横ひずみ ε_y を求める。

縦ひずみ　　　$\varepsilon_x = \dfrac{10.01-10}{10} = 0.001$　　　（引張）

横ひずみ　　　$\varepsilon_y = -0.001 \times 0.3 = -0.0003$　　（圧縮）

7.3　せん断ひずみ

連続体の中の微小な正方形は、連続体に外力が作用すると、**図 7-2**(a)のように、せん断力により角度変化を生じる。この角度変化をせん断ひずみ γ と言う。このせん断ひずみは、**図 7-2**(b)のように微小要素の長さ h とせん断変形 Δ により、

$$\gamma = \frac{\Delta}{h} \tag{7.4}$$

で表される。せん断変形の例は、耐力壁が水平力を受けたときの変形を想定すれば理解しやすい。

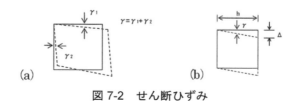

図 7-2　せん断ひずみ

例題 階高 4m の耐力壁が水平力を受けて、せん断ひずみ $\gamma = \dfrac{1}{200}$ を生じたとき、当該階の水平変位 $\varDelta$ を求める。
この γ を層間変形角と呼ぶ。

$$\varDelta = \gamma h = \dfrac{1}{200} \times 400 = 2\,\text{cm}$$

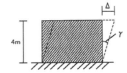

7.4 体積ひずみ e

体積ひずみ e は、連続体の体積に関するひずみを表す（**図 7-3**）。連続体より取り出した微小立方体の変形前の体積 V_0 が、変形後 V に変化したと考えると、体積ひずみ e は次式で定義する。

$$e = \dfrac{V - V_0}{V_0} = \dfrac{\varDelta V}{V_0} \tag{7.5}$$

微小立方体の x, y, z 方向の垂直ひずみを $\varepsilon_x, \varepsilon_y, \varepsilon_z$ と表示すると、変形後の体積 V は次式となる。

$$\begin{aligned}
V_0 &= dx\,dy\,dz \\
V &= (1+\varepsilon_x)\,dx\,(1+\varepsilon_y)\,dy\,(1+\varepsilon_z)\,dz \\
&= dx\,dy\,dz + \left(\varepsilon_x + \varepsilon_y + \varepsilon_z + \varepsilon_x\varepsilon_y + \varepsilon_y\varepsilon_z + \varepsilon_z\varepsilon_x + \varepsilon_x\varepsilon_y\varepsilon_z\right)dx\,dy\,dz
\end{aligned}$$

ここで、上式の 2 次以上の項を省略して、式(7.5)に代入すると、体積ひずみは 3 次元連続体の各方向のひずみの和となる。

$$e = \varepsilon_x + \varepsilon_y + \varepsilon_z \tag{7.6}$$

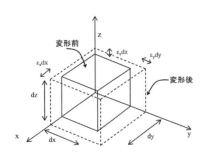

図 7-3 体積ひずみ

第8章 応力とひずみの関係（構成方程式）

8.1 応力とひずみの関係

応力（stress）とひずみ（strain）の関係は構成方程式とも呼ばれ、材料の特性により異なる（図 8-1）。

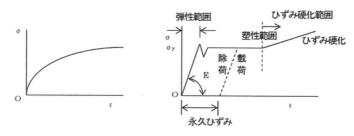

図 8-1　応力 - ひずみ

材料試験を実施し、荷重を順次増加された際の応力 σ とひずみ ε をプロットすると $\sigma-\varepsilon$ の関係が得られる。このプロットには「公称応力－公称ひずみ」が一般に使用されるが、ひずみが大きくなる塑性領域を対象とする場合には、「真応力－対数ひずみ」が使用される。$\sigma-\varepsilon$ 関係の領域を次のように分ける。

- 弾性範囲　→　除荷後ひずみは生じない。
- 塑性範囲　→　除荷後ひずみは残り、永久ひずみとなる。

塑性変形が進むにつれて、変形に対する抵抗力が増し、材料が硬くなる現象をひずみ硬化（strain hardening）と言う。

材料には、強度や変形に方向性の関与の度合いにより、等質（どの方向に対しても同じ性質）、等方性（ある方向に対して同じ性質）、異方性（方向により異なる性質）に分かれる。

載荷状態を、引張状態または圧縮状態のように一方向のみの単調な荷重増分による応力－ひずみ関係と、引張状態を除荷してさらに載荷する一方向繰返し荷重や、疲労試験、さらに、引張および圧縮を順次繰り返して部材の復元力特性を調べる試験がある。圧縮または引張のみの試験には、JIS 規格で試験体の寸法が定められている。

荷重を圧縮または引張の単調増加の後に除荷すると、応力－ひずみ線図が弾性範囲内は元の線を戻る。しかし、応力が降伏状態を超えると、図 8-2 のように弾性係数 E と等しい傾きをもって BC と進むが、荷重を除荷してもひずみは永久ひずみとなり 0 にはならない。さらに、載荷を再開すると CBD へと進む。これを塑性ヒステリシス

と呼ぶ。なお、除荷と再載荷との間には応力－ひずみ線図のずれが微小にあるが、繰り返すとこの差はなくなる。

次に、引張荷重を増加して降伏させ、荷重を除荷して圧縮荷重状態にすると**図 8-3**のように最初の降伏応力 $\overline{OP_1}$ よりも 2 回目の降伏応力 $\overline{OP_2}$ は小さくなる。さらに、圧縮から引張に載荷すると 3 回目の降伏応力 $\overline{OP_3}$ はさらに小さくなる。このような現象をバウシンガー効果と呼び、多結晶金属材料の特徴である。

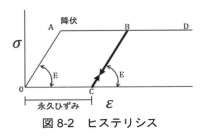
図 8-2 ヒステリシス

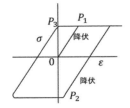
図 8-3 バウシンガー効果

実際の $\sigma-\varepsilon$ の弾塑性関係は複雑であるから、**図 8-4** のように理想化した形が一般に用いられる。

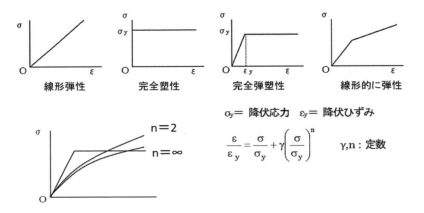

図 8-4 理想化した $\sigma-\varepsilon$ の弾塑性関係

鋼材のように、ほとんどの線形弾性材料は、上位降伏点 σ_{yu}（upper yield stress）と下位降伏点 $\sigma_{y\ell}$（lower yield stress）を持つので、降伏応力 σ_y を容易に算定できる。一方、明確な降伏点を示さない材料については、2%のひずみを降伏点とみなして降伏応力を求める（**図 8-5**）。

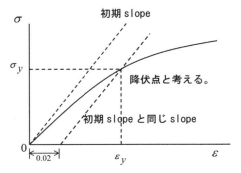
図 8-5 明確な降伏を示さない材料

8.2 単純応力状態の構成方程式

棒材の材軸方向（x 軸方向）応力 σ のみが作用する場合、x 軸方向の垂直ひずみ（縦ひずみ）ε_x と応力 σ の間には、

$$\sigma = E\varepsilon_x \tag{8.1}$$

の関係がある。ここに、E＝縦弾性係数またはヤング係数（N/m²）。

同様に、せん断応力 τ とせん断ひずみ γ についても次の関係がある。

$$\tau = G\gamma \tag{8.2}$$

ここに、G＝せん断弾性係数（N/m²）。

等方等質体については、G と E の間には次の関係がある。

$$G = \frac{E}{2(1+\nu)} \tag{8.3}$$

ここに、ν＝ポアソン比。上記の関係から材料のせん断弾性係数 G は縦弾性係数 E の約半分であることがわかる。

例題 鉄筋コンクリート柱に軸方向力 $N = 500\text{kN}$ が作用するとき、コンクリートおよび鉄筋に生じるひずみおよび応力を求める。鉄筋のヤング係数 E_s とコンクリートのヤング係数 E_c の比 $E_s/E_c=\text{n}$ は n = 15 とする。$E_c = 21\text{kN/mm}^2$ とする。

使用材料：コンクリート F_c 21N /mm²　　長期許容圧縮力　$f_c = 7\text{N/mm}^2$（$= F_c/3$）
　　　　　鉄筋 SD235　　　　　　　　長期許容圧縮力　$f_{sc} = 160\text{ N/mm}^2$

① D25（異形鉄筋）　1 本の断面積　507mm²
　　8-D25 の鉄筋断面積　$As = 507 \times 8 \text{本} = 4056\text{mm}^2$
　　コンクリートの断面積　$Ac = 500 \times 500 - As = 245900\text{mm}^2$
　　（(注) 近似的には $Ac \approx 500 \times 500 \text{ mm}^2$ としてもよい）

② 鉄筋が負担する軸方向力を N_s、コンクリートが負担する軸方向力を N_c とすると、軸方向の釣合より次式が成立する。

$$\boxed{N = N_s + N_c} \quad \therefore \quad 500 = N_s + N_c \qquad \text{式①}$$

③ 鉄筋のひずみを ε_s、コンクリートのひずみを ε_c とすると

$$\varepsilon_s = \frac{\sigma_s}{E_s} = \frac{N_s}{A_s E_s} \ ; \ \varepsilon_c = \frac{\sigma_c}{E_c} = \frac{N_c}{A_c E_c} \qquad \text{式②}$$

④ 鉄筋とコンクリートは一体になっているからひずみは等しい⇒ $\boxed{\varepsilon_s = \varepsilon_c}$　式③

式②を式③に代入すると次式となる。

$$\frac{N_s}{A_s E_s} = \frac{N_c}{A_c E_c} \qquad \text{式④}$$

$$\therefore N_s = N_c \frac{A_s}{A_c} \frac{E_s}{E_c} = N_c \frac{A_s}{A_c} n = N_c \frac{4056}{245900} \times 15 = 0.247\, N_c \qquad \text{式⑤}$$

⑤ 式①、式⑤より、$N_s = 99.1\text{ kN}$、$N_c = 400.9\text{ kN}$ を得る。

⑥ 応力　　$\sigma_s = \dfrac{N_s}{A_s} = \dfrac{99.1 \times 10^3}{4056} = 24\,\mathrm{N/mm^2} < f_{sc} = 160\,\mathrm{N/mm^2}$　　　O.K.

$\sigma_c = \dfrac{N_c}{A_c} = \dfrac{400.9 \times 10^3}{245900} = 1.6\,\mathrm{N/mm^2} < f_c = 7\,\mathrm{N/mm^2}$　　　O.K.

⑦ ひずみ　　$\varepsilon = \dfrac{\sigma_c}{E_c} = \dfrac{1.6\,\mathrm{N/mm^2}}{21 \times 10^3\,\mathrm{N/mm^2}} = 76.2 \times 10^{-6} = 76.2\mu$

ここに、$\mu = 10^{-6}$ を表す。

8.3　3軸主応力状態の構成方程式

連続体において、図 8-6 のように、主応力 $\sigma_1, \sigma_2, \sigma_3$ が作用する微小直立方体を考える。主応力に対応する主ひずみを $\varepsilon_1, \varepsilon_2, \varepsilon_3$ とすると、これらの主ひずみは一軸応力状態を重ね合わせることによって、次式の関係を持つ。

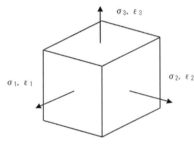

図 8-6　主応力と主ひずみ

$$\varepsilon_1 = \dfrac{1}{E}\left[\sigma_1 - \nu(\sigma_2 + \sigma_3)\right]\ ;$$

$$\varepsilon_2 = \dfrac{1}{E}\left[\sigma_2 - \nu(\sigma_3 + \sigma_1)\right]\ ;\quad \varepsilon_3 = \dfrac{1}{E}\left[\sigma_3 - \nu(\sigma_1 + \sigma_2)\right] \tag{8.4}$$

これらの関係は、主応力と主ひずみの構成方程式である。

式(8.4)を逆に主応力 $\sigma_1, \sigma_2, \sigma_3$ について解くと、

$$\sigma_1 = 2G\left(\varepsilon_1 + \dfrac{\nu e}{1-2\nu}\right)\ ;\quad \sigma_2 = 2G\left(\varepsilon_2 + \dfrac{\nu e}{1-2\nu}\right)\ ;\quad \sigma_3 = 2G\left(\varepsilon_3 + \dfrac{\nu e}{1-2\nu}\right) \tag{8.5}$$

と書ける。ここに、$e = \varepsilon_1 + \varepsilon_2 + \varepsilon_3$（体積ひずみ）。

8.4　一般的な3次元応力状態の構成方程式（一般化したフックの法則）

式(8.4)の関係は3次元主応力状態の構成方程式である。一般的な3次元応力状態の応力 $\sigma_x, \sigma_y, \sigma_z, \tau_{xy}, \tau_{yz}, \tau_{zx}$ と一般的なひずみ $\varepsilon_x, \varepsilon_y, \varepsilon_z, \gamma_{xy}, \gamma_{yz}, \gamma_{zx}$ は、式(8.5)と同様な形で表わせる。

$$\sigma_x = 2G\left(\varepsilon_x + \dfrac{\nu e}{1-2\nu}\right)\quad \text{or} \quad \varepsilon_x = \dfrac{1}{E}\left[\sigma_x - \nu(\sigma_y + \sigma_z)\right]$$

$$\sigma_y = 2G\left(\varepsilon_y + \dfrac{\nu e}{1-2\nu}\right)\quad \text{or} \quad \varepsilon_y = \dfrac{1}{E}\left[\sigma_y - \nu(\sigma_z + \sigma_x)\right]$$

$$\sigma_z = 2G\left(\varepsilon_z + \dfrac{\nu e}{1-2\nu}\right)\quad \text{or} \quad \varepsilon_z = \dfrac{1}{E}\left[\sigma_z - \nu(\sigma_x + \sigma_y)\right]$$

$$\tau_{xy} = G\gamma_{xy} \quad\quad\quad\quad\quad \text{or} \quad \gamma_{xy} = \dfrac{\tau_{xy}}{G}$$

$$\tau_{yz} = G\gamma_{yz} \quad \text{or} \quad \gamma_{yz} = \frac{\tau_{yz}}{G}$$

$$\tau_{zx} = G\gamma_{zx} \quad \text{or} \quad \gamma_{zx} = \frac{\tau_{zx}}{G} \tag{8.6}$$

棒材では、材軸方向の応力 σ_x および縦ひずみ ε_x のみを考えて他の諸量を 0 とおくと、上式(8.6)より、工学的な構成方程式を得る。

$$\sigma_x = E\varepsilon_x \tag{8.7}$$

通常、建築構造物に使用する柱、梁等の線材では、横ひずみの効果を無視する断面剛の仮定が適用できるので、上記の簡単な構成方程式を用いる。

第 9 章 断面定数

9.1 断面積 A

右手直交座標系をとり、x 軸を材軸方向に、y 軸および z 軸を横断面軸にとる。断面積 A は微小断面積 $dA = dy\,dz$ で与えられるので、全断面積について積分すれば求まる（図 9-1）。

$$\boxed{A = \iint dA = \iint dy\,dz} \quad （単位：m^2） \tag{9.1}$$

ここに、$dA=$ 微小断面積（$dA = dy\,dz$）。

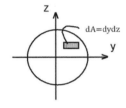

図 9-1　断面積

9.2 断面 1 次モーメント S_y, S_z

点 C を座標の原点とする y 軸、z 軸まわりの断面 1 次モーメントは次式で定義する。

$$S_y = \iint z\,dA = \iint z\,dy\,dz \quad （単位：m^3） \tag{9.2}$$
$$S_z = \iint y\,dA = \iint y\,dy\,dz \quad （単位：m^3） \tag{9.3}$$

式(9.2)、式(9.3)より、原点 C が図心のとき、点 C を通る断面軸まわりの断面 1 次モーメントは 0 である。図心のことを重心とも言う。断面軸が図心を通る場合、次式が成立する。

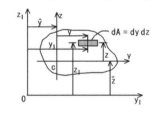

図 9-2　断面 1 次モーメント

$$S_y = 0 \;;\; S_z = 0 \tag{9.4}$$

図 9-2 に示すように、y および z 軸にそれぞれ平行な任意の直交軸を y_1, z_1 とすると、

$$y_1 = y + \bar{y} \;;\; z_1 = z + \bar{z} \;;\; dy_1 = dy \;;\; dz_1 = dz$$

の関係がある。ここに、$\bar{y}, \bar{z}$ は y_1, z_1 軸より測った図心の位置までの座標値であり、定数である。

y_1 軸まわりの断面 1 次モーメント S_{y1} は、

$$S_{y1} = \iint z_1\,dy_1\,dz_1 = \iint (z + \bar{z})\,dy\,dz = \iint z\,dy\,dz + \bar{z}\iint dy\,dz$$

となり、次式の関係を得る。

$$\boxed{S_{y1} = S_y + \bar{z}A} \tag{9.5}$$

同様に、z_1 軸まわりの断面 1 次モーメント S_{z1} は、

$$S_{z1} = \iint y_1\,dy_1\,dz_1 = \iint y\,dy\,dz + \bar{y}\iint dy\,dz$$

と定義されるので、次式となる。

$$S_{z1} = S_z + \overline{y}A \tag{9.6}$$

図心を通る y, z 軸の断面 1 次モーメントは、$S_y = S_z = 0$ より、図心の位置 $\overline{y}, \overline{z}$ は式(9.5)、式(9.6)から決定される。

$$\overline{y} = \frac{S_{z1}}{A}; \qquad \overline{z} = \frac{S_{y1}}{A} \tag{9.7}$$

よって、任意の直交軸 y_1, z_1 まわりの断面 1 次モーメント S_{y1}, S_{z1} を計算すれば、式(9.7)より図心が求まる。

例題 1　矩形断面の y, z 軸及び y_1, z_1 軸まわりの断面 1 次モーメントを求める。点 C は図心とする。

① y, z 軸まわりの断面 1 次モーメント S_y, S_z：式(9.2)、式(9.3)より $dA = b\,dz$ であるから、

$$S_y = \iint z\,dA = \int_{-\frac{h}{2}}^{\frac{h}{2}} zb\,dz = b\left[\frac{z^2}{2}\right]_{-\frac{h}{2}}^{\frac{h}{2}} = 0$$

$$S_z = \iint y\,dA = \int_{-\frac{b}{2}}^{\frac{b}{2}} yh\,dy = h\left[\frac{y^2}{2}\right]_{-\frac{b}{2}}^{\frac{b}{2}} = 0$$

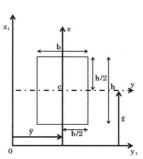

よって、対称軸である y, z 軸の交点 C は図心（重心）になる。

② y_1、z_1 軸まわりの断面 1 次モーメント S_{y1}, S_{z1}：式(9.5)および式(9.6)より、

$$S_{y1} = S_y + \overline{z}A = 0 + \overline{z}A \;;\; S_{z1} = S_z + \overline{y}A = 0 + \overline{y}A$$

③ 式(9.2)、式(9.3)を用いても、同様の結果が得られることを示す。

$$S_{y1} = \iint z_1\,dA = \int_{\overline{z}-\frac{h}{2}}^{\overline{z}+\frac{h}{2}} z_1 b\,dz_1 = b\left[\frac{z_1^2}{2}\right]_{\overline{z}-\frac{h}{2}}^{\overline{z}+\frac{h}{2}} = \overline{z}bh = \overline{z}A$$

同様に、$S_{z1} = \iint y_1\,dA = \overline{y}A$ が得られる。よって、図心を通らない軸まわりの断面 1 次モーメントは断面積 A と図心までの距離との積である。

例題 2　下図の断面の図心を求める。

① 図の断面は z 軸に関して対称である。よって、z 軸上に図心がある。y_1 軸まわりの断面 1 次モーメント S_{y1} は、下図のように長方形 ABHI と DEFG に分けて考えると

$$S_{y1} = (b_2 h_2)\left(h_1 + \frac{h_2}{2}\right) + (b_1 h_1)\frac{h_1}{2}$$

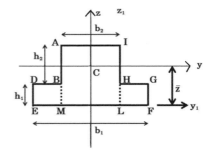

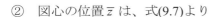

② 図心の位置 $\overline{z}$ は、式(9.7)より

$$\bar{z} = \frac{S_{y1}}{A} = \frac{(b_2 h_2)\left(h_1 + \frac{h_2}{2}\right) + (b_1 h_1)\frac{h_1}{2}}{b_1 h_1 + b_2 h_2}$$

例題 3 下図の建物の重心を求める。図に記入の数値は柱の軸方向力（kN）を示す。

① 全軸方向力：
$$\Sigma N = (20+25+25+20)+(25.5+40+40+25.5)$$
$$+(30+50+40+26)+(25+30+30+25) = 477 \text{ kN}$$

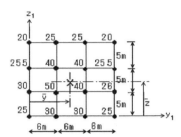

② y_1 軸まわりの断面 1 次モーメント S_{y1} ：
$$S_{y1} = (30+50+40+26)\times 5\text{m} + (25.5+40+40+25.5)\times 10\text{m}$$
$$+(20+25+25+20)\times 15\text{m} = 3390 \text{ kNm}$$

③ z_1 軸まわりの断面 1 次モーメント S_{z1} ：
$$S_{z1} = (25+40+50+30)\times 6\text{m} + (25+40+40+30)\times 12\text{m}$$
$$+(20+25.5+26+25)\times 18\text{m} = 4227 \text{ kNm}$$

④ 重心（図心）位置
$$\bar{z} = \frac{S_{y1}}{\Sigma N} = \frac{3390}{477} = 7.10\text{m} \ ; \ \bar{y} = \frac{S_{z1}}{\Sigma N} = \frac{4227}{477} = 8.86\text{m}$$

9.3 断面 2 次モーメント I_y, I_z

y 軸、z 軸まわりの断面 2 次モーメントは次式で定義する（図 9-3）。単位は長さの 4 乗である。

$$\boxed{I_y = \iint z^2 dA \ ; \ I_z = \iint y^2 dA} \quad (\text{単位}: \text{m}^4) \quad (9.8)$$

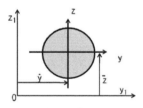

図 9-3 断面 2 次モーメント

y, z 軸に平行な任意の直交軸を y_1, z_1 とすると、次の関係がある。

$$y_1 = y + \bar{y} \ ; \ z_1 = z + \bar{z} \ ; \ dy_1 = dy \ ; \ dz_1 = dz$$

y_1 軸、z_1 軸まわりの断面 2 次モーメント I_{y1}, I_{z1} は、次式となる。

$$I_{y1} = \iint z_1^2 dy_1\, dz_1 = \iint (z+\bar{z})^2 dy\, dz = \iint z^2 dy\, dz + 2\bar{z}\iint z\, dy\, dz + \bar{z}^2 \iint dy\, dz$$
$$\therefore I_{y1} = I_y + 2\bar{z} S_y + \bar{z}^2 A \quad (9.9)$$

$$I_{z1} = \iint y_1^2 dy_1\, dz_1 = \iint (y+\bar{y})^2 dy\, dz = \iint y^2 dy\, dz + 2\bar{y}\iint y\, dy\, dz + \bar{y}^2 \iint dy\, dz$$
$$\therefore I_{z1} = I_z + 2\bar{y} S_z + \bar{y}^2 A \quad (9.10)$$

y 軸、z 軸を図心を通る軸にとると（図 9-4）、断面 1 次モーメント $S_y = S_z = 0$ となるから、式(9.9)、式(9.10)は、

$$\boxed{I_{y1} = I_y + \bar{z}^2 A \ ; \ I_{z1} = I_z + \bar{y}^2 A} \quad (9.11)$$

となる。これは、図心以外の点を通る y_1 軸まわりの断面 2 次モーメントは、図心を通る y 軸まわりの断面 2 次モーメント I_y と、y_1 軸から図心までの距離 $\bar{z}$ の 2 乗に断面積 A を掛けた値を加えた値であることを示す。

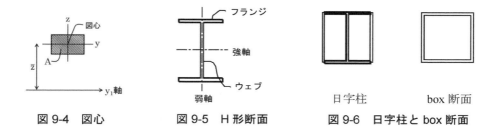

図 9-4 図心　　図 9-5 H 形断面　　図 9-6 日字柱と box 断面

　大きな断面 2 次モーメントの部材断面を作るには、断面積 A ができるだけ図心から離れたほうが有利である。H 型断面はこの目的に対して製作された断面であり、大きな断面積を有するフランジを材の両縁に置くことにより、式(9.11)の第 2 項の効果により、大きな断面 2 次モーメントを得る。しかし、この H 型断面のフランジの効果が有効になる強軸曲げと有効でない弱軸曲げとがある（**図 9-5**）。梁は、常に強軸曲げとなるように使用する。一方、柱として使用するときは、強軸曲げにはラーメン構造で、また、弱軸曲げには筋違により水平力を負担させる構造形式となる。H 型断面を用いた柱の場合、梁間方向が強軸曲げになり、桁行方向が弱軸曲げとなる。

　桁行方向はブレース（筋違）が配置され設計の自由が失われることから、H 型断面の弱軸まわりの断面 2 次モーメントを高めるため、古くは添板を溶接して日字柱とした（**図 9-6**）。その後 box 断面材が製造され、最近は、冷間成形加工の BCR、BCP を用いた box 断面を使用する。

例題 1　長方形断面の y 軸および y_1 軸まわりの断面 2 次モーメント I_y および I_{y_1} を求める。

① y 軸まわりの断面 2 次モーメント I_y：式(9.7)から、

$$I_y = \iint z^2 dA = \int_{-\frac{h}{2}}^{\frac{h}{2}} z^2 b\, dz = b\left[\frac{z^3}{3}\right]_{-\frac{h}{2}}^{\frac{h}{2}} = \frac{bh^3}{12}$$

② y_1 軸まわりの断面 2 次モーメント I_{y_1}：y 軸は図心を通るので式(9.11)から、

$$I_{y_1} = I_y + \left(\frac{h}{2}\right)^2 A = \frac{bh^3}{12} + \left(\frac{h}{2}\right)^2 bh$$

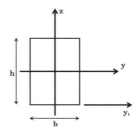

例題 2　H 型断面の断面 2 次モーメント I_y, I_z を求める。

① 第 1 法：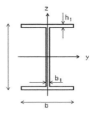 と考える。
　　　　　　フランジ　ウェブ

$$I_y = 2\left[\left(\frac{bh_1^3}{12}\right) + bh_1\left(\frac{h}{2} - \frac{h_1}{2}\right)^2\right] + \frac{b_1(h-2h_1)^3}{12}$$
　　　　　　　　　（フランジ）　　　　　　　　（ウェブ）

② 第2法： 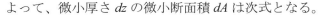 と考える。

$$I_y = \frac{bh^3}{12} - \frac{(b-b_1)(h-2h_1)^3}{12}$$ 　　第1法と第2法は同じ結果になる。

③ $I_z = 2\frac{h_1 b^3}{12} + \frac{(h-2h_1)(b_1)^3}{12}$

例題3　円形断面の図心を通る y 軸まわりの断面2次モーメントを求める。直径を d とする。

y および z 座標は θ で表せる。

$$y = \frac{d}{2}\cos\theta \qquad z = \frac{d}{2}\sin\theta$$

θ で微分すると、$dz = \frac{d}{2}\cos\theta \cdot d\theta$

よって、微小厚さ dz の微小断面積 dA は次式となる。

$$dA = 2y \cdot dz = \frac{d^2}{2}\cos^2\theta \, d\theta$$

y 軸まわりの断面2次モーメントは次式となる。積分の範囲は θ が $-\frac{\pi}{2} \sim \frac{\pi}{2}$ の区間である。

$$I_y = \iint_A z^2 dA = \frac{d^4}{8}\int_{-\frac{\pi}{2}}^{\frac{\pi}{2}} \sin^2\theta \cos^2\theta \, d\theta = \frac{d^4}{32}\int_{-\frac{\pi}{2}}^{\frac{\pi}{2}} \sin^2 2\theta \, d\theta = \frac{d^4}{64}\int_{-\frac{\pi}{2}}^{\frac{\pi}{2}} (1-\cos 4\theta) \, d\theta$$

$$= \frac{d^4}{64}\left[\theta - \frac{1}{4}\sin 4\theta\right]_{-\frac{\pi}{2}}^{\frac{\pi}{2}} = \frac{\pi d^4}{64}$$

9.4 断面相乗モーメント I_{yz}

y, z 軸まわりの断面相乗モーメント I_{yz} は、次のように定義する。単位は m⁴ である。

$$\boxed{I_{yz} = \iint yz \, dA} \qquad （単位：m^4） \tag{9.12}$$

y, z 軸が重心（図心）を通るとき $I_{yz} = 0$ となる。

図 9-7 のように、図心 C より平行移動した座標軸 y_1, z_1 軸まわりの断面相乗モーメント $I_{y_1 z_1}$ は次式で求まる。

$$\boxed{I_{y_1 z_1} = I_{yz} + a \cdot bA} \tag{9.13}$$

ここに、I_{yz}=座標 y, z 軸まわりの断面相乗モーメント（図心を通る）；A=断面積；a, b=図心 C の y_1 および z_1 軸の値。

(証明)

y および z 軸は図心を通るので、それらの軸まわりの断面1次モーメント S_y, S_z は0である。

$y_1 = y + a$; $z_1 = z + b$; $dA = dy_1$; $dz_1 = dy\,dz$

$$I_{y_1 z_1} = \iint y_1 z_1 dA = \iint (y+a)(z+b)\,dA$$
$$= \iint yz\,dA + ab\iint dA + a\iint z\,dA + b\iint y\,dA$$
$$= I_{yz} + abA + aS_z + bS_y = I_{yz} + abA \quad (\because S_z = S_y = 0)$$

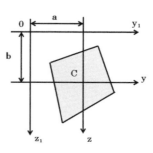

図9-7 断面相乗モーメント

9.5 断面極2次モーメント I_p （図9-8）

図9-8の y, z 軸まわりの断面極2次モーメントは次式で定義する。

$$I_p = \iint_A r^2 dA = \iint_A (y^2 + z^2)\,dA = I_y + I_z \quad \text{（単位：m}^4\text{)} \tag{9.14}$$

図9-8 断面極2次モーメント

例題 円形断面の断面極2次モーメント

微小断面積 $dA = 2\pi r\,dr$ と表せるので、

$$I_p = \iint_A r^2 dA = \int_0^{\frac{d}{2}} r^2 2\pi r\,dr = 2\pi \int_0^{\frac{d}{2}} r^3 dr = \frac{\pi d^4}{32}$$

他の方法として、式(9.15)を用いると、

$$I_p = I_y + I_z = 2I_y = 2 \cdot \frac{\pi d^4}{64} = \frac{\pi d^4}{32}$$

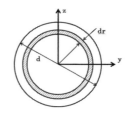

9.6 断面係数 Z_y, Z_z

中立軸まわりの断面2次モーメントを、中立軸から梁の縁までの距離で割った量を断面係数 Z と定義する（図9-9）。圧縮側と引張側とがあり、中立軸の位置により断面係数は異なる。単位は m³ となる。

上縁 $Z_{y_1} = \dfrac{I_y}{h_1}$; 下縁 $Z_{y_2} = \dfrac{I_y}{h_2}$ （単位：m³） (9.15)

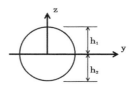

図9-9 断面係数

断面2次モーメントは y 軸まわりと z 軸まわりの I_y, I_z があるので、いずれの場合も断面係数が存在し、式(9.15)と同様な方法で求まる。

例題 矩形断面の場合

$$I_y = \frac{bh^3}{12} \;;\; I_z = \frac{hb^3}{12}$$

$$Z_y = \frac{I_y}{\frac{h}{2}} = \frac{bh^2}{6} \;;\; Z_z = \frac{I_z}{\frac{b}{2}} = \frac{hb^2}{6}$$

9.7 断面2次半径および細長比 r_y, r_z

断面2次半径 r は次式で定義する。

$$r_y = \sqrt{\frac{I_y}{A}} \;;\; r_z = \sqrt{\frac{I_z}{A}} \quad (単位:\mathrm{m}) \tag{9.16}$$

細長比 λ は y 軸まわり、z 軸まわりの座屈に対してそれぞれ細長比 λ_y, λ_z とすると次式で定義する。

$$\lambda_y = \frac{\ell_{ky}}{r_y} \;;\; \lambda_z = \frac{\ell_{kz}}{r_z} \quad (無次元) \tag{9.17}$$

ここに、$\ell_{ky}=y$ 軸まわりの座屈長さ；$\ell_{kz}=z$ 軸まわりの座屈長さ。細長比は無次元量であり、部材のスリムさを表す係数であり、座屈を支配するパラメータである。

第10章　柱、梁、beam-column の応力

10.1 対称曲げを受ける梁

外力が梁の横断面の対称軸と一致するときを「対称曲げ」、一致しないときを「非対称曲げ」と定義する（図 10-1）。対称曲げは曲げのみが関係し、非対称曲げは曲げとねじりが関係する。ここでは、対称曲げのみを考える。

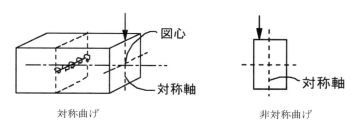

図 10-1　対称曲げと非対称曲げ

梁の横断面には、外力としてせん断力と曲げモーメントが作用し、各断面には、曲げに釣り合うために曲げ応力が、せん断力に釣り合うためにせん断応力が発生する。

梁の曲げ応力を求めるに際し、平面保持の仮定を用いる。平面保持の仮定は、梁の横断面は変形後も平面であると仮定する工学的近似である（図 10-2 参照）。この仮定は、梁の材質が均質で、あまり大きく湾曲しない場合には大体正しい。梁の理論で用いられる工学的仮定には、次の仮定がある。①平面保持の仮定（断面は平面を保持して湾曲する）、②断面剛の仮定（断面の面内変形はない）、③断面は変形後も中立面に直交する（せん断変形を無視する）。これらの仮定をまとめて Bernoulli-Euler の仮定という（図 10-2）。構造力学で主として扱う初等梁理論は Bernoulli-Euler の仮定を用いている。初等梁理論の拡張として、断面は変形後の中立軸と直交しないと仮定してせん断変形を考慮したのが Timoshenko 梁である。また、断面の反りを考慮したのが高次梁理論である。

右手直交座標系 x, y, z の x 軸は梁の材軸方向にとり、z 軸は梁の下向きを正とする。図 10-3(a)のような長方形断面の強軸（y 軸）まわりに曲げモーメント M が作用すれば、変形前の中央面 AA は、変形後は曲率半径 R の円弧に曲げられ各断面は相対的に回転する。

変形後も横断面は平面であると仮定するから、中央面から z の距離にある面 $\overline{ss}$ は変形後は伸縮して $\overline{s's'}$ になる（図 10-3(a)）。

$$\text{変形前}\quad \overline{ss} = dx \tag{10.1}$$

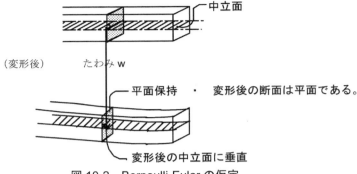

図 10-2　Bernoulli-Euler の仮定

変形後　　$\overline{s's'} = (R+z)d\theta$ 　　　　　　　　　　　　　　　　　　　　(10.2)

微小長さ $\overline{ss}$ のひずみ ε_x は次式となる。

$$\varepsilon_x = \frac{\overline{s's'} - \overline{ss}}{\overline{ss}} = \frac{(R+z)d\theta - dx}{dx} \tag{10.3}$$

このひずみ ε_x により生ずる応力 σ_x は次式となる。

$$\sigma_x = E\varepsilon_x = E\left[\frac{(R+z)d\theta - dx}{dx}\right] \tag{10.4}$$

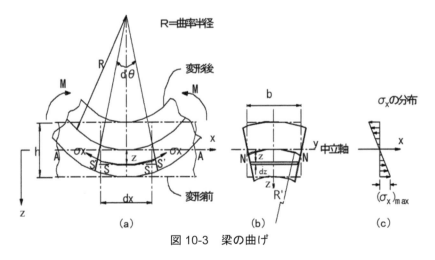

図 10-3　梁の曲げ

梁は曲げモーメントのみを受け、軸方向に荷重は作用しないから、応力 σ_x の合力である軸方向 N は 0 でなければならない。説明を簡単にするため、梁の断面を矩形断面（幅 b、高さ h）とすると、軸方向力 N は、

$$N = \int_{-\frac{h}{2}}^{\frac{h}{2}} \sigma_x (b\,dz) = \frac{Eb}{dx}\left[(R\,d\theta - dx)\int_{-\frac{h}{2}}^{\frac{h}{2}} dz + d\theta\int_{-\frac{h}{2}}^{\frac{h}{2}} z\,dz\right] = \frac{Ebh}{dx}(R\,d\theta - dx) = 0 \tag{10.5}$$

となる。よって、上式が成立するには

$$\boxed{R\,d\theta = dx} \tag{10.6}$$

が成立しなければならない。上式は、**中立軸は伸びないことを示す。**
式(10.6)を式(10.3)、式(10.4)に代入すると、

$$\varepsilon_x = \frac{z}{R} = z\phi \tag{10.7}$$

$$\sigma_x = E\frac{z}{R} = Ez\phi \tag{10.8}$$

となる。ここに、曲率半径 R の逆数を曲率 $\phi\left(=\dfrac{1}{R}\right)$ と定義する。

$$\phi = \frac{1}{R} \tag{10.9}$$

式(10.7)および式(10.8)より、ひずみおよび応力は、梁の中央面からの距離 z に比例し、中央面では 0 となり、この面は伸縮しない。この面を中立面（neutral surface）と呼び、長方形断面の梁では、中央面は中立面と一致する。中立面と横断面との交線を中立軸と呼ぶ。中立面を境にして、梁の横断面には、引張応力と圧縮応力が、中央面よりの距離 z に比例して直線的に分布する。この大きさが等しく方向が反対の内力により、梁には偶力が作用して曲げモーメントを生じる。この曲げモーメントが外力により発生した曲げモーメントを打ち消し合うことにより、梁は荷重を伝達できる。
（注）非対称断面または、軸力と曲げが作用する断面では、中立面と中央面は一致しない。
応力 σ_x から生じる曲げモーメントは、その断面に作用している曲げモーメント M に等しくなければならないから、

$$M = \int_{-\frac{h}{2}}^{\frac{h}{2}} z\sigma_x (b\,dz) = E\phi \int_{-\frac{h}{2}}^{\frac{h}{2}} z^2 b\,dz = E\phi I_y$$

$$\therefore M = E\phi I_y \tag{10.10}$$

ここに、I_y＝y 軸まわりの断面 2 次モーメント。
式(10.10)より曲率 ϕ を求めると、

$$\phi = \frac{M}{EI_y} \tag{10.11}$$

となる。これを式(10.8)に代入すると、曲げにより生じる応力 σ_x が求まる。

$$\sigma_x = \frac{Mz}{I_y} \tag{10.12}$$

または、

$$\sigma_x = \frac{M}{Z} \tag{10.13}$$

ここに、Z＝断面係数 $(=I/z)$。応力の最大値は中立軸よりの距離 z が最大である縁に発生する。

例題 単純支持梁に集中荷重 $P=8$kN が作用するときの最大引張応力および圧縮応力を求める。梁は等方等質材よりなる長方形断面とする。梁の許容引張応力および許容圧縮応力 f を 200N/cm^2 とするとき、この梁の安全性を検討する。

① 断面2次モーメント：$I_y = \dfrac{bh^3}{12} = \dfrac{30 \times 40^3}{12} = 160000\,\text{cm}^4$

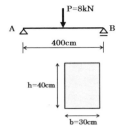

② 断面係数：$Z = \dfrac{I_y}{\dfrac{h}{2}} = \dfrac{bh^2}{6} = \dfrac{30 \times 40^2}{6} = 8000\,\text{cm}^3$

③ 最大曲げモーメント：梁のスパン中央に生じる。

$$M_{\max} = \dfrac{P\ell}{4} = \dfrac{8\,\text{kN} \times 400\,\text{cm}}{4} = 800\,\text{kN} \times \text{cm}$$

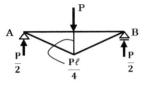

④ 最大引張応力、最大圧縮応力：断面が対称で、等方等質体であるから、中立軸は梁の断面の中心にある。よって、

最大引張応力　$\sigma_{t\max} = \dfrac{M_{\max}}{Z} = \dfrac{800000}{8000} = 100\,\text{N/cm}^2 < f = 200\,\text{N/cm}^2$　O.K.

最大圧縮応力　$\sigma_{c\max} = \dfrac{M_{\max}}{Z} = \dfrac{800000}{8000} = 100\,\text{N/cm}^2 < f = 200\,\text{N/cm}^2$　O.K.

次に、任意断面の梁が曲げモーメントを受けた場合について検討する。任意断面の梁に曲げモーメントが作用するとき、中立面と中央面は一致しない。しかし、上述した長方形断面に対して提示した式は、座標軸の位置を中立軸を通るように設ければ、そのまま適用できる（図10-4）。

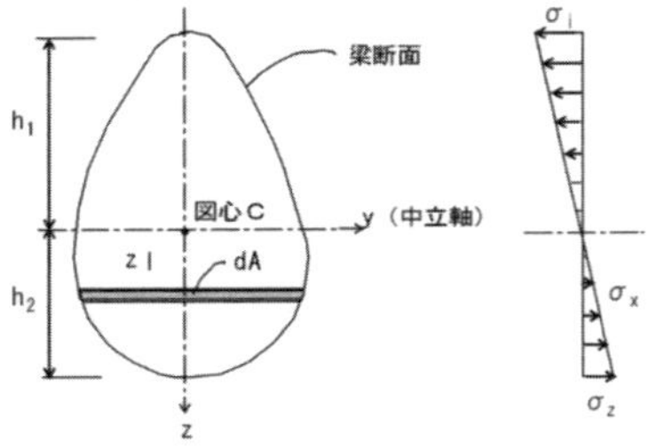

ひずみ ε_x および応力 σ_x は次式で与えられる。

$$\varepsilon_x = z\phi \tag{10.14}$$
$$\sigma_x = Ez\phi \tag{10.15}$$

図10-4　任意断面の梁の曲げ

応力 σ_x により生じる断面力は、次の条件を満足しなければならない。

$$N = \iint \sigma_x dA = E\phi \iint z\,dA = E\phi S_y = 0 \tag{10.16}$$

$$M = \iint \sigma_x dA = EI_y\phi \tag{10.17}$$

式(10.16)より、中立軸まわりの断面1次モーメント $S_y=0$ であるという条件から、中立軸の決定式を得る。

$$S_y=0 \quad (\text{中立軸の決定式}) \tag{10.18}$$

よって、中立軸は横断面の図心Cを通る。

図心Cより h_1 および h_2 にある上・下縁面の縁応力 σ_1、σ_2 は、式(10.12)より求まる。ここで式(10.19)の負号は、軸応力 σ_x が圧縮応力状態であることを示す。

$$\sigma_1 = -\dfrac{Mh_1}{I_y} = -\dfrac{M}{Z_1} \tag{10.19}$$

$$\sigma_2 = \frac{Mh_2}{I_y} = \frac{M}{Z_2} \tag{10.20}$$

ここに、断面係数 $Z_1 = I_y/h_1$ ； $Z_2 = I_y/h_2$ 。

次に、y 軸まわりの曲げモーメントを受けたとき、梁の断面形がどのように変形するかを、長方形断面について考える。図 10-3(b)のように、梁が軸方向に伸縮すると、横断面はそれと反対に伸縮する。これは縦ひずみと横ひずみの関係で表せる。梁には、中立軸を境にして、圧縮応力と引張応力が作用するので、梁の横断面の横ひずみは図10-3(b)に示したように、中立軸を境にして、伸びと縮みに分かれる。横断面は引張側では縮み、圧縮側では伸びる。梁断面の縦ひずみを ε_x、横ひずみを ε_y とすると、

$$\varepsilon_y = -\nu\varepsilon_x = -\nu z\phi = -\nu z\frac{1}{R} \tag{10.21}$$

となる。y, x 軸面内に曲率半径 R の面に梁が湾曲すると同時に、y, z 軸面内においても曲率半径 R' の面に湾曲する。曲率半径 R' は式(10.21)より

$$\boxed{\frac{1}{R'} = \frac{\nu}{R}} \tag{10.22}$$

になる。このように湾曲した面を鞍形面（anticlastic surface）という。通常の梁では断面剛の仮定が成立するので、断面の面内変位は考慮しなくてよい。

10.2 断面の主軸

荷重が図心を通り、断面の対称軸方向に作用するとき、対称曲げと定義し、図心を通る対称軸に直角な軸が中立軸になる（図 10-5）。その際の曲げにより生ずる垂直応力 σ_x は、式(10.15)で与えられる。

$$\sigma_x = Ez\phi \tag{10.15}$$

応力 σ_x による y 軸まわりの内力のモーメントは、y 軸まわりに作用する外力の曲げモーメント M_y に等しい。

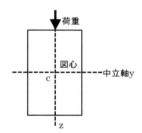

図 10-5　対称曲げ

$$M_y = \iint \sigma_x \cdot zdA = E\phi\iint z^2 dA = E\phi I_y \tag{10.23}$$

また、応力 σ_x による z 軸まわりのモーメントを M_z とすると、

$$M_z = \int \sigma_x \cdot ydA = E\phi\iint yzdA = E\phi I_{yz} \tag{10.24}$$

となる。しかし、y 軸まわりにモーメントを受けるとき、$M_z = 0$ でなければならない。これは、式（10.24）より、

$$\boxed{\text{断面相乗モーメント}\quad I_{yz} = 0 \;\Rightarrow\; \text{断面の主軸}} \tag{10.25}$$

となる。すなわち、ある一軸まわりの曲げモーメントが作用するとき、他の軸に曲げモーメントを生じさせない直交軸を、**断面の主軸**と呼ぶ。また、主軸に関する断面2次モーメントを、主断面2次モーメントと言う。**一般に、対称軸とこれに直交する軸**

はすべて主軸になる。したがって、長方形断面、2 等辺三角形断面においては、主軸は無数にある（図 10-6）。

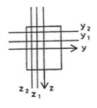
y 軸と z, z₁, z₂ 軸が主軸
z 軸と y, y₁, y₂ 軸が主軸

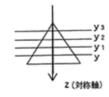
z 軸と y, y₁, y₂, y₃ 軸が主軸

主軸は無数にある

図 10-6　主軸[1]

(1) 主軸の決定法（その 1）

図 10-7 のような任意の断面形について、断面内の一点 O を通る主軸を決定する。

① 点 O を原点とする任意の直交座標 y_1, z_1 を選び、これらの軸まわりの断面 2 次モーメント I_{y_1}, I_{z_1}、断面相乗モーメント $I_{y_1 z_1}$ を計算する。

$$\left. \begin{array}{l} I_{y_1} = \iint (z_1)^2 dy_1 dz_1 \\ I_{z_1} = \iint (y_1)^2 dy_1 dz_1 \\ I_{y_1 z_1} = \iint y_1 z_1 dy_1 dz_1 \end{array} \right] \quad (10.26)$$

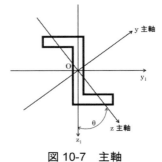

図 10-7　主軸

② 次に、点 O を原点として、θ だけ回転した主軸をなす座標軸を y, z とすると、次式の関係を得る。

断面 2 次モーメント I_y, I_z、断面相乗モーメント I_{yz} は次式となる。

$$I_y = \iint z^2 dy dz \; ; \; I_z = \iint y^2 dy dz \; ; \; I_{yz} = \iint yz\, dy dz \quad (10.27)$$

座標軸 y, z と y_1, z_1 の間には、次式が成立する。

$$y = y_1 \cos\theta - z_1 \sin\theta \; ; \; z = z_1 \cos\theta + y_1 \sin\theta \quad (10.28)$$

上式を式(10.27)₃ に代入すると、y, z 軸まわりの断面相乗モーメント I_{yz} は次式となる。

$$\begin{aligned} I_{yz} &= \iint yz\, dA = \iint (y_1 \cos\theta - z_1 \sin\theta)(z_1 \cos\theta + y_1 \sin\theta)\, dA \\ &= \frac{1}{2}\sin 2\theta \iint (y_1)^2 dA - \frac{1}{2}\sin 2\theta \iint (z_1)^2 dA + \cos 2\theta \iint y_1 z_1\, dA \\ &= \frac{1}{2}(I_{z_1} - I_{y_1})\sin 2\theta + I_{y_1 z_1} \cos 2\theta \end{aligned} \quad (10.29)$$

y, z 軸が主軸であるから、y, z 軸まわりの断面相乗モーメント $I_{yz} = 0$ である。よって、上式より主軸方向を決定する式を得る。

$$\boxed{\tan 2\theta = \frac{2 I_{y_1 z_1}}{I_{y_1} - I_{z_1}}} \quad \text{主軸方向の決定式} \quad (10.30)$$

上式から主軸 y 軸と y_1 軸とのなす角 θ を求めることができる。θ は y_1 軸より反時計まわりを正とする。

③ 主軸 y, z まわりの主断面 2 次モーメント I_z, I_y は、次式で与えられる。

$$I_z = \iint y^2 dA = \iint (y_1 \cos\theta - z_1 \sin\theta)^2 dA = I_{z_1}\cos^2\theta + I_{y_1}\sin^2\theta - I_{y_1 z_1}\sin 2\theta \quad (10.31)$$

$$I_y = \iint z^2 dA = \iint (z_1 \cos\theta + y_1 \sin\theta)^2 dA = I_{z_1}\sin^2\theta + I_{y_1}\cos^2\theta + I_{y_1 z_1}\sin 2\theta \quad (10.32)$$

式(10.31)を計算するには、式(10.30)より主軸が求まっていなければならない。主軸を求めることなく $I_{z_1}, I_{y_1}, I_{y_1 z_1}$ より直接 I_z, I_y を求める式を検討する。式(10.31)、式(10.32)を用いると、次の 2 つの関係を得る。

$$I_z + I_y = I_{z_1} + I_{y_1} \quad (10.33)$$

$$I_z - I_y = (I_{z_1} - I_{y_1})\cos 2\theta - 2I_{y_1 z_1}\sin 2\theta \quad (10.34)$$

式(10.30)より、

$$\sec^2 2\theta = 1 + \tan^2 2\theta = \frac{(I_{y_1} - I_{z_1})^2 + 4I_{y_1 z_1}^2}{(I_{y_1} - I_{z_1})^2}$$

$$\cos 2\theta = \pm \frac{I_{y_1} - I_{z_1}}{\sqrt{(I_{y_1} - I_{z_1})^2 + 4I_{y_1 z_1}^2}} \quad (10.35)$$

$$\sin 2\theta = \pm \frac{2I_{y_1 z_1}}{\sqrt{(I_{y_1} - I_{z_1})^2 + 4I_{y_1 z_1}^2}} \quad (10.36)$$

これらを式(10.34)に代入すると、次式を得る。

$$I_z - I_y = \pm\sqrt{(I_{y_1} - I_{z_1})^2 + 4I_{y_1 z_1}^2} \quad (10.37)$$

［計算手順］

① y_1, z_1 軸に関する $I_{y_1}, I_{z_1}, I_{y_1 z_1}$ を求める。

② 式(10.33)、式(10.37)より $(I_z + I_y)$ と $(I_z - I_y)$ を求めて、これから I_z, I_y を求める。

③ 式(10.37)の符号 $\pm$ は $\dfrac{\sin 2\theta}{I_{y_1 z_1}}$ が（正）ならば（－）をとる。一方、$\dfrac{\sin 2\theta}{I_{y_1 z_1}}$ が（負）ならば（＋）をとる。

例題 1 L 形断面の主軸および主断面 2 次モーメントを求める（**例図 1**）。

① 断面積：$A = at + (b-t)t = 12.5 \times 1 + (9-1) \times 1 = 20.5 \text{cm}^2$

座標系 y_0, z_0 を**例図 1** のようにとる。

② 図心 C の決定：

y_0 軸まわりの断面 1 次モーメント S_{y_0}：

$$S_{y_0} = (b-t)t \cdot \frac{t}{2} + at \cdot \frac{a}{2} = (9-1) \times 1 \times \frac{1}{2} + 12.5^2 \times \frac{1}{2} = 82.13 \text{cm}^3$$

z_0 軸まわりの断面 1 次モーメント S_{z_0}：

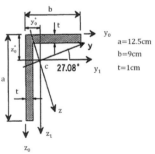

例図 1 L 形断面の主軸

$$S_{z_0} = (a-t)t \cdot \frac{t}{2} + bt \cdot \frac{b}{2} = (12.5-1) \times 1 \times \frac{1}{2} + 9^2 \times \frac{1}{2} = 46.25\,\text{cm}^3$$

よって、図心 C の位置は、

$$y_0^* = \frac{S_{z_0}}{A} = \frac{46.25}{20.5} = 2.3\,\text{cm} \quad ; \quad z_0^* = \frac{S_{y_0}}{A} = \frac{82.13}{20.5} = 4.0\,\text{cm}$$

③ $I_{y_1}, I_{z_1}, I_{y_1 z_1}$ の計算： 図心 C の位置を原点とする直交座標系 y_1, z_1 軸を考える。

$$I_{y_1} = \frac{a^3 t}{12} + at\left(\frac{a}{2} - z_0\right)^2 + \frac{(b-t)t^3}{12} + (b-t)t\left(z_0 - \frac{t}{2}\right)^2$$

$$= \frac{12.5^3 \times 1}{12} + 12.5 \times 1 \times \left(\frac{12.5}{2} - 4\right)^2 + \frac{(9-1)\times 1^3}{12} + (9-1)\times 1 \times \left(4 - \frac{1}{2}\right)^2 = 324.7\,\text{cm}^4$$

$$I_{z_1} = \frac{(a-t)t^3}{12} + (a-t)t\left(y_0 - \frac{t}{2}\right)^2 + \frac{tb^3}{12} + bt\left(\frac{b}{2} - y_0\right)^2$$

$$= \frac{(12.5-1)\times 1^3}{12} + (12.5-1)\times 1 \times \left(2.3 - \frac{1}{2}\right)^2 + \frac{1\times 9^3}{12} + 9\times 1 \times \left(\frac{9}{2} - 2.3\right)^2 = 142.5\,\text{cm}^4$$

$$I_{y_1 z_1} = at\left(y_0 - \frac{t}{2}\right)\left(\frac{a}{2} - z_0\right) + (b-t)t\left[\frac{(b-t)}{2} - (y_0 - t)\right]\left[z_0 - \frac{t}{2}\right]$$

$$= 12.5 \times 1 \times \left(2.3 - \frac{1}{2}\right)\left(\frac{12.5}{2} - 4\right) + (9-1)\times 1 \times \left[\frac{(9-1)}{2} - (2.3-1)\right]\left[4 - \frac{1}{2}\right] = 126.2\,\text{cm}^4$$

④ 主軸の方向：式(10.30)より、

$$\tan 2\theta = \frac{2 I_{y_1 z_1}}{I_{y_1} - I_{z_1}} = \frac{2 \times 126.2}{324.7 - 142.5} = 1.385 \qquad \therefore 2\theta = \tan^{-1}(1.385) = 54.17° \quad \therefore \theta = 27.08°$$

主軸 y は、y_1 軸を反時計まわりに 27.08° 回転した軸である。

⑤ 式(10.31)、式(10.32)より、主断面 2 次モーメント I_z, I_y を求める。

$$\cos^2\theta = 0.793 \quad \sin^2\theta = 0.207 \quad \sin 2\theta = 0.811$$

$$I_z = 142.5 \times 0.793 + 324.7 \times 0.207 - 126.2 \times 0.811 = 78.0\,\text{cm}^4$$

$$I_y = 142.5 \times 0.207 + 324.7 \times 0.793 + 126.2 \times 0.811 = 389\,\text{cm}^4$$

⑥ 別法として、I_z, I_y を式(10.33)、式(10.37)より求める。結果は上と同じになる。

式(10.33) $\Rightarrow$ $I_z + I_y = 324.7 + 142.5 = 467.2$

式(10.37) $\Rightarrow$ $I_z - I_y = -\sqrt{(324.7 - 142.5)^2 + 4 \times 126.2^2} = -311.3$

（注）符号は、$\sin 2\theta = 0.811 > 0$, $I_{yz} > 0$ より式(10.37)の±は（−）をとる。

これより I_z, I_y を求めると

$$I_z = 78\,\text{cm}^4, \quad I_y = 389\,\text{cm}^4$$

となり、⑤で求めた結果と一致する。

(2) 主軸の決定法（その2）

前述した主軸の決定法（その1）では、計算により主軸を求めた。ここでは、モールの円を利用して、主軸を求める方法を示す。主軸を求めると、ある点Oを通る主軸まわりの断面2次モーメントは最大と最小になる。これを主断面2次モーメントと呼び、I_1, I_2で表す。

前述した結果を使用すると、座標系y, z軸まわりの断面相乗モーメントは式(10.29)で与えられる。

$$I_{yz} = \frac{1}{2}(I_{z_1} - I_{y_1})\sin 2\theta + I_{y_1 z_1}\cos 2\theta \tag{10.29}$$

一方、z軸まわりの断面2次モーメントI_zは式(10.33)と式(10.34)の和より求める。

$$I_z = \frac{1}{2}(I_{z_1} + I_{y_1}) + \frac{1}{2}(I_{z_1} - I_{y_1})\cos 2\theta - I_{y_1 z_1}\sin 2\theta \tag{10.38}$$

式(10.38)の右辺第1項を移項すると、

$$I_z - \frac{1}{2}(I_{z_1} + I_{y_1}) = \frac{1}{2}(I_{z_1} - I_{y_1})\cos 2\theta - I_{y_1 z_1}\sin 2\theta \tag{10.39}$$

式(10.29)と式(10.39)をそれぞれ2乗した後、両式を加えると次式を得る。

$$\left[I_z - \frac{1}{2}(I_{z_1} + I_{y_1})\right]^2 + I_{yz}^2 = \frac{1}{4}(I_{z_1} - I_{y_1})^2 + I_{y_1 z_1}^2 \tag{10.40}$$

y_1, z_1軸まわりの$I_{y_1}, I_{z_1}, I_{y_1 z_1}$は既知であるから、式(10.40)は$I_z$と$I_{yz}$に関する円の式となる。これをモールの円(Mohr's circle)という。

[モールの円の書き方]

① 図10-8において、横軸にI_z縦軸にI_{yz}をとる。
② 点D$(I_{y_1}, I_{y_1 z_1})$, 点E$(I_{z_1}, -I_{y_1 z_1})$を定める。
③ 直径DEの円を書く。
④ 主軸は座標系y_1, z_1をθ回転した位置にある。
⑤ 主断面2次モーメントI_1およびI_2は$\overline{OA}, \overline{OB}$の値である（このとき$I_{yz}$は0の値となっている）。

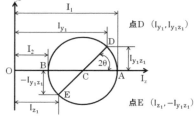

図 10-8　モールの円 (Mohr's circle)

I_1およびI_2は、式(10.40)で$I_{yz} = 0$とおいて解くと求まる。

$$I_1 = \frac{1}{2}(I_{y_1} + I_{z_1}) + \sqrt{\frac{1}{4}(I_{y_1} - I_{z_1})^2 + I_{y_1 z_1}^2} \tag{10.41}$$

$$I_2 = \frac{1}{2}(I_{y_1} + I_{z_1}) - \sqrt{\frac{1}{4}(I_{y_1} - I_{z_1})^2 + I_{y_1 z_1}^2} \tag{10.42}$$

例題2　前例題1をモールの円を用いて求める。図10-8の点Dおよび点Eは次の値となる。

点 D　$(I_{y_1}, I_{y_1 z_1}) = (324.7, 126.2)$

点 E　$(I_{z_1}, -I_{y_1 z_1}) = (142.5, -126.2)$

例図 2 に示すモールの円が書ける。

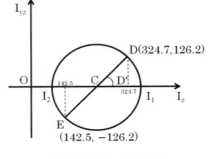

例図 2　モールの円

円の中心　$\overline{OC} = \dfrac{324.7 + 142.5}{2} = 233.6$

$\overline{CD'} = 324.7 - 233.6 = 91.1$

円の半径　$\overline{CD} = \sqrt{91.1^2 + 126.2^2} = 155.6$

$\cos 2\theta = \dfrac{91.1}{155.6} = 0.585$

$2\theta = \cos^{-1} 2\theta = \cos^{-1}(0.585) = 54.19°$　　∴ $\theta = 27.08°$

主軸 y 軸は、y_1 軸と $\theta = 27.08°$ 反時計まわりに回転した位置にある（例題 1 の**例図 1** 参照）。

$I_1 = \overline{OC} + \overline{CD} = 233.6 + 155.6 = 389.2\,\text{cm}^4$

$I_2 = \overline{OC} - \overline{CD} = 233.6 + 155.6 = 78.0\,\text{cm}^4$

例題 1 の結果と同じになる。

10.3　軸方向力と曲げモーメントを受ける棒材

(1)　beam-column の応力

柱のように、軸方向力と曲げモーメントを同時に受ける棒材を beam-column（ビーム・カラム）と呼ぶ。軸方向力 P および曲げモーメント M を受ける部材の応力 σ は、軸方向力 P により生ずる軸方向応力 σ_0 と曲げモーメント M により生ずる曲げ応力 σ_b を加え合わせれば求まる（図 10-9）。

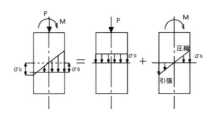

図 10-9　軸方向力と曲げモーメントを受ける応力

$$\boxed{\sigma = \sigma_0 + \sigma_b = \dfrac{P}{A} \pm \dfrac{M}{Z}} \tag{10.43}$$

荷重 P が図心 C より偏心距離 e に作用するとき、荷重 P による効果は、軸方向力 P と曲げモーメント $M = P \cdot e$ とが作用する場合と同じである（図 10-10）。

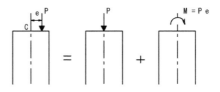

図 10-10　偏心荷重による柱の外力

例題 1　$P=100$kN、$M=50$kN・m が作用するとき、最大引張応力および最大圧縮応力を求める。

柱の断面は H 形断面　H-200×200×8×12 とする。

$A = 63.53 \text{ cm}^2$, $I_y = 4720 \text{ cm}^4$

$$Z = \frac{I_y}{\frac{h}{2}} = \frac{4720}{10} = 472 \text{ cm}^3$$

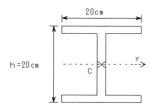

軸方向応力　$\sigma_0 = \dfrac{P}{A} = -\dfrac{100}{63.53} = -1.57 \text{ kN/cm}^2$

　　　　　　圧縮を（−）にとる。

曲げ応力　$\sigma_b = \dfrac{M}{Z} = \pm\dfrac{50 \times 10^2}{472} = \pm 10.6 \text{ kN/cm}^2$

柱の応力　圧縮側　$\sigma_{c\max} = \sigma_0 - \sigma_b = -1.57 - 10.6 = -12.17 \text{ kN/cm}^2$

　　　　　引張側　$\sigma_{t\max} = \sigma_0 + \sigma_b = -1.57 + 10.6 = 9.03 \text{ kN/cm}^2$

(2) 断面の核

図 10-10 で、軸方向力 P を図心から偏心距離 e だけ離して作用させると、偏心距離の増加に伴い、曲げによる応力 σ_b が圧縮応力 σ_0 より大きくなり、断面に引張が生じる。断面に引張が生じない偏心距離の断面内の領域を断面の核という。断面の核は断面の形状により定まり、次のようにして求まる。

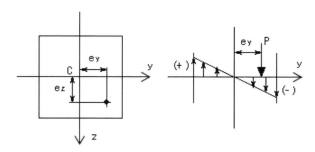

図 10-11　荷重 P の偏心距離 e_y, e_z

図 10-11 のように、図心より偏心距離 e_y, e_z の位置に軸方向力 P が作用する際の軸方向応力 σ は、

$$\sigma = -\frac{P}{A} - \frac{Pe_y y}{I_z} - \frac{Pe_z z}{I_y} \tag{10.44}$$

で与えられる。$\sigma=0$ となる点での y, z を求めるため、上式に $\dfrac{A}{P}$ を掛けると、

$$e_y y \frac{A}{I_z} + e_z z \frac{A}{I_y} + 1 = 0$$

となり、断面 2 次半径 r_y, r_z を用いて表すと次式となる。

$$\boxed{\frac{e_y \cdot y}{r_z^2} + \frac{e_z \cdot z}{r_y^2} + 1 = 0} \qquad \text{(応力の零線の方程式)} \tag{10.45}$$

式(10.45)は応力の零線の方程式と呼ばれ、座標値 (y, z) が与えられれば、その点が応力＝0 となる偏心距離 (e_y, e_z) の満足すべき関係が与えられる。逆に、偏心距離 (e_y, e_z) が与えられれば、応力＝0 となる点の座標値 y, z の関係が与えられる。

例題 2　長方形断面 $a \times b$ の断面の核を求める（**例図 3**）。

① 断面 2 次半径

$$I_y = \frac{ab^3}{12} \; ; \; I_z = \frac{a^3 b}{12} \; ; \; A = ab$$

$$r_y^2 = \frac{I_y}{A} = \frac{ab^3}{12} \cdot \frac{1}{ab} = \frac{b^2}{12}$$

$$r_z^2 = \frac{I_z}{A} = \frac{a^3 b}{12} \cdot \frac{1}{ab} = \frac{a^2}{12}$$

② 応力の零線の方程式：式(10.45)は次式となる。

$$\frac{e_y \cdot y}{a^2} + \frac{e_z \cdot z}{b^2} + \frac{1}{12} = 0$$

③ 長方形断面の辺上で応力＝0 となる点を考えると、$y = \dfrac{a}{2}, z = \dfrac{b}{2}$ とおくと、上式は、

$$\frac{e_y}{2a} + \frac{e_z}{2b} + \frac{1}{12} = 0 \qquad \therefore e_z = -\frac{b}{a} e_y - \frac{b}{6}$$

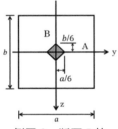

この線は**例図 3** の線 AB で表せる。同様に $\left(y = -\dfrac{a}{2}, z = \dfrac{b}{2}\right)$、$\left(y = \dfrac{a}{2}, z = -\dfrac{b}{2}\right)$、$\left(y = -\dfrac{a}{2}, z = -\dfrac{b}{2}\right)$ の各辺について書くと、断面の核は**例図 3** の網掛けの部分となる。

例図 3　断面の核

（注）軸方向力 P の偏心距離 e が断面の核内にあれば、断面には引張は生じない。寺社・仏閣の柱は礎石の上に置かれているが、曲げモーメントが作用しても、屋根瓦等や太い梁・柱による大きな軸方向力により、断面に引張が生じない様にしている。これは断面の核の原理を利用している。

（参考）円形断面の核は半径 $\left(\dfrac{a}{4}\right)$ の円である（**例図 4**）。三角形断面の核は**例図 5** に示す。

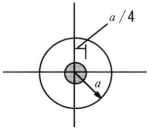

例図 4　円形断面の核

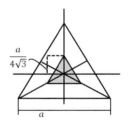

例図 5　三角形断面の核

例題3 例図6の鉄筋コンクリート独立基礎が、偏心距離 e_y に軸方向力 N が作用するとき、接地圧が基礎底面に引張を生じない限界の偏心距離 e_y を求める。なお、接地圧は直線分布すると考える。

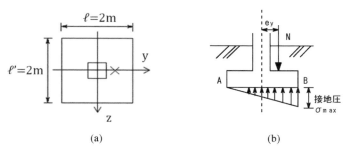

例図6　偏心を受ける独立基礎

基礎底面に作用する軸方向力 N は（柱の軸力）＋（基礎の自重）＋（基礎スラブ上の土の重量）を含めた値として $N=400$ kN とする。また、許容地耐力 $f_e = 25$ kN/m² とするとき、この基礎は安全かを検討する。

① $I_z = \dfrac{\ell' \ell^3}{12}$; $A = \ell' \ell$ ∴ $\gamma_z^2 = \dfrac{I_z}{A} = \dfrac{\ell^2}{12}$

② z 軸方向には偏心していないと考えると、$e_z = 0$ となる。式(10.45)より、

$$\dfrac{e_y \cdot y}{\gamma_z^2} + 1 = 0$$

基礎の A 辺での応力が 0 となるから、$y = -\dfrac{\ell}{2}$ とおくと、$e_y = \dfrac{\ell}{6} = \dfrac{2}{6} = 0.33$ m

③ $\sigma_c = \dfrac{P}{A} = -\dfrac{400}{2 \times 2} = -100$ kN/m²

$M = N \cdot e_y = 400 \times 0.33 = 133$ kNm ; $Z = \dfrac{\ell' \ell^2}{6} = \dfrac{2 \times 2^2}{6} = 1.33$ m³

$\sigma_b = -\dfrac{M}{Z} = -\dfrac{133}{1.33} = -100$ kN/m²

④ 最大接地圧（B 辺で発生）

$\sigma_{max} = \sigma_c + \sigma_b = -100 - 100 = -200$ kN/m² ＜ fe = 250 kN/m²　O.K.

［別解法］

偏心距離 $e_y = \dfrac{\ell}{6}$ は、以下のようにしても簡単に求まる。

・モーメントの釣合いより、**例図6(b)**の点 A まわりについて、

$$\dfrac{\sigma_{max}}{2} \ell \ell' \cdot \dfrac{2}{3} \ell = N \left(\dfrac{\ell}{2} + e_y \right)$$

・鉛直方向の釣り合いより、

$$N = \dfrac{\sigma_{max}}{2} \ell \ell'$$

上の2式より e_y を求めると、$e_y = \dfrac{1}{6} \ell$ を得る。

第11章 梁のせん断応力

11.1 梁のせん断応力

梁には曲げモーメントとせん断力が作用し、曲げモーメントにより曲げ応力を、せん断力によりせん断応力を生じる。右手直交座標系 x, y, z をとり、x 軸を梁の材軸方向、z 軸を梁の下向きにとる。**図 11-1** に示す梁においては、断面 $m'n'$ に生ずるせん断応力 τ_{xz} は、せん断応力の対称性より、

$$\tau_{xz} = \tau_{zx}$$

の関係があり、梁の縁では $\tau_{zx} = 0$ であるから、縁では $\tau_{xz} = 0$ になる。よって、せん断力の分布形は断面に一様でない。

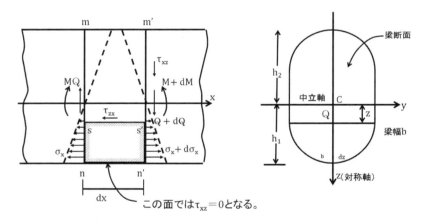

図 11-1　曲げモーメントによるせん断応力の分布

せん断応力 τ_{xz} の分布を、隣接した微小距離 dx 離れた断面から作られる微小要素 $nn's's$ の x 方向の釣合いより求める（**図 11-1** と**図 11-2** 参照）。

断面 mn に作用する曲げモーメント M により生ずる曲げ応力は次式となる。

$$\sigma_x = \frac{M}{I_y} z \quad (11.1)$$

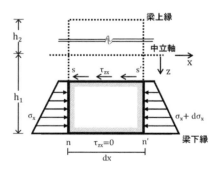

図 11-2　中立軸より z の位置でのせん断応力 τ_{zx}

ここに、$I_y = y$ 軸まわりの断面 2 次モーメント。一方、断面 $m'n'$ に作用する曲げモーメント $M + dM$ により生ずる曲げ応力は次式となる。

$$\sigma_x + d\sigma_x = \frac{(M + dM)}{I_y} z \tag{11.2}$$

梁の縁 nn' 辺には外力は作用していないので、$\tau_{zx} = 0$ である。τ_{zx} は梁の幅方向（y 方向）に一様に分布すると仮定すると、**図 11-2** に示す要素 $nn's's$ の x 軸方向の釣合は、

$$\int_z^{h_1} (\sigma_x + d\sigma_x) b\, dz - \int_z^{h_1} \sigma_x b\, dz = \tau_{zx} \cdot b\, dx \tag{11.3}$$

と書ける。ここに、b は梁幅を示し、梁の断面形状が一様でなく z 方向に変化するときは z の関数となる。

式(11.3)に式(11.1)、式(11.2)を代入すると、

$$\tau_{zx} = \frac{1}{b} \int \frac{d\sigma_x}{dx} b\, dz = \frac{1}{b} \frac{dM}{dx} \int_z^{h_1} \frac{bz}{I_y} dz$$

となる。ここで、M と Q の間には、

$$\frac{dM}{dx} = Q$$

の関係があることに留意すると、せん断応力 τ_{xz} （$= \tau_{zx}$）は式(11.4)より求まる。

$$\boxed{\tau_{zx} = \frac{Q}{bI_y} \int_z^{h_1} bz\, dz = \tau_{xz}} \tag{11.4}$$

例題 1　矩形断面の場合について検討する（**例図 1**）。

梁幅 b は一定の値であり、断面 2 次モーメント I_y は、

$$I_y = \frac{bh^3}{12}$$

となるので、式(11.4)から、

$$\tau_{xz} = Q \frac{12}{bh^3} \int_z^{\frac{h}{2}} z\, dz = \frac{3}{2} \left[1 - \left(\frac{2z}{h} \right)^2 \right] \frac{Q}{bh}$$

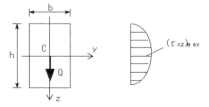

例図 1　矩形断面梁

τ_{zx} は放物線状に分布し、梁の上下縁（$z = \pm \frac{h}{2}$）では 0 となり、中立軸の位置で最大になる。

$$(\tau_{xz})_{\max} = (\tau_{xz})_{z=0} = \frac{3}{2} \boxed{\frac{Q}{bh}} = \frac{3}{2} \tau_{mean} = \kappa \tau_{mean}$$

矩形断面では最大せん断応力は平均せん断応力 τ_{mean} の 1.5 倍になる（$\kappa = 1.5$）。

定数 κ は各種断面に対して**表 6-1** に与えられている。

（注）一般に、最大せん断応力は中立軸上に生じるとは限らない。

例題 2　円形断面のせん断応力を求める（**例図 2**）。半径 a とすると、円の中心より z の位置での円の幅 b は、

$$b = 2\sqrt{a^2 - z^2} \ ;\ I_y = \frac{\pi a^4}{4}$$

$$\int_z^a bz\,dz = 2\int_z^a z\sqrt{a^2-z^2}\,dz = -\frac{2}{3}\left[(a^2-z^2)^{\frac{3}{2}}\right]_z^a = \frac{b}{3}(a^2-z^2)$$

$$\therefore \tau_{xz} = \frac{4}{3}\frac{Q}{\pi a^2}\left[1-\left(\frac{z}{a}\right)^2\right]$$

よって、$\kappa = \dfrac{4}{3}$ となる。

せん断応力 τ_{xz} は放物線状に分布し、上下面において 0 で、中立軸上で最大となる。

円形断面では、τ_{xy} も存在し、周辺上の合せん断応力 τ_1 は

$$\tau_1 = \frac{\tau_{xz}}{\cos\theta}$$

となる（**例図 3**）。ここに $\cos\theta = \dfrac{1}{a}\sqrt{a^2-z^2}$ であるから、

$$\tau_1 = \frac{a}{\sqrt{a^2-z^2}}\tau_{xz} = \frac{4}{3}\frac{Q}{\pi a^2}\sqrt{1-\left(\frac{z}{a}\right)^2}$$

となる。τ_1 も中立軸上で最大になり $\rightarrow \tau_{\max} = (\tau_1)_{z=0} = \dfrac{4}{3}\dfrac{Q}{\pi a^2}$

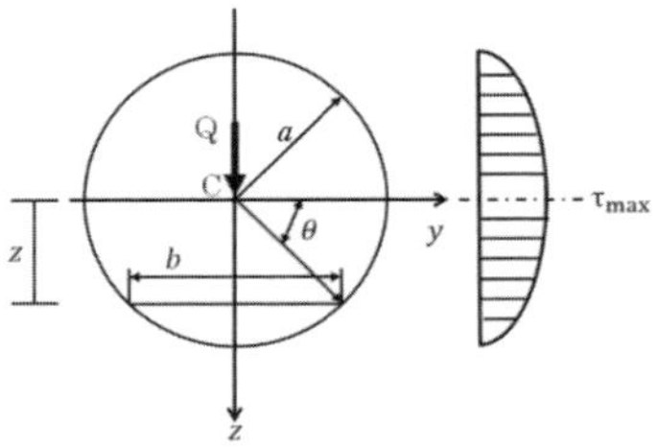

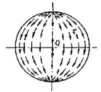

例図 2　せん断応力分布

例図 3　合せん断応力の向き[1]

例題 3　I 形断面のせん断応力 τ_{xz} の分布を求める（**例図 4**）。

① せん断応力の分布をフランジとウェブ部分で分けて検討する。

② フランジ部分：$z \geq \dfrac{h_0}{2}$ の範囲であり、幅は $b=b_1$ となる。よって、式(11.4)より、

$$\tau_{xz} = \frac{Q}{I_y}\int_z^{\frac{h_1}{2}} z\,dz = \frac{Qh_1^2}{8I_y}\left(1-4\frac{z^2}{h_1^2}\right)$$

③ ウェブ部分：$-\dfrac{h_0}{2} \leq z \leq \dfrac{h_0}{2}$ の範囲であり、幅は $b=b_0$ となる。よって、式(11.4)より、

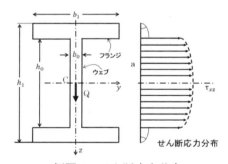

例図 4　せん断応力分布

$$\tau_{xz} = \frac{Q}{b_0 I_y}\int_z^{\frac{h_1}{2}} bz\,dz = \frac{Q}{b_0 I_y}\left[b_0\int_z^{\frac{h_0}{2}} z\,dz + b\int_{\frac{h_0}{2}}^{\frac{h_1}{2}} z\,dz\right] = \frac{Qh_1^2}{8I_y}\left[\left(\frac{h_0}{h_1}\right)^2\left(1-\frac{b_1}{b_0}\right)+\frac{b_1}{b_0}-4\left(\frac{z}{h_1}\right)^2\right]$$

せん断応力は $z=0$（ウェブの中央）で最大となる。

$b_0 \ll b_1$ のときウェブのせん断応力は等分布とする。

せん断応力は $z = \dfrac{h_0}{2}$ において不連続になる。しかし、不連続面において、せん断力の合力は等しい。すなわち

$$b_1 (\tau_{xz})_{(z=h_0/2)} = b_0 (\tau_{xz})_{(z=h_0/2)}$$

以上の結果、せん断力はウェブの断面で負担され、フランジ部分はほとんど負担しないことから、梁のせん断力の検定はウェブの断面で検討する。

例題 4　層間変形角 γ について

① 建築物が地震により水平変位したとき、各階の変形が大きすぎると、帳壁、内外装材、設備等が、変形に追従できずに、破損、脱落したり、構造体に有害な影響が出る。そこで、これを防ぐために、新耐震設計法では、ある規模以上の建物（詳しくはルート②・③の設計）については、各層の変形角（層間変形角）を制限する規定がある。i 層の層間変形角 γ_i は、

$$\gamma_i \leq \frac{1}{200} \quad （一般の場合）$$

$$\gamma_i \leq \frac{1}{120} \quad （スレート、ボード類等）$$

と規定され、各層において満足しなければならない。

② 層間変形角 γ_i は、次式より求まる。

$$\gamma_i = \frac{\delta_i}{h_i}$$

ここに、δ_i ＝ i 層の相対たわみ（i 層の層間変位）；h_i ＝ i 層の階高。

例題 5　例図 5 の 3 階建ての連層耐力壁の層間変形角とたわみを求める。せん断変形のみを考え、曲げ変形は省略する。

　水平外力　$P_1 = P_2 = P_3 = 100 \text{kN}$
　鉄筋コンクリートの弾性係数　$E = 2.1 \times 10^6 \text{N/cm}^2$
　ポアソン比　$\nu = 0.17$
　鉄筋コンクリートのせん断弾性係数
$$G = \frac{E}{2(1+\nu)} = 0.897 \times 10^6 \text{ N/cm}^2$$
　$\kappa = 1.5$
と仮定する。

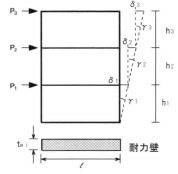

例図 5　耐力壁の変形

　階高　$h_1 = h_2 = h_3 = 300 \text{ cm}$；スパン $\ell = 400 \text{ cm}$
　使用コンクリート　$F_c = 2400 \text{N/cm}^2$、壁厚 $t_{w1} = t_{w2} = t_{w3} = 15 \text{cm}$
　短期許容せん断応力　$f_s = 74.0 \times 1.5 = 114 \text{N/cm}^2$
① 層せん断力：各階に作用する層せん断力

3層　$Q_3 = P_3 = 100 \text{kN}$

2層　$Q_2 = P_3 + P_2 = 200 \text{kN}$

1層　$Q_1 = P_3 + P_2 + P_1 = 300 \text{kN}$

② せん断応力：

3層　$\tau_3 = \kappa \dfrac{Q_3}{A_{w3}} = 1.5 \times \dfrac{100 \times 10^3}{15 \times 400} = 25 \text{ N/cm}^2 < f_s = 114 \text{ N/cm}^2$　O.K.

2層　$\tau_2 = \kappa \dfrac{Q_2}{A_{w2}} = 1.5 \times \dfrac{200 \times 10^3}{15 \times 400} = 50 \text{ N/cm}^2 < f_s = 114 \text{ N/cm}^2$　O.K.

1層　$\tau_1 = \kappa \dfrac{Q_1}{A_{w1}} = 1.5 \times \dfrac{300 \times 10^3}{15 \times 400} = 75 \text{ N/cm}^2 < f_s = 114 \text{ N/cm}^2$　O.K.

③ せん断ひずみ：

3層　$\gamma_3 = \dfrac{\tau_3}{G} = \dfrac{25}{0.897 \times 10^6} = 2.79 \times 10^{-5} < \dfrac{1}{200}$　　O.K.

2層　$\gamma_2 = \dfrac{\tau_2}{G} = \dfrac{50}{0.897 \times 10^6} = 5.58 \times 10^{-5} < \dfrac{1}{200}$　　O.K.

1層　$\gamma_1 = \dfrac{\tau_1}{G} = \dfrac{75}{0.897 \times 10^6} = 8.37 \times 10^{-5} < \dfrac{1}{200}$　　O.K.

各層共に基準値を満足している。

④ 各層の層間変位：

3層　$\delta_3 = \gamma_3 h_3 = 2.79 \times 10^{-5} \times 300 = 8.37 \times 10^{-3}$ cm

2層　$\delta_2 = \gamma_2 h_2 = 5.58 \times 10^{-5} \times 300 = 16.74 \times 10^{-3}$ cm

1層　$\delta_1 = \gamma_1 h_1 = 8.37 \times 10^{-5} \times 300 = 25.11 \times 10^{-3}$ cm

⑤ 全たわみ：

3階　$\delta_{T3} = \delta_1 + \delta_2 + \delta_3 = 50.22 \times 10^{-3}$ cm

2階　$\delta_{T2} = \delta_1 + \delta_2 = 41.85 \times 10^{-3}$ cm

1階　$\delta_{T1} = \delta_1 = 25.11 \times 10^{-3}$ cm

例題6　例図6 平面に架構される木造建築物の小梁（赤松を使用）を設計する。小梁は単純支持梁とする。

- 赤松の長期許容曲げ応力度　　10.34 N/mm²
- 赤松の長期許容せん断応力度　0.88 N/mm²
- 赤松のヤング係数　　　　　　10000 N/mm²
- 床荷重＝積載荷重＋固定荷重
  1300 N/m² ＋ 660 N/m² ＝ 1960 N/m²
- 小梁の断面形　幅12cm　高さ30cm

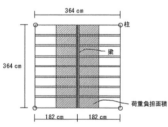

例図6　小梁の設計（○は柱を示す）

① 小梁は**例図6**のハッチ部分の荷重を負担する。小梁に作用する線荷重 w（単位長さ当たりの荷重）は梁の荷重負担幅1.82mであるから、$w = 1960 \text{ N/m}^2 \times 1.82 \text{m} = 3567.2 \text{ N/m}$　→ 3570 N/m ＝ 3.570 N/mm とする。

② 小梁の最大曲げモーメント M_{MAX} および最大せん断力 Q_{MAX}

$$M_{MAX} = \frac{w\ell^2}{8} = \frac{3570 \times 3.64^2}{8} = 5913 \, \text{Nm} \quad ; \quad Q_{MAX} = \frac{w\ell}{2} = \frac{3570 \times 3.64}{2} = 6498 \, \text{N}$$

③ 最大曲げ応力の検討： $Z = \dfrac{bh^2}{6} = \dfrac{120 \times 300^2}{6} = 1800 \times 10^3 \, \text{mm}^3$

$$\sigma_b = \frac{M_{MAX}}{Z} = \frac{5913 \times 10^3 \, \text{Nmm}}{1800 \times 10^3 \, \text{mm}^3} = 3.29 \, \text{N/mm}^2$$

検定比　$\dfrac{\sigma_b}{f_b} = \dfrac{3.29}{10.34} = 0.32 < 1$　　O.K.

④ 最大せん断力の検討：

$$\tau = 1.5 \frac{Q_{MAX}}{A} = 1.5 \times \frac{6498 \, \text{N}}{120 \times 300 \, \text{mm}^2} = 0.27 \, \text{N/mm}^2$$

検定比　$\dfrac{\tau}{f_s} = \dfrac{0.27}{0.88} = 0.31 < 1$　　O.K.

⑤ 最大たわみの検討：断面2次モーメント　$I = \dfrac{120 \times 300^3}{12} = 270 \times 10^6 \, \text{mm}^4$

変形増大係数 α＝2（変形増大係数は長期間の荷重により変形が増大することの調整係数）とすると、

$$\delta = \frac{5w\ell^4}{384EI} \times \alpha = \frac{5 \times 3.57 \times 3640^4 \times 2}{384 \times 10000 \times 270 \times 10^6} = 6.04 \, \text{mm} \quad ; \quad \frac{\delta}{\ell} = \frac{6.04}{3640} = \frac{1}{606} < \frac{1}{250} \quad \text{O.K.}$$

（注）たわみが大きいと居住性の観点から床振動障害を発生する。構造部材の断面寸法が小さいと剛性不足からたわみ障害を発生することから、告示（平成12）第1459号により、以下のように規定している。構造部位の寸法が**表 11-1** の条件式を満足しない場合、たわみの検討は必要となり、たわみの計算値に**表 11-1** の変形増大係数を乗じたたわみ量を、部材の有効長さで割った値が、1/250 以下を満足する事と規定している。この際考慮する荷重は、固定荷重および地震時用積載荷重（最低限）について考慮すればよい。たわみは出来るだけ小さい程よいので、スパンに対するたわみの比は、木造、鉄骨造については、梁は1/300以下、片持梁は1/250以下とする慣用値を一般に用いる。

表 11-1　たわみの検討を必要とする構造部位の断面

構造形式	構造部位	条件式	変形増大係数	備考
木造	梁	$D/L > 1/12$	2	t : 床版の厚さ
鉄骨造	デッキプレート版	$t/L_x > 1/25$	1.5	L_x : 床版の短辺方向有効長さ
	梁	$D/L > 1/15$	1	
鉄筋コンクリート造	床版（片持ち以外）	$t/L_x > 1/30$	16	D : 梁のせい
	梁	$D/L > 1/10$	8	L : 梁の有効長さ

第12章　部材の変形

部材に生じる変形は軸方向力、曲げモーメント、せん断力により異なる。ここでは、曲げモーメントにより生じる部材の曲げ変形を梁のたわみについて検討する。

12.1　弾性曲線式

右手直交座標系 x, y, z の x 軸を材軸方向、z 軸を梁の下向き方向にとる（図12-1）。部材に曲げモーメント M が作用すると、部材はわん曲して、たわみ z を生じる。たわみの材軸方向の変化 $\dfrac{dz}{dx}$ をたわみ角（slope）と定義する。

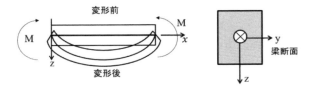

図 12-1　曲げモーメントを受ける梁

中立軸での曲率半径を R、その逆数を曲率 $\phi = \dfrac{1}{R}$ と呼ぶことは、梁の理論で定義した（図12-2）。

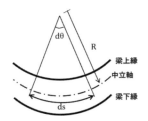

図 12-2　梁の曲げ（注：ds=中立軸位置での弧長）

曲率 ϕ と曲げモーメント M の間には、式(10.11)より次式が成立する。

$$\phi = \frac{M}{EI} \tag{12.1}$$

ここに、EI は部材の曲げ剛性（flexural rigidity）である。曲率 ϕ は M が大きいほど、大きくなる。

曲率 ϕ は、次式で表される。

$$\phi = \frac{d\theta}{ds} \tag{12.2}$$

ここで、$\theta = \dfrac{dz}{dx}$ の関係があり、また、梁のわん曲した弧長 ds は**図 12-3** の関係にあるので、曲率 ϕ の厳密な式は次式で与えられる[3]。

$$\phi = \frac{\dfrac{d^2 z}{dx^2}}{\left[1+\left(\dfrac{dz}{dx}\right)^2\right]^{\frac{3}{2}}} \tag{12.3}$$

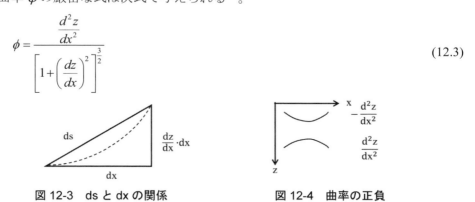

図 12-3　ds と dx の関係　　　　図 12-4　曲率の正負

たわみが微小と考えると、$ds \fallingdotseq dx$ と近似できるので、式(12.3)の分母の第 2 項は省略できる。よって、次式の近似式を得る。

$$\phi \approx \frac{d^2 z}{dx^2} \tag{12.4}$$

曲線とそのときの曲率の正負は、**図 12-4** に示すように、曲線が上向きに凸のとき曲率 $\dfrac{d^2 z}{dx^2}$ は正となる。曲線が下向きに凸のとき曲率 $\dfrac{d^2 z}{dx^2}$ は負となる。曲げモーメントの符号の規約として、**図 12-1** に示したように、**梁の下側（つまり、z 軸の正の方向）が常に引張となるとき正であると定義する**と、曲げモーメントと曲率の正負が逆になるので、負号を付けて正負を一致させる。

$$\phi = -\frac{d^2 z}{dx^2} \tag{12.5}$$

曲げモーメントに対する上記の規約により、式(12.1)および式(12.5)より、次式の弾性曲線式を得る。

$$\boxed{\dfrac{d^2 z}{dx^2} = -\dfrac{M}{EI}} \quad \text{（弾性曲線式）} \tag{12.6}$$

上式の微分方程式を x について順次積分すると、たわみ角 $\theta = \dfrac{dz}{dx}$、たわみ z が求まる。

$$\theta = \frac{dz}{dx} = -\int \frac{M}{EI} dx + C_1 \tag{12.7}$$

$$z = -\int \left(\int \frac{M}{EI} dx \right) dx + C_1 x + C_2 \tag{12.8}$$

ここに、C_1, C_2 は積分定数であり、部材の材端支持条件から決まる。以下、部材の断

面は一定（等断面）と考えると、EI は積分の外に出すことができる。

部材の代表的な材端支持条件は、次式で表せる。

ローラー	$z=0$	；	$M=-EI\dfrac{d^2z}{dx^2}=0$	at	$x=0$
固定	$z=0$	；	$\theta=\dfrac{dz}{dx}=0$	at	$x=0$
ピン	$z=0$	；	$M=-EI\dfrac{d^2z}{dx^2}=0$	at	$x=0$
自由	$M=0$	；	$Q=0$	at	$x=0$

弾性曲線式(12.6)は、曲げモーメント M が既知であることが必要である。静定構造物では M が既知であるが、不静定構造物では M が何らかの方法で既知でなければならない。また、曲げモーメント M が不連続になる場合は、不連続になる部分で構造物を分割して考え、不連続になる点でのたわみ z および、たわみ角 θ が連続していることを表す連続条件式を使用する（本節の例題3参照）。

例題1 自由端に集中荷重を受ける片持ち梁のたわみを求める（**例図1**）。($EI=$一定)

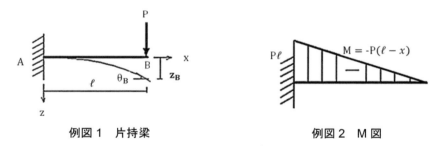

例図1　片持梁　　　　　　　　　例図2　M図

① 曲げモーメント

（注） 曲げモーメント（M図）が梁の上側にあるので、梁の上側が引張である。よって、梁の下側（z の正方向）が引張にならないので曲げモーメントに負の値を付ける（**例図2**）。

$$M=-P(\ell-x) \qquad 式①$$

② 弾性曲線式(12.6)に式①を代入すると、

$$\dfrac{d^2z}{dx^2}=\dfrac{P}{EI}(\ell-x) \qquad 式②$$

上式を順次積分すると、

たわみ角　$\theta=\dfrac{dz}{dx}=\displaystyle\int\dfrac{P(\ell-x)}{EI}\,dx+C_1=\dfrac{P}{EI}(\ell x-\dfrac{x^2}{2})+C_1 \qquad 式③$

たわみ　$z=\displaystyle\int\dfrac{P}{EI}(\ell x-\dfrac{x^2}{2})\,dx+C_1x+C_2=\dfrac{P}{EI}(\dfrac{\ell x^2}{2}-\dfrac{x^3}{6})+C_1x+C_2 \qquad 式④$

③ 境界条件（材端支持条件）

　A端（$x=0$の位置）は固定端でたわみを生じない。　$z=0$　at　$x=0$　　式⑤

　A端（$x=0$の位置）は固定端で回転を生じない。　$\dfrac{dz}{dx}=0$　at　$x=0$　　式⑥

④ 積分定数C_1, C_2の決定

　式⑤に式④を代入（$x=0$とする）→　$C_2=0$

　式⑥に式③を代入→　$C_1=0$

⑤ たわみ　　　$z = \dfrac{P}{EI}\left(\dfrac{\ell x^2}{2} - \dfrac{x^3}{6}\right)$

⑥ たわみ角　　$\theta = \dfrac{P}{EI}\left(\ell x - \dfrac{x^2}{2}\right)$

⑦ 自由端 $x=\ell$ でのたわみ z_B およびたわみ角 θ_B

$$z_B = \dfrac{P}{EI}\left(\dfrac{\ell^3}{2} - \dfrac{\ell^3}{6}\right) = \dfrac{P\ell^3}{3EI}\ ;\ \theta_B = \dfrac{P}{EI}\left(\ell^2 - \dfrac{\ell^2}{2}\right) = \dfrac{P\ell^2}{2EI}$$

例題2　等分布荷重を受ける片持ち梁のたわみ曲線を求める（例図3〜例図5）。

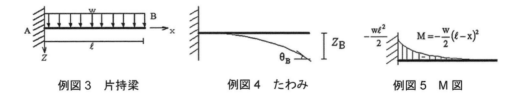

例図3　片持梁　　　　例図4　たわみ　　　　例図5　M図

① 固定端Aからxの位置にある曲げモーメント　$M = -\dfrac{w}{2}(\ell - x)^2$

（注）梁の上側にM図があるので負号（−）を付ける（例図5）。

② 弾性曲線式　　$\dfrac{d^2 z}{dx^2} = \dfrac{w}{2EI}(\ell - x)^2$　　　　　　　　　　　式①

順次積分していくと、

たわみ角　$\theta = \dfrac{dz}{dx} = \displaystyle\int \dfrac{w}{2EI}(\ell - x)^2\, dx + C_1 = \dfrac{w}{2EI}\left(\ell^2 x - \ell x^2 + \dfrac{x^3}{3}\right) + C_1$　　式②

たわみ　$z = \displaystyle\int \dfrac{w}{2EI}\left(\ell^2 x - \ell x^2 + \dfrac{x^3}{3}\right) dx + C_1 x + C_2 = \dfrac{w}{2EI}\left(\dfrac{\ell^2 x^2}{2} - \dfrac{\ell x^3}{3} + \dfrac{x^4}{12}\right) + C_1 x + C_2$　式③

③ 境界条件

A端は固定端であるので、

　　たわみなし　　$z = 0$　at　$x=0$　　　　　　　　　　　　　　式④

　　回転なし　　$\dfrac{dz}{dx} = 0$　at　$x=0$　　　　　　　　　　　　　式⑤

④ 積分定数 C_1, C_2：式④⑤に式②③を代入し決定する。 $C_1 = C_2 = 0$

⑤ たわみ　　　$z = \dfrac{w\ell^4}{24EI}\left[6\left(\dfrac{x}{\ell}\right)^2 - 4\left(\dfrac{x}{\ell}\right)^3 + \left(\dfrac{x}{\ell}\right)^4\right]$

⑥ たわみ角　　$\theta = \dfrac{dz}{dx} = \dfrac{w\ell^3}{6EI}\left[3\left(\dfrac{x}{\ell}\right) - 3\left(\dfrac{x}{\ell}\right)^2 + \left(\dfrac{x}{\ell}\right)^3\right]$

⑦ 自由端 $x = \ell$ でのたわみ z_B およびたわみ角 θ_B

$$z_B = \dfrac{w\ell^4}{8EI} \ ; \ \theta_B = \dfrac{w\ell^3}{6EI}$$

例題3　集中荷重を受ける単純支持梁のたわみ曲線を求める（例図6、例図7）。

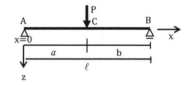

例図6　単純支持梁　　　　　　　　　例図7　θ および M 図

① M 図を求めるため、支点 A および B の反力を求める。反力の方向を仮定する。

$\Sigma X = 0 \quad \rightarrow \quad H_A = 0$

$\Sigma M_{(A)} = 0 \quad \rightarrow \quad -V_B \cdot \ell + P \cdot a = 0 \rightarrow V_B = \dfrac{P \cdot a}{\ell}$

$\Sigma M_{(B)} = 0 \quad \rightarrow \quad V_A \cdot \ell - P \cdot b = 0 \rightarrow V_A = \dfrac{P \cdot b}{\ell}$

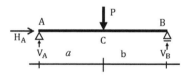

反力の値は正であり、仮定した方向は正しい。

② 曲げモーメント（例図7）

　　AC 区間　　$M = \dfrac{Pb}{\ell}x$　　　　　for　$0 \leq x \leq a$

　　CB 区間　　$M = \dfrac{Pbx}{\ell} - P(x-a)$　　for　$a \leq x \leq \ell$

③ 荷重の作用点の左右で曲げモーメントの式が異なるので、区間を分けて検討する。区間を明記するため、AC 区間のたわみを添字1で、CB 区間のたわみを添字2で表示する。

④ AC 区間　$0 \leq x \leq a$

　　弾性曲線　　$\dfrac{d^2 z_1}{dx^2} = -\dfrac{1}{EI} \cdot \dfrac{Pbx}{\ell}$

　　たわみ角　　$\dfrac{dz_1}{dx} = -\dfrac{1}{EI} \cdot \dfrac{Pbx^2}{2\ell} + C_1$

　　たわみ　　　$z_1 = -\dfrac{1}{EI} \cdot \dfrac{Pbx^3}{6\ell} + C_1 x + C_2$

⑤ CB 区間　$a \leq x \leq \ell$

弾性曲線　　$\dfrac{d^2 z_2}{dx^2} = -\dfrac{1}{EI}\left[\dfrac{Pb}{\ell}x - P(x-a)\right]$

たわみ角　　$\dfrac{dz_2}{dx} = -\dfrac{1}{EI}\left[\dfrac{Pb}{2\ell}x^2 - \dfrac{P}{2}(x-a)^2\right] + C_3$

たわみ　　　$z_2 = -\dfrac{1}{EI}\left[\dfrac{Pb}{6\ell}x^3 - \dfrac{P}{6}(x-a)^3\right] + C_3 x + C_4$

（注）ここでは以後の計算を簡潔にするため、積分定数 C_3 および C_4 は、たわみおよびたわみ角を x で微分すれば、たわみ角および弾性曲線になるように表記している。

⑥ 積分定数は C_1, C_2, C_3, C_4 の4個であり、式が4個必要である。4個の条件式は支点の境界条件、

　　A 端でピン支持：　　$z_1 = 0$　　at　$x = 0$
　　B 端でローラ支持：　$z_2 = 0$　　at　$x = \ell$

に加えて、点 C でのたわみおよびたわみ角が連続でなければならない、という連続条件より求まる。

　　たわみ　　　　　　　$z_1 = z_2$　　at　$x = a$
　　たわみ角　　　　　　$\dfrac{dz_1}{dx} = \dfrac{dz_2}{dx}$　　at　$x = a$

⑦ 積分定数 C_1, C_2, C_3, C_4 の決定：上式の4個の式から、積分定数を求める。

$$C_1 = C_3 = \dfrac{Pb(\ell^2 - b^2)}{6EI\ell} \ ; \ C_2 = C_4 = 0$$

⑧ たわみ、および、たわみ角

AC 区間　$0 \leq x \leq a$

$$z_1 = \dfrac{P\ell^3}{6EI}\left(\dfrac{b}{\ell}\right)\left(\dfrac{x}{\ell}\right)\left[1 - \left(\dfrac{b}{\ell}\right)^2 - \left(\dfrac{x}{\ell}\right)^2\right]$$

$$\theta = \dfrac{dz_1}{dx} = \dfrac{P\ell^2}{6EI}\left(\dfrac{b}{\ell}\right)\left[1 - \left(\dfrac{b}{\ell}\right)^2 - 3\left(\dfrac{x}{\ell}\right)^2\right]$$

CB 区間　$a \leq x \leq \ell$

$$z_2 = \dfrac{P\ell^3}{6EI}\left\{\left(\dfrac{b}{\ell}\right)\left(\dfrac{x}{\ell}\right)\left[1 - \left(\dfrac{b}{\ell}\right)^2 - \left(\dfrac{x}{\ell}\right)^2\right] + \left[\left(\dfrac{x}{\ell}\right) - \left(\dfrac{a}{\ell}\right)\right]^3\right\}$$

$$\theta = \dfrac{dz_2}{dx} = \dfrac{P\ell^2}{6EI}\left\{\left(\dfrac{b}{\ell}\right)\left[1 - \left(\dfrac{b}{\ell}\right)^2 - 3\left(\dfrac{x}{\ell}\right)^2\right] + 3\left[\left(\dfrac{x}{\ell}\right) - \left(\dfrac{a}{\ell}\right)\right]^2\right\}$$

⑨ A 端および B 端のたわみ角 θ_A および θ_B

$$\theta_A = \left(\dfrac{dz_1}{dx}\right)_{x=0} = \dfrac{Pab}{6EI\ell}(\ell + b) \ ; \ \theta_B = \left(\dfrac{dz_2}{dx}\right)_{x=\ell} = -\dfrac{Pab}{6EI\ell}(\ell + a)$$

⑩ 荷重点　$x = a$ のたわみ z_C

$$z_C = (z_1)_{x=a} = (z_2)_{x=a} = \dfrac{Pa^2 b^2}{3EI\ell}$$

12.2 一般化した弾性曲線式

弾性曲線式(12.6)では、曲げモーメント M が既知でなければならないが、不静定構造では M が未知の場合が多く、この式では不十分である。そこで、M をたわみで表すことにより、M を含まない一般化した弾性曲線式を求める（**図 12-5**）。

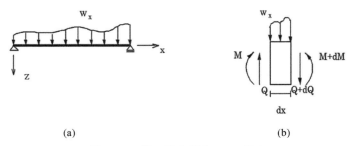

図 12-5　梁の微小長さ dx の釣合

梁に分布荷重 $w_x(x)$ が作用しているとき、図 12-5(b)の梁の微小長さ dx の釣合より次式を得る。

$$\frac{dM}{dx} = Q$$

$$\frac{dQ}{dx} = -w_x$$

上式に、弾性曲線式(12.6)を代入すると、EI＝一定のとき次式となる。

$$\frac{d^3 z}{dx^3} = -\frac{Q}{EI} \tag{12.9}$$

さらに x で微分して、せん断力 Q を分布荷重で表すと一般化した弾性曲線式を得る。

$$\boxed{\frac{d^4 z}{dx^4} = \frac{w_x}{EI}} \quad \text{（一般化した弾性曲線式）} \tag{12.10}$$

一般化した弾性曲線式(12.10)を順次積分していくと、たわみ z、たわみ角 $\theta = \dfrac{dz}{dx}$、曲げモーメント M、せん断力 Q が求まる。

$$\boxed{\begin{aligned}
\frac{d^3 z}{dx^3} &= \int \frac{w_x}{EI} dx + C_1 \\
\frac{d^2 z}{dx^2} &= \iint \frac{w_x}{EI} dx\,dx + C_1 x + C_2 \\
\theta = \frac{dz}{dx} &= \iiint \frac{w_x}{EI} dx\,dx\,dx + C_1 \frac{x^2}{2} + C_2 x + C_3 \\
z &= \iiiint \frac{w_x}{EI} dx\,dx\,dx\,dx + C_1 \frac{x^3}{6} + C_2 \frac{x^2}{2} + C_3 x + C_4
\end{aligned}} \quad \text{（分布荷重で変断面梁の場合）} \tag{12.11}$$

式(12.10)は4階の微分方程式であるから、積分定数は4個を必要とする。積分定数 $C_1 \sim C_4$ は境界条件より決定する。たわみが求まると、曲げモーメント M およびせん断力 Q は次式より求まる。

$$M = -EI\frac{d^2 z}{dx^2} \tag{12.12}$$

$$Q = -EI\frac{d^3 z}{dx^3} \tag{12.13}$$

w_x は、一般的な荷重に対しては、フーリエ級数で表しておくと便利である。

上述の展開は、分布荷重が一般的な場合について示した。ここでは、分布荷重が等分布荷重 $w_x = w$（一定）であり、また、等断面の梁の場合（曲げ剛性 $EI=$ 一定）についてまとめると、式(12.11)の一般的な公式は次式となる。

$$\boxed{\begin{aligned}\frac{d^3 z}{dx^3} &= \frac{w}{EI}x + C_1 \\ \frac{d^2 z}{dx^2} &= \frac{w}{2EI}x^2 + C_1 x + C_2 \\ \frac{dz}{dx} &= \frac{w}{6EI}x^3 + \frac{C_1}{2}x^2 + C_2 x + C_3 \\ z &= \frac{w}{24EI}x^4 + \frac{C_1}{6}x^3 + \frac{C_2}{2}x^2 + C_3 x + C_4 \end{aligned}} \tag{12.14}$$

（等分布荷重で等断面梁の場合）

一般化した弾性曲線式(12.10)は、種々の境界条件を持つ不静定梁に適用できる。積分定数は4個であり、境界条件式は4個必要である。

例題1 一般化した弾性曲線式(12.10)を用いて、片持梁のたわみを求める（**例図8**）。

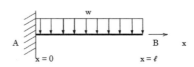

例図8 片持梁

① 境界条件

A 端（固定端） $z = 0$ at $x = 0$ （たわみ＝0）   式①

       $\dfrac{dz}{dx} = 0$ at $x = 0$ （回転＝0）   式②

B 端（自由端） $M = -EI\dfrac{d^2 z}{dx^2} = 0$ at $x = \ell$ （曲げモーメント＝0）   式③

       $Q = -EI\dfrac{d^3 z}{dx^3} = 0$ at $x = \ell$ （せん断力＝0）   式④

② 積分定数の決定

式(12.14)を上式①～④に代入すると、$C_1 \sim C_4$ は次の値になる。

$$C_1 = -\frac{w\ell}{EI} \quad\quad C_2 = \frac{w\ell^2}{2EI} \quad\quad C_3 = C_4 = 0$$

③ たわみ z、たわみ角 θ、曲げモーメント M、せん断力 Q

$$z = \frac{w\ell^4}{24EI}\left[6\left(\frac{x}{\ell}\right)^2 - 4\left(\frac{x}{\ell}\right)^3 + \left(\frac{x}{\ell}\right)^4\right] \quad 式⑤$$

$$\theta = \frac{dz}{dx} = \frac{w\ell^3}{6EI}\left[3\left(\frac{x}{\ell}\right) - 3\left(\frac{x}{\ell}\right)^2 + \left(\frac{x}{\ell}\right)^3\right] \quad 式⑥$$

$$M = -EI\frac{d^2z}{dx^2} = -\frac{w}{2}(\ell-x)^2 \quad 式⑦$$

$$Q = -EI\frac{d^3z}{dx^3} = w(\ell-x) \quad 式⑧$$

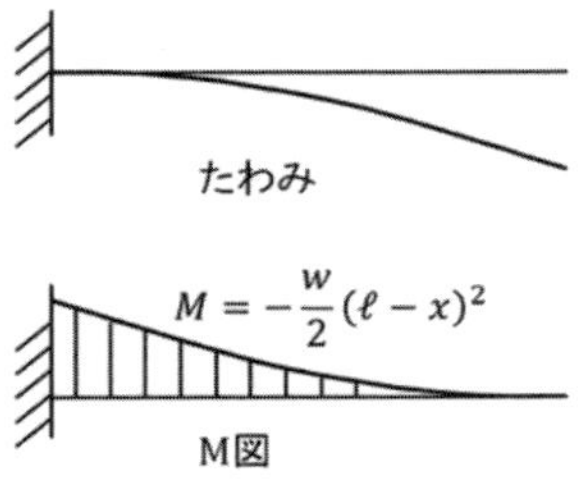

例図9　たわみおよび M 図

④　自由端 $x=\ell$ でのたわみ z_B およびたわみ角 θ_B　式⑤⑥に $x=\ell$ を代入

$$z_B = \frac{w\ell^4}{8EI} \;;\; \theta_B = \frac{w\ell^3}{6EI}$$

⑤　x の値を順次式⑤⑥に代入するとたわみおよび M 図分布が得られる（**例図 9**）。

（注）　曲げモーメントの値が負であるが、これは梁の上側が引張状態になることを示している。よって、M 図は梁の引張側に書く。

例題 2　一般化した弾性曲線式(12.10)を用いて、両支点 A および B が固定の両端固定梁に等分布荷重 w が作用する際の中央点のたわみを求める（**例図 10**）。

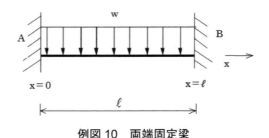

例図 10　両端固定梁

①　境界条件

A 端固定　　$z=0$　　at　$x=0$　　（たわみ＝0）　　　　　　　　　　式①

　　　　　　$\dfrac{dz}{dx}=0$　at　$x=0$　　（回　転＝0）　　　　　　　　　式②

B 端固定　　$z=0$　　at　$x=\ell$　　（たわみ＝0）　　　　　　　　　　式③

　　　　　　$\dfrac{dz}{dx}=0$　at　$x=\ell$　　（回　転＝0）　　　　　　　　　式④

②　積分定義 $C_1 \sim C_4$ の決定

式(12.14)に上式①～④を代入すると、

　　式①　⇒　$C_4=0$

　　式②　⇒　$C_3=0$

　　式③　⇒　$\dfrac{w}{24EI}\ell^4 + C_1\dfrac{\ell^3}{6} + C_2\dfrac{\ell^2}{2} = 0$　　　　　　　　　式⑤

式④ ⇒ $\dfrac{w}{6EI}\ell^3 + C_1\dfrac{\ell^2}{2} + C_2\ell = 0$ 　　　　　　式⑥

式⑤⑥より C_1, C_2 を求める。　$C_1 = -\dfrac{w\ell}{2EI}$ ； $C_2 = \dfrac{w\ell^2}{12EI}$

③　たわみ z、たわみ角 θ、曲げモーメント M、せん断力 Q

$$z = \dfrac{w\ell^4}{24EI}\left[\left(\dfrac{x}{\ell}\right)^4 - 2\left(\dfrac{x}{\ell}\right)^3 + \left(\dfrac{x}{\ell}\right)^2\right]$$ 　式⑦

$$\dfrac{dz}{dx} = \dfrac{w\ell^3}{12EI}\left[2\left(\dfrac{x}{\ell}\right)^3 - 3\left(\dfrac{x}{\ell}\right)^2 + \left(\dfrac{x}{\ell}\right)\right]$$ 　式⑧

$$M = -\dfrac{w\ell^2}{12}\left[6\left(\dfrac{x}{\ell}\right)^2 - 6\left(\dfrac{x}{\ell}\right) + 1\right]$$ 　式⑨

$$Q = -\dfrac{w\ell}{2}\left[2\left(\dfrac{x}{\ell}\right) - 1\right]$$ 　式⑩

④　スパン中央（$x/\ell = 1/2$）のたわみ（例図11）　　$z = \dfrac{w\ell^4}{384EI}$

⑤　曲げモーメント（例図12）

　　A端（$x=0$）　　$M = -\dfrac{w\ell^2}{12}$

　　B端（$x=\ell$）　　$M = -\dfrac{w\ell^2}{12}$

　　中央（$x=\ell/2$）　$M = \dfrac{w\ell^2}{24}$

例図11　たわみ

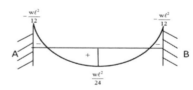

例図12　M図

⑥　せん断力（例図13）

　　A端（$x=0$）　　$Q = \dfrac{w\ell}{2}$

　　B端（$x=\ell$）　　$Q = -\dfrac{w\ell}{2}$

　　中央（$x=\ell/2$）　$Q = 0$

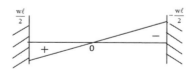

例図13　Q図

⑦　たわみ角（例図14）

　　A端（$x=0$）　　$\dfrac{dz}{dx} = 0$

　　B端（$x=\ell$）　　$\dfrac{dz}{dx} = 0$

　　中央（$x=\ell/2$）　$\dfrac{dz}{dx} = 0$

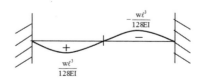

例図14　たわみ角

（注）両端固定梁の曲げモーメントは、同じ等分布荷重を受けた単純支持梁に両端の支点で曲げモーメント $-\dfrac{w\ell^2}{12}$ が作用した状態と同じである（**例図 15** 参照）。M の負号は梁の上側が引張になる場合を示す。

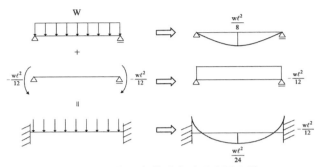

例図 15　等分布荷重を受ける固定梁

12.3　モールの定理（Mohr's Theorem）

分布荷重 w が作用する際の曲げモーメントとたわみ曲線の関係から次式を得る。

$$\frac{d^2 M}{dx^2} = \frac{d}{dx}\left(\frac{dM}{dx}\right) = \frac{dQ}{dx} = -w \tag{12.15}$$

$$\frac{d^2 z}{dx^2} = \frac{d}{dx}\left(\frac{dz}{dx}\right) = \frac{d\theta}{dx} = -\frac{M}{EI} \tag{12.16}$$

式(12.15)と式(12.16)を比較すると、次の対応関係がある。

曲げモーメント	M ⟷	たわみ z
せん断力	Q ⟷	たわみ角 θ
分布荷重	w ⟷	弾性荷重 $\dfrac{M}{EI}$

荷重 w の代りに弾性荷重 $\dfrac{M}{EI}$ が作用したときの曲げモーメント M およびせん断力 Q を求めると、荷重 w が作用したときのたわみ z、およびたわみ角 θ に相当することがわかる。

式(12.15)、式(12.16)を積分すると次式となる。

$$Q = -\int_0^x w\,dx + C_1 \tag{12.17}$$

$$M = -\int_0^x \left(\int_0^x w\,dx\right) dx + C_1 x + C_2 \tag{12.18}$$

$$\theta = -\int_0^x \frac{M}{EI}\,dx + D_1 \tag{12.19}$$

$$z = -\int_0^x \left(\int_0^x \frac{M}{EI}\,dx\right) dx + D_1 x + D_2 \tag{12.20}$$

積分定数 C_1, C_2, D_1, D_2 は境界条件から決定する。

① 単純支持梁の境界条件は、**図 12-6**(a)より

$M = 0 \quad Q \neq 0 \quad \text{at} \quad x = 0 \quad \text{and} \quad x = \ell$
$z = 0 \quad \theta \neq 0 \quad \text{at} \quad x = 0 \quad \text{and} \quad x = \ell$

となり、M と z、Q と θ は同じ傾向を示す。

② しかし、片持梁の境界条件は、**図 12-6**(b)より

自由端　$M = 0 \quad Q = 0 \quad \text{at} \quad x = \ell$
　　　　$z \neq 0 \quad \theta \neq 0 \quad \text{at} \quad x = \ell$
固定端　$z = 0 \quad \theta = 0 \quad \text{at} \quad x = 0$
　　　　$M \neq 0 \quad Q \neq 0 \quad \text{at} \quad x = 0$

となり、M と z、Q と θ は同傾向を示さず、自由端と固定端を入れ換えた状態である（**図 12-6**(b)）。

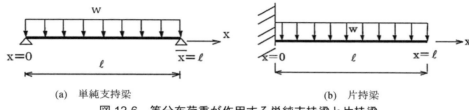

(a) 単純支持梁　　　　　　　　　　(b) 片持梁

図 12-6　等分布荷重が作用する単純支持梁と片持梁

以上の結果より、次のモールの定理（Mohr's theorem）を得る。

> ① 単純支持梁のたわみ z およびたわみ角 θ は、弾性荷重 M/EI が作用するときの、曲げモーメントおよびせん断力にそれぞれ等しい。

> ② 片持梁のたわみ z およびたわみ角 θ は、弾性荷重 M/EI が作用したときの、自由端と固定端を入れ替えた片持梁の曲げモーメントおよびせん断力にそれぞれ等しい。

例題 1 梁の中央に集中荷重 P が作用する単純支持梁の変形を、モールの定理を用いて求める（**例図 16**）。

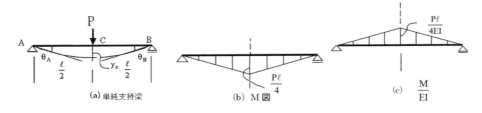

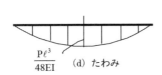

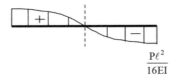

(d) たわみ　　　　　　　　　　(e) たわみ角（弾性荷重時による Q 図）

（弾性荷重時による M 図）

例図 16　モールの定理

① 曲げモーメント図を求める。→ **例図 16(b)**
② 曲げモーメント M を EI で割り、

　　弾性荷重 $\dfrac{M}{EI}$ を荷重とし作用させる。→ **例図 16(c)**

③ 弾性荷重により生じた曲げモーメント → **例図 16(d)**

　　反力　$R_A = R_B = \dfrac{P\ell}{4EI} \times \dfrac{\ell}{2} \times \dfrac{1}{2} = \dfrac{P\ell^2}{16EI}$

ここに、x の位置での弾性荷重 $w_x = \dfrac{P\ell}{4EI}\left(\dfrac{x}{\dfrac{\ell}{2}}\right) = \dfrac{P\ell}{4EI} \cdot \dfrac{2x}{\ell}$

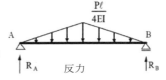

例図 17　断面力 Q_x および M_x

支点 A より x の位置での断面力 Q_x，M_x の方向を**例図 17** のように仮定して釣合を考えると、

$$\Sigma Z = 0 \rightarrow Q_x - R_A + w_x \cdot x \cdot \dfrac{1}{2} = 0$$

$$\Sigma M_{(x)} = 0 \rightarrow -M_x + R_A x - \left(w_x \cdot x \cdot \dfrac{1}{2}\right) \times \dfrac{x}{3} = 0$$

$$\therefore Q_x = -\dfrac{P\ell^2}{4EI}\left(\dfrac{x}{\ell}\right)^2 + \dfrac{P\ell^2}{16EI} = \dfrac{P\ell^2}{16EI}\left[1 - 4\left(\dfrac{x}{\ell}\right)^2\right]$$

$$M_x = -\dfrac{P\ell^3}{12EI}\left(\dfrac{x}{\ell}\right)^3 + \dfrac{P\ell^3}{16EI}\left(\dfrac{x}{\ell}\right) = \dfrac{P\ell^3}{48EI}\left[-4\left(\dfrac{x}{\ell}\right)^3 + 3\left(\dfrac{x}{\ell}\right)\right]$$

④ 梁中央のたわみ → 例図 16(d) の M より

$$z = \frac{P\ell^3}{48EI}\left[-4\left(\frac{1}{2}\right)^3 + 3\left(\frac{1}{2}\right)\right] = \frac{P\ell^3}{48EI}$$

⑤ 支点 A でのたわみ角 θ_A は、弾性荷重を受ける梁の支点 A でのせん断力に等しい → 例図 16(e)。

$$\theta_A = \frac{P\ell^2}{16EI}$$

例題 2 集中荷重 P が作用する片持梁のたわみをモールの定理を用いて求める。

① M 図 → 例図 18(b)

② 弾性荷重 $\dfrac{M}{EI}$ を、固定端と自由端を入れ替えた片持梁に作用させる。→ 例図 18(c)

③ 曲げモーメントおよびせん断力を求める。
 → 例図 18(d) (e)

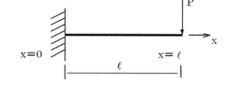

④ たわみ z は弾性荷重による曲げモーメントの値となる。

⑤ たわみ角 θ は弾性荷重によるせん断力の値となる。

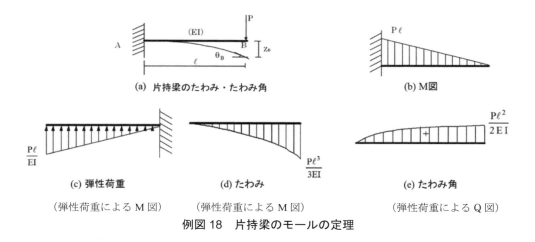

(a) 片持梁のたわみ・たわみ角　　(b) M 図

(c) 弾性荷重　　(d) たわみ　　(e) たわみ角

(弾性荷重による M 図)　(弾性荷重による M 図)　(弾性荷重による Q 図)

例図 18　片持梁のモールの定理

第13章 圧縮材の座屈

13.1 圧縮材の曲げ座屈

棒材に軸方向力が作用すると、荷重が小さい範囲は縮むが、ある荷重を超えると、縮むよりも横方向にたわみ δ を生じて耐荷力を失う。この現象が圧縮材の座屈（buckling）である（図13-1）。

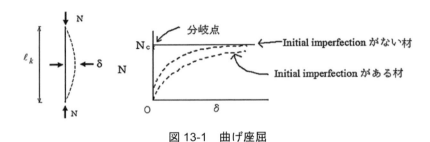

図13-1　曲げ座屈

圧縮荷重 N と横たわみ δ との関係は、完全に真直な部材（初期不整（initial imperfection）のない部材）に対しては、座屈荷重 N_{cr} で分岐点に達すると横方向に座屈する。実際の部材は真直ではなく初期不整があり、荷重の小さい段階から小さな横たわみを生じ、座屈荷重近傍で一挙に大きな横たわみを生じる。座屈は細長比が大きい方向に生じるので、通常は断面の弱軸曲げになる方向に生じる。分岐点で座屈を生じない部材（一般には短柱）の場合、さらに圧縮状態が継続して耐荷力は増加するが、最終的に部材の降伏応力や破壊応力で耐荷力を失う。

圧縮材の耐荷力は、座屈荷重 N_{cr} と座屈を生じないときの部材の圧縮限界耐力 N_u のうち、小さい方で決まる。したがって、座屈荷重を知ることは、柱の耐荷力を把握できることから設計上重要であり、また、座屈を生じさせないように部材を使用することが大切である。

13.2 一端ピン他端ローラー部材の弾性座屈（Euler座屈）

棒材の弾性座屈問題はEulerにより1759年に研究された。一端ピン他端ローラーの棒材に軸方向力 N が作用した場合を考える。右手直交座標系を図13-2のように、材軸方向を x 軸に、横たわみ方向を y 軸にとる。点Bはローラー支点で、材軸方向に移

動が可能である。

図 13-2(b)に示すように、支点 A より x の位置での横たわみを $y(x)$ とすると、その部分での曲げモーメント M は次式となる。

$$M = N \cdot y \tag{13.1}$$

たわみが微小のとき、曲げに対する弾性曲線式は式(12.6)より、

$$\frac{d^2 y}{dx^2} = -\frac{M}{EI} \tag{12.6}$$

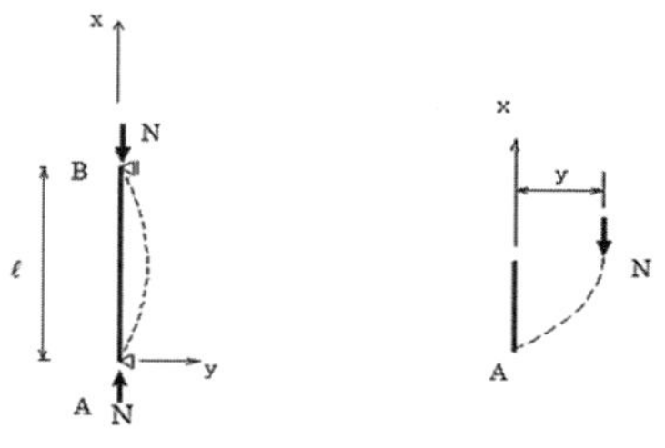

図 13-2 棒材の弾性座屈

で与えられるから、上式に式(13.1)の関係を代入すると座屈の釣合式を得る。

$$\boxed{\frac{d^2 y}{dx^2} + \alpha^2 y = 0} \quad \text{（座屈の釣合式）} \tag{13.2}$$

ここに、α^2 は次のように定義する。

$$\alpha^2 = \frac{N}{EI} \tag{13.3}$$

式(13.2)は定数係数の微分方程式である。解を、

$$y = e^{\lambda x} \tag{13.4}$$

とおいて式(13.2)に代入すると、特性方程式は次式となる。

$$(\lambda^2 + \alpha^2) \, e^{\lambda x} = 0$$

上式が意味を持つには、$e^{\lambda x}$ は 0 でないので、次式が成立しなければならない。

$$\lambda^2 + \alpha^2 = 0$$

これより λ は相異なる 2 根を持つ。

$$\lambda = \pm \alpha \, i \tag{13.5}$$

ここに、$i = \sqrt{-1}$。λ が相異なる根を持つので、式(13.2)の解は、

$$y = C_1 e^{\alpha i x} + C_2 e^{-\alpha i x} \tag{13.6}$$

となる。ここに、C_1, C_2 は積分定数である。ここで、$e^{\pm \alpha i x}$ を三角関数で表す Euler の公式、

$$e^{\pm i k x} = \cos kx \pm i \cdot \sin kx \tag{13.7}$$

を用いて上式を変形すると、次式となる。

$$y = C_1 [\cos \alpha x + i \cdot \sin \alpha x] + C_2 [\cos \alpha x - i \cdot \sin \alpha x] = (C_1 + C_2) \cos \alpha x + (C_1 - C_2) \, i \cdot \sin \alpha x$$

ここで、積分定数を、次のように変更する。

$$C_1 + C_2 \quad \rightarrow \quad C_1$$
$$(C_1 + C_2) \, i \quad \rightarrow \quad C_2$$

すると、式(13.2)の一般解は次式となる。

$$\boxed{y = C_1 \cos \alpha x + C_2 \sin \alpha x} \tag{13.8}$$

積分定数 C_1, C_2 は、部材の材端支持条件を満足しなければならない。

一端ピン他端ローラーの場合（図 13-2）について検討すると、材端支持条件は次式となる。

| 点 A | $y = 0$ | at | $x = 0$ | (13.9) |
| 点 B | $y = 0$ | at | $x = \ell$ | (13.10) |

式(13.9)に式(13.8)を代入すると、$C_1 = 0$ を得る。

式(13.10)に式(13.8)を代入し、上式の関係を用いると次式となる。

$$C_2 \sin \alpha\ell = 0 \tag{13.11}$$

これより、$C_2 = 0$ または $\sin \alpha\ell = 0$ となるが、$C_2 = 0$ はすべての積分定数が 0 となり無意味である。よって、

$$\sin \alpha\ell = 0 \tag{13.12}$$

が成立しなければならない。これより定数 α は次式の関係を得る。

$$\alpha\ell = n\pi \quad (n = 1、2、3、\ldots) \tag{13.13}$$

座屈形状は、

$$y = C_2 \sin \alpha x = C_2 \sin n\pi x \tag{13.14}$$

となる。これを図 13-3 に図示すると、部材の座屈モードが得られる。n＝1、2、3、…の順に 1 次モード、2 次モード…と呼ぶ。

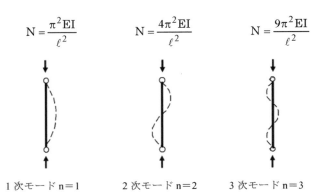

図 13-3　座屈荷重と座屈モード

これらの座屈モードに対応する座屈荷重 N_{cr} は、式(13.3)および式(13.13)より、

$$N_{cr} = \alpha^2 EI = \frac{n^2 \pi^2 EI}{\ell^2} \tag{13.15}$$

となる。高次の座屈モードになるほど、座屈荷重 N_{cr} は大きくなるので、座屈は 1 次モードで生じる。

13.3　各種境界条件への拡張

上述の展開は Euler により研究されたので、Euler 座屈と呼ばれ弾性座屈を扱う。各種の境界条件に適用できるように一般化を行うため、棒材の座屈長さ ℓ_k を材端の種々の境界条件から決定される座屈長さ係数 k と実長 ℓ の積で表す。

$$\ell_k = \ell \cdot k \tag{13.16}$$

代表的な座屈長さ係数 k の値は表 13-1 に示す。

表 13-1 各種境界条件に対する k の値

材端支持条件	自由—固定	ピン—ピン	ピン—固定	固定—固定
	$\ell_k = 2\ell$	$\ell_k = \ell$	$\ell_k = 0.7\ell$	$\ell_k = 0.5\ell$
k	2	1	0.7	0.5

式(13.15)の ℓ を ℓ_k で書き換えると、弾性座屈の一般式を得る。

$$N_{cr} = \frac{\pi^2 EI}{\ell_k^2} \tag{13.17}$$

最小座屈荷重 N_{cr} を部材の断面積 A で割ると座屈応力 σ_{cr} が求まる。

$$\sigma_{cr} = \frac{N_{cr}}{A} = \frac{\pi^2 EI}{\ell_k^2 A} = \frac{\pi^2 E}{\ell_k^2} r^2 = \frac{\pi^2 E}{\left(\frac{\ell_k}{r}\right)^2} = \frac{\pi^2 E}{\lambda^2} \tag{13.18}$$

ここに、r および λ は次式で与えられる。

$$r = \sqrt{\frac{I}{A}} \qquad \text{断面 2 次半径（m）} \tag{13.19}$$

$$\lambda = \frac{\ell_k}{r} \qquad \text{細長比} \tag{13.20}$$

座屈応力 σ_{cr} は、材料のヤング係数 E と、細長比 λ の 2 乗に関係し、細長比 λ の影響が支配的である。λ が大きくなる程、座屈応力 σ_{cr} は小さくなり、部材は耐荷力を失うことになる。細長比 λ は鋼構造設計規準では、柱材については $\lambda \leq 200$、圧縮材については $\lambda \leq 250$ に制限している。

式(13.17)の関係を図示すると、Euler 曲線が求まる（図 13-4）。Euler 曲線によると、細長比 λ が大きくなると座屈応力は著しく低下するので、細長比が大きくならないようにする。一方、細長比 λ が小さくなると Euler の曲線では座屈応力 σ_{cr} は無限に大きくなる。これは実際の挙動と異なる。細長比 $\lambda \to 0$ になると、部材の限界圧縮応力以上とはならない。

Euler 曲線は弾性座屈を扱っており、鉄骨構造では、限界細長比 $\Lambda = \pi\sqrt{\frac{E}{0.6F}}$ （$E=$ ヤング係数、$F=$ 鋼材の基準強度）より小さい細長比の領域を非弾性座屈と定義する。非弾性座屈応力は、$\lambda = \Lambda$ での Euler 曲線の座屈応力の値と、$\lambda = 0$ での $\sigma_{cr} = F$（F は材料の基準強度）とを 2 次曲線で結ぶ Johnson 式を用いる（図 13-4）。

$$\sigma_{cr} = F\left[1.0 - 0.4\left(\frac{\lambda}{\Lambda}\right)^2\right] \qquad \text{for} \quad \lambda \leq \Lambda \tag{13.21}$$

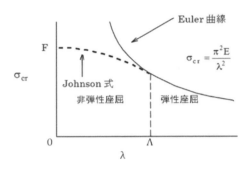

図 13-4　$\sigma_{cr} - \lambda$ の関係

H 形断面柱の場合、**図 13-5** に示すように、断面 2 次モーメントが大きい方向 I_y と小さい方向 I_z があり、これを強軸曲げ、弱軸曲げと呼ぶ。それらに対応して、断面 2 次半径 r も強軸曲げ r_y と弱軸曲げ r_z の 2 種類があり、弱軸曲げの r_z は r_y より小さい。よって、柱の座屈長さが両方向共同じ場合、細長比 λ は弱軸曲げまわりが大きくなるので、座屈は弱軸曲げを発生する方向（y 方向）に生じる。

図 13-6 は、弱軸曲げを生じる方向を横支え材で支持した場合である。この場合、強軸曲げを生じる座屈長さは ℓ_y をとり、弱軸曲げを生じる座屈長さは 2 分された ℓ_z の大きい方を用いる。

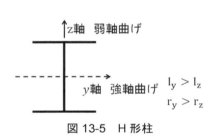

図 13-5　H 形柱

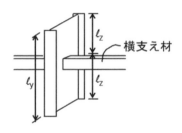

図 13-6　横支え材のある場合

例題　柱断面 5cm×10cm の鋼材柱の座屈荷重 N_{cr} を求める。

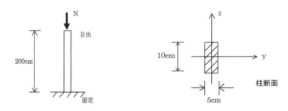

① 断面積：　　　　　　　　　$A = 5\text{cm} \times 10\text{cm} = 50\text{cm}^2$

② 断面 2 次モーメント：　　$I_y = \dfrac{5 \times 10^3}{12} = 417\text{cm}^4$ （y 軸まわり）　　$I_y = \iint z^2 \, dy \, dz$

　　　　　　　　　　　　　　$I_z = \dfrac{10 \times 5^3}{12} = 104\text{cm}^4$ （z 軸まわり）　　$I_z = \iint y^2 \, dy \, dz$

③ 断面2次半径：

$$r_y = \sqrt{\frac{I_y}{A}} = \sqrt{\frac{417}{50}} = 2.89\text{cm} \quad (y軸まわり)$$

$$r_z = \sqrt{\frac{I_z}{A}} = \sqrt{\frac{104}{50}} = 1.44\text{cm} \quad (z軸まわり)$$

④ 座屈長さ係数 k： 一端固定、他端自由より、表13-1から $k = 2$

⑤ 座屈長さ： $\ell_k = k \cdot \ell = 2 \times 200 = 400\text{cm}$

⑥ 細長比：

$$\lambda_y = \frac{\ell_k}{r_y} = \frac{400}{2.89} = 138 \quad (y軸まわり)\;強軸まわり$$

$$\lambda_z = \frac{\ell_k}{r_z} = \frac{400}{1.44} = 278 \quad (z軸まわり)\;弱軸まわり$$

⑦ 座屈荷重 N_{cr}：

$$N_{cry} = \frac{\pi^2 E I_y}{\ell_k^2} = \pi^2 E \frac{417}{400^2} = 0.026E \quad (y軸まわり)$$

$$N_{crz} = \frac{\pi^2 E I_z}{\ell_k^2} = \pi^2 E \frac{104}{400^2} = 0.0064E \quad (z軸まわり)$$

$N_{crz} < N_{cry}$ より、座屈は z 軸まわり（弱軸まわり）に生じる。したがって、2軸方向（y 方向、z 方向）の座屈を検討する場合は細長比の大きい方で座屈耐力が決まる。

⑧ 座屈応力 σ_{cr}：

$$\sigma_{cry} = \frac{\pi^2 E}{(\lambda_y)^2} = \frac{\pi^2 E}{138^2} = 1.649 \times 10^{-4} E \quad (y軸まわり)$$

$$\sigma_{cryz} = \frac{\pi^2 E}{(\lambda_z)^2} = \frac{\pi^2 E}{278^2} = 1.276 \times 10^{-4} E \quad (z軸まわり)$$

⑨ 座屈モード

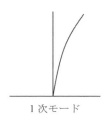

1次モード

13.4 鋼構造設計基準の許容圧縮応力度

圧縮材の曲げ座屈から提示された座屈応力(度) σ_{cr} を安全率 ν で割ると、長期許容圧縮応力度 f_c が求まる。

$$f_c = \frac{\sigma_{cr}(座屈応力度)}{\nu(安全率)} \tag{13.22}$$

ここに、安全率は非弾性座屈で座屈をしない場合は $\lambda = 0$ で $\nu = 1.5$ とし、弾性座屈は 2.17 とする。非弾性座屈の範囲は、$\lambda = 0$ での $\nu = 1.5$ から、$\lambda/\Lambda = 1$ での $\nu = 2.17$ までを2次曲線で近似する（図13-7）。

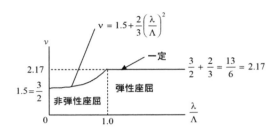

図 13-7　圧縮材の安全率 ν

よって、長期許容圧縮応力度 f_c は次式となる。

$$\lambda \leqq \Lambda \quad \Rightarrow \quad f_c = \frac{F}{\nu}\left\{1.0 - 0.4\left(\frac{\lambda}{\Lambda}\right)^2\right\} \tag{13.23}$$

$$\lambda > \Lambda \quad \Rightarrow \quad f_c = \frac{6}{13} \times \frac{0.6F}{(\lambda/\Lambda)^2} = \frac{0.277}{(\lambda/\Lambda)^2}F$$

$$\nu = \frac{3}{2} + \frac{2}{3}\left(\frac{\lambda}{\Lambda}\right)^2 \tag{13.24}$$

$$\Lambda = \pi\sqrt{\frac{E}{0.6F}} \tag{13.25}$$

なお、短期許容圧縮応力度は長期許容圧縮応力度の 1.5 倍である。鋼材は降伏点から破断までの靭性が期待できるので、鉄骨構造では短期許容応力度はすべて長期許容応力度の 1.5 倍である。

第14章　仕事に関する原理

14.1　仕事とエネルギー

仕事は力またはモーメントと、それらにより生じた変位または回転のそれぞれの積として定義する。作用力と変形が同じ向きの場合、仕事は正と定義する。反対の場合は負とする（図 14-1）。

> 仕事＝（力）×（その作用方向の変位量）
> 仕事＝（モーメント）×（その作用方向の回転量）

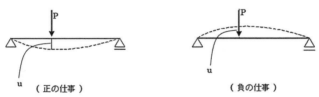

図 14-1　仕事の正および負

構造物の変形は一般に緩慢であるから、変形過程における熱エネルギーの効果を無視できる。よって、運動エネルギーKと位置エネルギーUの和は常に一定である。これを力学的エネルギー保存の原理と呼ぶ。

$$K + U = \text{constant} \tag{14.1}$$

位置エネルギーUは、外力の位置エネルギーU_{ext}と内力の位置エネルギーU_{int}の和からなる。

$$U = U_{ext} + U_{int} \tag{14.2}$$

式(14.2)に式(14.1)を代入すると、次式となる。

$$K + U_{ext} + U_{int} = \text{constant} \tag{14.3}$$

エネルギーの変化は次式で表せる。

$$dK + dU_{ext} + dU_{int} = 0 \tag{14.4}$$

静的問題においては、変形速度はゆるやかであるから、運動エネルギーの変化 dK は無視できるので、式(14.4)は次式となる。

$$dU_{ext} = -dU_{int} \quad \text{（静的問題）} \tag{14.5}$$

一方、外力がなす位置エネルギーの変化dU_{ext}の減少は、外力がなす仕事の変化dW_{ext}に等しい。

$$dW_{ext} = -dU_{ext} \tag{14.6}$$

式(14.5)および式(14.6)より、次式を得る。
$$\boxed{dW_{ext} = dU_{int}} \tag{14.7}$$
上式は、外力の仕事の増加は内力の位置エネルギーの増加に等しいことを示す。

14.2 仮想仕事の原理

構造物の変形が微小変形で弾性変形を仮定する。最初に外力のなす仮想仕事 W_{ext} を説明する。点 i に作用する力 P_i が構造物に作用して釣合状態にある場合を考える。点 i は1個でなく無数にあってもよいが、理解を容易にするため、ある点 i とする。この状態での力 P_i を既存力と呼ぶ。この釣合状態に、**図 14-2** に示すように、点 k に追加荷重 P_k を作用させると、既存力 P_i が作用する方向に点 i での変位 δ_{ik} を生じる。既存力 P_i がなす仕事は、

$$(\text{力 } P_i \text{ のなす仕事}) = P_i \times \delta_{ik} \tag{14.8}$$

となる。ここに、δ_{ik} は Maxwell の記号であり、1番目の添字 i は位置を、2番目の添字 k は変位を生じさせた原因を示す。よって、δ_{ik} は点 k に作用した力 P_k により、点 i に生じたたわみを示している。δ_{ik} が力 P_i の作用方向と同じ方向に変位するとき仕事は正となり、反対方向は負の仕事となる。

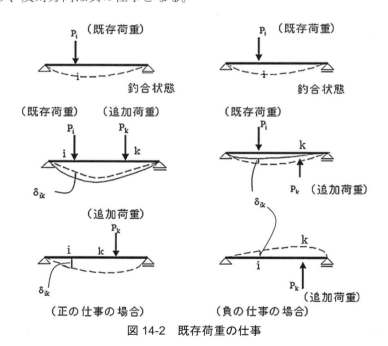

図 14-2 既存荷重の仕事

力が曲げモーメントの場合も、既存モーメント M_i のなす仕事は同様に表せる。

$$(\text{モーメント } M_i \text{ のなす仕事}) = M_i \times \theta_{ik} \tag{14.9}$$

ここに、θ_{ik} = 点 k に作用した追加荷重 P_k により、点 i に生じたたわみ角。θ_{ik} がモーメン

ト M_i の作用方向と同じ方向の時仕事は正となり、反対方向は負の仕事となる（図 14-3）。

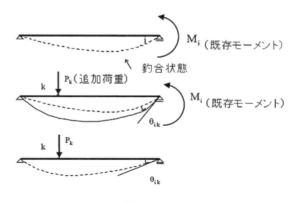

図 14-3　既存モーメントの仕事

既存外力群（既存モーメントを含む）が作用している釣合状態に、追加外力 P_k 等を作用させて仮想の変位を生じたと考えると、上述の仕事に関する定義は、変位が仮想変位となる仮想仕事を意味している。既存荷重群の外力のなす仮想仕事 W_{ext} は、一般的に次式と書ける。

$$\boxed{W_{ext} = P_1\delta_{1k} + P_2\delta_{2k} + \cdots + P_i\delta_{ik} = \sum_i P_i\delta_{ik}} \quad \text{（外力のなす仮想仕事）} \tag{14.10}$$

ここに、既存外力 P_i は力 P_i またはモーメント M_i であり、それに対応して δ_{ik} は変位 δ_{ik} または回転角 θ_{ik} である。

次に、内力のなす仮想仕事 U_{int} を考える。既存荷重 P_i が作用して構造物が釣合状態にあるとき、追加荷重 P_k の作用による内力のなす仕事 U_{int} を考える（図 14-4）。既存荷重 P_i による釣合状態での点 m の既存断面力を M_{mi}（曲げモーメント）、Q_{mi}（せん断力）、N_{mi}（軸方向力）と表わす。

一方、追加荷重 P_k により生じた点 m の追加断面力を M_{mk}（曲げモーメント）、Q_{mk}（せん断力）、N_{mk}（軸方向力）と表わす。

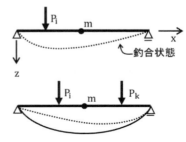

図 14-4　内力のなす仕事

追加荷重の作用により、点 m の既存断面力 M_{mi}, Q_{mi}, N_{mi} がなす内力の仕事は次式となる。

$$\left.\begin{array}{ll} M_{mi}\cdot d\theta_{mk} & \rightarrow \text{（曲げモーメント）} \times \text{（たわみ角）} \\[1em] Q_{mi}\cdot dy_{mk} & \rightarrow \text{（せん断力）} \times \text{（せん断変形）} \\[1em] N_{mi}\cdot \Delta dx_{mk} & \rightarrow \text{（軸方向力）} \times \text{（材軸方向の変形）} \end{array}\right\} \tag{14.11}$$

$d\theta_{mk}, dz_{mk}, \Delta dx_{mk}$ は、図 14-5 に示すように次式で与えられる。

$$\left.\begin{array}{l} d\theta_{mk} = \dfrac{1}{R}dx = \dfrac{M_{mk}}{EI} \cdot dx \\[6pt] dz_{mk} = \gamma\, dx = \dfrac{\kappa Q_{mk}}{GA} \cdot dx \\[6pt] \Delta dx_{mk} = \varepsilon \cdot dx = \dfrac{N_{mk}}{EA} \cdot dx \end{array}\right\} \quad (14.12)$$

ここに、EI＝曲げ剛性；GA＝せん断剛性；EA＝伸び剛性；R＝曲率半径；ϕ＝曲率 ($\phi=1/R$)；γ＝せん断ひずみ；ε＝縦ひずみ。

式(14.12)を式(14.11)に代入すると次式となる。

$$\left.\begin{array}{l} M_{mi} \cdot d\theta_{mk} = M_{mi} \cdot \dfrac{M_{mk}}{EI} dx \\[6pt] Q_{mi} \cdot dz_{mk} = Q_{mi} \cdot \dfrac{\kappa Q_{mk}}{GA} dx \\[6pt] N_{mi} \cdot \Delta dx_{mk} = N_{mi} \cdot \dfrac{N_{mk}}{EA} dx \end{array}\right\} \quad (14.13)$$

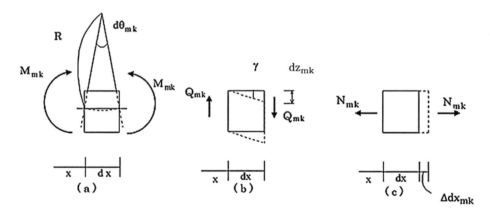

図 14-5　$d\theta_{mk}, dz_{mk}, \Delta dx_{mk}$

既存外力 P_i による断面力が、追加荷重 P_k によってなす仮想仕事 U_{int}^* は、断面力がすべての構造部位に存在しているので、点 m の仕事を構造物全体について拡張すればよい。式(14.13)を構造物全体について積分すると、

$$\boxed{U_{int} = \int \dfrac{M_i M_k}{EI} dx + \int \dfrac{\kappa Q_i Q_k}{GA} dx + \int \dfrac{N_i N_k}{EA} dx} \quad \text{（内力のなす仮想仕事）} \quad (14.14)$$

となる。ここに、M_k, Q_k, N_k＝追加荷重 P_k による断面力。式(14.14)は温度変化の効果を含んでいない。

既存荷重 P_i が作用している釣合状態に、追加荷重 P_k が作用することにより構造物がなす仮想仕事は、構造物が釣合状態にあるとき、エネルギー保存の原則から、

$$W_{ext} = U_{int} \tag{14.15}$$

が成立する。式(14.10)および式(14.14)を上式に代入すると、

$$\sum_i P_i \delta_{ik} = \int \frac{M_i M_k}{EI} dx + \int \frac{\kappa Q_i Q_k}{GA} dx + \int \frac{N_i N_k}{EA} dx \tag{14.16}$$

となる。上式は一般的な式であり、構造物の構造形式により断面力の伝達手段が異なるので、右辺の諸量は適宜省略できる。

① トラス構造の場合 ⇒ 軸力のみであり、曲げモーメントおよびせん断力の項は省略できる。よって、式(14.16)より、

$$\sum_i P_i \delta_{ik} = \int \frac{N_i N_k}{EA} dx = \sum_{m=1}^{n} \frac{N_i N_k}{EA} \ell_m \tag{14.17}$$

ここに、ℓ_m＝第 m 番目のトラス部材の材長；n＝全部材数。

② ラーメン構造の場合 ⇒ 一般に、軸方向力、せん断力の項を無視できる。

$$\sum_i P_i \delta_{ik} = \int \frac{M_i M_k}{EI} dx \tag{14.18}$$

③ 剛体の場合 ⇒ 剛体であるから変形しないので、内力のなす仮想仕事は 0 となる。

$$\sum_i P_i \delta_{ik} = 0 \tag{14.19}$$

14.3　仮想仕事の原理による静定構造物の変形

骨組の変形を計算する方法には、以下の方法がある。

① 弾性曲線：$\dfrac{d^2 z}{dx^2} = -\dfrac{M}{EI}$ による方法

② Castingliano の方法：$\delta_i = \dfrac{\partial W_{ext}}{\partial P_i}$

③ 仮想仕事の原理の応用：$\delta_{ik} = \int \dfrac{M_i M_k}{EI} dx$

④ Mohr の定理

ここでは③の方法を紹介する。

ラーメン構造の場合の仮想仕事式は、式(14.20)で与えられる。

$$\sum_i P_i \delta_{ik} = \int \frac{M_i M_k}{EI} dx \tag{14.20}$$

ここで、外力が作用している状態で点 i のたわみを求めたい場合は、点 i の求めたい方向にのみ単位荷重 $P_i = 1$ とおき、そのときの曲げモーメントを $\bar{M}$ で表すと、点 i のたわみ δ_i は次式により求まる。

$$\delta_i = \int \frac{\bar{M} M}{EI} dx \tag{14.21}$$

ここに、M は荷重による部材に発生している曲げモーメントである。

[解法順序] 外力による静定ラーメンの変位 δ_i または回転角 θ_i は、以下で求まる。

> ① 静定ラーメンに外力が作用したときの M 図を求める。
> ② 求める変位 δ_i（またはたわみ角 θ_i）の方向に、単位の力 $\overline{P}_i = 1$（または $\overline{M}_i = 1$）のみを与えたときの $\overline{M}$ 図を求める。
> ③ 仮想仕事式 $\delta_i = \int \dfrac{\overline{M}M}{EI} dx$ より δ_i が求まる。

（注）たわみ角を求めるときは δ_i を θ_i に換える。
（注）M 図と $\overline{M}$ 図が同一方向であれば内部仕事は正となる。反対のときは負となる（図 14-6）。M 図は梁の下側を正と定義する。

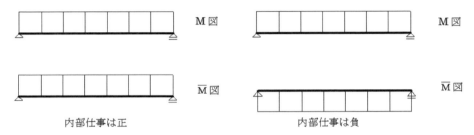

図 14-6　M と $\overline{M}$ の内部仕事の正負

例題 1　片持梁の点 i に作用する荷重 $P_i (= P)$ による点 i のたわみ δ_i を求める。

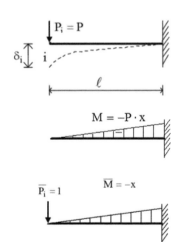

① 荷重 P_i による M 図を書く。
（注）梁の M 図は下側を正と定義しているので、M 図が梁の上側に生じている曲げモーメントに（−）を付ける。
$$M = -Px$$

② 点 i のたわみを求めるため、点 i に $\overline{P}_i = 1$ の単位荷重を作用させたときの $\overline{M}$ 図を書く。
$$\overline{M} = -x$$

③ $\delta_i = \int \dfrac{\overline{M}M}{EI} dx$ の計算

$$\delta_i = \int_0^\ell \dfrac{\overline{M}M}{EI} dx = \dfrac{1}{EI} \int_0^\ell (-x)(-P \cdot x) dx = \dfrac{P}{EI} \left[\dfrac{x^3}{3} \right]_0^\ell = \dfrac{P\ell^3}{3EI}$$

例題 2　片持梁の点 i に作用する集中荷重 $P_i(=P)$ による点 i のたわみ角 θ_i を求める。

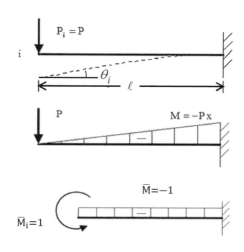

① 集中荷重 P_i による M 図を書く。M 図が梁の上側にあるので、（−）を付ける。
$$M = -Px$$

② 点 i のたわみ角を求めるため、点 i に $\bar{M}_i = 1$ の単位モーメントを作用させたときの $\bar{M}$ 図を書く。
$$\bar{M} = -1$$

③ $\theta_i = \int \dfrac{M\bar{M}}{EI}dx$ の計算

$$\theta_i = \int_0^\ell \frac{M\bar{M}}{EI}dx = \int_0^\ell \frac{(-Px)(-1)}{EI}dx = \frac{P}{EI}\left[\frac{x^2}{2}\right]_0^\ell = \frac{P\ell^2}{2EI}$$

（注）θ_i が正の場合、θ_i の方向は $\bar{M}_i$ の作用方向と一致している。負の場合は $\bar{M}_i$ の方向とは反対となる。

14.4　仮想仕事の原理による静定トラスの変形

静定トラスの変形を仮想仕事の原理より求める。仮想仕事式は軸方向力のみ考慮すると、式(14.17)より

$$\sum_i P_i \delta_{ik} = \sum_{m=1}^n \frac{N_i N_k}{EA}\ell_m \tag{14.22}$$

となる。点 i のたわみ δ_i を求めたい場合は、点 i の求めたい方向に $P_i = 1$ の単位荷重を作用させる。$P_i = 1$ により生じるトラスの軸方向力を $\bar{N}$ と表すと、点 i のたわみ δ_i は次式で求まる。

$$\delta_i = \sum_{m=1}^n \frac{\bar{N} N}{EA_m}\ell_m \tag{14.23}$$

ここに、$N =$ 外力 P が作用したときの軸方向力；$\bar{N} =$ たわみを求めたい方向に $\bar{P} = 1$ が作用したときの軸方向力。

[解法順序]　外力 P の作用による静的トラスの変位 δ_i は以下の手順で求める。

① 各部材ごとに $\dfrac{\ell_m}{EA_m}$ を求める。　（m＝1, ⋯, n）

② 外力 P が作用したときの軸方向力 N を求める。

③ たわみを求めたい方向に $\bar{P} = 1$ が作用したときの $\bar{N}$ を求める。

④ $\delta_i = \sum_{m=1}^n \dfrac{\ell_m}{EA_m}\bar{N} N$ を計算する。

例題 静定トラスの点Aに外力Pが作用するときの点A
のたわみを求める。EAは各部材同じとする。

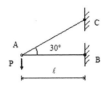

① $\dfrac{\ell_m}{EA_m}$ 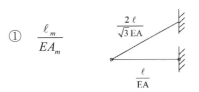 $\cos 30° = \dfrac{\sqrt{3}}{2}$ $\quad \sin 30° = \dfrac{1}{2}$

② 外力PによるN値

$$\left. \begin{array}{l} \Sigma X = 0 \to N_{AB} + N_{AC}\cos 30° = 0 \\ \Sigma Y = 0 \to \quad N_{AC}\sin 30° = P \end{array} \right\} \quad \therefore N_{AC} = 2P \\ N_{AB} = -\sqrt{3}\,P$$

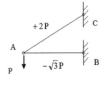

③ たわみを求めたい点Aに$\bar{P}=1$が作用したときの$\bar{N}$値

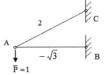

④ $\delta_A = \displaystyle\sum_{m=1}^{2} \dfrac{\ell_m}{EA_m} \bar{N} N = \dfrac{\ell}{EA}(-\sqrt{3})\times(-\sqrt{3}\,P) + \dfrac{2\ell}{\sqrt{3}\,EA}(2)\times(2P) = 7.62\dfrac{P\ell}{EA}$

　　　　　　　　　　　　　　（AB材）　　　　　　　　（AC材）

⑤ 上記の計算は表計算が便利である（Excelで作成可）。

部材	A	ℓ_m	(2) $\dfrac{\ell_m}{EA_m}$	(3) N	(4) $\bar{N}$	(5) $\delta_A = \sum \dfrac{\ell_m}{EA}\bar{N}N$
AB	A	ℓ	$1\dfrac{\ell}{EA}$	$-\sqrt{3}\,P$	$-\sqrt{3}$	$3\dfrac{P\ell}{EA}$
AC	A	$\dfrac{2}{\sqrt{3}}\ell$	$\dfrac{2}{\sqrt{3}}\dfrac{\ell}{EA}$	$2P$	2	$\dfrac{8}{\sqrt{3}}\dfrac{P\ell}{EA}$
					Σ	$7.62\dfrac{P\ell}{EA}$

14.5　相反作用の定理

釣合系にある単純支持梁に、$P_i, \bar{P}_k$を別々に作用させたときのたわみおよび曲げ
モーメントの関係は仮想仕事の原理から次式で表せる。

$$P_i と \bar{\delta}_{ik} の組み合わせ \Rightarrow P_i \bar{\delta}_{ik} = \int \dfrac{M\bar{M}}{EI}dx \tag{14.24}$$

$$\bar{P}_k と \delta_{ki} の組み合わせ \Rightarrow \bar{P}_k \delta_{ki} = \int \dfrac{M\bar{M}}{EI}dx \tag{14.25}$$

両式の右辺は等しいから、次のBettiの定理を得る。

$$\boxed{P_i \cdot \bar{\delta}_{ik} = \bar{P}_k \cdot \delta_{ki}} \tag{14.26}$$

［**Betti の定理**］

$\sum$ [（図 14-7(a)の力）× （図 14-7(b)の変位）]
　　$= \sum$ [（図 14-7(b)の力）× （図 14-7(a)の変位）]

いま、$P_i = 1, \bar{P}_k = 1$ とおくと、式(14.26)は、

$$\bar{\delta}_{ik} = \delta_{ki} \tag{14.27}$$

となる。これを Maxwell の定理と呼ぶ。

点 i に作用する単位荷重 $P_i = 1$ による点 k の変位 δ_{ki} は、点 k に作用する単位荷重 $P_k = 1$ による点 i の変位 δ_{ik} に等しい。

Betti の定理と Maxwell の定理をまとめて相反作用の定理という。

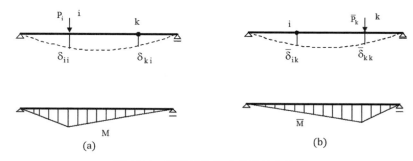

図 14-7　荷重が作用する単純支持梁

第3部
不静定構造物のモデル化と解析法

建築構造物は、骨組の節点を剛接合にするので不静定次数が高く、解析が困難である。最初に応力法による低次の不静定構造を解き、不静定構造とは何かの解法の原理を学ぶ。より実用的な方法として開発された、たわみ角法が弾性曲線式に基づいていることを理解する。異形ラーメンの解法についても習得する。たわみ角法のネックである多元連立方程式の解法は、今日パソコンで容易に求まるが、この計算を避けるために図上で求まる固定モーメント法が開発された。これらの解法を学ぶことにより、実際の構造物を計算する一連の流れが習得できる。

―――― 内容 ――――

第 15 章　応力法による不静定ラーメンの解法　*131*
概説／応力法の解法の原理

第 16 章　応力法による不静定トラスの解法　*136*
不静定トラス／応力法による不静定トラスの解法

第 17 章　たわみ角法による矩形ラーメンの解法　*140*
たわみ角法の概説／たわみ角法の基本的仮定／未知数を低減する工学的仮定／たわみ角、部材角、材端断面力の定義／たわみ角法基本式（両端剛接の場合）／たわみ角法基本式（一端剛接、他端ピンの場合）／節点方程式／層方程式／矩形ラーメンの解法順序／対称ラーメンの有効剛比／鉄筋コンクリート造矩形ラーメンの解法例

第 18 章　たわみ角法による異形ラーメンの解法　*168*
ラーメンの変形に関する条件式（適合条件式）／部材角相互の関係／ラーメン材端の曲げモーメント・せん断力／未知数と力の釣合条件式の数／節点方程式／せん力方程式／異形ラーメンの解法順序／異形ラーメンの解法例

第 19 章　固定モーメント法による矩形ラーメンの解法　*185*
概要／到達率・分配率／解法の原理／固定モーメント法の図表計算順序（節点移動のないラーメン）／節点移動のあるラーメン

第 15 章　応力法による不静定ラーメンの解法

15.1　概説

　応力法は変形の適合条件を順次求めていく古典的解法であり、不静定次数が少ない骨組に対して有効であるが、不静定次数が多い一般のラーメンでは使用されない。応力法は解法の原理が明確なので紹介する。不静的構造物は、式の数に対して未知数が多い。この余分の未知数の数は不静定次数であり、4.10節の不静定次数の判定式(4.3)で求まる。この不静定次数は変形を拘束することにより発生しているので、その点での拘束を解放して生じた変形を求める。次に、その変形が生じないように逆に力を加えれば変形は戻る。この加える力が既知になると、不静定力を外力のようにみなせるので、構造物は静定構造物と同様に力の釣合式のみで解ける。

　解法の順序は、以下の手順による。
① 不静定骨組の不静定力を除いた静定骨組を考える。この静定骨組を静定基本形、または、静定基本構と呼ぶ。
② 不静定力をこの静定基本形に順次作用させたときに、その節点に生じた変位を拘束する条件（変形の適合条件）から不静定力を決定する。

　上記の解法順序をチャートで示す。

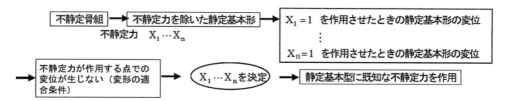

　静定基本形は必ずしも静定骨組である必要はなく、曲げモーメントの分布が既知な不静定骨組でもよい。

15.2　応力法の解法の原理

(1)　解法例1：1次不静定構造

　図 15-1(a)の不静定構造について、応力法の解法原理を説明する。x軸は、点Aを原点として右方向を正にとる。

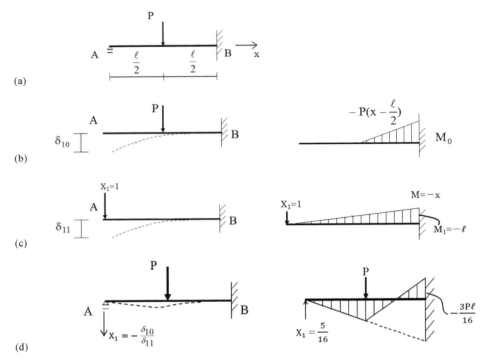

図 15-1　1次不静定構造の応力法による解法

[解法順序]

① 判定式(4.3)より不静定次数を求める。$m = r + s + t - 2k = 0 + 1 + 4 - 2 \times 2 = 1$
∴ 1次不静定であり、支点 A の反力 X_1 を不静定力にとる。

② 静定基本形として、**図 15-1(b)**の片持梁を考える。支点 A の垂直反力 X_1 を不静定力とする。

③ 基本静定形における集中荷重 P による点 A のたわみ δ_{10} を求める。式(14.21)より、

$$\delta_{10} = \int_0^\ell \frac{M_1 M_0}{EI} dx = \frac{1}{EI} \int_0^{\ell/2} (-x \times 0)\, dx + \frac{1}{EI} \int_{\ell/2}^\ell -P\left(x - \frac{\ell}{2}\right)(-x)\, dx = \frac{P}{EI}\left[\frac{x^3}{3} - \frac{x^2 \ell}{4}\right]_{\ell/2}^\ell = \frac{5P\ell^3}{48EI}$$

(注) たわみが正の場合は、実際に生じている方向と $X_1 = 1$ が作用する方向とが一致していることを示す。逆に、たわみが負の場合は $X_1 = 1$ とは逆方向であることを示す。

(参考) δ_{10} は、以下の方法でも求まる。

$$\delta_{10} = \delta_{co} + \theta_{co} \cdot \frac{\ell}{2}$$

$$\delta_{co} = \int_{\ell/2}^\ell \frac{M\bar{M}}{EI} dx = \frac{P}{EI} \int_{\ell/2}^\ell \left(x - \frac{\ell}{2}\right)^2 dx = \frac{P\ell^3}{24EI}$$

$$\theta_{co} = \int_{\ell/2}^\ell \frac{M\bar{M}}{EI} dx = \frac{P}{EI} \int_{\ell/2}^\ell \left(x - \frac{\ell}{2}\right) \cdot 1\, dx = \frac{P\ell^2}{8EI}$$

$$\delta_{10} = \delta_{co} + \theta_{co} \frac{\ell}{2} = \frac{P\ell^3}{24EI} + \frac{P\ell^2}{8EI} \cdot \frac{\ell}{2} = \frac{5P\ell^3}{48EI}$$

同じ結果を得る。

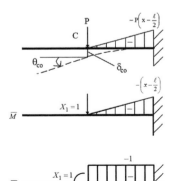

④ 図 15-1(c)のように、静定構造(b)に点 A の不静定力 $X_1=1$ を作用させたときの点 A の垂直変位 δ_{11} を求める。

$$\delta_{11} = \int_0^\ell \frac{M_1 M_1}{EI} dx = \int_0^\ell \frac{(-x)\cdot(-x)}{EI} dx = \frac{\ell^3}{3EI}$$

⑤ 支点 A はローラー支持であり、たわみを生じないから、点 A の変形の適合条件は次式となる。

$$\delta_{10} + \delta_{11} X_1 = 0$$

これより、不静定力 X_1 が求まる。

$$X_1 = -\frac{\delta_{10}}{\delta_{11}} = -\frac{\dfrac{5P\ell^3}{48EI}}{\dfrac{\ell^3}{3EI}} = -\frac{5}{16}P$$

X_1 が負であることは、X_1 の作用方向が仮定した方向とは逆である（上向きに作用する）ことを示す。

⑥ 不静定骨組の曲げモーメントは、不静定力 $X_1 = -\dfrac{5}{16}P$ を既知と見なして、**図 15-1(d)**の静定構造を解くと M 図が求まる。

$$M = M_0 + M_1 \cdot X_1$$

(2) 解法例 2：1 次不静定ラーメン

① 不静定ラーメン（**図 15-2(a)**）

判別式　$m = r + s + t - 2k = 2 + 3 + 4 - 2\times 4 = 1$　1 次不静定ラーメンである。不静定力を支点 B の水平力 X_1 にとる。

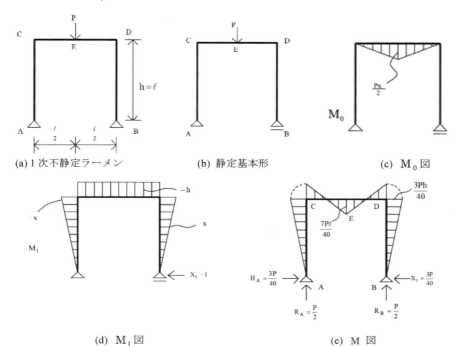

図 15-2　1 次不静定ラーメン

② 静定基本形：図 15-2(b)にとる。
③ M_0, M_1 図：図 15-2(c)および(d)を得る。
④ $\delta_{10} = \int \dfrac{M_1 M_0}{EI} dx = \dfrac{2}{EI} \int_0^{\ell/2} \dfrac{Px}{2} \cdot (-h) dx = -\dfrac{Ph\ell^2}{8EI}$

$\delta_{11} = \int \dfrac{M_1 M_1}{EI} dx = 2\int_0^h \dfrac{(-x)^2}{EI} dx + \int_0^\ell \dfrac{(-h)^2}{EI} dx = \dfrac{5\ell^3}{3EI}$

（計算を簡単にするため $h = \ell$ とおく）

⑤ 支点 B はピン支持で水平変位を生じないから

$$\delta_B = \delta_{10} + \delta_{11} X_1 = 0 \qquad \therefore X_1 = -\dfrac{\delta_{10}}{\delta_{11}} = -\dfrac{-\dfrac{Ph\ell^2}{8EI}}{\dfrac{5\ell^3}{3EI}} = \dfrac{3P}{40}$$

X_1 は正より、X_1 の作用方向は正しい。

⑥ M 図の計算：静定基本形に X_1 および荷重 P を作用させて、M 図を求める（図 15-2(e)）。

（注）梁 CD の M 図は、両端に曲げモーメント $3Ph/40$ が作用した M 図と、梁中央に集中荷重 P が作用した M_0 図を重ね合わせる。

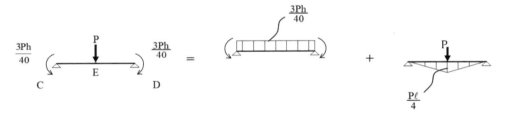

点 E の曲げモーメント　$\dfrac{P\ell}{4} - \dfrac{3Ph}{40} = \dfrac{10P\ell - 3P\ell}{40} = \dfrac{7P\ell}{40}$

(3) 解法例 3：2 次不静定構造

不静定次数が増加すると、不静定次数の数だけ不静定力 X を変形の適合条件より求める。2 次不静定ラーメンの場合は 2 個の不静定力 X_1, X_2 が生じ、変形の適合条件は 2 個必要である。

① 図 15-3(a)の 2 次不静定構造を考える。

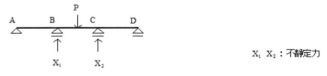

図 15-3(a)　2 次不静定構造

2 次不静定構造であり、例えば、支点 B および C の反力 X_1, X_2（不静定力）が既知になると静定架構になる。

② 静定基本形：図 15-3(b)の単純支持梁を静定基本形とする。

図 15-3(a)　静定基本形

③ 静定基本形の点 B に $X_1=1$ のみが作用した際の M 図を M_1 とする（図 15-3(c)）。
静定基本形の点 C に $X_2=1$ のみが作用した際の M 図を M_2 とする（図 15-3(c)）。

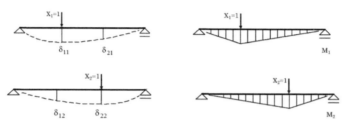

図 15-3(c)　単位荷重 $X_1=1$ および $X_2=1$ のたわみおよび M

④ 変形の連続条件：支点BおよびCの垂直変位 δ_B および δ_C は生じないことから、X_1, X_2 を求める。

$$\delta_B = \delta_{10} + \delta_{11}X_1 + \delta_{12}X_2 = 0 \quad \text{式①}$$
$$\delta_C = \delta_{20} + \delta_{21}X_1 + \delta_{22}X_2 = 0 \quad \text{式②}$$

ここに、$\delta_{10} = \int \dfrac{M_1 M_0}{EI} dx \qquad \delta_{11} = \int \dfrac{M_1 M_1}{EI} dx \qquad \delta_{12} = \int \dfrac{M_1 M_2}{EI} dx$

$\delta_{20} = \int \dfrac{M_2 M_0}{EI} dx \qquad \delta_{21} = \int \dfrac{M_2 M_1}{EI} dx = \delta_{12} \qquad \delta_{22} = \int \dfrac{M_2 M_2}{EI} dx$　　式③

$\delta_{10}, \delta_{20}, \delta_{11}, \cdots$ を性状係数と呼び、次式の関係が成立する。

$$\delta_{ij} = \delta_{ji} = \left(\int \dfrac{M_i M_j}{EI} dx \right) \quad \text{式④}$$

（注）性状係数の計算は、M_i および M_j が不連続の場合、互いに連続な部分ごとに区分積分をする必要がある。

⑤ 式①②の連立方程式から X_1, X_2 を求める。

⑥ 曲げモーメント

$$M = M_0 + M_1 X_1 + M_2 X_2 \quad \text{式⑤}$$

ここに、M_0 ＝静定基本形に外力のみが作用したときの曲げモーメント；M_1 ＝静定基本形に $X_1=1$ のみが作用したときの曲げモーメント；M_2 ＝静定基本形に $X_2=1$ のみが作用したときの曲げモーメント。

第16章　応力法による不静定トラスの解法

16.1　不静定トラス

トラスの不静定次数の判定は、判定式(4.3)より求まる。トラスの種類を**図 16-1** に例示する。

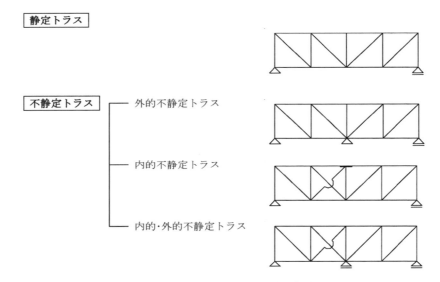

図 16-1　静定トラスおよび不静定トラスの例

16.2　応力法による不静定トラスの解法

応力法による不静定トラスの解法では、不静定次数 m 個の数だけ支点または部材を除去した静定基本形に、変形の連続条件を用いて m 個の不静定力 $X_1,\cdots X_m$ 個を求め、既知となった $X_1,\cdots X_m$ を静定基本形に作用させたときの軸方向力を求める。

[不静定トラスの応力法による解法順序]
① 不静定トラスの不静定次数 m に対応する不静定力を選定する。
② 不静定力を除去した静定基本形（静定トラス）を作る。
③ 静定基本形に、**外力のみが作用**（不静定力は作用させない）したときの軸方向力 N_0 を求める。
④ 静定基本形に、i 番目の**不静定力**　$X_i=1$ のみが作用（外力および他の不静定力

は作用させない）したときの軸方向力 N_i を求める。

⑤ 静定基本形に外力のみが作用した状態での不静定力 X_i が作用する方向の変位 δ_{i0} を求める。

$$\delta_{i0} = \sum_{k=1}^{n} \frac{\ell_k}{EA_k} N_i N_0 \quad (k=1,2,\cdots n \text{ 全部材数}) \tag{16.1}$$

ここに、N_0 ＝外力のみが作用する静定基本形の軸方向力；N_i ＝点 i に $X_i=1$ の荷重が作用する静定基本形の軸方向力。

⑥ 静定基本形に i 番目の $X_i=1$ のみが作用した状態での、点 j での不静定力 X_j が作用する方向の変位 δ_{ji} を求める（点 j は点 i を含む）。

$$\delta_{ji} = \sum_{k=1}^{n} \frac{\ell_k}{EA} N_i N_j \quad (k=1,2,\cdots n \text{ 全部材数}) \tag{16.2}$$

⑦ X_i （i＝1,2,…m）が作用する点での変位が 0 になる連続条件より X_i を求める。

$$\begin{aligned}
\delta_{10} + \delta_{11} X_1 + \delta_{12} X_2 + \cdots + \delta_{1m} X_m &= 0 \\
\delta_{20} + \delta_{21} X_1 + \delta_{22} X_2 + \cdots + \delta_{2m} X_m &= 0 \\
&\cdots\cdots\cdots\cdots\cdots\cdots\cdots\cdots\cdots\cdots\cdots \\
\delta_{m0} + \delta_{m1} X_1 + \delta_{m2} X_2 + \cdots + \delta_{mm} X_m &= 0
\end{aligned} \tag{16.3}$$

⑧ 上記の連立方程式を解き不静定力 $X_1,\cdots,X_m$ を求める。

⑨ 不静定トラスの軸方向力 N は次式となる。

$$N = N_0 + N_1 X_1 + N_2 X_2 + \cdots + N_m X_m \tag{16.4}$$

ここに、N_0 ＝静定基本形に荷重のみが作用したときの軸方向力；N_i ＝静定基本形に不静定力 $X_i=1$ （i＝1, 2,…, m）のみが作用したときの軸方向力。

例題 1 次不静定トラスの解法を具体的に示す。トラス部材の断面積 A は同じであり、材長は $\ell_{AD}=\sqrt{2}\ell$、$\ell_{BD}=\ell$ である。

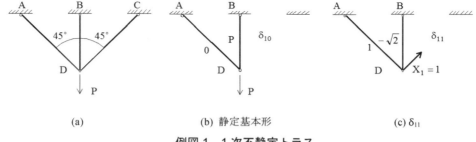

(a)   (b) 静定基本形   (c) δ_{11}

例図1　1次不静定トラス

① 不静定次数 $m = s+t-2k = 3+6-2\times 4 = 1$ ∴ 1 次不静定トラス
② 不静定力を CD 部材にとり、静定基本形を**例図 1(b)**とする。
③ 静定基本形に荷重 P のみが作用したときの軸方向力 N_0 を求める。

節点 D での釣合式

$$\sum X = 0 \rightarrow \quad N_{0(DA)} \cos 45° = 0$$
$$\sum Y = 0 \rightarrow \quad N_{0(DB)} + N_{0(DA)} \sin 45° = P$$

$\longrightarrow \quad N_{0(DA)} = 0$
$\quad N_{0(DB)} = P \quad$ (引張)

④ 静定基本形に不静定力 $X_1 = 1$ のみが作用したときの軸方向力 N_1 を求める（**例図 1(c)**）。

節点 D での釣合式より

$$\sum X = 0 \rightarrow \quad N_{1(DA)} \cos 45° - 1 \times \cos 45° = 0$$
$$\sum Y = 0 \rightarrow \quad N_{1(DB)} + N_{1(DA)} \cos 45° + 1 \times \cos 45° = 0$$

$\longrightarrow \quad N_{1(DA)} = 1 \quad$ (引張)
$\quad N_{1(DB)} = -\sqrt{2} \quad$ (圧縮)

（注）トラス部材の軸方向力が正の場合引張であり、負の場合は圧縮となる。

⑤ 静定基本形に、荷重 P が作用したときの X_1 方向（DC 方向）の変位 δ_{10}（**例図 1(b)**）

$$\delta_{10} = \sum_{k=1}^{2} \frac{\ell_k}{EA} N_1 N_0 = \frac{\ell_{AD}}{EA} \times 1 \times 0 + \frac{\ell_{BD}}{EA} \times (-\sqrt{2}) \times P = -\sqrt{2} P \left(\frac{\ell}{EA}\right)$$

⑥ 静定基本形に不静定力 $X_1 = 1$ のみが作用したときの、X_1 方向の変位 δ_{11}（**例図 1(c)**）。

$$\delta_{11} = \sum_{k=1}^{2} \frac{\ell_k}{EA} N_1 N_1 = \frac{\ell_{AD}}{EA} \times 1 \times 1 + \frac{\ell_{BD}}{EA} \times (-\sqrt{2})^2 = \frac{\sqrt{2}\ell}{EA} + \frac{\ell}{EA} \times 2 = (\sqrt{2} + 2) \frac{\ell}{EA}$$

⑦ 変形の連続条件式：X_1 方向の変位は生じないから、

$$\delta_{10} + \delta_{11} X_1 = 0$$

より X_1 を求める。

$$X_1 = -\frac{\delta_{10}}{\delta_{11}} = -\frac{-\sqrt{2} P \left(\frac{\ell}{EA}\right)}{(\sqrt{2} + 2) \left(\frac{\ell}{EA}\right)} = \frac{\sqrt{2}}{\sqrt{2} + 2} P = 0.414 P$$

⑧ 軸方向力

$N_{DA} = N_0 + N_1 X_1 = 0 + 1 \times 0.414 P = 0.414 P \quad$ (引張)
$N_{DB} = N_0 + N_1 X_1 = P - \sqrt{2} \times 0.414 P = 0.414 P \quad$ (引張)
$N_{DC} = X_1 \qquad\qquad\qquad = 0.414 P \quad$ (引張)

⑨ 以上の計算は表を用いると便利である。

(1)	(2)	(3)	(4)	(5)	(6)	(7)	(8)	(9)
部材	断面積	材長	$\frac{\ell}{EA}$	N_0	N_1	$\delta_{10} = \Sigma \frac{\ell_k}{EA} N_0 N_1$	$\delta_{11} = \Sigma \frac{\ell_k}{EA} N_1 N_1$	$N = (5) + (6) \times X_1$
AD	A	$\sqrt{2}\ell$	$\sqrt{2}\left(\frac{\ell}{EA}\right)$	0	1	0	$\sqrt{2}\left(\frac{\ell}{EA}\right)$	$0 + 1 \times 0.414P = 0.414P$ （引張）
BD	A	ℓ	$1\left(\frac{\ell}{EA}\right)$	P	$-\sqrt{2}$	$-\sqrt{2}P\left(\frac{\ell}{EA}\right)$	$2\left(\frac{\ell}{EA}\right)$	$P - \sqrt{2} \times 0.414P = 0.414P$ （引張）
CD	A	$\sqrt{2}\ell$	$\sqrt{2}\left(\frac{\ell}{EA}\right)$	0	0	0	0	$X_1 = 0.414P$ （引張）
Σ						$-\sqrt{2}P\left(\frac{\ell}{EA}\right)$	$(\sqrt{2}+2)\frac{\ell}{EA}$	$X_1 = -\frac{\delta_{10}}{\delta_{11}} = 0.414P$

⑩　チェック　　節点 D での釣合

$$\sum X = 0 \to \left(N_{DA} - N_{DC}\right)\cos 45° = 0$$

$$\sum Y = 0 \to \left(N_{DA} + N_{DC}\right)\sin 45° + N_{DB} - P = 0$$

上記の値を代入すると、釣合式が成立する。

第 17 章　たわみ角法による矩形ラーメンの解法

17.1　たわみ角法の概説

　不静定次数が少ない構造物に対しては、仮想仕事の原理を用いた解法が使用できるが、実際の建築構造物では不静定次数が多くて実用的でない。これを解決する方法として 1915 年アメリカの Wilson 教授により、たわみ角法（slope-deflection method）が提案され、高次の不静定構造物（不静定ラーメン）に対する解析が容易となった。たわみ角法は、部材の材端たわみ角と部材角を未知数とする変形法系の解法である。たわみ角法の欠点は、連立方程式を解法することになり、高次の不静定構造物については手計算では大変時間がかかる。人間が消去法等の方法で連立方程式を解くことができるのは 30 元連立方程式程度と言われている。この問題を解決したのが固定モーメント法であり、ラーメンの曲げモーメントを収束計算により図上で求める。

　近年コンピュータの進歩は著しく、1 万元近い連立方程式も瞬時に解くことができる時代になっている。たわみ角法は、その後マトリックス法へと移行し、線材の力学ではマトリックス法、それを一般化した有限要素法へと進化した。たわみ法が持っていた潜在的な素晴しさは見事に開花した。今日、パソコンを主体にした汎用有限要素法の普及により構造解析は容易になった。構造計算にパソコンを用いた構造計算ソフトが普及する今日でも、一貫構造計算ソフトを使用した計算結果の妥当性を見抜くのは、たわみ角法や固定モーメントによる骨組の応答性状が理解されていることが必要不可欠となる。本章および次章では、高次不静定ラーメンをいかに簡単に解くかを考えた先人の英知を紹介する。第 17 章はたわみ角法による矩形ラーメンの解法を述べ、第 18 章は異形ラーメンについて説明する。

17.2　たわみ角法の基本的仮定

　たわみ角法の基本的仮定としては、以下の事項を用いる。
- ①　部材の曲げ剛性 EI は部材ごとに一定である。
- ②　部材の軸方向力およびせん断力による変形は無視する。
- ③　変形は微小変形とする。したがって、力の釣合は変形前の状態で考えることができる。
- ④　部材の曲げモーメントによる部材の材長変化を無視する。

17.3　未知数を低減する工学的仮定

たわみ角法を用いてラーメンを解法するには、各部材の材端のたわみ角と、部材の部材角を求める必要がある。n 個の部材で構成されるラーメンの未知数は、材端のたわみ角 $2n$ 個と部材角 n 個である。しかし、この未知数はラーメンに対して次の仮定を用いることによって大幅に減少できる。

［**仮定①　ラーメンの剛接条件**］→　任意の節点 A に剛に接合されたすべての部材の節点 A のたわみ角は、その節点の回転角に等しい（**図 17-1**）。

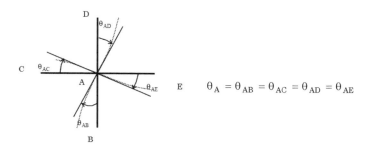

図 17-1　ラーメンの剛節条件

仮定①により、ラーメンに部材角が生じなければ、未知数（材端のたわみ角）と節点でのモーメントの釣合条件（節点方程式）の個数が一致し、節点方程式のみで解ける。しかし、ラーメンが水平変位を生じて柱に部材角が生じると、独立な部材の数に等しい部材角の数だけ未知数が多くなり、水平方向の釣合を表す層方程式が必要になる。

そこで、ラーメンは便宜上、**表 17-1** に示す 2 種類に分類する。矩形ラーメンでは、水平力が作用するかしないかによって取扱いが分かれる。

表 17-1　矩形ラーメンの種類

矩形ラーメンの種類	未知数		式の数	
節点が水平移動しないラーメン	たわみ角	n 個	節点方程式	n 個
節点が水平移動するラーメン	たわみ角 部材角	n 個 m 個	節点方程式 層方程式	n 個 m 個

次に、部材角の数を減少させるために次の仮定をとる。

［**仮定②　材の不伸長**］→　軸方向力および彎曲による材長の変化は無視できる。

この仮定は**図 17-2(a)**の門型ラーメンでは左右の柱の伸縮を無視し、また、梁の彎曲を無視すると、左右の柱の部材角は同じとなる。つまり、柱、梁で囲まれた矩形ラーメンの柱の部材角は同じであり、梁には部材角は生じない。**図 17-2(b)**に示すように、多スパンになっても、同じ層の各柱の部材角はすべて同じであり、梁には部材角は生じない。矩形ラーメンでは、各階ごとに 1 個の部材角があり、n 階建の矩形ラーメン

では n 個の部材角となる。

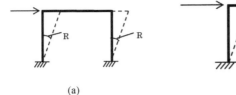
(a)
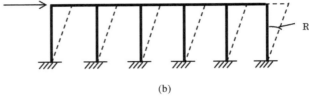
(b)

図 17-2　矩形ラーメン

　仮定②により、ラーメンの各材の部材角は互いに関係を持ち、ある部材角を与えると他の材の部材角が一意に決定される。前者の部材角を独立な部材角、後者の部材角を従属の部材角と呼ぶ。節点移動のあるラーメンで必要な層方程式の数は、この独立部材角の数に等しい。

　矩形ラーメンでは、独立な部材角と従属な部材角の関係は比較的容易に見いだせるが、第 18 章で述べる異形ラーメンでは、この関係を容易に見いだせないので、直角変位図を用いて求める。

　たわみ角法における未知数と式の数は**表 17-2** の関係にある。

表 17-2　未知数と式の数

未知数	式
部材の材端たわみ角（節点での回転角）	節点方程式（節点での釣合）
部材の部材角（部材の相対変位の回転角）	層方程式（せん断力に対する架構の釣合） （異形ラーメンではせん力方程式）

> 節点方程式は剛節点の数（ラーメンの節点）だけあり、層方程式は独立部材（層）の数だけある。

　骨組を線材で置換するので、部材の剛性を次式で定義する。

部材の断面 2 次モーメント　　I　　　（m^4）

部材の材長　　　　　　　　　ℓ　　　（m）

剛度　　　　　　　　　　　$K = \dfrac{I}{\ell}$　（m^3）

剛比　　　　　　　　　　　$k = \dfrac{K}{K_0}$　（無次元）

ここに、K_0 は標準剛度であり、骨組について共通であり、どの値でもよい。ある特定の柱の剛度 K_c を標準剛度 K_0 に選定すると、その柱の剛比 k_c は 1 となり、その柱と同じ剛度の部材は同じ値となる。

例題 門型ラーメンの剛比を求める。

（柱）断面寸法 50×60cm

$$I_c = \frac{bh^3}{12} = \frac{60 \times 50^3}{12} = 625000\,\text{cm}^4$$

$$K_c = \frac{I_c}{h} = \frac{625000}{300\,\text{cm}} = 2083\,\text{cm}^3$$

$K_0 = K_c$ とおくと

$$k_c = \frac{K_c}{K_0} = \frac{2083}{2083} = 1$$

（梁）断面寸法 60×40cm

$$I_b = \frac{bh^3}{12} = \frac{40 \times 60^3}{12} = 720000\,\text{cm}^4$$

$$K_b = \frac{I_b}{\ell} = \frac{720000}{600\,\text{cm}} = 1200\,\text{cm}^3$$

$$k_b = \frac{K_b}{K_0} = \frac{1200}{2083} = 0.58$$

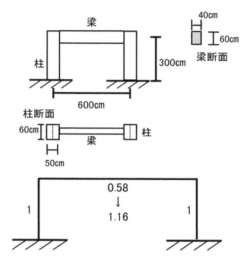

梁の両側にスラブがあればスラブによる剛性増加率 $\phi=2$ として梁の剛比を増す。

$$0.58 \times 2 = 1.16$$

（注）柱および梁の断面寸法が変化する高層ラーメンを線材で置換する際、ラーメンを部材の中心を通るように適切に置換する。構造階高は構造心を用いるが、階高を用いても1階以外はそれほど差がない。

17.4 たわみ角、部材角、材端断面力の定義

たわみ角法は、材端の曲げモーメントおよびせん断力を材端のたわみ角 θ と、部材の相対回転である部材角 R で表す。たわみ角法で用いるたわみ角、部材角、材端断面力の正負、および記号の規約は、**図 17-3** および**図 17-4** の場合をいずれも正にとる。

$\theta_A =$ 部材 AB の材端 A での節点角であり、右まわりを正にとる。

$\theta_B =$ 部材 AB の材端 B での節点角であり、右まわりを正にとる。

$R_{AB} =$ 部材 AB の相対回転角であり、右まわりを正にとる。

$N_{AB}, N_{BA} =$ 引張を正にとる。

$M_{AB}, M_{BA} =$ 右まわりを正にとる。

$Q_{AB}, Q_{BA} =$ 他端を中心として部材を右まわりに回転するときを正にとる（**表 4-1** 参照）。

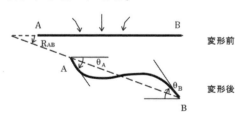

図 17-3 節点角および部材角の正の値

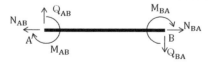

図 17-4 材端軸方向力、せん断力、曲げモーメントの正の値

17.5 たわみ角法基本式－その1（両端剛接の場合）

図 17-5 で表される材長 ℓ の部材 AB が、材端 A および B のたわみ角 θ_A, θ_B および部材角 R_{AB} を生じる場合のラーメン部材を考える。この変形状態に対応する材端モーメント M_{AB}, M_{BA}、材端せん断力 Q_{AB}, Q_{BA} は、以下により直接求めることができる。

途中荷重が作用しない場合について、たわみ角法の基本公式を、第12章で説明した一般化した弾性曲線式(12.10)より求める。部材 AB の点 A および B でのたわみをそれぞれ z_A, z_B とし、部材の回転角をそれぞれ θ_A, θ_B とする。なお、部材角 R_{AB} は部材の両端でのたわみを用いて次式で表せる。

$$\frac{z_B - z_A}{\ell} = R_{AB} \tag{17.1}$$

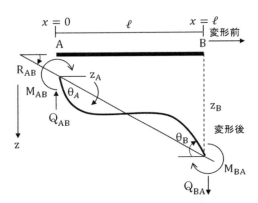

図 17-5 たわみ角法の変位と断面力および断面モーメント

① 部材 AB の途中荷重が作用しない場合について検討する。分布荷重 $w = 0$ とおくと、一般化した弾性曲線式は式(12.10)より、

$$\boxed{\frac{d^4 z}{dx^4} = 0} \qquad 式①$$

となる。上式を順次 x について積分する。

$$\frac{d^3 z}{dx^3} = C_1 \qquad 式②$$

$$\frac{d^2 z}{dx^2} = C_1 x + C_2 \qquad 式③$$

$$\frac{dz}{dx} = C_1 \frac{x^2}{2} + C_2 x + C_3 \qquad 式④$$

$$z = C_1 \frac{x^3}{6} + C_2 \frac{x^2}{2} + C_3 x + C_4 \qquad 式⑤$$

ここに、C_1, C_2, C_3, C_4 は積分定数である。

② 境界条件式は、**図 17-5** より次式で表せる。

点 A　　　$z = z_A$　　　　　at $x = 0$ 　　　　式⑥

$$\frac{dz}{dx} = \theta_A \qquad \text{at} \quad x = 0 \qquad \text{式⑦}$$

点 B $\quad z = z_B \qquad \text{at} \quad x = \ell \qquad \text{式⑧}$

$$\frac{dz}{dx} = \theta_B \qquad \text{at} \quad x = \ell \qquad \text{式⑨}$$

③　式⑥〜式⑨に式②〜式⑤を代入すると、積分定数 C_1〜C_4 が求まる。

式⑥より $\quad z_A = C_4 \qquad \text{式⑩}$

式⑦より $\quad \theta_A = C_3 \qquad \text{式⑪}$

式⑧より $\quad z_B = \dfrac{C_1}{6}\ell^3 + \dfrac{C_2}{2}\ell^2 + C_3\ell + C_4 \qquad \text{式⑫}$

式⑨より $\quad \theta_B = C_1\dfrac{\ell^2}{2} + C_2\ell + C_3 \qquad \text{式⑬}$

式⑩〜⑬より C_1〜C_4 を求める。

$$C_1\ell^2 = 6\theta_A + 6\theta_B - 12R_{AB} \qquad \text{式⑭}$$
$$C_2\ell = -4\theta_A - 2\theta_B + 6R_{AB} \qquad \text{式⑮}$$
$$C_3 = \theta_A \qquad \text{式⑯}$$
$$C_4 = z_A \qquad \text{式⑰}$$

④　曲げモーメント M の定義式は、

$$M = -EI\frac{d^2z}{dx^2} \qquad \text{式⑱}$$

で与えられるので、式③を代入する。

$$M = -EI[C_1 x + C_2]$$

上式に式⑭⑮を代入すると、

$$M = -\frac{EI}{\ell}\left[\left(\frac{x}{\ell}\right)(6\theta_A + 6\theta_B - 12R_{AB}) + (-4\theta_A - 2\theta_B + 6R_{AB})\right] \qquad \text{式⑲}$$

となる。ここで、部材 AB の剛比 k_{AB} および標準剛度 K_0 を用いて

$$\frac{I}{\ell} = K_0 k_{AB} \qquad \text{式⑳}$$

と表すと、式⑲は次式となる

$$M = -EK_0 k_{AB}\left[\left(\frac{x}{\ell}\right)(6\theta_A + 6\theta_B - 12R_{AB}) + (-4\theta_A - 2\theta_B + 6R_{AB})\right] \qquad \text{式㉑}$$

⑤　A 端の曲げモーメント M_{AB} は、式㉑に $x = 0$ を代入すると次式となる。

$$\boxed{M_{AB} = 2EK_0 k_{AB}(2\theta_A + \theta_B - 3R_{AB})} \qquad \text{式㉒}$$

⑥　同様に、B 端の曲げモーメント M_{BA} は、式㉑に $x = \ell$ を代入すると、

$$M_{BA} = -2EK_0 k_{AB}(\theta_A + 2\theta_B - 3R_{AB}) \qquad \text{式㉓}$$

上式の曲げモーメントは、一般化した弾性曲線式(12.10)から求めている。曲げモーメントの正の定義は、一般化した弾性曲線とたわみ角法とは図 17-6 に示すように異なっている。

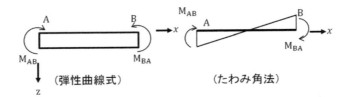

図 17-6　弾性曲線式とたわみ角法の曲げモーメントの正の規約

　正のモーメントに対する両者の定義を比較すると、たわみ角法による M_{BA} の正の値は、弾性曲線式より求められた M_{BA} の符号を逆にすればよいことがわかる。よって、式㉓の符号を逆にして、

$$M_{BA} = 2EK_0 k_{AB}\left(\theta_A + 2\theta_B - 3R_{AB}\right)　　　　　　式㉔$$

式㉒㉔が、たわみ角法における途中荷重がない場合の基本式である。

⑦　せん断力 Q は曲げモーメント M を x について微分すればよい。

$$Q = \frac{dM}{dx}　　　　　　式㉕$$

式㉑を用いると、式㉕は、

$$Q = -\frac{EK_0 k_{AB}}{\ell}\left(6\theta_A + 6\theta_B - 12R_{AB}\right)　　　　　　式㉖$$

となる。途中荷重が存在しない場合、せん断力は x の値に依存せずに、常に一定である。せん断力の正負の定義は、弾性曲線式とたわみ角法は同じである（**図 17-7**）。

図 17-7　弾性曲線式とたわみ角法のせん断力の正の規約

よって、せん断力に関する基本式は次式となる。

$$Q_{AB} = -\frac{2EK_0 k_{AB}}{\ell}\left(3\theta_A + 3\theta_B - 6R_{AB}\right)　　　　　　式㉗$$

$$Q_{BA} = -\frac{2EK_0 k_{AB}}{\ell}\left(3\theta_A + 3\theta_B - 6R_{AB}\right)　　　　　　式㉘$$

　上式㉒㉔㉗㉘は、部材 AB の途中荷重がない場合のたわみ角法の基本式である。途中荷重の効果を表すため、材端が固定された場合の途中荷重による材端の曲げモーメント（固定端モーメント）として点 A および点 B に対して C_{AB}, C_{BA} を導入する。また、せん断力に対しても固定端せん断力 D_{AB}, D_{BA} を導入する。これらの値は、各種の途中荷重に対して**表 17-3** に提示されている。

表 17-3　梁の固定端モーメント C および固定端せん断力 D（両端固定のとき）[9]

荷重状態	C_{AB}	C_{BA}	D_{AB}	D_{BA}
中央集中荷重P	$-\dfrac{1}{8}P\ell$	$+\dfrac{1}{8}P\ell$	$+\dfrac{1}{2}P$	$-\dfrac{1}{2}P$
3等分点2荷重P	$-\dfrac{2}{9}P\ell$	$+\dfrac{2}{9}P\ell$	$+P$	$-P$
両端からa位置に2荷重P	$-\dfrac{Pa(\ell-a)}{\ell}$	$+\dfrac{Pa(\ell-a)}{\ell}$	$+P$	$-P$
4等分点3荷重P	$-\dfrac{5}{16}P\ell$	$+\dfrac{5}{16}P\ell$	$+\dfrac{3}{2}P$	$-\dfrac{3}{2}P$
n等分点(n-1)荷重P	$-\dfrac{n^2-1}{12n}P\ell$	$+\dfrac{n^2-1}{12n}P\ell$	$+\dfrac{n-1}{2}P$	$-\dfrac{n-1}{2}P$
全長等分布荷重w	$-\dfrac{1}{12}w\ell^2$	$+\dfrac{1}{12}w\ell^2$	$+\dfrac{1}{2}w\ell$	$-\dfrac{1}{2}w\ell$
端部等分布荷重w（長さa）	$-\dfrac{wa}{12\ell}(3\ell^2-2a^2)$	$+\dfrac{wa}{12\ell}(3\ell^2-4a^2)$	$+wa$	$-wa$
中央等分布荷重w（長さ2a）	$-\dfrac{wa^2}{6\ell}(3\ell-2a)$	$+\dfrac{wa^2}{6\ell}(3\ell-2a)$	$+wa$	$-wa$
任意位置集中荷重P（a,b）	$-\dfrac{Pab^2}{\ell^2}$	$+\dfrac{Pa^2b}{\ell^2}$	$+\dfrac{Pb}{\ell^3}(\ell^2+ab-a^2)$	$-\dfrac{Pa}{\ell^3}(\ell^2+ab-b^2)$
モーメント荷重M	$+\dfrac{M}{\ell^2}b(2a-b)$	$+\dfrac{M}{\ell^2}a(2b-a)$	$-\dfrac{6ab}{\ell^3}M$	$-\dfrac{6ab}{\ell^3}M$
三角形分布荷重w	$-\dfrac{1}{20}w\ell^2$	$+\dfrac{1}{20}w\ell^2$	$+\dfrac{3}{20}w\ell$	$-\dfrac{7}{20}w\ell$
山形分布荷重w（1山）	$-\dfrac{5}{96}w\ell^2$	$+\dfrac{5}{96}w\ell^2$	$+\dfrac{1}{4}w\ell$	$-\dfrac{1}{4}w\ell$
山形分布荷重w（2山）	$-\dfrac{17}{384}w\ell^2$	$+\dfrac{17}{384}w\ell^2$	$+\dfrac{1}{4}w\ell$	$-\dfrac{1}{4}w\ell$
山形分布荷重w（3山）	$-\dfrac{37}{864}w\ell^2$	$+\dfrac{37}{864}w\ell^2$	$+\dfrac{1}{4}w\ell$	$-\dfrac{1}{4}w\ell$
山形分布荷重w（4山）	$-\dfrac{65}{1536}w\ell^2$	$+\dfrac{65}{1536}w\ell^2$	$+\dfrac{1}{4}w\ell$	$-\dfrac{1}{4}w\ell$
台形分布荷重w	$-\dfrac{w}{12\ell}(\ell^3-2a^2\ell+a^3)$	$+\dfrac{w}{12\ell}(\ell^3-2a^2\ell+a^3)$	$+\dfrac{\ell-a}{2}w$	$-\dfrac{\ell-a}{2}w$

以上を整理すると、たわみ角法の基本式は次式となる。

$$\begin{aligned} M_{AB} &= 2EK_0 k_{AB}(2\theta_A + \theta_B - 3R_{AB}) + C_{AB} \\ M_{BA} &= 2EK_0 k_{AB}(\theta_A + 2\theta_B - 3R_{AB}) + C_{BA} \end{aligned} \qquad (17.2)$$

$$\begin{aligned} Q_{AB} &= -\dfrac{2EK_0 k_{AB}}{\ell_{AB}}(3\theta_A + 3\theta_B - 6R_{AB}) + D_{AB} \\ Q_{BA} &= -\dfrac{2EK_0 k_{AB}}{\ell_{AB}}(3\theta_A + 3\theta_B - 6R_{AB}) + D_{BA} \end{aligned} \qquad (17.3)$$

ここに、K_0 = 標準剛度、k_{AB} = 部材 AB の剛比。部材 AB の剛度 $K_{AB} = K_0 k_{AB}$ の関係にある。$C_{AB}, C_{BA}, D_{AB}, D_{BA}$ は、一般的な荷重に対して、**表 17-3** より計算できる。両端固定梁の荷重項 D_{AB}, D_{BA} は両端単純支持梁の荷重項と次式の関係にある。

$$D_{AB} = -\frac{C_{AB} + C_{BA}}{\ell_{AB}} + D'_{AB} \tag{17.4}$$

$$D_{BA} = -\frac{C_{AB} + C_{BA}}{\ell_{AB}} + D'_{BA}$$

ここに、D'_{AB}, D'_{BA} = 両端単純支持梁における途中荷重による反力。

材端せん断力は、式(17.2)を使用しなくても、材端モーメントが既知ならば曲げモーメントの勾配から容易に計算できる。

17.6　たわみ角法基本式－その 2（一端剛接、他端ピンの場合）

鉄骨構造の柱脚は、ピンとして設計される場合がある。そこで、材の一端がピンで他端が剛接に対するたわみ角法の基本式を導く（**図 17-8**）。部材 AB の B 端が回転端で、A 端が剛節点であるとすると、$M_{BA} = 0$ が成立する。よって、基本式(17.2)は次式となる。

図 17-8　一端剛接、他端ピンの場合

$$M_{AB} = 2EK_0 k_{AB}(2\theta_A + \theta_B - 3R_{AB}) + C_{AB} \quad \text{式①}$$

$$0 = 2EK_0 k_{AB}(\theta_A + 2\theta_B - 3R_{AB}) + C_{BA} \quad \text{式②}$$

上の 2 式よりピン端の回転角 θ_B を消去すると、

$$M_{AB} = 2EK_0 k_{AB}(1.5\theta_A - 1.5R_{AB}) + C_{AB} - \frac{C_{BA}}{2} \quad \text{式③}$$

となる。$C_{AB} - \dfrac{C_{BA}}{2}$ は A 端固定、B 端回転端なる材の固定端モーメントであり、H_{AB} で表す。

$$H_{AB} = C_{AB} - \frac{C_{BA}}{2} \quad \text{式④}$$

式③を式④を用いて書き換えると、一端剛接、他端ピンの場合の基本式を得る。

$$\boxed{M_{AB} = 2EK_0 k_{AB}(1.5\theta_A - 1.5R_{AB}) + H_{AB} \quad \text{（B 端ピン）}} \tag{17.5}$$

せん断力 Q_{AB}, Q_{BA} は次式となる。

$$\boxed{\begin{aligned} Q_{AB} &= -\frac{2EK_0 k_{AB}}{\ell_{AB}}(1.5\theta_A - 1.5R_{AB}) + V_{AB} \\ Q_{BA} &= -\frac{2EK_0 k_{AB}}{\ell_{AB}}(1.5\theta_A - 1.5R_{AB}) + V_{BA} \end{aligned}} \quad \text{（B 端ピン）} \tag{17.6}$$

逆に、部材 AB の A 端がピンで B 端が剛節点のときは、式(17.5)および(17.6)は次式となる。

$$\boxed{M_{BA} = 2EK_0 k_{AB}(1.5\theta_B - 1.5R_{AB}) + H_{BA} \quad \text{（A 端ピン）}} \tag{17.7}$$

$$\boxed{\begin{aligned}Q_{AB} &= -\frac{2EK_B k_{AB}}{\ell_{AB}}(1.5\theta_B - 1.5R_{AB}) + V_{AB} \\ Q_{BA} &= -\frac{2EK_B k_{AB}}{\ell_{AB}}(1.5\theta_B - 1.5R_{AB}) + V_{BA}\end{aligned}} \quad (\text{A 端ピン}) \qquad (17.8)$$

A 端がピンの場合の H_{BA}, V_{AB}, V_{BA} および B 端がピンの場合の H_{AB}, V_{AB}, V_{BA} の値は、**表17-4** から得る。

表 17-4 梁の固定端モーメント H および固定端せん断力 V（一端固定、他端ピンのとき）[9]

荷重状態	H_{AB}	V_{AB} / V_{BA}	H_{BA}	V_{AB} / V_{BA}
中央集中荷重 P	$-\dfrac{3}{16}P\ell$	$+\dfrac{11}{16}P$ / $+\dfrac{5}{16}P$	$+\dfrac{3}{16}P\ell$	$+\dfrac{5}{16}P$ / $-\dfrac{11}{16}P$
三等分点集中荷重 P	$-\dfrac{1}{3}P\ell$	$+\dfrac{4}{3}P$ / $-\dfrac{2}{3}P$	$+\dfrac{1}{3}P\ell$	$+\dfrac{2}{3}P$ / $-\dfrac{4}{3}P$
両端寄り集中荷重 P	$-\dfrac{3Pa}{2\ell}(\ell-a)$	$+\dfrac{P}{2\ell^2}(2\ell^2+3a\ell-3a^2)$ / $-\dfrac{P}{2\ell^2}(2\ell^2-3a\ell+3a^2)$	$+\dfrac{3Pa}{2\ell}(b-a)$	$+\dfrac{P}{2\ell^2}(2\ell^2-3a\ell+3a^2)$ / $-\dfrac{P}{2\ell^2}(2\ell^2+3a\ell-3a)$
四等分点集中荷重 P	$-\dfrac{15}{32}P\ell$	$+\dfrac{63}{32}P$ / $-\dfrac{33}{32}P$	$+\dfrac{15}{32}P\ell$	$+\dfrac{33}{32}P$ / $-\dfrac{63}{22}P$
等分布荷重 w	$-\dfrac{1}{8}w\ell^2$	$+\dfrac{5}{8}w\ell$ / $-\dfrac{3}{8}w\ell$	$+\dfrac{1}{8}w\ell^2$	$+\dfrac{3}{8}w\ell$ / $-\dfrac{5}{8}w\ell$
中央部分分布 w (2a)	$-\dfrac{wa}{8\ell}(3\ell^2\cdots 4a^2)$	$+\dfrac{wa}{8\ell^2}(11\ell^2-4a^2)$ / $-\dfrac{wa}{8\ell^2}(5\ell^2+4a^2)$	$+\dfrac{wa}{8\ell}(3\ell^2-4a^2)$	$+\dfrac{wa}{8\ell^2}(5\ell^2+4a^2)$ / $-\dfrac{wa}{8\ell^2}(11\ell^2-4a^2)$
両端部分分布 w	$-\dfrac{wa^2}{4\ell}(3\ell-2a)$	$+\dfrac{wa}{4\ell^2}(4\ell^2-3a\ell+2a^2)$ / $-\dfrac{wa}{4\ell^2}(4\ell^2-3a\ell+2a^2)$	$+\dfrac{wa}{4\ell}(3\ell-2a)$	$+\dfrac{wa}{4\ell^2}(4\ell^2-3a\ell+2a^2)$ / $-\dfrac{wa}{4\ell^2}(4\ell^2+3a\ell-2a^2)$
任意位置集中荷重 P	$-\dfrac{Pab}{2\ell^2}(\ell+b)$	$+\dfrac{Pb}{2\ell^3}(2\ell^2+a\ell+ab)$ / $-\dfrac{Pa}{2\ell^2}(2\ell^2-b\ell-b^2)$	$+\dfrac{Pab}{2\ell^2}(\ell+a)$	$+\dfrac{Pb}{2\ell^3}(2\ell^2-a\ell-a^2)$ / $-\dfrac{Pa}{2\ell^3}(2\ell^2+b\ell+ab)$
集中モーメント M	$+\dfrac{M}{2\ell^2}(\ell^2-3b^2)$	$-\dfrac{3M}{2\ell^3}(\ell^2-b^2)$ / $-\dfrac{3M}{2\ell^3}(\ell^2-b^2)$	$+\dfrac{M}{2\ell^2}(\ell^2-3a^2)$	$-\dfrac{3M}{2\ell^3}(\ell^2-b^2)$ / $-\dfrac{3M}{2\ell^3}(\ell^2-a^2)$
三角分布荷重 w	$-\dfrac{17}{256}w\ell^2$	$+\dfrac{81}{256}w\ell$ / $-\dfrac{47}{256}w\ell$	$+\dfrac{17}{256}w\ell^2$	$+\dfrac{47}{256}w\ell$ / $-\dfrac{81}{256}w\ell$
台形分布荷重 w	$-\dfrac{37}{576}w\ell^2$	$+\dfrac{181}{576}w\ell$ / $-\dfrac{107}{576}w\ell$	$+\dfrac{37}{376}w\ell^2$	$+\dfrac{107}{576}w\ell$ / $-\dfrac{181}{576}w\ell$
多段三角分布荷重 w	$-\dfrac{65}{1024}w\ell^2$	$+\dfrac{321}{1024}w\ell$ / $-\dfrac{191}{1024}w\ell$	$+\dfrac{65}{1024}w\ell$	$+\dfrac{191}{1024}w\ell$ / $-\dfrac{321}{1024}w\ell$

17.7 節点方程式

節点iに集まるn個の部材のすべてのモーメントの和（$j=1, 2,\cdots, n$）は、その節点に作用する外力モーメントm_iに等しい。これが節点方程式である。

$$\sum_{j=1}^{n} M_{ij} = m_i \tag{17.9}$$

ここに、M_{ij} = 節点iに剛接するj番目の部材の曲げモーメント（右まわりを正とする）；m_i = 節点iに作用する外力モーメント（右まわりを正とする）。

式(17.9)を図17-9の節点iについて詳しく書くと次式となる。節点iに剛接する部材は4個である。

$$M_{i1} + M_{i2} + M_{i3} + M_{i4} = m_i$$

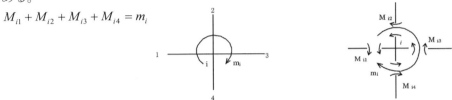

図17-9 節点iにおける節点方程式

17.8 層方程式

節点移動のある矩形ラーメンでは、独立な部材角の数は層の数であるから、層ごとのせん断力の釣合式を作ればよい。この意味から、矩形ラーメンにおける水平力に対する釣合式は層方程式と呼ばれる。

i層の柱の頂部のせん断力Q_{ik}の和は、各層を仮想に切断した切断面より上方の部分に働く外力の水平力の和ΣP_i（層せん断力）に等しい。ΣP_iは右向きを正にとる。

$$\Sigma Q_{ik} = \Sigma P_i \quad (k=1,\cdots, m\ 第i層の全柱数) \tag{17.10}$$

例題1 例図1に示す3層矩形ラーメンの層方程式を求める。

3層目　　$Q_{31} + Q_{32} + Q_{33} = P_3 \quad (=\Sigma P_3)$

2層目　　$Q_{21} + Q_{22} + Q_{23} = P_2 + P_3 \quad (=\Sigma P_2)$

1層目　　$Q_{11} + Q_{12} + Q_{13} = P_1 + P_2 + P_3 \quad (=\Sigma P_1)$

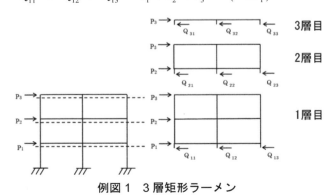

例図1　3層矩形ラーメン

（注） P_1, P_2, P_3 は地震力であり、各階に作用する荷重を示している。上層階から合計した値が層せん断力 $\Sigma P_3, \Sigma P_2, \Sigma P_1$ となる。

例題 2 吹抜けを持つ 2 層矩形ラーメンの場合の層方程式を求める（例図 2）。

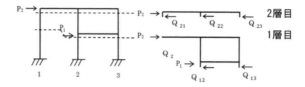

例図 2　吹抜け矩形ラーメン

2 層目　　$Q_{21} + Q_{22} + Q_{23} = P_2$
1 層目　　$Q_{21} + Q_{12} + Q_{13} = P_1 + P_2$

17.9　矩形ラーメンの解法順序

［解法順序］

① 全節点に対して節点方程式（17.9）を作る。
② 節点移動のあるラーメンは、層方程式（17.10）を各層ごとに作る。節点移動のないラーメン（部材角 $R=0$）は層方程式は不要である。
③ たわみ角 θ と部材角 R を、①②を連立方程式として解く。
④ 梁中央 M および材端せん断力 Q を求める。

なお、ステップ③では連立方程式の元数が多くなると、手計算では解けなくなる。しかし、最近のコンピュータの急速な発展は 10000 元クラスの解法も容易である。

例題 1 例図 3 の門型ラーメンを解く。同図に部材の剛比を示す。
① 例図 3 のラーメンは荷重が対称であるが、架構が対称でないから、節点角 $\theta_B \neq \theta_C$ である。未知数は $\theta_B, \theta_C, R_{AB} = R_{CD} = R$ の 3 個であり、固定支点 A および D は $\theta_A = \theta_D = 0$、梁 BC には部材角は生じない（例図 4）。

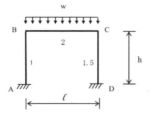
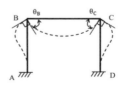

例図 3　剛比および荷重　　　　例図 4　変形図

② たわみ角法の基本公式：式(17.2)を各部材について書くと、

$$\left.\begin{array}{l} M_{AB} = 2EK_0 \times 1 \ (\theta_B - 3R) \\ M_{BA} = 2EK_0 \times 1 \ (2\theta_B - 3R) \\ M_{BC} = 2EK_0 \times 2 \ (2\theta_B + \theta_C) + C_{BC} \\ M_{CB} = 2EK_0 \times 2 \ (2\theta_C + \theta_B) + C_{CB} \\ M_{CD} = 2EK_0 \times 1.5 \ (2\theta_C - 3R) \\ M_{DC} = 2EK_0 \times 1.5 \ (\theta_C - 3R) \end{array}\right\} \quad 式①$$

$$\left.\begin{array}{l} Q_{BA} = -\dfrac{2EK_0 \times 1}{h}(3\theta_B - 6R) \\ Q_{CD} = -\dfrac{2EK_0 \times 1.5}{h}(3\theta_C - 6R) \end{array}\right\} \quad 式②$$

ここに、途中荷重（梁 BC に作用する分布荷重）による固定端モーメント C_{BC}, C_{CB} は表 17-3 より求める。

$$C_{BC} = -\frac{w\ell^2}{12} \ ; \ C_{CB} = \frac{w\ell^2}{12} \quad 式③$$

③ 節点方程式：（外力節点モーメント $m_i = 0$）
　　節点 B において　　$M_{BA} + M_{BC} = 0$ 　　　　　　式④
　　節点 C において　　$M_{CB} + M_{CD} = 0$ 　　　　　　式⑤

④ 層方程式：（水平荷重＝0）
　　$Q_{BA} + Q_{CD} = 0$ 　　　　　　式⑥

⑤ 式④⑤⑥に式①②を代入すると、

$$\left.\begin{array}{l} 2EK_0(2\theta_B - 3R) + 2EK_0(4\theta_B + 2\theta_C) - \dfrac{w\ell^2}{12} = 0 \\ 2EK_0(4\theta_C + 2\theta_B) + \dfrac{w\ell^2}{12} + 2EK_0(3\theta_C - 4.5R) = 0 \\ -\dfrac{6EK_0}{h}(\theta_B - 2R) - \dfrac{6EK_0 \times 1.5}{h}(\theta_C - 2R) = 0 \end{array}\right\} \quad 式⑦$$

式⑦をまとめて整理すると、

$$\left.\begin{array}{l} 6\theta_B + 2\theta_C - 3R = \dfrac{w\ell^2}{24EK_0} \\ 2\theta_B + 7\theta_C - 4.5R = -\dfrac{w\ell^2}{24EK_0} \\ \theta_B + 1.5\theta_C - 5R = 0 \end{array}\right\} \quad 式⑧$$

マトリックス表記すると、

$$\begin{bmatrix} 6 & 2 & -3 \\ 2 & 7 & -4.5 \\ 1 & 1.5 & -5 \end{bmatrix} \begin{bmatrix} \theta_B \\ \theta_C \\ R \end{bmatrix} = \begin{bmatrix} 1 \\ -1 \\ 0 \end{bmatrix} \frac{w\ell^2}{24EK_0} \quad 式⑨$$

⑥ 式⑧は 3 元連立方程式であるから、解をクラメルの公式を用いて解く。
（注）クラメルの公式は 3 元連立方程式までしか解けない。

$$\Delta = \begin{vmatrix} 6 & 2 & -3 \\ 2 & 7 & -4.5 \\ 1 & 1.5 & -5 \end{vmatrix} = \begin{matrix} 6\times 7\times(-5)+2\times 1.5\times(-3)+1\times 2\times(-4.5) \\ +3\times 7\times 1+4.5\times 1.5\times 6+5\times 2\times 2 = -146.5 \end{matrix}$$

$$\Delta_1 = \begin{vmatrix} 1 & 2 & -3 \\ -1 & 7 & -4.5 \\ 0 & 1.5 & -5 \end{vmatrix} = \begin{matrix} 1\times 7\times(-5)+(-1)\times 1.5\times(-3)+4.5\times 1.5\times 1 \\ +5\times 2\times(-1) = -33.75 \end{matrix}$$

$$\Delta_2 = \begin{vmatrix} 6 & 1 & -3 \\ 2 & -1 & -4.5 \\ 1 & 0 & -5 \end{vmatrix} = 6\times 5 - 4.5 - 3 + 10 = 32.5$$

$$\Delta_3 = \begin{vmatrix} 6 & 2 & 1 \\ 2 & 7 & -1 \\ 1 & 1.5 & 0 \end{vmatrix} = 2\times 1.5 - 2 - 7 + 6\times 1.5 = 3$$

（注）Δ_1, Δ_2, Δ_3 は $w\ell^2/(24EK_0)$ の単位を持っているが、ここでは表記を省略している。

$$\left. \begin{aligned} \theta_B &= \frac{\Delta_1}{\Delta} = \frac{-33.75}{-146.5}\left[\frac{w\ell^2}{24EK_0}\right] = 0.230\left[\frac{w\ell^2}{24EK_0}\right] \\ \theta_C &= \frac{\Delta_2}{\Delta} = \frac{32.5}{-146.5}\left[\frac{w\ell^2}{24EK_0}\right] = -0.222\left[\frac{w\ell^2}{24EK_0}\right] \\ R &= \frac{\Delta_3}{\Delta} = \frac{3}{-146.5}\left[\frac{w\ell^2}{24EK_0}\right] = -0.020\left[\frac{w\ell^2}{24EK_0}\right] \end{aligned} \right\} \quad 式⑩$$

（注）部材角 R は θ_B, θ_C と比較し著しく小さい。これは節点移動が小さいことを意味する。

⑦ 材端モーメント：式①に式⑩を代入して求める。

$$M_{AB} = 2EK_0\,[0.230+3\times 0.020]\,\frac{w\ell^2}{24EK_0} = 0.29\left[\frac{w\ell^2}{12}\right]$$

$$M_{BA} = 2EK_0\,[2\times 0.230+3\times 0.020]\,\frac{w\ell^2}{24EK_0} = 0.52\left[\frac{w\ell^2}{12}\right]$$

$$M_{BC} = 2EK_0\,[4\times 0.230-2\times 0.222]\,\frac{w\ell^2}{24EK_0} - \frac{w\ell^2}{12} = -0.52\left[\frac{w\ell^2}{12}\right]$$

$$M_{CB} = 2EK_0\,[-4\times 0.222+2\times 0.230]\,\frac{w\ell^2}{24EK_0} + \frac{w\ell^2}{12} = 0.57\left[\frac{w\ell^2}{12}\right]$$

$$M_{CD} = 2EK_0\,[-3\times 0.222+4.5\times 0.020]\,\frac{w\ell^2}{24EK_0} = -0.57\left[\frac{w\ell^2}{12}\right]$$

$$M_{DC} = 2EK_0\,[-1.5\times 0.222+4.5\times 0.020]\,\frac{w\ell^2}{24EK_0} = -0.24\left[\frac{w\ell^2}{12}\right]$$

⑧ 梁 BC の曲げモーメントおよびせん断力：式(17.3)より、

$$Q_{BC} = -\frac{2EK_0\,2\,(3\theta_B+3\theta_C)}{\ell} + D_{BC}$$

$$= -\frac{2EK_0}{\ell}[6\times 0.230-6\times 0.222]\left[\frac{w\ell^2}{24EK_0}\right] + \frac{w\ell}{2} = \frac{0.99w\ell}{2}$$

$$Q_{CB} = -\frac{2EK_0 2(3\theta_B + 3\theta_C)}{\ell} + D_{CB} = \frac{w\ell}{2}[-0.008] - \frac{w\ell}{2} = \frac{1.01w\ell}{2}$$

B 端より x の位置でのモーメントの釣合 $\Sigma M_{(X)} = 0$ より

$$-M_{BC} + Q_{BC} \cdot x - \frac{wx^2}{2} - M_x = 0$$

$$\therefore M_x = -M_{BC} + Q_{BC} \cdot x - \frac{wx^2}{2}$$

⑨　梁中央の曲げモーメントは $x = \ell/2$ を代入すると、

$$M(x = \ell/2) = -0.52\left[\frac{w\ell^2}{12}\right] + \frac{0.99w\ell}{2} \times \frac{\ell}{2} - \frac{w}{2}\left(\frac{\ell}{2}\right)^2 = 0.95\left[\frac{w\ell^2}{12}\right]$$

別法として、梁の曲げモーメントは、単純支持梁に分布荷重が作用した時の曲げモーメント M_0 に、材端モーメントによる曲げモーメントの和として求めることができる（例図5）。

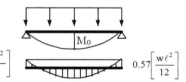

例図 5　梁の曲げモーメント

$$M_0 = \frac{w\ell^2}{8} = \frac{12}{8}\left[\frac{w\ell^2}{12}\right] = 1.5\left[\frac{w\ell^2}{12}\right]$$

$$M_{中央} = M_0 - \frac{M_{CB} - M_{BC}}{2} = \left[1.5 - \frac{0.57 + 0.52}{2}\right]\frac{w\ell^2}{12} = 0.95\left[\frac{w\ell^2}{12}\right]$$

⑩　せん断力

柱 AB の Q： $Q_{AB} = \frac{0.52 + 0.29}{h}\left[\frac{w\ell^2}{12}\right] = 0.81\frac{w\ell^2}{12h}$

柱 CD の Q： $Q_{CD} = \frac{0.57 + 0.24}{h}\left[\frac{w\ell^2}{12}\right] = 0.81\frac{w\ell^2}{12h}$

⑪　M 図（例図6）

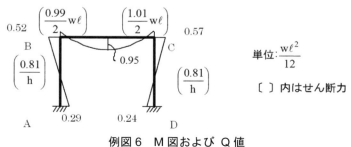

単位：$\frac{w\ell^2}{12}$

〔　〕内はせん断力

例図6　M図および Q値

例題 2　前例題の門型ラーメンの近似解法

例題 1 のラーメンのように、荷重が対称な垂直荷重のみが作用し、剛比のみがわずかに異なるラーメンでは、節点の移動は生じないと近似的に考えてもよい。例題 1 のラーメンを節点移動のないラーメンとして解くと、部材角 $R=0$ とする。よって、釣合式は節点方程式のみでよい。

① たわみ角法の基本公式：例題 1 の基本公式①で $R=0$ とおく。

$$\left.\begin{array}{l} M_{AB} = 2EK_0 \times 1\,(\theta_B) \quad ; \quad M_{BA} = 2EK_0 \times 1\,(2\theta_B) \\ M_{BC} = 2EK_0 \times 2\,(2\theta_B + \theta_C) + C_{BC} \quad ; \quad M_{CB} = 2EK_0 \times 2\,(2\theta_C + \theta_B) + C_{CB} \\ M_{CD} = 2EK_0 \times 1.5\,(2\theta_C) \quad ; \quad M_{DC} = 2EK_0 \times 1.5\,(\theta_C) \end{array}\right\} \text{式①}$$

② 節点方程式

$$\left.\begin{array}{ll} \text{節点 B において} & M_{BA} + M_{BC} = 0 \\ \text{節点 C において} & M_{CB} + M_{CD} = 0 \end{array}\right\} \text{式②}$$

③ 部材角 $R=0$ より層方程式は不要となる。

④ 式②は次式となる。これは、例題 1 の式⑦より $R=0$ とおいても求まる。

$$\left.\begin{array}{l} 6\theta_B + 2\theta_C = \dfrac{w\ell^2}{24EK_0} \\ 2\theta_B + 7\theta_C = -\dfrac{w\ell^2}{24EK_0} \end{array}\right\} \text{式③}$$

⑤ 式③を解く。

$$\Delta = \begin{vmatrix} 6 & 2 \\ 2 & 7 \end{vmatrix} = 6\times 7 - 2\times 2 = 38 \;;\; \Delta_1 = \begin{vmatrix} 1 & 2 \\ -1 & 7 \end{vmatrix} = 7+2 = 9 \;;\; \Delta_2 = \begin{vmatrix} 6 & 1 \\ 2 & -1 \end{vmatrix} = -6-2 = -8$$

(注) Δ_1, Δ_2 は $w\ell^2/(24EK_0)$ の単位を持つが、ここでは記述を省略している。

$$\theta_B = \frac{\Delta_1}{\Delta} = \frac{9}{38} = 0.237 \left[\frac{w\ell^2}{24EK_0}\right] \;;\; \theta_C = \frac{\Delta_2}{\Delta} = \frac{-8}{38} = -0.211 \left[\frac{w\ell^2}{24EK_0}\right] \quad \text{式④}$$

⑥ 材端モーメント

$$M_{AB} = 2EK_0\,[0.237]\,\frac{w\ell^2}{24EK_0} = 0.24\,\frac{w\ell^2}{12}$$

$$M_{BA} = 2EK_0\,[2\times 0.237]\,\frac{w\ell^2}{24EK_0} = 0.47\,\frac{w\ell^2}{12}$$

$$M_{BC} = 2EK_0 \times 2\,[2\times 0.237 - 0.211]\,\frac{w\ell^2}{24EK_0} - \frac{w\ell^2}{12} = -0.47\,\frac{w\ell^2}{12}$$

$$M_{CB} = 2EK_0 \times 2\,[-2\times 0.211 + 0.237]\,\frac{w\ell^2}{24EK_0} + \frac{w\ell^2}{12} = 0.63\,\frac{w\ell^2}{12}$$

$$M_{CD} = 2EK_0 \times 1.5\,[2\times (-0.211)]\,\frac{w\ell^2}{24EK_0} = -0.63\,\frac{w\ell^2}{12}$$

$$M_{DC} = 2EK_0 \times 1.5 \times (-0.211)\,\frac{w\ell^2}{24EK_0} = -0.32\,\frac{w\ell^2}{12}$$

⑦ 梁中央モーメントおよび材端せん断力

$$M_0 = 1.5 \left[\frac{w\ell^2}{12}\right]$$

$$M中央 = M_0 - \frac{M_{BC}+M_{CB}}{2} = \left[1.5 - \frac{0.47+0.63}{2}\right]\frac{w\ell^2}{12} = 0.95\left[\frac{w\ell^2}{12}\right]$$

$$Q_0 = \pm \frac{w\ell}{2} = \pm \frac{6}{\ell}\left[\frac{w\ell^2}{12}\right] \; ; \; \Delta Q = \frac{0.63-0.47}{\ell}\left[\frac{w\ell^2}{12}\right] = \frac{0.16}{\ell}\left[\frac{w\ell^2}{12}\right]$$

$$Q_{BC} = Q_0 - \Delta Q = (6-0.16)\left[\frac{w\ell}{12}\right] = 5.84\left[\frac{w\ell}{12}\right]$$

$$Q_{CB} = Q_0 - \Delta Q = (-6-0.16)\left[\frac{w\ell}{12}\right] = -6.16\left[\frac{w\ell}{12}\right]$$

⑧ M 図（例図 7）

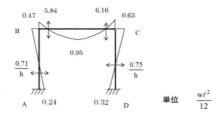

例図 7　M 図および Q 値

⑨ M 図および Q 図の値を例題 1 と比較すると、それほど異ならない。

［鉛直荷重による骨組材のモーメント、せん断力のまとめ］

　たわみ角法、固定モーメント法等の骨組解法では、材端モーメントが求まる。梁の中央曲げモーメント、梁のせん断力、柱のせん断力は以下の公式により容易に求めることができる。

　① 梁の中央曲げモーメント

　　　$M中央 = M_0 - |(M左端+M右端)/2|$

ここに、$M_0 = $ 両端単純支持とした梁の中央の曲げモーメントの値。

　　材端の曲げモーメントを右まわり、左まわりにより正負の区別をつけないで数値のみを扱うときは、次式による。

　　　$M中央 = M_0 - (M左端+M右端)/2$

　② 梁のせん断力

　　　$Q = Q_0 - (M左端+M右端)/\ell$

（注）$Q_0 = $ 両端単純とした梁の両端のせん断力であり、±の値がある。$\ell = $ スパンの長さ。

　　材端の曲げモーメントに正負の区別をつけないときは、次式による。

　　　$Q = Q_0 + (M左端-M右端)/\ell$

　③ 柱のせん断力（途中荷重なし）

　　　$Q = -(M下端+M上端)/h$　　　　　$h=$ 柱高さ

例題3 スパン 7m の梁の材端モーメントが、左端 $M = -6$ kNm、右端 $M = 6.5$ kNm である。この梁が単純支持梁としての中央曲げモーメント $M_0 = 16$ kNm、材端せん断力 $Q_0 = \pm 15$ kN のとき、梁の中央の M および両端のせん断力を上述の公式より求める。

$$M_{中央} = 16 - \left|\frac{(-6-6.5)}{2}\right| = 9.8 \text{ kNm}$$

$$Q_{左端} = 15 - \frac{(-6+6.5)}{7} = 14.9 \text{ kN}$$

$$Q_{右端} = -15 - \frac{(-6+6.5)}{7} = -15.1 \text{ kN}$$

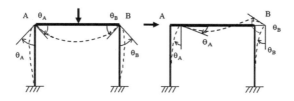

17.10 対称ラーメンの有効剛比

図 17-10 の門型対称ラーメンに垂直荷重および水平荷重が作用する場合、節点のたわみ角 θ_A と θ_B には次の関係が成立する。

図 17-10 正対称と逆対称

正対称は垂直荷重時で発生し、逆対称は水平荷重時で発生する。正対称では $\theta_A = -\theta_B$ となり、逆対称では $\theta_A = \theta_B$ となる。たわみ角 θ_B と θ_A との関係を一般的に次式で表す。α は定数であり、正対称では $\alpha = -1$、逆対称では $\alpha = 1$ となる。

$$\theta_B = \alpha \theta_A \tag{17.11}$$

上述の関係があるので、門型ラーメンの未知数は半減できる。梁 AB の材端 A に関する M_{AB} の基本式は、部材角 $R_{AB} = 0$ より、

$$M_{AB} = 2EK_0 k (2\theta_A + \theta_B) + C_{AB} \tag{17.12}$$

式(17.11)の関係を用いて θ_B を θ_A で書き換えると、

$$M_{AB} = 2EK_0 k \left(\frac{2+\alpha}{2}\right) 2\theta_A + C_{AB} \tag{17.13}$$

ここで、

$$k_e = \frac{(2+\alpha)}{2} k \tag{17.14}$$

と定義する。k_e を有効剛比と呼ぶ。式(17.13)を書き直すと、

$$M_{AB} = 2EK_0 k_e (2\theta_A) + C_{AB} \tag{17.15}$$

となる。式(17.12)と式(17.15)を比較すると、有効剛比 k_e は θ_B の効果を無視したときの等価な剛比とみなせる。

各種変形状態における有効剛比 k_e を求める。

① 正対称ラーメンの場合

$\theta_A = -\theta_B$ の関係より、係数 α は $\alpha = -1$ であるから、有効剛比は、

$$k_e = \frac{2-1}{2}k = 0.5k$$

となる。つまり、梁 AB 材の剛比 k_B の 1/2 と置換して、半分のラーメンのみを解法すればよい。ただし、固定端モーメント C_{AB} は梁 AB について求めた値であり、半分の値ではない。

② 逆対称ラーメンの場合

$\theta_A = \theta_B$ の関係より、係数 α は $\alpha = -1$ より、有効剛比は $k_e = \dfrac{2+1}{2}k = 1.5k$ となる。

③ 対称ラーメン梁の他端が固定の場合

これは対称ラーメンでスパンが偶数の場合に生じる。

$\theta_B = 0$ より $\alpha = 0$ ∴ $k_e = k$

④ 対称ラーメン梁の他端がピンの場合

$\theta_B = -\dfrac{\theta_A}{2}$ の関係より、 $\alpha = -\dfrac{1}{2}$ ∴ $k_e = \dfrac{3}{4}k$

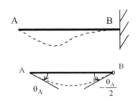

以上を**表 17-5** に示す。

表 17-5 対称ラーメンの有効剛比[7]

	奇数スパン	偶数スパン
正対称ラーメン	$k_e = 0.5k$	$k_e = k$, $\theta = 0$
逆対称ラーメン	$k_e = 1.5k$	$k_e = 0.5k$

例題 対称門型ラーメンが対称荷重を受けたときの曲げモーメントを有効剛比を用いて求める(**例図 8**)。

剛比
$k_C = 1$ (柱)
$k_B = 2$ (梁)

例図 8 対称門型ラーメン

① 固定端でのたわみ角：$\theta_A = \theta_D = 0$
対称ラーメンに対称な垂直荷重が作用するから、部材角 $R_{AB} = R_{BC} = R_{CD} = 0$
② 梁の有効剛比：奇数スパンで対称荷重が作用するから、**表 17-5** より梁の有効剛比を $k_e = 0.5k_B = 0.5 \times 2 = 1$
③ 梁の固定端モーメント C_{BC} : $C_{BC} = -\dfrac{P\ell}{8} = -\dfrac{2 \times 8}{8} = -2\,\text{kNm}$
④ 有効剛比を用いると、未知数は節点 B のたわみ角 θ_B のみを考慮すればよい。
⑤ 基本式
$$M_{AB} = 2EK_0 \times (\theta_B)$$
$$M_{BA} = 2EK_0 \times 1 \times (2\theta_B)$$
$$M_{BC} = 2EK_0 \times k_e \times (2\theta_B) + C_{BC} = 2EK_0 \times 1 \times 2\theta_B - 2$$
⑥ 節点方程式
節点 B について　　$M_{BA} + M_{BC} = 0$
$$\therefore\ 2EK_0 \times 2\theta_B + 2EK_0 \times 2\theta_B - 2 = 0 \qquad \therefore\ 2\theta_B = \dfrac{1}{2EK_0}$$
⑦ 材端モーメント
$$M_{AB} = 2EK_0 \cdot \dfrac{1}{2EK_0} \times \dfrac{1}{2} = \dfrac{1}{2}\ \text{kNm}$$
$$M_{BA} = 2EK_0 \cdot \dfrac{1}{2EK_0} = 1\ \text{kNm}$$
$$M_{BC} = 2EK_0 \cdot \dfrac{1}{2EK_0} - 2 = -1\ \text{kNm}$$
⑧ 梁 BC の曲げモーメント
B 端、C 端に材端曲げモーメント 1 kNm が作用する単純支持梁を考えると、梁の曲げモーメントが求まる。

（図：1kNm と 1kNm が両端に作用する単純梁 = 単純梁 + 集中荷重 $P=2$ による $M_0 = \dfrac{P\ell}{4} = \dfrac{2 \times 8}{4} = 4\text{kNm}$）

⑨ M 図およびせん断力（**例図 9**）
部材のせん断力は曲げモーメントが直線である部分の両端モーメントの和を材長で割れば求まる。
柱のせん断力
$$Q_{AB} = -[(柱の上端 M) + (柱の下端 M)]／材長$$
$$= -\dfrac{1 + 0.5}{2\ m} = -\dfrac{1.5}{2}\ \text{kN}$$

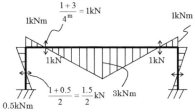

例図 9　M 図

17.11 鉄筋コンクリート造矩形ラーメンの解法例

例題 例図 10 の伏図および軸組図からなる鉄筋コンクリート構造 1 階建ての建物の部材断面力をたわみ解法を用いて解く。

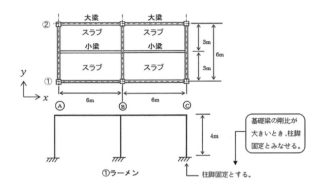

例図 10　伏図および軸組図

（設計条件）

　　柱　　　40cm×40cm；　大梁　　30cm×55cm；　小梁　　30cm×50cm
　　階高　　4m（ラーメン心とする）；　スラブ　13cm
　屋根仕上　アスファルト防水層のうえモルタル目地切
　1 階床　　土間コンクリート
　　建設地　福井（最大積雪深　209cm　地震地域係数　$Z=1.0$）
　　屋根　　人が登る恐れなし；　地盤　　第 2 種地盤
　　仕上　　コンクリート打放し；　天井　　吸音テックス張り

（設計方針）
① 大梁の有効幅は $\phi=1.5$（スラブ片側のみ）として略算する。両側にスラブがあるときは、$\phi=2$ とする。大梁の断面 2 次モーメント：$I = I_o \times \phi$
② 基礎梁の剛性が大きいとして、柱脚固定として計算する。
③ 壁面はすべてオープンとして、地震力を求める。

（設問）
① 鉛直荷重時の①ラーメンの設計用応力を求める。
② 水平荷重時の①ラーメンの設計用応力を求める。
③ 二次設計を求める。

［解］
Ⅰ．準備計算
(1)　固定荷重
　① 床単位荷重

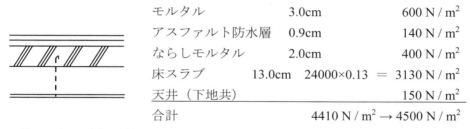

モルタル	3.0cm	600 N / m²
アスファルト防水層	0.9cm	140 N / m²
ならしモルタル	2.0cm	400 N / m²
床スラブ	13.0cm 24000×0.13 =	3130 N / m²
天井（下地共）		150 N / m²
合計		4410 N / m² → 4500 N / m²

② 小梁、大梁、柱

　　小梁　　$w_b = 24\text{kN/m}^3 \times 0.3\text{m} \times (0.50 - 0.13)\text{m} = 2.67 \to 2.8 \text{ kN/m}$

　　大梁　　$w_g = 24\text{kN/m}^3 \times 0.3\text{m} \times (0.55 - 0.13)\text{m} = 3.03 \to 3.1 \text{ kN/m}$

　　柱　　　$w_c = 24\text{kN/m}^3 \times 0.4\text{m} \times 0.4\text{m} = 3.84 \text{ kN/m}$

(2) 積雪荷重

最大積雪深 2.09m より多雪区域となり、雪の単位重量 $\rho = 3\text{kN/m}^3$ となる。

$$S = \rho Z = 3\text{kN/m}^3 \times 2.09\text{m} = 6.27\text{kN/m}^2 \to 6.3\text{kN/m}^2$$

（長期荷重に算入するとき）　　$S_2 = 0.7 S = 0.7 \times 6.3 = 4.41 \to 4.5 \text{kN/m}^2$

（風荷重・地震荷重との組み合わせを考慮するとき）

$$S_3 = 0.35 S = 0.35 \times 6.3 = 2.21 \text{kNt/m}^2 \to 2.3 \text{kN/m}^2$$

(3) 設計用荷重（kN/m²）

	固定荷重 ①	積雪荷重 ②	積載荷重 ③	設計用荷重 ①＋②＋③
鉛直荷重時	4.5	4.5	0	9.0 kN/m²
水平荷重時	4.5	2.3	0	6.8 kN/m²

積雪時において、屋根に人が登らないとして積載荷重を考慮しない。

(4) 地震層せん断力 Q_i : $Q_i = C_i W_i$

1 階建につき $A_1 = 1$

$T_c = 0.6$（第 2 種地盤につき）　　**表 17-8** より求める。

固有周期 $T = h(0.02 + 0.01\alpha) = 4\text{m} \times (0.02 + 0.01 \times 0) = 0.08 \text{ sec}$（S 造部分なしにつき $\alpha = 0$ となる）

$T < T_c$ につき　→ $R_t = 1$　（**表 17-7** より求める）

標準せん断力係数 $C_0 = 0.2$ とする。地震地域係数：$Z = 1$ と仮定する（詳細は建築基準法から求まる）。

地震層せん断力係数：$C_i = Z R_t A_i C_0 = 1 \times 1 \times 1 \times 0.2 = 0.2$

建物重量

　　柱　　24kN/m³×0.4m×0.4m × 4m / 2 × 6 本　　= 4.61kN

　　スラブ　6.8kN/m² × 6 m × 12 m　　　　　　　= 489.6kN

　　小梁　　2.8kN/m × 12 m　　　　　　　　　　= 33.6kN

　　大梁　　3.1kN/m × 6m × 7 本　　　　　　　　= 130.2kN

　　合計　　　　　　　　　　　　　　W_1　= 699.5kN

　　地震層せん断力 $Q_1 = C_1 W_1 = 0.2 \times 699.5 = 139.9 \text{kN} \to 140 \text{kN}$

(5) 剛比（例図 11）

（柱） $I_c = \dfrac{40^3 \times 40}{12} = 21.3 \times 10^4 \text{ cm}^4$ 、 $K_c = \dfrac{I_c}{h} = \dfrac{21.3 \times 10^4}{400} = 0.0533 \times 10^4 \text{ cm}^3$

$K_0 = K_c$ とおくと、 $k_c = \dfrac{K_c}{K_0} = 1$ $K_0 = 0.0533 \times 10^4 \text{ cm}^3$ とする。

（大梁） $I_g = I_{go} \phi = \dfrac{30 \times 55^3}{12} \times 1.5 = 62.39 \times 10^4 \text{ cm}^4$

$K_g = \dfrac{I_g}{\ell} = \dfrac{62.39 \times 10^4}{600} = 0.1040 \times 10^4 \text{ cm}^3$

$k_g = \dfrac{K_g}{K_0} = \dfrac{0.1040 \times 10^4}{0.0533 \times 10^4} = 1.95$

$K_0 = 0.0533 \times 10^4 \text{ cm}^3$

例図 11　剛比

(6) 梁の C, M_0, Q_0 （C=固定端モーメント；M_0 および Q_0 =単純支持梁の中央曲げモーメントおよび両端のせん断力）

$C_{AB} = -\dfrac{w_s a}{12\ell}\left(\ell^3 - 2a^2\ell + a^3\right) - \dfrac{w_g \ell^2}{12}$
（スラブ）　（梁）

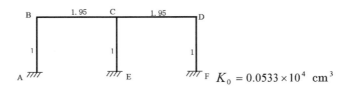

$= -\dfrac{9.0 \times 1.5}{12 \times 6}\left(6^3 - 2 \times 1.5^2 \times 6 + 1.5^3\right) - \dfrac{3.1 \times 6^2}{12} = -36.1 - 9.3 = -45.4 \text{ kNm}$

$C_{BA} = +45.4 \text{ kNm}$

$M_0 = \dfrac{w_s a\left(3\ell^2 - 4a^2\right)}{24} + \dfrac{w_g \ell^2}{8} = \dfrac{9.0 \times 1.5\left(3 \times 6^2 - 4 \times 1.5^2\right)}{24} + \dfrac{3.1 \times 6^2}{8} = 69.6 \text{ kNm}$

$Q_0 = \pm \dfrac{w_s a(\ell - a)}{2} \pm \dfrac{w_g \ell}{2} = \pm \left[\dfrac{9.0 \times 1.5(6 - 1.5)}{2} + \dfrac{3.1 \times 6}{2}\right] = \pm 39.7 \text{ kN}$

（参考）上記の C, M_0, Q_0 は RC 計算規準を用いてもよい（桁行方向①および②通りラーメンは片側のみスラブが取り付く）。

$\lambda = 6/3 = 2$ 、 $\ell_x = 3 \text{ m}$

$C/w_s = 4.0, M_0/w_s = 6.2, Q_0/w_s = 3.3$

$C/w_s = \left(\dfrac{\lambda^2}{24} - \dfrac{1}{48} + \dfrac{1}{192\lambda}\right)\ell_x^3 = \left(\dfrac{2^2}{24} - \dfrac{1}{48} + \dfrac{1}{192 \times 2}\right)3^3 = 4.01$

$M_0/w_s = \left(\dfrac{\lambda^2}{16} - \dfrac{1}{48}\right)\ell_x^3 = \left(\dfrac{2^2}{16} - \dfrac{1}{48}\right)3^3 = 6.19$

$$Q_0/w_s = \left(\frac{\lambda}{4} - \frac{1}{8}\right)\ell_x^2 = \left(\frac{2}{4} - \frac{1}{8}\right)3^2 = 3.38$$

$$C = 4.01 \times 9.0 + \frac{3.1 \times 6^2}{12} = 45.4 \text{ kNm}$$

$$M_0 = 6.19 \times 9.0 + \frac{3.1 \times 6^2}{8} = 69.7 \text{ kNm}$$

$$Q_0 = 3.38 \times 9.0 + \frac{3.1 \times 6}{2} = 39.7 \text{ kN}$$

(7) 鉛直荷重時柱軸方向力

柱が支持する区間は隣接スパンの 1/2 の区間である。これより柱の軸方向力を算出する（例図 12）。

（参考）近年の一貫構造計算ソフトでは、柱の軸方向力は負担面積でなく、梁の剛性を考慮した軸方向力の計算を用いているが、最終的には負担面積の荷重を基礎に持たせるのが本筋である。

・外柱 C_1：

　　　　　　　　　　（スラブ）　　（小梁）　　（大梁）
（柱頭）　$N_U = 9.0 \times 3\text{m} \times 3\text{m} + 2.8 \times 3\text{m}/2 + 3.1 \times 6\text{m}/2$
　　　　　　（大梁）　（壁面）　（柱自重）
　　　　　　$+3.1 \times 6\text{m}/2 + 0 + 3.84 \times 4\text{m}/2 = 111.5 \text{ kN}$
　　　　　　　（柱自重）　（壁面）
（柱脚）　$N_D = N_U + 3.84 \times 4\text{m}/2 + 0 = 119.2 \text{ kN}$

・内柱 C_2：

　　　　　　　　　　（スラブ）　　（小梁）　　（大梁）
（柱頭）　$N_U = 9.0 \times 3\text{m} \times 6\text{m} + 2.8 \times 6\text{m}/2 + 3.1 \times 6\text{m}$
　　　　　　（大梁）　（壁面）　（柱自重）
　　　　　　$+3.1 \times 6\text{m}/2 + 0 + 3.84 \times 4\text{m}/2 = 206.0 \text{ kN}$
　　　　　　　（柱自重）　（壁面）
（柱脚）　$N_D = N_U + 3.84 \times 4\text{m}/2 + 0 = 213.7 \text{ kN}$

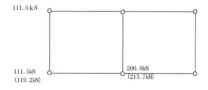

（　）内は柱脚軸力　その他は柱頭軸力

例図 12　鉛直荷重時柱軸方向力

II. 鉛直荷重時（長期荷重時）の断面力

荷重が対称で架構も対称であるから、点 C で固定と考える（**表 17.5** 参照）。未知数は節点 B のたわみ角 θ_B のみとなる（**例図 13**）。

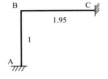

例図 13　ラーメン図

① $M_{BA} = 2EK_0 2\theta_B$; $M_{BC} = 2EK_0 \times 1.95 \times 2\theta_B - 45.4$

② 節点方程式：節点 B において $\Sigma M_B = 0$

$$M_{BA} + M_{BC} = 0 \quad よって、 2EK_0 \cdot 2\theta_B(1+1.95) = 45.4 \quad \therefore 2EK_0(2\theta) = 15.4$$

③ $M_{BA} = 15.4\,\text{kNm}$; $M_{BC} = 15.4 \times 1.95 - 45.4 = -15.4\,\text{kNm}$

（注）節点に外力モーメントが作用していないから、M_{BA} と M_{BC} は絶対値で等しくなければならない。

④ $M_{CB} = 2EK_0 \times 1.95 \times \theta_B + 45.4 = \dfrac{15.4}{2} \times 1.95 + 45.4 = 60.4\,\text{kNm}$

$M_{AB} = 2EK_0 \times \theta_B = \dfrac{15.4}{2} = 7.7\,\text{kNm}$

⑤ 梁中央　　$M_0 = 69.7 + \dfrac{(-15.4-60.4)}{2} = 31.8\,\text{kNm}$

⑥ $Q_{BC} = +39.7 - \dfrac{(-15.4+60.4)}{6} = 32.2\,\text{kN}$; $Q_{CB} = -39.7 - \dfrac{(-15.4+60.4)}{6} = -47.2\,\text{kN}$

⑦ 柱　　　$Q = \dfrac{7.7+15.4}{4} = 5.78\,\text{kN}$

⑧ 断面力、M 図（**例図 14**）

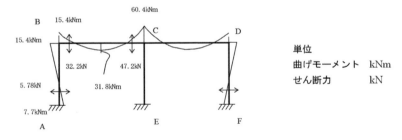

例図 14　鉛直荷重時断面力

（注）梁の両端の曲げモーメントを比較し、曲げモーメントが大きい方の端部は必ずせん断力も大きいことを知っていると、他人の構造計算書をチェックする場合役立つ。

III. 水平荷重時の断面力（例図 15）

① 架構が対称であるから、水平力が作用するとき　$\theta_B = \theta_D$

② 未知数：θ_B, θ_C, R　　柱脚固定より $\theta_A = \theta_E = \theta_F = 0$ となる。

③ 基本式：途中荷重はなし

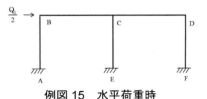

例図 15　水平荷重時

$$M_{BA} = 2EK_0\,(2\theta_B - 3R)$$
$$M_{BC} = 2EK_0 \times 1.95 \times (2\theta_B + \theta_C)$$
$$M_{CB} = 2EK_0 \times 1.95 \times (\theta_B + 2\theta_C)$$
$$M_{CE} = 2EK_0\,(2\theta_C - 3R)$$
$$M_{CD} = M_{CB} \;;\; M_{DC} = M_{BC} \;;\; M_{DF} = M_{BA}$$
$$Q_{BA} = -\frac{2EK_0}{4}(3\theta_B - 6R) \;;\; Q_{CE} = -\frac{2EK_0}{4}(3\theta_C - 6R) \;;\; Q_{DF} = Q_{BA}$$

④ 節点方程式：
　　節点 B で　　$M_{BA} + M_{BC} = 0$　　　　　　　　　　　　　　　　　式①
　　節点 C で　　$M_{CB} + M_{CE} + M_{CD} = 0$　　　　　　　　　　　式②

⑤ 層方程式：桁行方向に作用する地震層せん断力は①と②通りのラーメンに按分される。①と②ラーメンは同じ剛性を持つので、地震力の半分が各ラーメンに作用する（例図16）。

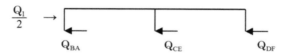

例図16　水平方向の釣合（層方程式）

$$Q_{BA} + Q_{CE} + Q_{DF} = \frac{Q_1}{2} \quad\quad 式③$$

⑥ 式①②③に基本式を導入すると、
　　式①→ $2EK_0\,[\,2\theta_B - 3R + 1.95\times(2\theta_B + \theta_C)\,] = 0$
　　式②→ $2EK_0\,[\,2\times1.95\,(\theta_B + 2\theta_C) + 2\theta_C - 3R\,] = 0$
　　式③→ $-\dfrac{2EK_0}{4}\big[\,2(3\theta_B - 6R) + 3\theta_C - 6R\,\big] = \dfrac{140}{2}$

整理すると、

$$\begin{bmatrix} 5.9 & 1.95 & 1 \\ 3.9 & 9.8 & 1 \\ 6 & 3 & 6 \end{bmatrix} \begin{bmatrix} \theta_B \\ \theta_C \\ -3R \end{bmatrix} = \begin{bmatrix} 0 \\ 0 \\ -280 \end{bmatrix} \cdot \frac{1}{2EK_0} \quad\quad 式④$$

⑦ クラメルの公式を用いて、連立方程式を解くと、

$$\Delta = \begin{vmatrix} 5.9 & 1.95 & 1 \\ 3.9 & 9.8 & 1 \\ 6 & 3 & 6 \end{vmatrix} = 248.2 \;;\quad \Delta_1 = \begin{vmatrix} 0 & 1.95 & 1 \\ 0 & 9.8 & 1 \\ -280 & 3 & 6 \end{vmatrix} = 2198$$

$$\Delta_2 = \begin{vmatrix} 5.9 & 0 & 1 \\ 3.9 & 0 & 1 \\ 6 & -280 & 6 \end{vmatrix} = 560 \;;\quad \Delta_3 = \begin{vmatrix} 5.9 & 1.95 & 0 \\ 3.9 & 9.8 & 0 \\ 6 & 3 & -280 \end{vmatrix} = -14060.2$$

（注）Δ_1, Δ_2, Δ_3 は $1/(2EK_0)$ の単位を持つが、記述を省略している。

$$\left.\begin{aligned}\theta_B &= \frac{\Delta_1}{\Delta} = \frac{2198}{248.2}\left[\frac{1}{2EK_0}\right] = 8.86\left[\frac{1}{2EK_0}\right]\\ \theta_C &= \frac{\Delta_2}{\Delta} = \frac{560}{248.2}\left[\frac{1}{2EK_0}\right] = 2.26\left[\frac{1}{2EK_0}\right]\\ -3R &= \frac{\Delta_3}{\Delta} = \frac{-14060.2}{248.2}\left[\frac{1}{2EK_0}\right] = -56.65\left[\frac{1}{2EK_0}\right]\end{aligned}\right\}$$

⑧ 材端曲げモーメント

$$\begin{cases}M_{AB} = 2EK_0(\theta_B - 3R) = 8.86 - 56.65 = -47.8\,\text{kNm}\\ M_{BA} = 2EK_0(2\theta_B - 3R) = 2\times 8.86 - 56.65 = -38.9\,\text{kNm}\end{cases}$$

$$\begin{cases}M_{BC} = 2EK_0 \times 1.95(2\theta_B + \theta_C) = 1.95\times(2\times 8.86 + 2.26) = 38.9\,\text{kNm}\\ M_{CB} = 2EK_0 \times 1.95(\theta_B + 2\theta_C) = 1.95\times(8.86 + 2\times 2.26) = 26.1\,\text{kNm}\end{cases}$$

$$\begin{cases}M_{CE} = 2EK_0(2\theta_C - 3R) = 2\times 2.26 - 56.65 = -52.1\,\text{kNm}\\ M_{EC} = 2EK_0(\theta_C - 3R) = 2.26 - 56.65 = -54.4\,\text{kNm}\end{cases}$$

⑨ 水平荷重時の断面力（例図17）

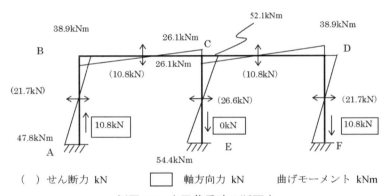

例図 17　水平荷重時の断面力

$$梁\quad Q = \frac{38.9 + 26.1}{6} = 10.8\;;\;柱\quad Q = \frac{38.9 + 47.8}{4} = 21.7$$

⑩ 柱 BA の軸方向力の求め方（例図18）

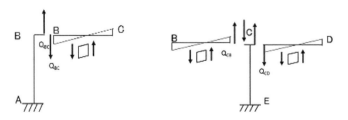

例図 18　柱の軸方向力の求め方

柱の軸方向力は隣接する梁のせん断力から求まる。例えば、柱 BA の場合、隣接する梁 BC の M 図は右上がりの勾配を持つので、M と Q の関係（4.3 節）で述べたように、せん断力は**例図 18** に示すように負の形で変形する。よって、梁の B 端では Q_{BC} は下向きである。これと釣合う柱 BA の B 端側の梁の微小な部分には、梁のせん断力 Q_{BA} と釣合うために大きさが等しく方向が反対の力が上向きに作用するので、柱は引張となる。柱 DF では逆になるので圧縮となる。

中柱 CE には、左の梁のせん断力 Q_{CB}（上向き）と逆向きの下向き（圧縮）の軸方向力が作用し、同時に、右の梁 CD のせん断力 Q_{CD}（下向き）と逆向きの上向き（引張）の軸方向力が作用する。よって、柱 CE には Q_{CB} と Q_{CD} の差が軸方向力として作用する。本例題の場合は両方の梁のせん断力は同じであるから、内柱 CE には軸方向力は作用しないことになる。

（参考）
　水平荷重による柱の軸方向力の大きな変動は外柱に発生する。大きな軸力変動は柱の耐荷力を弱めるので、RC 部材ではコンクリート柱の全強度に対する作用軸力の比を表す軸力比 $\eta = N / (A_c F_c)$ をチェックし、コンクリートの圧壊を避けることが必要である。

（参考資料）（表 17-6 〜 表 17-8）

表 17-6　固有周期 T、A_i

建築物の設計用 1 次固有周期（秒）
$$T = (0.02 + 0.01\alpha)h$$
　ここに、α ＝建築のうち、木造および鉄骨造である階の高さの合計の h に対する比
　（例えば、建物の半分の高さまで鉄骨造の場合 $\alpha = 0.5$）

地震層せん断力係数の高さ方向の分布を示す係数
$$A_i = 1 + \left(\frac{1}{\sqrt{\alpha_i}} - \alpha_i \right) \frac{2T}{1+3T}$$
$$\alpha_i = \left(\sum_{j=i}^{n} w_j \right) \Big/ \left(\sum_{j=1}^{n} w_j \right)$$
　ここに、w_j ＝ j 階の地震時荷重（N）
　　　　h ＝建築物の高さ（m）

表 17-7　振動特性係数　R_t

$T < T_c$ の場合	$R_t = 1$
$T_c \leq T \leq 2\,T_c$ の場合	$R_t = 1 - 0.2\left(\dfrac{T}{T_c} - 1 \right)^2$
$2\,T_c \leq T$ の場合	$R_t = \dfrac{1.6\,T_c}{T}$

表 17-8　地盤の種類と T_c

地盤の種類		T_c
第一種	岩盤、硬質砂れき層その他主として第三紀以前の地層によって構成されているもの、または、地盤周期等についての調査もしくは研究の結果に基づき、これと同程度の地盤周期を有すると認められるもの（硬い地盤）	0.4
第二種	第一種地盤および第三種地盤以外のもの（普通の地盤）	0.6
第三種	腐植土、泥土その他これらに類するもので大部分が構成されている沖積層（盛土がある場合においてはこれを含む）で、その深さが概ね 30m 以上のもの、沼沢、海等を埋め立てた地盤の深さが概ね 3m 以上であり、かつ、これらで埋め立てられてから概ね 30 年経過していないもの、または、地盤周期等についての調査もしくは研究の結果に基づき、これらと同程度の地盤周期を有すると認められるもの（軟らかい地盤）	0.8

第18章　たわみ角法による異形ラーメンの解法

18.1　ラーメンの変形に関する条件式（適合条件式）

　異形ラーメンの解法は、コンピュータが進展しなかった時代は直角変位図を用いて、本節で紹介する異形ラーメンの解析法が主流であった。異形ラーメンに対する実用的な計算法として、種々の機械的作成法が提案された。しかし、現在はマトリックス法によりすべての形状の異形ラーメンの解析ができるので、本節は考え方のみを紹介する。

　異形ラーメンの部材角は、矩形ラーメンのように、各部材独立して生じなく、部材角が互いに関係する。部材角相互の関係を考える方法として、ラーメンの剛節点をピンに置換した「**置換トラス**」により、独立部材の数が決定される（**図 18-1**）。

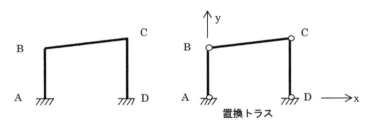

図 18-1　骨組と置換トラス

　外力が作用した際の材長の変化を無視すると、閉鎖形ラーメンについては、各閉鎖ラーメンに対して x 方向（水平方向）の移動、y 方向（垂直方向）の移動は、閉鎖ラーメンを一巡すると元の位置に戻らなければならない。つまり、節点の x 方向、y 方向のそれぞれの変位を u および v とし、ラーメンの微小長さを ds と表すと、1個の閉鎖形ラーメンに対して次の2個の閉鎖形条件式が成立する（**図 18-2**）。

$$\oint u\,ds = 0 \quad ; \quad \oint v\,ds = 0$$

よって、任意の2個の部材の部材角は、他の残りの部材角によって従属的に決定される。これらの部材を従属部材と呼び、残りの部材角を独立部材と呼ぶ（**図 18-3**）。

図 18-2　3個の閉鎖形を持つラーメン

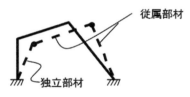

図 18-3　独立部材と従属部材

2個の閉鎖形条件式は、x方向、y方向の移動が0であるという条件について成立するので、2個の従属部材は同じ方向（平行）または同じ方向に近い材（平行に近い）であってはならない。この点に留意して独立部材の選定をする。ラーメンの閉鎖形の数をn、剛節点の数を$\bar{k}$、全部材数をsとすると、独立部材角の数は次式で与えられる。

$$（独立部材角の数）= s - 2n = 2\bar{k} - s \tag{18.1}$$

ここに、s＝全部材数；n＝閉鎖形の数；$\bar{k}$＝剛節点の数

独立部材の選定法について例題で説明する。

例題 1 山形ラーメンの場合　独立部材の数は2個である。2個の従属部材をAB、DEに選ぶと、平行であるので不可である。従属部材が平行にならないように独立部材を選ぶ。式(18.1)より、独立部材の数＝$s - 2n = 4 - 2 \times 1 = 2$

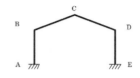

例題 2 2層矩形ラーメン
$s = 10 \quad \bar{k} = 6 \quad n = 4$
独立部材の数＝$s - 2n = 10 - 2 \times 4 = 2$
または、$2\bar{k} - s = 2 \times 6 - 10 = 2$

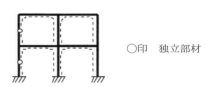

○印　独立部材

例題 3 吹抜を持つ矩形ラーメン
$s = 8 \quad n = 3$
独立部材角の数＝$s - 2n = 8 - 2 \times 3 = 2$個

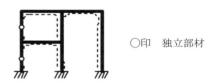

○印　独立部材

18.2　部材角相互の関係

独立部材角と従属部材角の幾何学的関係は直角変位図を利用して求めることができる。材長変化を生じない部材ikの変位は、回転中心Oのまわりの回転により生じる（図18-4）。回転角が微小な場合は、点iおよび点kの運動の方向はそれぞれoi、okに直角になる。点Oまわりの回転角をφとすれば、点iおよび点kの変位は次式となる。

$$\text{点iの変位} \quad \overline{i\,i''} = \varphi\,\overline{oi}\,;\,\text{点kの変位}\quad \overline{k\,k''} = \varphi\,\overline{ok} \tag{18.2}$$

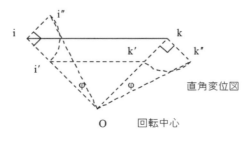

図 18-4　直角変位図

この実際の変位を90°だけ右まわりに回転して、**図 18-4** のように $\overline{ii''}=\overline{ii'}$，$\overline{kk''}=\overline{kk'}$ となるように選定した点を i' および k' とすると，

$$\left. \begin{array}{l} \overline{oi'}=\overline{oi}-\overline{ii'}=\overline{oi}(1-\varphi) \rightarrow \dfrac{\overline{oi}}{\overline{oi'}}=\dfrac{1}{1-\varphi} \\ \overline{ok'}=\overline{ok}-\overline{kk'}=\overline{ok}(1-\varphi) \rightarrow \dfrac{\overline{ok}}{\overline{ok'}}=\dfrac{1}{1-\varphi} \end{array} \right\} \rightarrow \therefore \dfrac{\overline{oi}}{\overline{oi'}}=\dfrac{\overline{ok}}{\overline{ok'}}$$

となるから、$\overline{i'k'}$ は $\overline{ik}$ に平行になる。$\overline{i'k'}$ を $\overline{ik}$ の**直角変位図**という（**図 18-5(a)**）。**直角変位図は材に常に平行である**。直角変位図 $\overline{i'k'}$ を知ることにより、ik 材の回転の中心と、その回転角を知ることができる。

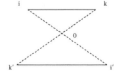

(a) 直角変位が同じ向き　　　　(b) 直角変位が反対向き

図 18-5　直角変位図

図 18-5(a) に示すように、部材 ik に対して任意に書かれた直角変位図を $\overline{i'k'}$ とすると、ik 材の回転の中心 O は $\overline{ii'}$ と $\overline{kk'}$ の交点であり、その回転角 φ は、

$$\varphi=\dfrac{\overline{ii'}}{\overline{oi}}=\dfrac{\overline{oi}-\overline{oi'}}{\overline{oi}}=1-\dfrac{\overline{oi'}}{\overline{oi}}=1-\dfrac{\overline{i'k'}}{\overline{ik}}$$

となる。したがって次式の関係を得る。

$$\boxed{\varphi = 1 - \dfrac{\overline{i'k'}}{\overline{ik}}} \tag{18.3}$$

式(18.3)から次の事項が得られる。これらの事項は直角変位図の作図に利用できる。
① $\overline{i'k'} < \overline{ik}$ のとき　→ $\varphi > 0$ となり、ik の回転は右まわり。
② $\overline{i'k'} = \overline{ik}$ のとき　→ $\varphi = 0$ となり、ik は平行移動。
③ $\overline{i'k'} > \overline{ik}$ のとき　→ $\varphi < 0$ となり、ik の回転は左まわり。
④ $\overline{i'k'} = 0$ のとき　→ $\varphi = 1$ となる。

直角変位図が**図 18-5(b)** のように点 O に対して部材 ik と反対側に書かれる場合、式(18.3)は次式となる。

$$\boxed{\varphi = 1 + \dfrac{\overline{i'k'}}{\overline{ik}}} \quad \text{（直角変位図が反対のとき）} \tag{18.4}$$

直角変位図は、式(18.3)または式(18.4)から得られる次の事項に留意すると、容易に作図できる。

> ① 独立部材 ik が単位の部材角 $R_{ik}=1$ になる直角変位図は $\overline{i'k'}=0$ である。
> ② 独立部材 ik が $R_{ik}=0$ になる直角変位図は $\overline{i'k'}=\overline{ik}$ である。すなわち、$\overline{i'k'}$ は $\overline{ik}$ に平行で等しい。

独立部材の数が n 個とすると、従属部材 ik の部材角 R_{ik} は次式により表される。

$$\boxed{\begin{aligned} R_{ik} &= \varphi_{ik(1)}\, R_1 + \varphi_{ik(2)}\, R_2 + \cdots + \varphi_{ik(n)}\, R_n \\ &= \sum_{j=1}^{n} \varphi_{ik(j)}\, R_j \quad (j=1,\cdots,n) \end{aligned}} \quad (18.5)$$

ここに、$\varphi_{ik(j)}=$ 第 j 番目の独立部材の部材角 R_j を 1 とし、他の独立部材角が 0 のときの ik 部材の部材角；$R_j=$ 第 j 番目の独立部材角。

直角変位図は、各独立部材に単位の部材角を各々単独に与えたときの図を別々に書く必要がある。独立部材の数が n 個の場合、n 個の直角変位図が必要であり、式(18.5)の $\varphi_{ik(j)}$ は、j 番目の独立部材角 $R_j=1$ で他の独立部材角がすべて 0 であるときの j 番目の直角変位図より、式(18.3)または式(18.4)を用いて求める。

例題 1 山形ラーメンの部材角と直角変位図を作成する（**例図 1**）。

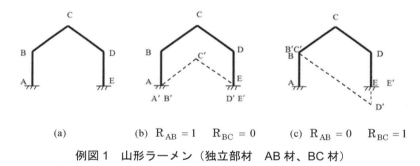

(a)　　　(b) $R_{AB}=1$　$R_{BC}=0$　　(c) $R_{AB}=0$　$R_{BC}=1$

例図 1 山形ラーメン（独立部材　AB 材、BC 材）

① 式(18.1)より独立部材は 2 個である。独立部材を AB 材と BC 材に選定する。独立部材角を R_{AB}, R_{BC} にとり、$R_1=R_{AB}$、$R_2=R_{BC}$ と表記する。この独立部材の選定は、残る従属部材 CD と DE が平行でないからよい。2 個の独立部材により従属部材の部材角を決める。

② $R_{AB}=1\,(\overline{A'B'}=0)$, $R_{BC}=0\,(\overline{B'C'}=\overline{BC})$ のときの直角変位図：**例図 1**(b)より、従属部材角は式(18.3)より次の値となる（実際に直角変位図の寸法を測る）。

$$\varphi_{CD(1)} = 1 - \frac{C'D'}{CD} = 0 \;;\; \varphi_{DE(1)} = 1 - \frac{D'E'}{DE} = 1$$

③ $R_{AB}=0\,(\overline{A'B'}=\overline{AB})$, $R_{BC}=1\,(\overline{B'C'}=0)$ のときの直角変位図：**例図 1**(c)より従属部材角は次の値となる。

$$\varphi_{CD(2)} = 1 - \frac{C'D'}{CD} = 1 - \frac{4.6}{2.3} = -1 \quad \text{(式(18.3)より求める)}$$

$$\varphi_{DE(2)} = 1 + \frac{D'E'}{DE} = 1 + \frac{0.9}{2} = 1.45 \quad \text{(式(18.4)より求める)}$$

　　└── 直角変位 $\overline{D'E'}$ は DE とは逆向きになっている。

④ 従属部材角 R_{CD}, R_{DE} は式(18.5)より、

$$R_{CD} = \varphi_{CD(1)} R_1 + \varphi_{CD(2)} R_2 = 0 \times R_1 - 1 \times R_2 = -R_2$$

$$R_{DE} = \varphi_{DE(1)}R_1 + \varphi_{DE(2)}R_2 = 1 \times R_1 + 1.45 \times R_2$$

例題2 例題1において独立部材をAB材とDE材に選定する（**例図2**）。

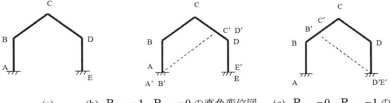

(a)　　(b) $R_{AB}=1$　$R_{DE}=0$ の直角変位図　　(c) $R_{AB}=0$　$R_{DE}=1$ の直角変位図

例図2　山形ラーメン（独立部材　AB材、DE材）

① 従属部材 BC 材および CD 材は平行でないから、この独立部材の選定はよい。
② 独立部材角を R_{AB} , R_{DE} にとる。$R_1 = R_{AB}$, $R_2 = R_{DE}$ と表記する。
③ $R_{AB}=1(\overline{A'B'}=0), R_{DE}=0(\overline{D'E'}=\overline{DE})$ のときの直角変位図：**例図**2(b)より従属部材角は次の値となる（実際に直角変位図の寸法を測る）。

$$\varphi_{BC(1)} = 1 - \frac{\overline{B'C'}}{\overline{BC}} = 1 - \frac{4.0}{2.2} = -0.82 \;;\quad \varphi_{CD(1)} = 1 - \frac{\overline{C'D'}}{\overline{CD}} = 1 - \frac{0.5}{2.2} = 0.77$$

④ $R_{AB}=0(\overline{A'B'}=\overline{AB}), R_{DE}=1(\overline{D'E'}=0)$ のときの直角変位図：**例図**2(c)より従属部材角は次の値となる。

$$\varphi_{BC(2)} = 1 - \frac{\overline{B'C'}}{\overline{BC}} = 1 - \frac{0.5}{2.2} = 0.77 \;;\quad \varphi_{CD(2)} = 1 - \frac{\overline{C'D'}}{\overline{CD}} = 1 - \frac{4.0}{2.2} = -0.82$$

⑤ 従属部材の部材角 R_{BC} , R_{CD} は式(18.5)より、次のように書ける。

$$R_{BC} = \varphi_{BC(1)}R_1 + \varphi_{BC(2)}R_2 = -0.82 \times R_1 + 0.77 \times R_2$$
$$R_{CD} = \varphi_{CD(1)}R_1 + \varphi_{CD(2)}R_2 = 0.77 \times R_1 - 0.82 \times R_2$$

18.3　ラーメン材端の曲げモーメント・せん断力

ラーメンの各節点は、その節点に集まる材から、曲げモーメント、せん断力、軸方向力を受けている。各部材の材端モーメントとせん断力は、すでに第17章で述べたように、部材の材端のたわみ角と部材角により、式(17.2)、式(17.3)により与えられる。異形ラーメンに対しても、これらの式は同じであり、説明の都合上これらの式を再記する。

$$\boxed{\begin{aligned}M_{AB} &= 2EK_0k_{AB}\left(2\theta_A + \theta_B - 3R_{AB}\right) + C_{AB} \\ M_{BA} &= 2EK_0k_{AB}\left(\theta_A + 2\theta_B - 3R_{AB}\right) + C_{BA}\end{aligned}}$$

(18.6)

$$\boxed{\begin{aligned}Q_{AB} &= -\frac{2EK_0k_{AB}}{\ell_{AB}}\left(3\theta_A + 3\theta_B - 6R_{AB}\right) + D_{AB} \\ Q_{BA} &= -\frac{2EK_0k_{AB}}{\ell_{AB}}\left(3\theta_A + 3\theta_B - 6R_{AB}\right) + D_{BA}\end{aligned}}$$

(18.7)

上式の各第1項は、材端のたわみ角および材の部材角のみによって定まる断面力であり、第2項は荷重項であり、材端のたわみ角と部材角を共に0とした場合の断面力である。各断面力の記号の正方向は、前記したものと同じである。**図 18-6** の断面力の方向はいずれも正である。

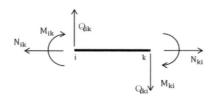

図 18-6　断面力の正の方向

材長変化を無視する仮定から、軸方向力はその材のたわみ角および部材角に直接の関係を持たない。よって軸方向力は、材端モーメントおよびせん断力が決まった後に力の釣合条件から定まる。

一般に、たわみ角法は軸方向力の効果を無視しているが、座屈問題では軸方向力の効果を考慮しなければならない。軸方向力を考慮したたわみ角法は、座屈たわみ角法と呼ばれる。座屈たわみ角法では、式(18.6)の係数2や1は軸方向力の係数となる。

式(18.6)、式(18.7)は途中荷重の項を区別して、次のように表すこともできる。

$$M_{ik} = \bar{M}_{ik}(\theta, R) + C_{ik} \quad ; \quad M_{ki} = \bar{M}_{ki}(\theta, R) + C_{ki} \tag{18.8}$$

$$Q_{ik} = \bar{Q}_{ik}(\theta, R) + D_{ik} \quad ; \quad Q_{ki} = \bar{Q}_{ki}(\theta, R) + D_{ki} \tag{18.9}$$

ここに、$\bar{M}_{ik}(\theta, R), \bar{M}_{ki}(\theta, R), \bar{Q}_{ik}(\theta, R), \bar{Q}_{ki}(\theta, R)$ は、その部材の材端たわみ角 θ と部材角 R の関数であることを意味し、式(18.6)、式(18.7) の右辺第1項を示す。

$$\begin{aligned}\bar{M}_{ik}(\theta, R) &= 2EK_0 k_{AB}(2\theta_A + \theta_B - 3R_{AB}) \\ \bar{M}_{ki}(\theta, R) &= 2EK_0 k_{AB}(\theta_A + 2\theta_B - 3R_{AB})\end{aligned} \tag{18.10}$$

$$\begin{aligned}\bar{Q}_{ik}(\theta, R) &= -\frac{2EK_0 k_{AB}}{\ell_{AB}}(3\theta_A + 3\theta_B - 6R_{AB}) \\ \bar{Q}_{ki}(\theta, R) &= -\frac{2EK_0 k_{AB}}{\ell_{AB}}(3\theta_A + 3\theta_B - 6R_{AB})\end{aligned} \tag{18.11}$$

途中荷重が作用しない場合は。荷重項 $C_{ik}, C_{ki}, D_{ik}, D_{ki}$ は 0 となるので $M_{ik} = \bar{M}_{ik} \cdots$, $Q_{ik} = \bar{Q}_{ik} \cdots$, となる。

18.4　未知数と力の釣合条件式の数

節点数が k 個、独立部材角の数が n 個あるラーメンの未知数は $k+n$ 個である。これに対して、力の釣合式の数は、k 個の節点方程式（各節点まわりの曲げモーメントの釣合）と n 個のせん力方程式（ラーメン全体の回転の釣合）の合計 $k+n$ 個あり、未知数と一致している。

18.5 節点方程式

節点方程式は式(17.9)と同じである。節点 i に集まる n 個の部材のすべての曲げモーメントの和は、その節点に作用する外力モーメント m_i に等しい。節点 i に外力モーメント m_i が存在しないときは m_i を 0 とする。

$$\boxed{\sum_{j=1}^{n} M_{ij} = m_i} \tag{18.12}$$

18.6 せん力方程式

異形ラーメンのせん力方程式は、矩形ラーメンの層方程式とは異なる。異形ラーメンに対するせん力方程式は、矩形ラーメンに適用できるが、矩形ラーメンの層方程式は異形ラーメンに適用できない。せん力方程式は、任意点まわりの構造物の回転が 0 であることを示している。

せん力方程式を示す前に、任意の節点 i に力 P_i が作用するときの仮想仕事式を、直角変位図により与えられる変位を用いて表すことを考える。図 18-7 に示すように、節点 i が点 O のまわりに回転するとき、極めて短い時間の間になした点 i は点 i″ へ変位したとすると、P_i 方向の変位成分は $ii″$ の P_i の作用線に下した成分 δ_i となり、P_i のなす仕事は $P_i \delta_i$ となる。点 i の直角変位を $\overline{ii'}$ とすると、点 i′ から P_i の作用線に下ろした垂線の長さ c_i は、幾何学的関係から δ_i に等しい。よって、

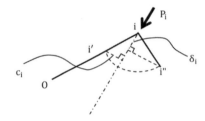

図 18-7 節点 i に作用する外力 P_i

$$P_i \delta_i = P_i c_i \tag{18.13}$$

となり、P_i のなす仕事は直角変位点 i′ まわりの力のモーメントに等しくなる。力のモーメントは右まわりを正とすることはこれまでと同じである。

上述の考えを一般的に拡張すると、図 18-8 のように、釣合状態における節点 i に作用する力群 $P_1, P_2, \cdots\cdots, P_n$ がなす仕事は次式で表される。

$$P_1 c_1 + P_2 c_2 + \cdots\cdots + P_n c_n + \cdots\cdots = \sum_{j=1}^{n} P_j c_j \tag{18.14}$$

ここに、$c_j \ (j=1,\cdots,n)$ は節点 i の直角変位点 i′ から力 P_j $(j=1,\cdots,n)$ へ下ろした垂線の長さである。

この力群が互いに釣合を保つには、仕事は 0 でなければならない。

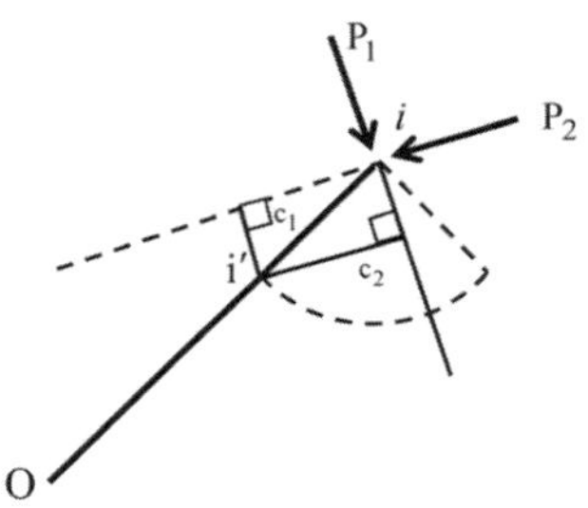

(注) 右まわりを正にする。

図 18-8 c_1, c_2 のとり方

$$\sum_{j=1}^{n} P_j c_j = 0 \quad (j=1,2,\cdots,n) \tag{18.15}$$

すなわち、仮想仕事の原理から数個の外力を受けて静止状態にある質点に、何らか

の変位を与えて生じる仮想仕事は0でなければならない。上述の結果を利用して、異形ラーメンのせん力方程式を定式化する。

(1) せん力方程式（その1）

図 18-9(a)に示す部材 ik の節点 i および k に作用する力は、部材 ik の断面力である軸方向力とせん断力、さらに、点 i に作用する外力 P_i とである。図 18-9(a)には中間荷重 p_n が書いてあるが、中間荷重はこの時点では考えない。k 点に作用する外力 P_k は、次の部材の外力として考える。部材 ik の断面力を節点 i および k について考えれば、図 18-9(b)のように反対向きの軸方向力およびせん断力となり、節点 i および k に作用する。よって、ik 部材の仮想仕事 L_{ik} は次式となる。

$$L_{ik} = P_i c_i + N_{ik}\eta_i - N_{ki}\eta_k - Q_{ik}\xi_i - Q_{ki}\xi_k \tag{18.16}$$

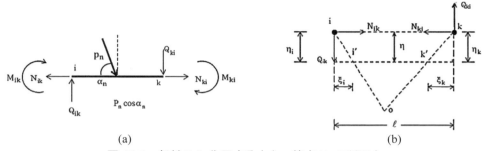

図 18-9 部材 ik に作用する力と、節点 i,k の断面力

ここに、$\eta_i, \eta_k, \xi_i, \xi_k$ は直角変位点 i' および k' より節点 i および k での断面力 $N_{ik}, N_{ki}, Q_{ik}, Q_{ki}$ に下した垂線の長さである。

部材 ik に材長変化が生じないから直角変位は常に部材 ik に平行となる（図 18-9(b)）ので、次式の関係がある。

$$\eta_i = \eta_k \tag{18.17}$$

図 18-9(a)に示したように、部材 ik の中間荷重 p_n が作用している場合を考える。中間荷重 p_n の材軸方向成分は部材 ik の軸方向力と釣合式が成立する。

$$\Sigma p_n \cos\alpha_n - N_{ik} + N_{ki} = 0 \tag{18.18}$$

よって、式(18.16)の軸方向力 N_{ik}, N_{ki} は中間荷重で表せる。式(18.17)、式(18.18)を式(18.16)に代入すると、

$$L_{ik} = P_i c_i + \Sigma p_n \cos\alpha_n \cdot \eta_i - Q_{ik}\xi_i - Q_{ki}\xi_k \tag{18.19}$$

となる。ここで、簡略化のため外力項をまとめて、

$$\overline{P}_i c_i = P_i c_i + \Sigma p_n \cos\alpha_n \cdot \eta_i \tag{18.20}$$

と表示すると、式(18.19)は次式となる。

$$L_{ik} = \overline{P}_i c_i - (Q_{ik}\xi_i + Q_{ki}\xi_k) \tag{18.21}$$

上式の仮想仕事式は、相隣るすべての2節点間 ik に対し成立する。ラーメン全体の仮想仕事式 L は、各部材の仮想仕事をすべての部材について総和すればよいから、せ

ん断力に対する釣合式を得る。

$$\Sigma \overline{P}_i c_i - \Sigma \left(Q_{ik} \xi_i + Q_{ki} \xi_k \right) = 0 \quad \text{(せん力方程式 その1)} \quad (18.22)$$

式(18.22)は、せん力方程式（その1）である。

(2) せん力方程式（その2）

せん断力を式(18.9)を用いて途中荷重を含む項と含まない項で表すと、式(18.22)は次式となる。

$$\Sigma \overline{P}_i c_i - \Sigma \left[\overline{Q}_{ik}(\theta, R) \, \xi_i + D_{ik} \xi_i + \overline{Q}_{ki}(\theta, R) \, \xi_k + D_{ki} \xi_k \right] = 0 \quad (18.23)$$

$\overline{Q}_{ik}(\theta, R)$ と $\overline{Q}_{ki}(\theta, R)$ は等しい。また、部材 ik の材長を ℓ_{ik} と表記すると、$(\xi_i + \xi_k)/\ell_{ik} = \varphi_{ik}$ の関係がある。更に、荷重を含む項をまとめて $\Sigma P_\theta c_\theta$ で表記すると、式(18.23)は次式となる。

$$\Sigma P_\theta c_\theta - \Sigma \left[\overline{Q}_{ik}(\theta, R) \, \ell_{ik} \, \varphi_{ik} \right] = 0 \quad \text{(せん力方程式 その2)} \quad (18.24)$$

ここに、$P_\theta c_\theta$ は以下で定義する。

$$\Sigma P_\theta c_\theta = \Sigma \overline{P}_i c_i - \Sigma(D_{ik} \xi_i + D_{ki} \xi_k) = \Sigma \left[P_i c_i + \Sigma(p_n \cos \alpha_n \eta_i) - D_{ik} \xi_i - D_{ki} \xi_k \right] \quad (18.25)$$

式(18.24)は、せん力方程式（その1）を変形した式であり、せん力方程式（その2）と呼ぶこととする。

(3) せん力方程式（その3）

$\overline{Q}_{ik}(\theta, R)$ と $\overline{Q}_{ki}(\theta, R)$ は、材端のたわみ角と部材角で表される曲げモーメントの項 $\overline{M}_{ik}(\theta, R)$ および $\overline{M}_{ki}(\theta, R)$ と次式の関係にある。

$$\overline{Q}_{ik}(\theta, R) = \overline{Q}_{ki}(\theta, R) = -\frac{\overline{M}_{ik}(\theta, R) + \overline{M}_{ki}(\theta, R)}{\ell_{ik}} \quad (18.26)$$

式(18.26)を式(18.25)に代入すると、せん力方程式（その3）が求められる。

$$\Sigma P_\theta c_\theta + \Sigma \left\{ \overline{M}_{ik}(\theta, R) + \overline{M}_{ki}(\theta, R) \right\} \varphi_{ik} = 0 \quad \text{(せん力方程式 その3)} \quad (18.27)$$

すべての部材に中間荷重が作用しないとき、中間荷重の項は消滅する。また、$M_{ik} = \overline{M}_{ik}$、$M_{ki} = \overline{M}_{ki}$ となるので、式(18.22)、式(18.24)よりも式(18.27)の方が便利である。

なお、式(18.22)、式(18.24)および式(18.27)は、1つの独立な部材の部材角に対応する直角変位図に対して1つの式が書けるので、m 個の独立な部材角があるときは、m 個のせん力方程式が書ける。各部材の φ_{ik} は独立な部材角が単位傾斜したときの直角変位図から求めた値である。

18.7 異形ラーメンの解法順序

異形ラーメンの解法順序は、17.9 節で述べた矩形ラーメンの解法順序と同じであるが、異形ラーメンに対するせん力方程式を使用する点が異なる。異形ラーメンでは独立部材を選定し、直角変位図から従属部材の部材角を独立部材の部材角で表すことが必要となる。

[解法順序]

> ① 独立部材を選定し、直角変位図を独立部材の数だけ作成する。
> ② 全節点に対して節点方程式を作る。
> ③ 節点移動のあるラーメンは、独立部材角の数だけせん力方程式を作る。
> ④ ①②を連立方程式として解き、たわみ角 θ と部材角 R を求める。
> ⑤ 材端モーメントの基本式に、たわみ角、部材角を代入し、材端モーメントを求める。
> ⑥ 梁中央 M および材端せん断力 Q を求める。

18.8 異形ラーメンの解法例

例題 1　せん力方程式（その 1）を用いて梯形ラーメンを解法する（**例図 3**）。

① 独立部材の選定：閉鎖形ラーメン ABCD の独立部材の数は 1 個である。
$(s-2n=3-2\times1=1)$、AB 部材を独立部材角に選定すると、直角変位図は**例図 4** になる。

$$\varphi_{AB}=1 \ ; \ \varphi_{BC}=1-\frac{\overline{B'C'}}{\overline{BC}}=1-2=-1 \ ; \ \varphi_{CD}=1-\frac{\overline{C'D'}}{\overline{CD}}=1$$

よって、従属部材 BC および CD の部材角は、式(18.5)より、

$$R_{BC}=\varphi_{BC}R_I=-1\cdot R \ ; \ R_{CD}=\varphi_{CD}R_I=1\cdot R \quad (ここに、R=R_{AB})$$

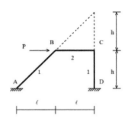
例図 3　異形ラーメン

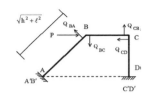
例図 4　直角変位図

② 基本式：$\theta_A=\theta_D=0$　途中荷重なし。式(18.6)、式(18.7)より、

$$M_{AB}=2EK_0\times1\,(\theta_B-3R) \quad (=\bar{M}_{AB})$$
$$M_{BA}=2EK_0\times1\,(2\theta_B-3R) \quad (=\bar{M}_{BA})$$
$$M_{BC}=2EK_0\times2\,(2\theta_B+\theta_C+3R) \quad (=\bar{M}_{BC})$$

$$M_{CB} = 2EK_0 \times 2\ (\theta_B + 2\theta_C + 3R)\ \ (= \bar{M}_{CB})$$
$$M_{CD} = 2EK_0 \times 1\ (2\theta_C - 3R)\ \ (= \bar{M}_{CD})$$
$$M_{DC} = 2EK_0 \times 1\ (\theta_C - 3R)\ \ (= \bar{M}_{DC}) \quad\quad 式①$$

$$Q_{BA} = -\frac{2EK_0 \times 1}{\sqrt{h^2+\ell^2}}\ (3\theta_B - 6R)\ \ (= \bar{Q}_{BA})$$
$$Q_{BC} = -\frac{2EK_0 \times 2}{\ell}\ (3\theta_B + 3\theta_C + 6R)\ \ (= \bar{Q}_{BC}) \quad\quad 式②$$
$$Q_{CD} = -\frac{2EK_0 \times 1}{h}\ (3\theta_C - 6R)\ \ (= \bar{Q}_{CD})$$

③ 節点方程式：式(18.12)より、
　　節点 B に対して　　$M_{BA} + M_{BC} = 0$ 　　　　　　　　　　　　式③
　　節点 C に対して　　$M_{CB} + M_{CD} = 0$ 　　　　　　　　　　　　式④

④ せん力方程式：せん力方程式（その 1）を用いると、式(18.22)より Σ は部材全部について求める。

$$P \cdot c_B - \left[(Q_{AB}\xi_A + Q_{BA}\xi_B) + (Q_{BC}\xi_B + Q_{CB}\xi_C) + (Q_{CD}\xi_C + Q_{DC}\xi_D)\right] = 0$$

↑　　　　↑　　↑　　　　↑　　↑　　↑　　↑
H　　　 0　 $\sqrt{h^2+\ell^2}$ 　$-\ell$ 　 0　 h 　 0

整理すると、
$$P \cdot h - Q_{BA} \cdot \sqrt{h^2+\ell^2} + Q_{BC} \cdot \ell - Q_{CD} \cdot h = 0 \quad\quad 式⑤$$

⑤ 式①②を式③〜⑤に代入して整理すると、

式③： $2\theta_B - 3R + 4\theta_B + 2\theta_C + 6R = 0$ 　　∴ $\boxed{6\theta_B + 2\theta_C + 3R = 0}$ 　　式⑥

式④： $2\theta_B + 4\theta_C + 6R + 2\theta_C - 3R = 0$ 　　∴ $\boxed{2\theta_B + 6\theta_C + 3R = 0}$ 　　式⑦

式⑤： $Ph + \dfrac{2EK_0\,(3\theta_B - 6R)}{\sqrt{h^2+\ell^2}} \times \sqrt{h^2+\ell^2} - \dfrac{2EK_0 \times 2\,(3\theta_B + 3\theta_C + 6R)}{\ell} \times \ell$

$+ \dfrac{2EK_0 \times 1}{h}(3\theta_C - 6R)\,h = 0$ 　　∴ $\boxed{3\theta_B + 3\theta_C + 24R = \dfrac{Ph}{2EK_0}}$ 　　式⑧

式⑥⑦⑧をまとめると、

$$\begin{bmatrix} 6 & 2 & 1 \\ 2 & 6 & 1 \\ 3 & 3 & 8 \end{bmatrix} \begin{bmatrix} \theta_B \\ \theta_C \\ 3R \end{bmatrix} = \begin{bmatrix} 0 \\ 0 \\ 1 \end{bmatrix} \frac{Ph}{2Ek_0} \quad\quad 式⑨$$

上式を θ_B, θ_C, $3R$ について解く。

$$\Delta = \begin{vmatrix} 6 & 2 & 1 \\ 2 & 6 & 1 \\ 3 & 3 & 8 \end{vmatrix} = 232\ ;\ \ \Delta_1 = \begin{vmatrix} 0 & 2 & 1 \\ 0 & 6 & 1 \\ 1 & 3 & 8 \end{vmatrix} = -4\ ;$$

$$\Delta_2 = \begin{vmatrix} 6 & 0 & 1 \\ 2 & 0 & 1 \\ 3 & 1 & 8 \end{vmatrix} = -4\ ;\ \ \Delta_3 = \begin{vmatrix} 6 & 2 & 0 \\ 2 & 6 & 0 \\ 3 & 3 & 1 \end{vmatrix} = 32$$

（注） Δ_1, Δ_2, Δ_3 は $Ph/(2EK_0)$ の単位を持っているが、記述を省略。

$$\theta_B = \frac{\Delta_1}{\Delta} = -\frac{1}{58}\left[\frac{Ph}{2EK_0}\right]\,;\; \theta_C = \frac{\Delta_2}{\Delta} = -\frac{1}{58}\left[\frac{Ph}{2EK_0}\right]\,;$$

$$3R = \frac{\Delta_3}{\Delta} = \frac{32}{232}\left[\frac{Ph}{2EK_0}\right] = \frac{8}{58}\left[\frac{Ph}{2EK_0}\right] \qquad 式⑩$$

⑥ 材端曲げモーメント（**例図5**）

$$M_{AB} = 2EK_0 \times 1\ (-1-8)\frac{1}{58}\cdot\frac{Ph}{2EK_0} = -\frac{9}{58}Ph$$

$$M_{BA} = 2EK_0 \times 1\ (-2-8)\frac{1}{58}\cdot\frac{Ph}{2EK_0} = -\frac{10}{58}Ph$$

$$M_{BC} = 2EK_0 \times 2\ (-2-1+8)\frac{1}{58}\cdot\frac{Ph}{2EK_0} = \frac{10}{58}Ph$$

$$M_{CB} = 2EK_0 \times 2\ (-1-2+8)\frac{1}{58}\cdot\frac{Ph}{2EK_0} = \frac{10}{58}Ph$$

$$M_{CD} = 2EK_0 \times 1\ (-2-8)\frac{1}{58}\cdot\frac{Ph}{2EK_0} = -\frac{10}{58}Ph$$

$$M_{DC} = 2EK_0 \times 1\ (-1-8)\frac{1}{58}\cdot\frac{Ph}{2EK_0} = -\frac{9}{58}Ph$$

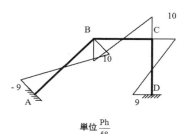

例図5　M図　単位 $\frac{Ph}{58}$

例題2　例題1を、せん力方程式（その1）の式(18.22)の代わりに（その3）の式(18.27)を用いて解く。ステップ①②③までは例題1と同じである。

④　せん力方程式；式(18.27)より、

$$Ph + (\bar{M}_{AB}+\bar{M}_{BA})\,\varphi_{AB} + (\bar{M}_{BC}+\bar{M}_{CB})\,\varphi_{BC} + (\bar{M}_{CD}+\bar{M}_{DC})\,\varphi_{CD} = 0$$

$$\therefore\ Ph + (\bar{M}_{AB}+\bar{M}_{BA})\times 1 + (\bar{M}_{BC}+\bar{M}_{CB})\times(-1) + (\bar{M}_{CD}+\bar{M}_{DC})\times 1 = 0 \qquad 式⑤$$

⑤　式⑤に例題1の式①を代入すると、

$$Ph + 2EK_0[3\theta_B - 6R - 6\theta_B - 6\theta_C - 12R + 3\theta_C - 6R] = 0 \quad \therefore\ 3\theta_B + 3\theta_C + 24R = \frac{Ph}{2EK_0}$$

式⑥

式⑥は例題1の式⑤と同じであり、結果は同じになる。

例題3　例図6の山形ラーメンを解法する。

軒高　$h = \ell = 4\,\mathrm{m}$

剛比　$k = 2$

① 独立部材の選定：独立部材の数 $= s - 2n = 4 - 2\times 1 = 2$。
よって、2個の独立部材を AB 材と BC 材とする。簡略化のため、$R_{AB} = R_1$, $R_{BC} = R_2$ と表示し、従属部材である CD 材、DE 材の部材角を R_3, R_4 と表す。

② 直角変位図を書く（**例図7**）。

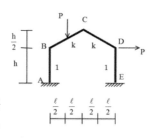

例図6　山形ラーメン

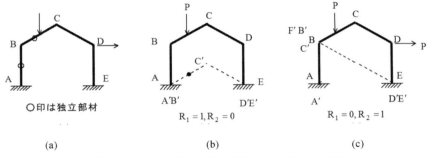

例図7 直角変位図（独立部材　AB材、BC材）

- $R_1=1, R_2=0$ のときの直角変位図（**例図7(b)**）　$\varphi_{AB(1)}=1, \varphi_{BC(1)}=0$

$$\varphi_{CD(1)}=1-\frac{1}{1}=0 \ ; \ \varphi_{DE(1)}=1-\frac{0}{1}=1$$

- $R_1=0, R_2=1$ のときの直角変位図（**例図7(c)**）　$\varphi_{AB(2)}=0, \varphi_{BC(2)}=1$

$$\varphi_{CD(2)}=1-\frac{2}{1}=-1 \ ; \ \varphi_{DE(2)}=1-\frac{0}{1}=1$$

③　従属部材の部材角 R_3, R_4 を独立部材の部材角 R_1 および R_2 で表す。

$$R_{CD}=R_3=\varphi_{CD(1)}R_1+\varphi_{CD(2)}R_2=0\times R_1 -1\times R_2=-R_2$$

$$R_{DE}=R_4=\varphi_{DE(1)}R_1+\varphi_{DE(2)}R_2=1\times R_1+1\times R_2=R_1+R_2$$

④　$\bar{M}_{ik}(\theta,R)$ および M_{BC}, M_{CB}

中間荷重がある部材 BC には、固定端モーメント C_{BC}, C_{CB} が生じる。

$$C_{BC}=-\frac{P\ell}{8}; \qquad C_{CB}=\frac{P\ell}{8}$$

（注）BC 部材の実長 $\bar{\ell}=\dfrac{\ell}{\cos\alpha}$ である。ここに、α は屋根勾配の角度である。荷重 P の部材 BC に直角な成分は $\bar{P}=P\cdot\cos\alpha$ であるから $C_{BC}=-\dfrac{\bar{P}\cdot\bar{\ell}}{8}=-\dfrac{P\cdot\cos\alpha\cdot\dfrac{\ell}{\cos\alpha}}{8}=-\dfrac{P\ell}{8}$ となり、水平面で考えても同じである（**例図8**）。

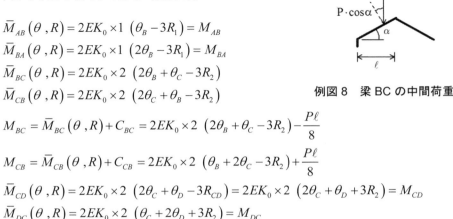

例図8　梁 BC の中間荷重

$$\bar{M}_{AB}(\theta,R)=2EK_0\times 1\ (\theta_B-3R_1)=M_{AB}$$

$$\bar{M}_{BA}(\theta,R)=2EK_0\times 1\ (2\theta_B-3R_1)=M_{BA}$$

$$\bar{M}_{BC}(\theta,R)=2EK_0\times 2\ (2\theta_B+\theta_C-3R_2)$$

$$\bar{M}_{CB}(\theta,R)=2EK_0\times 2\ (2\theta_C+\theta_B-3R_2)$$

$$M_{BC}=\bar{M}_{BC}(\theta,R)+C_{BC}=2EK_0\times 2\ (2\theta_B+\theta_C-3R_2)-\frac{P\ell}{8}$$

$$M_{CB}=\bar{M}_{CB}(\theta,R)+C_{CB}=2EK_0\times 2\ (\theta_B+2\theta_C-3R_2)+\frac{P\ell}{8}$$

$$\bar{M}_{CD}(\theta,R)=2EK_0\times 2\ (2\theta_C+\theta_D-3R_{CD})=2EK_0\times 2\ (2\theta_C+\theta_D+3R_2)=M_{CD}$$

$$\bar{M}_{DC}(\theta,R)=2EK_0\times 2\ (\theta_C+2\theta_D+3R_2)=M_{DC}$$

$$\overline{M}_{DE}(\theta,R) = 2EK_0 \times 1\ (2\theta_D - 3R_{DE}) = 2EK_0 \times 1\ (2\theta_D - 3R_1 - 3R_2) = M_{DE}$$
$$\overline{M}_{ED}(\theta,R) = 2EK_0 \times 1\ (\theta_D - 3R_1 - 3R_2) = M_{ED}$$

⑤ 節点方程式：節点 B について $\Sigma M_B = 0 \to M_{BA} + M_{BC} = 0$ 式①

節点 C について $\Sigma M_C = 0 \to M_{CB} + M_{CD} = 0$ 式②

節点 D について $\Sigma M_D = 0 \to M_{DC} + M_{DE} = 0$ 式③

⑥ せん力方程式：せん力方程式（その3）の式(18.27)を用いる。2つの独立部材があるので、それぞれに対してせん力方程式が書ける。（注参照）

$$(\overline{M}_{AB}+\overline{M}_{BA})\varphi_{AB(1)} + (\overline{M}_{BC}+\overline{M}_{CB})\varphi_{BC(1)} + (\overline{M}_{CD}+\overline{M}_{DC})\varphi_{CD(1)} + (\overline{M}_{DE}+\overline{M}_{ED})\varphi_{DE(1)} + P\times 0 + P\times h = 0$$
$$\uparrow\ 1 \quad\quad \uparrow\ 0 \quad\quad \uparrow\ 0 \quad\quad \uparrow\ 1 \qquad \text{式④}$$

$$(\overline{M}_{AB}+\overline{M}_{BA})\varphi_{AB(2)} + (\overline{M}_{BC}+\overline{M}_{CB})\varphi_{BC(2)} + (\overline{M}_{CD}+\overline{M}_{DC})\varphi_{CD(2)} + (\overline{M}_{DE}+\overline{M}_{ED})\varphi_{DE(2)} + \frac{P}{2}\times \ell + P\times h = 0$$
$$\uparrow\ 0 \quad\quad \uparrow\ 1 \quad\quad \uparrow\ -1 \quad\quad \uparrow\ 1 \qquad \text{式⑤}$$

（注）せん力方程式を考える場合、BC 材の中間に作用する荷重 P を点 B、点 C に $\frac{P}{2}, \frac{P}{2}$ 作用すると考えても結果は同じである（**例図9**）。曲げモーメントにおける中間荷重の効果は C_{BC}, C_{CB} で考慮している。

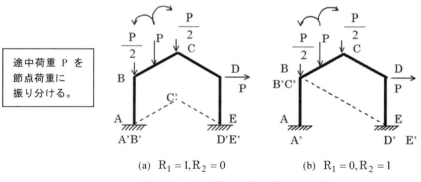

(a) $R_1 = 1, R_2 = 0$　　　(b) $R_1 = 0, R_2 = 1$

例図9　中間荷重を節点荷重に置換

⑦ 式①〜⑤に基本式を代入すると、連立方程式を得る。

$$\begin{bmatrix} 6 & 2 & 0 & -3 & -6 \\ 2 & 8 & 2 & 0 & 0 \\ 0 & 2 & 6 & -3 & 3 \\ 3 & 0 & 3 & -12 & -6 \\ 6 & 0 & -3 & -6 & -30 \end{bmatrix} \begin{bmatrix} \theta_B \\ \theta_C \\ \theta_D \\ R_1 \\ R_2 \end{bmatrix} = \begin{bmatrix} \dfrac{P\ell}{8} \\ -\dfrac{P\ell}{8} \\ 0 \\ -Ph \\ -\dfrac{3}{2}P\ell \end{bmatrix} \left(\dfrac{1}{2EK_0}\right)$$

5元連立方程式を解く（適切なプログラムを使用する）。

$$\theta_B = 1.19312\left(\frac{P\ell}{16EK_0}\right);\ \theta_C = -0.51786\left(\frac{P\ell}{16EK_0}\right);\ \theta_D = 0.37831\left(\frac{P\ell}{16EK_0}\right);$$

$$R_1 = 0.84347 \left(\frac{P\ell}{16EK_0} \right) \; ; \; R_2 = 0.43210 \left(\frac{P\ell}{16EK_0} \right)$$

⑧ 上の値を基本式に代入し、各材端モーメントを計算する（**例図 10**）。

$$M_{AB} = -1.336 \left(\frac{P\ell}{8} \right) \; ; \; M_{BA} = -0.144 \left(\frac{P\ell}{8} \right)$$

$$M_{BC} = 0.144 \left(\frac{P\ell}{8} \right) \; ; \; M_{CB} = -1.278 \left(\frac{P\ell}{8} \right)$$

$$M_{CD} = 1.278 \left(\frac{P\ell}{8} \right) \; ; \; M_{DC} = 3.070 \left(\frac{P\ell}{8} \right)$$

$$M_{DE} = -3.070 \left(\frac{P\ell}{8} \right) \; ; \; M_{ED} = -3.448 \left(\frac{P\ell}{8} \right)$$

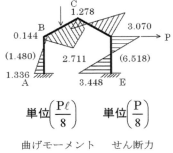

例図 10　M図およびQ値

なお、BC 材の荷重作用点 F のモーメントは $M_0 = \frac{P\ell}{4}$ より、

$$M_F = \frac{P\ell}{4} + \left(\frac{M_{BC} - M_{CB}}{2} \right) = \frac{P\ell}{4} + \left(\frac{0.144 + 1.278}{2} \right) \times \frac{P\ell}{8} = 2.711 \left(\frac{P\ell}{8} \right)$$

⑨ チェック；柱のせん断力の合計は、外力の水平力 P に等しくなければならない。
（左柱）（右柱）

$$(1.480 + 6.518) \frac{P}{8} = P \quad \text{O.K.}$$

例題 4　階段の設計　折板式階段は階段の幅 1m について計算する。剛比および荷重は**例図 11** に示す。

① AB 材を独立部材とする。
② $R_{AB} = 1$ とおいて直角変位図を書くと**例図 12** となる。

$$\varphi_{AB} = 1 \; ; \; \varphi_{BC} = 1 - \frac{1}{1} = 0 \; ; \; \varphi_{CD} = 1 - \frac{3.5}{2} = -0.75$$

$$\therefore R_{BC} = \varphi_{BC} R_1 = 0 \; ; \; R_{CD} = \varphi_{CD} R_1 = -0.75 R_1$$

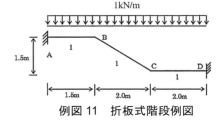
例図 11　折板式階段例図

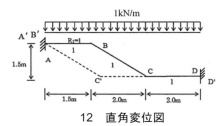
12　直角変位図

③ 基本公式

$$\bar{M}_{AB} = 2EK_0 \times 1 \left(\theta_B - 3R_1 \right) \; ; \; \bar{M}_{BA} = 2EK_0 \times 1 \left(2\theta_B - 3R_1 \right)$$

$$\bar{M}_{BC} = 2EK_0 \times 1 \left(2\theta_B + \theta_C - 3R_{BC} \right) = 2EK_0 \times 1 \left(2\theta_B + \theta_C \right)$$

$$\bar{M}_{CB} = 2EK_0 \times 1 \left(2\theta_C + \theta_B - 3R_{BC} \right) = 2EK_0 \times 1 \left(2\theta_C + \theta_B \right)$$

$$\bar{M}_{CD} = 2EK_0 \times 1 \ (2\theta_C - 3R_{CD}) = 2EK_0 \times 1 \ (2\theta_C + 3 \times 0.75 R_I)$$
$$\bar{M}_{DC} = 2EK_0 \times 1 \ (\theta_C - 3R_{CD}) = 2EK_0 \times 1 \ (\theta_C + 3 \times 0.75 R_I)$$
$$M_{AB} = \bar{M}_{AB} + C_{AB} = \bar{M}_{AB} - \frac{1 \times 1.5^2}{12} \ ; \ M_{BA} = \bar{M}_{BA} + C_{BA} = \bar{M}_{BA} + \frac{1 \times 1.5^2}{12}$$
$$M_{BC} = \bar{M}_{BC} + C_{BC} = \bar{M}_{BC} - \frac{1 \times 2^2}{12} \ ; \ M_{CB} = \bar{M}_{CB} + C_{CB} = \bar{M}_{CB} + \frac{1 \times 2^2}{12}$$
$$M_{CD} = \bar{M}_{CD} + C_{CD} = \bar{M}_{CD} - \frac{1 \times 2^2}{12} \ ; \ M_{DC} = \bar{M}_{DC} + C_{DC} = \bar{M}_{DC} + \frac{1 \times 2^2}{12}$$

④　節点方程式：節点 B： $M_{BA} + M_{BC} = 0$ 　　　　　　　　　　　　　　式①
　　　　　　　　節点 C： $M_{CB} + M_{CD} = 0$ 　　　　　　　　　　　　　　式②

⑤　せん力方程式

分布荷重を点B、点Cに作用する節点荷重に振り分けても結果は同じである（**例図 13**）。

　　　　点 B に作用する集中荷重　　　$P_B = 1\text{kN/m} \times \frac{(1.5\text{m} + 2\text{m})}{2} = \frac{3.5}{2} \text{kN}$

　　　　点 C に作用する集中荷重　　　$P_C = 1\text{kN/m} \times \frac{(2\text{m} + 2\text{m})}{2} = 2 \text{kN}$

式(18.27)より、

$$(\bar{M}_{AB} + \bar{M}_{BA})\varphi_{AB} + (\bar{M}_{BC} + \bar{M}_{CB})\varphi_{BC} + (\bar{M}_{CD} + \bar{M}_{DC})\varphi_{CD} + P_B \times 1.5 + P_C \times 1.5 = 0 \quad 式③$$
$$\uparrow \qquad\qquad \uparrow \qquad\qquad \uparrow$$
$$1 \qquad\qquad 0 \qquad\qquad -0.75$$

⑥　式①②③に基本式を代入すると連立方程式を得る。

$$\begin{bmatrix} 4 & 1 & -3 \\ 1 & 4 & 2.25 \\ 3 & -2.25 & -9.375 \end{bmatrix} \begin{bmatrix} \theta_B \\ \theta_C \\ R_I \end{bmatrix} = \begin{bmatrix} 0.1458 \\ 0 \\ -5.625 \end{bmatrix} \left(\frac{1}{2EK_0}\right)$$

⑦　連立方程式を解くと、

$$\theta_B = 1.19770 \left(\frac{1}{2EK_0}\right) \ ; \ \theta_C = -0.98556 \left(\frac{1}{2EK_0}\right) \ ; \ R_I = 1.21980 \left(\frac{1}{2EK_0}\right)$$

⑧　材端モーメント（**例図 14**）

　　　　$M_{AB} = -2.6492 \text{kNm}$ ；$M_{BA} = -1.0765 \text{kNm}$ ；
　　　　$M_{BC} = 1.0765 \text{kNm}$ ；$M_{CB} = -0.4401 \text{kNm}$
　　　　$M_{CD} = 0.4401 \text{kNm}$ ；$M_{DC} = 2.0923 \text{kNm}$

BC 材の中間点の曲げモーメント

$$M = M_0 + \frac{(M_{BC} - M_{CB})}{2} = \frac{1 \times 2^2}{8} + \frac{(1.0765 + 0.4401)}{2} = 1.2583 \text{kNm}$$

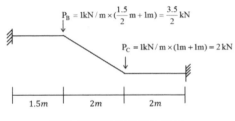

例図 13　節点荷重に置換

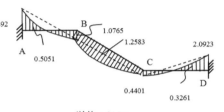

単位：kNm

例図 14　M 図

⑨　階段の設計：鉄筋コンクリート造とすると、引張鉄筋で決まるから、$M = f_t\, a\, j$ より、必要鉄筋の断面積 a を求める（**例図 15 および例図 16**）。

$$a = \frac{M}{f_t\, j} \qquad \text{ここで、}\ j = \frac{7}{8}d$$

鉄筋を SD294 を用いると、長期許容引張応力は、$f_t = 2.0\,\mathrm{kN/cm^2}$ となる。曲げモーメントが最大となるのは、踊場の固定端 A である。この位置での必要鉄筋量を計算する。引張側鉄筋までの距離を $d = 12\,\mathrm{cm}$ とすると、$j = (7/8)\times 12 = 10.5\,\mathrm{cm}$ となり、必要鉄筋量は、

$$a = \frac{M_{\max}}{f_t\, j} = \frac{2.65 \times 10^2}{2 \times 10.5} = 12.62\,\mathrm{cm^2} \to 11 - D13\,(13.79\,\mathrm{cm^2})$$

となる。上記の鉄筋を階段幅 1m について配筋することから 100 cm/11 本=9.09 cm → @90 とすると、D13 @ 90 となる（**例図 16**）。

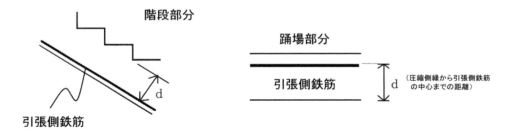

例図 15　階段の d　　　　　　例図 16　踊場の d

第19章　固定モーメント法による矩形ラーメンの解法

19.1　概要

　第17章および第18章では、不静定構造物の実用的な解法としてたわみ角法を紹介した。この方法は理論的には素晴しいが多元連立方程式を解く必要があり、コンピュータが進展しない時代では、高層ラーメンになると未知数が多くなり、連立方程式を解法することが大きな障害となっていた。これを解決する方法として、連立方程式を解かずに図上の収束計算で解法する固定モーメント法（moment distribution method）が、1930年 H. Cross 教授により提案された。

　固定モーメント法は変形法の特別な場合であり、主として矩形ラーメンの解法である。解法の特色は、節点での不釣合モーメントを分散させる収束計算により、ラーメンの図上で直接に材端曲げモーメントを計算できる点にある。

　コンピュータが進展しない時代では、固定モーメント法はたわみ角法における連立方程式の解法の困難をカバーする新しい展開を示した。しかし、近年コンピュータの進展により固定モーメント法の図上計算はすたれる傾向にある。しかし、固定モーメント法の計算は Excel を用いると容易に計算できる。

　本解析法の説明は、節点の水平変位の有無により解法が分かれるので、①節点移動のない矩形ラーメンの解法（水平力が作用しない場合）、②節点移動のある矩形ラーメンの解法（水平力が作用する場合）について述べる。なお、部材の回転角、部材角、軸方向力、曲げモーメント、せん断力の正負の規約は、たわみ角法で定義した図 17-3 および図 17-4 と同じである。なお、固定モーメント法による異形ラーメンの解法は省略する。

19.2　到達率・分配率

　ラーメンに生じる曲げモーメントは節点を介して部材に伝達される。その伝達法は到達率と伝達率に支配される。

(1)　到達率（carry-over factor）

　A端ピン、B端固定のAB部材のA端に外力モーメント m_A が作用するとき、AB部材の曲げモーメント分布を調べる。AB梁の剛比を k とする（図 19-1(a)参照）。

図 19-1　到達率

たわみ解法を用いると、未知数は点 A の回転角 θ_A のみであり、点 B のたわみ θ_B と部材角 R は $\theta_B = R = 0$ である。節点 A での節点方程式は次式となる。

$$M_{AB} = m_A \tag{19.1}$$

たわみ角法の基本式に上式の結果を用いると、

$$M_{AB} = 2EK_0 k (2\theta_A) = m_A \tag{19.2}$$

$$M_{BA} = 2EK_0 k (\theta_A) = \frac{M_{AB}}{2} = \frac{m_A}{2} \tag{19.3}$$

となる。上式より、部材 AB の A 端に曲げモーメント m_A が生じると、他端 B には $\frac{m_A}{2}$ が発生する(図 19-1(b)参照)。つまり、部材の A 端に M_{AB} が生じるとき、B 端には $M_{BA} = \frac{M_{AB}}{2}$ のモーメントが到達する。M_{BA} を到達モーメントと呼び、$\frac{M_{BA}}{M_{AB}}$ の比を到達率と呼ぶ。

> ラーメンの場合の到達率は $\frac{1}{2}$ である。

(2)　分配率（Distribution factor）

図 19-2 のラーメンの節点 A に外力モーメント m_A が作用したとき、節点 A に集まる部材の曲げモーメントの分布を調べる。節点 A に接合する A1 材、A2 材の剛比をそれぞれ k_1, k_2 とする。

節点 A のたわみ角を θ_A とすると、たわみ角法の基本式は次式となる。

$$M_{A1} = 2EK_0 k_1 (2\theta_A) \tag{19.4}$$

$$M_{A2} = 2EK_0 k_2 (2\theta_A) \tag{19.5}$$

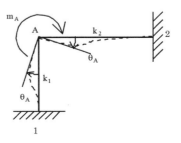

図 19-2　分配率

節点 A での節点方程式は、

$$M_{A1} + M_{A2} = m_A \tag{19.6}$$

となる。上式に式(19.4)および式(19.5)を代入し整理すると、次式となる。

$$2EK_0 \cdot 2\theta_A = \frac{m_A}{k_1 + k_2} \tag{19.7}$$

式(19.7)を式(19.4)および式(19.5)に代入すると、

$$M_{A1} = \frac{k_1}{k_1+k_2} m_A$$
$$M_{A2} = \frac{k_2}{k_1+k_2} m_A \qquad (19.8)$$

となる。上式は節点 A に作用するモーメント m_A が剛比の比により部材に分配されることを示す。

$$\text{A1 材の分配率} \quad \frac{k_1}{k_1+k_2} \; ; \; \text{A2 材の分配率} \quad \frac{k_2}{k_1+k_2}$$

上記の展開は、節点 i に集まる j 個の部材に対して拡張すると、次式となる。

$$\boxed{\text{節点 i に集まる j 部材の分配率}} \Rightarrow \mu_{ij} = \frac{k_{ij}}{\sum k} \qquad (19.9)$$

ここに、$\sum k$ ＝節点 i に集まる部材の剛比の和。分配率の和は 1 になる。

節点 i に作用する外力モーメント m_i は、分配率で次式により按分される。

$$\boxed{\text{節点 i に集まる j 部材の分配モーメント}} \Rightarrow M_{ij} = \mu_{ij} \cdot m_i \qquad (19.10)$$

例として、図 19-3 の節点 i に 4 個の部材が集まる場合を考える。$\sum k = k_1 + k_2 + k_3 + k_4$

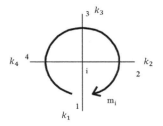

図 19-3 節点 j に 4 個の部材が集まる場合

$$M_{i1} = \mu_{i1} \cdot m_i = \frac{k_1}{\sum k} m_i \; ; \; M_{i2} = \mu_{i2} \cdot m_i = \frac{k_2}{\sum k} m_i$$
$$M_{i3} = \mu_{i3} \cdot m_i = \frac{k_3}{\sum k} m_i \; ; \; M_{i4} = \mu_{i4} \cdot m_i = \frac{k_4}{\sum k} m_i$$

19.3 解法の原理

固定モーメント法は、部材の両端を固定と仮定したときに、節点に作用するモーメント（固定端モーメント）を計算し、実際は固定ではない節点については、固定端モーメントを逆に作用させて固定を解除する。解除した固定端モーメントを分配率で節点に集まる部材に分配し、その分配モーメントを到達率で他端（固定と仮定した部材の他端）に伝える。固定でないときは、その節点に伝達された曲げモーメントの合計を不釣合モーメントとして逆に作用させて、各節点で分配率で各部材に按分し、各部材の他端に伝達する。伝達されるモーメント（不釣合モーメント）が無視できるまで収束計算をする。

固定モーメント法の考え方を、図 19-4(a)のラーメンに集中荷重 P=12kN が作用する場合について示す。柱および梁の剛比はそれぞれ 1 および 2 とする。

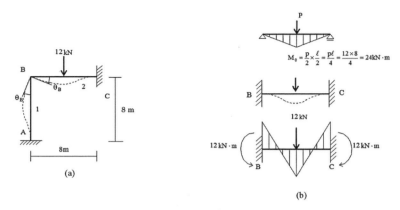

図 19-4(a)(b)　固定モーメント法の解法例

[解法順序]

① 節点 B は固定でないので、集中荷重 12kN により回転角 θ_B を生じる。いま、梁 BC 材の B 端の回転を拘束するには節点 B に固定端モーメントが必要である（**図 19-4(b)参照**）。

　　固定端モーメント C_{BC}, C_{CB} の値は、たわみ角法で用いた**表 17-3** より求まる。

$$C_{BC} = -\frac{P\ell}{8} = -\frac{12 \times 8}{8} = -12\,\text{kNm} \quad ; \quad C_{CB} = \frac{P\ell}{8} = \frac{12 \times 8}{8} = 12\,\text{kNm}$$

② 実際には、節点 B は固定でなく回転するので、節点 B の固定端モーメント $-12\,\text{kNm}$ を逆に加えて、**固定の拘束を解除する**。点 B にモーメント $m_B = 12\,\text{kNm}$（右まわりを正）が作用するときの、部材のモーメントを固定モーメント法で求める（**図 19-4(c)参照**）。

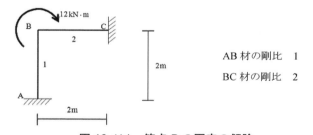

図 19-4(c)　節点 B の固定の解除

③ 分配率：式(19.9)より、$\mu_{BA} = \dfrac{1}{1+2} = \dfrac{1}{3} \quad ; \quad \mu_{BC} = \dfrac{2}{1+2} = \dfrac{2}{3}$

④ 分配モーメント：式(19.10)より、

$$M_{BA} = \mu_{BA} \cdot m_B = \frac{1}{3} \times 12 = 4\,\text{kNm} \quad ; \quad M_{BC} = \mu_{BC} \cdot m_B = \frac{2}{3} \times 12 = 8\,\text{kNm}$$

⑤ 到達モーメント：$M_{AB} = \dfrac{1}{2} M_{BA} = \dfrac{1}{2} \times 4 = 2\,\text{kNm} \quad ; \quad M_{CB} = \dfrac{1}{2} M_{BC} = \dfrac{1}{2} \times 8 = 4\,\text{kNm}$

⑥ M図（図 19-4(d)）
⑦ せん断力：図 19-4(d)の M 図より、

$$Q_{AB} = Q_{BA} = -\frac{M_{AB} + M_{BA}}{\ell_{AB}} = -\frac{2+4}{2} = -3\,\text{kN} \;;$$

$$Q_{BC} = Q_{CB} = -\frac{M_{BC} + M_{CB}}{\ell_{BC}} = -\frac{8+4}{2} = -6\,\text{kN}$$

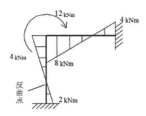

M はいずれも正であるから右回りにとる。

（注）柱の曲げモーメントが 0 になる位置を反曲点と呼ぶ。

図 19-4(d)　M 図

⑧ 結果の合成（図 19-4(e)）

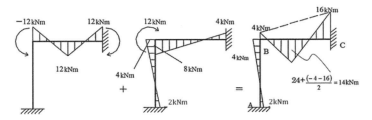

図 19-4(e)　最終の M 図

19.4　固定モーメント法の図表計算順序（節点移動のないラーメン）

［解法順序］

① 分配率：$\mu_{ij} = \dfrac{k_{ij}}{\sum k}$　ここに、$\sum k$ ＝節点に集まる部材の剛比の和。

② 固定モーメント $\overline{m}_i$ ＝節点 i に集まる固定端モーメント C_{ik} の和（片持梁の固定端モーメントを含める）。

③ 分配モーメント $D.M$：節点 i の $\overline{m}_i$ を逆に作用させて拘束を解除する。
ij 部材について、
$$M_{ij}(D.M) = -\mu_{ij} \cdot \overline{m}_i$$

④ 到達モーメント $C.M$：分配モーメントの $\dfrac{1}{2}$ が他端に伝達する。
到達モーメント　$M_{ji}(C.M) = \dfrac{1}{2} M_{ij}(D.M)$

⑤ 節点 i における到達モーメントの総和を $\overline{m}_{i(2)}$ とする。
$$\overline{m}_{i(2)} = \sum M_{ij}(C.M)$$

⑥ $\overline{m}_{i(2)}$ が無視できるまで $\overline{m}_i$ を $\overline{m}_{i(n)}$（n は n 回目を示す）に置換えて③～⑤のステップを繰り返す。

⑦ 材端モーメント M_{ij}
M_{ij} ＝ [固定モーメント C_{ij}] ＋Σ [分配モーメント $M_{ij}(D.M)$
　　　　＋到達モーメント $M_{ij}(C.M)$]

上記の計算は、図上で処理すると便利である。図の方法は各人特色があるが、一般的な方法を示す。また分配モーメントは、節点 i に集まるモーメント $\overline{m}_i$ を逆に加えて解除することから、分配率 μ_{ik} に負号を付けた $-\mu_{ik}$ の値を用いると便利である。分配率に負の値を付けることにより、後の計算は正負を考えることなしに四則演算のまま実行できる。

固定モーメント法の図上計算シートを**図 19-5(a)**に示す。これは 19.4 節の例題 1 を参考にしたものである。表中の部材名称は、**図 19-5(b)**の矩形ラーメンの節点 i に集まる梁と柱の部材端を表している。「左梁」および「右梁」は、節点 i の左側および右側の梁の節点 i での材端モーメントの値を記入する。同様に「上柱」および「下柱」は、節点 i の上側および下側の柱の節点 i での材端モーメントの値を記入する。第 1 行 k は剛比を記入する。第 2 行は、分配率 μ を（－）を付けて記入する。第 3 行 F は固定端モーメントを、続く D_1, D_2…行は分配モーメントを、C_1, C_2…行は到達モーメントを記入し、太線枠で示した F から D_n までの和を部材のモーメントを表す M 行に記入する。

図 19-5(a)は矩形ラーメンの中柱を対象に表示しているが、節点 i が外柱の場合や最上階の場合、該当する梁や柱がない場合は斜線を引く。Σ の列には各行の和を記入す

る。分配モーメントの計算は、μ の値（負）と Σ との値を掛ければよい。μ に負の値を付けているので、頭の中で符号を逆さにする等のことは一切不要であり、この汎用性のある表を節点の数だけコピーして貼り合わせれば図上計算シートができる。

なお片持梁がある場合は、剛比 k と分配率 μ を空欄にして、F に固定端モーメントを記入する（例題 2 参照）。

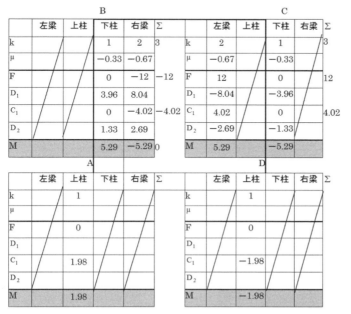

図 19-5(a) 図上計算シートの記入例　　　図 19-5(b) 部材の表示名

例題 1　対称門型ラーメンに等分布荷重が作用した場合

対称ラーメンに対称荷重が作用するので、節点は水平方向に移動しない（**例図 1**）。

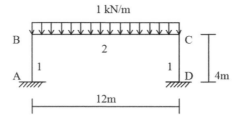

例図 1　対称門型ラーメンに等分布荷重が作用した場合

① 固定端モーメント：
$$C_{BC} = -\frac{w\ell^2}{12} = -\frac{1\times 12^2}{12} = -12\,\text{kNm}\;;\;C_{CB} = \frac{w\ell^2}{12} = \frac{1\times 12^2}{12} = 12\,\text{kNm}$$

② 単純支持梁の中央曲げモーメントおよび材端せん断力 M_0, Q_0：
$$M_0 = \frac{w\ell^2}{8} = \frac{1\times 12^2}{8} = 18\,\text{kNm}\;;\;Q_0 = \pm\frac{w\ell}{2} = \pm\frac{1\times 12}{2} = \pm 6\,\text{kN}$$

③ 解法（例表1）

例表1　例題1の解法

B

	左梁	上柱	下柱	右梁	Σ
k			1	2	3
μ			−0.33	−0.67	
F			0	−12	−12
D_1			3.96	8.04	
C_1			0	−4.02	−4.02
D_2			1.33	2.69	
C_2			0	−1.35	−1.35
D_3			0.45	0.90	
C_3			0	−0.45	−0.45
D_4			0.15	0.3	
M			5.89	−5.89	0

C

	左梁	上柱	下柱	右梁	Σ
k	2		1		3
μ	−0.67		−0.33		
F	12		0		12
D_1	−8.04		−3.96		
C_1	4.02		0		4.02
D_2	−2.69		−1.33		
C_2	1.35		0		1.35
D_3	−0.90		−0.45		
C_3	0.45		0		0.45
D_4	−0.3		−0.15		
M	5.89		−5.89		

A

	左梁	上柱	下柱	右梁	Σ
k		1			
μ					
F		0			
D_1					
C_1		1.98			
D_2					
C_2		0.665			
D_3					
C_3		0.225			
D_4					
M		2.87			

D

	左梁	上柱	下柱	右梁	Σ
k		1			
μ					
F		0			
D_1					
C_1		−1.98			
D_2					
C_2		−0.665			
D_3					
C_3		−0.225			
D_4					
M		−2.87			

（注）固定モーメント法での節点でのモーメントの不釣合の大きさは、到達モーメントのΣの値を見れば収束の状態が容易にわかる。節点Bでは、Σの値が最初の不釣合モーメント12から4.02、1.35と順次小さくなる。不釣合モーメントが当初の値の1/10程度に小さくなれば、収束していると判断して分配で打ち切る。

④　梁BCの中間でのM： $M = M_0 + M_1 = M_0 - \left|\dfrac{M_左 - M_右}{2}\right| = 18 - \left|\dfrac{(-5.89 - 5.89)}{2}\right| = 12.11 \text{kNm}$

梁BCのせん断力　　$Q_{BC} = \dfrac{w\ell}{2} - \dfrac{(M_左 + M_右)}{\ell} = 6 - \dfrac{(-5.89 + 5.89)}{12} = 6 \text{kN}$

$Q_{CB} = -\dfrac{w\ell}{2} - \dfrac{(M_左 + M_右)}{\ell} = -6 \text{kN}$

柱のせん断力　　$Q = \dfrac{5.89 + 2.87}{4} = 2.19 \text{kN}$

⑤ M 図および Q 値（例図2）

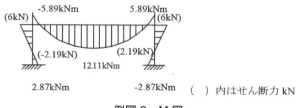

例図2　M図

例題2　節点移動のない片持ち梁を持つ矩形ラーメン（例図3）

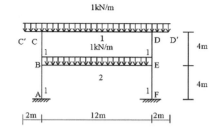

例図3　片持梁を持つ2階建矩形ラーメン

① 片持梁による固定端モーメント： $C_{CC'} = \dfrac{w\ell^2}{2} = \dfrac{1 \times 2^2}{2} = 2\,\text{kNm}$

$$C_{DD'} = -\dfrac{w\ell^2}{2} = -\dfrac{1 \times 2^2}{2} = -2\,\text{kNm}$$

② 固定端モーメント： $C_{CD} = -\dfrac{w\ell^2}{12} = -\dfrac{1 \times 12^2}{12} = -12\,\text{kNm}$

$$C_{DC} = \dfrac{w\ell^2}{12} = \dfrac{1 \times 12^2}{12} = 12\,\text{kNm}$$

③ 解法（**例表2**）（片持梁による固定端モーメントを記入する）

例表2　固定モーメント法の解法

C

	左梁	上柱	下柱	右梁	Σ
k			1	1	2
μ			−0.5	−0.5	
F	2		0	−12	−10
D_1			5	5	
C_1			1.5	−2.5	−1
D_2			0.5	0.5	
C_2			0.063	−0.25	−0.187
D_3			0.094	0.094	
C_3					
D_4					
M	2		7.157	−9.156	0

D

	左梁	上柱	下柱	右梁	Σ
k	1		1		2
μ	−0.5		−0.5		
F	12		0	-2	10
D_1	−5		−5		
C_1	2.5		−1.5		1
D_2	−0.5		−0.5		
C_2	0.25		−0.063		0.187
D_3	−0.094		−0.094		
C_3					
D_4					
M	9.156		−7.157	-2	0

B

	左梁	上柱	下柱	右梁	Σ
k		1	1	2	4
μ		−0.25	−0.25	−0.5	
F		0	0	−12	−12
D_1		3	3	6	
C_1		2.5	0	−3	−0.5
D_2		0.125	0.125	0.25	
C_2		0.25	0	−0.125	0.125
D_3		−0.031	−0.031	−0.063	
C_3					
D_4					
M		5.844	3.094	−8.938	0

E

	左梁	上柱	下柱	右梁	Σ
k	2	1	1		4
μ	−0.5	−0.25	−0.25		
F	12	0	0		12
D_1	−6	−3	−3		
C_1	3	−2.5	0		0.5
D_2	−0.25	−0.125	−0.125		
C_2	0.125	−0.25	0		−0.125
D_3	0.063	0.031	0.031		
C_3					
D_4					
M	8.938	−5.844	−3.094		0

A

	左梁	上柱	下柱	右梁	Σ
k		1			
μ					
F		0			
D_1					
C_1		1.5			
D_2					
C_2		0.063			
D_3					
C_3					
D_4					
M		1.563			

F

	左梁	上柱	下柱	右梁	Σ
k		1			
μ					
F		0			
D_1					
C_1		−1.5			
D_2					
C_2		−0.063			
D_3					
C_3					
D_4					
M		−1.563			

④ M図（**例図4**）

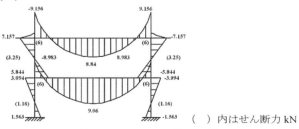

（　）内はせん断力 kN

例図4　M図、Q値、N値

⑤ 梁 CD の中央：$M_0 = \dfrac{w\ell^2}{8} = \dfrac{1\times 12^2}{8} = 18\,\text{kNm}$；$M = 18 + \dfrac{(-9.156-9.156)}{2} = 8.84\,\text{kNm}$

梁 BD の中央：$M = 18 - \left|\dfrac{(-8.938-8.938)}{2}\right| = 9.06\,\text{kNm}$

梁のせん断力：$Q_0 = \pm\dfrac{w\ell}{2} = \pm\dfrac{1\times 12}{2} = \pm 6\,\text{kN}$

$Q_{両端} = Q_0 + \Delta Q = \pm 6 + 0 = \pm 6\,\text{kN}$

柱 BC のせん断力：$Q = \dfrac{7.157+5.844}{4} = 3.25\,\text{kN}$

柱 AB のせん断力：$Q = \dfrac{3.094+1.563}{4} = 1.16\,\text{kN}$

19.5 節点移動のあるラーメン

節点移動による材端モーメントを求める方法には2種類ある。①各層の部材角を未知量とする方法、②不釣合モーメントを収束させる方法。①の方法は連立方程式を用いることから、連立方程式の解法が困難な時代では②の方が4～5層以上のラーメンに利用されていた。しかし、コンピュータの発展に伴い、連立方程式の解法は困難でなくなり、①の方法が明確であるので、ここでは①の方法を紹介する。

[解法順序] 図 19-6(a)に示す3層骨組を例にして示す。

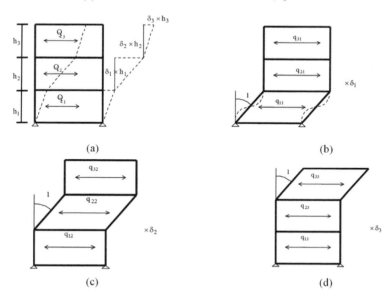

図 19-6　節点移動のある3層ラーメン

（注） $\delta_i = $ i 層の部材角 R_i を1としたときの部材角の倍率。部材角は i 層の層間変形角に等しい。層間変形角はその層が下層の変形を除いて、その層のみが変形する水平変位（層間変位）をその層の高さで割った値。

① 図19-6に示すように、骨組の各層を順次、単位傾斜（部材角 $R=1$ とし、その層の柱の上下端のたわみ角 $\theta = 0$）させて、各部材の材端曲げモーメントおよび各層の層モーメントを求める。

図19-7に示す柱に単位角を傾斜させたときは、$R=1$、$\theta_A = \theta_B = 0$（AB材）であるから、このような状態での柱の両端曲げモーメントは、

$$M_{AB} = 2EK_0 k_{AB}(2\theta_A + \theta_B - 3R) = -6EK_0 k_{AB}$$
$$M_{BA} = 2EK_0 k_{AB}(\theta_A + 2\theta_B - 3R) = -6EK_0 k_{AB}$$

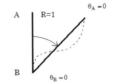

図19-7　柱の単位部材角

となる。すなわち、柱の上下端に使用する固定端モーメントは $C_{AB} = C_{BA} = -6EK_0 k_{AB}$ となる。この固定端モーメントをその層の柱の上下端に作用させて、固定端モーメント法を解く。

各層の層モーメント＝Σ（その層の全部の柱の上端および下端曲げモーメントの和）を求める。

② 上記の計算を1、2、3層について行うと以下の連立方程式を得る。

$$m_{11}\delta_1 + m_{12}\delta_2 + m_{13}\delta_3 + M_1 = 0 \quad (1層目)$$
$$m_{21}\delta_1 + m_{22}\delta_2 + m_{23}\delta_3 + M_2 = 0 \quad (2層目)$$
$$m_{31}\delta_1 + m_{32}\delta_2 + m_{33}\delta_3 + M_3 = 0 \quad (3層目)$$

ここに、m_{ij}＝j層を単位部材角 $R_j = 1$ としたときのi層の層モーメント(Nm)；δ_j＝j層の部材角の倍率（無次元量）；M_j＝j層の不釣合モーメント＝（j層に作用する層せん断力）×（j層の階高）(Nm)。

$$M_3 = Q_3 \times h_3 \ ; \ M_2 = Q_2 \times h_2 \ ; \ M_1 = Q_1 \times h_1$$

③ 上記②の連立方程式より、$\delta_1, \delta_2, \delta_3$ を求める。
④ 節点移動による材端曲げモーメント：$M^{**} = m_1\delta_1 + m_2\delta_2 + m_3\delta_3$

ここに、m_j＝j層だけを単位角傾斜させたときの各部材の材端モーメント。

⑤ 節点移動のある骨組の材端モーメント M

> $M = M^*$（節点移動がないとして解法した材端モーメント）
> $+ M^{**}$（節点移動があるとして解法した材端モーメント）

建築物に作用する荷重は垂直荷重と水平荷重があり、水平荷重は短期的に作用することから、構造計算では長期荷重時（垂直荷重時）と水平荷重時を別々に求めて、短期荷重時の断面モーメント等は各部材の材端モーメント、せん断力の数値のみを足し合わせて短期荷重時と表す。よって、一般には垂直荷重と水平荷重が同時に作用する場合を考えなくてよい。

例題 1 例図 5 の節点移動のあるラーメンの M、Q を求める。図に記入の数値は剛比を示す。

① 節点が移動しないときの M^* は垂直荷重が作用していないから、すべての部材について $M^* = 0$ である。以下節点が移動するときの M^{**} を求める。

② 層せん断力：2 層 $Q_2 = 3\,\mathrm{kN}$ ；1 層 $Q_1 = 3 + 4 = 7\,\mathrm{kN}$

③ 不釣合モーメント：
$$M_2 = Q_2 \cdot h_2 = 3\,\mathrm{kN} \times 3.6\,\mathrm{m} = 10.8\,\mathrm{kNm}\;;$$
$$M_1 = Q_1 \cdot h_1 = 7\,\mathrm{kN} \times 4\,\mathrm{m} = 28\,\mathrm{kNm}$$

④ 第 1 層のみが単位角傾斜する場合
$$C_{AC} = C_{CA} = -6\mathrm{EK}_0 k = -6\mathrm{EK}_0 \times 1 = -6\mathrm{EK}_0$$
$$C_{BD} = C_{DB} = -6\mathrm{EK}_0 k = -6\mathrm{EK}_0 \times 1.2 = -7.2\mathrm{EK}_0$$

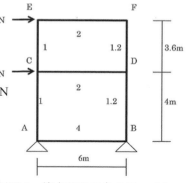

例図 5　節点移動のあるラーメン

1 層の各柱の上下端に上記の材端モーメントを作用させて、固定モーメント法を解く（**例表 3**）。各層にて、その層の柱の上下端での曲げモーメントの和を求める。

2 層：$m_{21} = 0.441 + 0.534 + 1.038 + 1.413 = 3.426\mathrm{EK}_0$

1 層：$m_{11} = -4.529 - 5.070 - 4.749 - 5.281 = -19.629\mathrm{EK}_0$

⑤ 第 2 層のみが単位角傾斜する場合
$$C_{CE} = C_{EC} = -6\mathrm{EK}_0 \times 1 = -6\mathrm{EK}_0\;;\quad C_{DF} = C_{FD} = -6\mathrm{EK}_0 \times 1.2 = -7.2\mathrm{EK}_0$$

2 層の各柱の上下端に上記の材端モーメントを作用させて、固定モーメント法を解く（**例表 4**）。各層にて、その層の柱の上下端での曲げモーメントの和を求める。

2 層：$m_{22} = -4.203 - 4.548 - 4.289 - 4.774 = -17.842\mathrm{EK}_0$

1 層：$m_{12} = 1.998 + 1.341 + 0.481 + 0.601 = 4.421\mathrm{EK}_0$

⑥ 骨組の各層の部材角の倍率を δ_1, δ_2 とすれば

2 層：$m_{21}\delta_1 + m_{22}\delta_2 + M_2 = 0$　→　$3.426\mathrm{EK}_0\delta_1 - 17.842\mathrm{EK}_0\delta_2 = -10.8$

1 層：$m_{11}\delta_1 + m_{12}\delta_2 + M_1 = 0$　→　$-19.629\mathrm{EK}_0\delta_1 + 4.421\mathrm{EK}_0\delta_2 = -28$

⑦ 上記の連立方程式をマトリックス的に表示すると
$$\begin{bmatrix} 3.426 & -17.842 \\ -19.629 & 4.421 \end{bmatrix} \begin{bmatrix} \delta_1 \\ \delta_2 \end{bmatrix} = \begin{bmatrix} -10.8 \\ -28.0 \end{bmatrix} \frac{1}{\mathrm{EK}_0}$$

これを解くと、
$$\delta_1 = \frac{1.634\,\mathrm{kNm}}{\mathrm{EK}_0}\;;\quad \delta_2 = \frac{0.922\,\mathrm{kNm}}{\mathrm{EK}_0} \qquad \text{（単位：無次元量）}$$

例表3　1層目が単位傾斜する場合

E
	左梁	上柱	下柱	右梁	Σ
k			1	2	3
μ			−0.333	−0.667	
F			0	0	0
D_1			0	0	
C_1			0.75	0	0.75
D_2			−0.25	−0.50	
C_2			−0.279	−0.308	−0.587
D_3			0.195	0.392	
C_3			0.126	0.178	0.304
D_4			−0.101	−0.203	
M			0.441	−0.441	

F
	左梁	上柱	下柱	右梁	Σ
k		2	1.2		3.2
μ		−0.625	−0.375		
F		0	0		0
D_1		0	0		
C_1		0	0.985		0.985
D_2		−0.616	−0.369		
C_2		−0.25	−0.318		−0.568
D_3		0.355	0.213		
C_3		0.196	0.155		0.351
D_4		−0.219	−0.132		
M		−0.534	0.534		

C
	左梁	上柱	下柱	右梁	Σ
k		1	1	2	4
μ		−0.25	−0.25	−0.5	
F		0	−6	0	−6
D_1		1.5	1.5	3	
C_1		0	0.6	1.63	2.23
D_2		−0.558	−0.558	−1.115	
C_2		−0.125	−0.352	−0.529	−1.006
D_3		0.252	0.252	0.503	
C_3		0.098	0.158	0.258	0.514
D_4		−0.129	−0.129	−0.257	
M		1.038	−4.529	3.490	

D
	左梁	上柱	下柱	右梁	Σ
k	2	1.2	1.2		4.4
μ	−0.454	−0.273	−0.273		
F	0	0	−7.2		−7.2
D_1	3.26	1.97	1.97		
C_1	1.5	0	0.83		2.33
D_2	−1.058	−0.636	−0.636		
C_2	−0.558	−0.185	−0.391		−1.134
D_3	0.515	0.310	0.310		
C_3	0.252	0.107	0.200		0.559
D_4	−0.255	−0.153	−0.153		
M	3.656	1.413	−5.070		

A
	左梁	上柱	下柱	右梁	Σ
k		1		4	5
μ		−0.2		−0.8	
F		−6		0	−6
D_1		1.2		4.8	
C_1		0.75		2.77	3.52
D_2		−0.704		−2.816	
C_2		−0.279		−1.30	−1.579
D_3		0.316		1.263	
C_3		0.126		0.664	0.79
D_4		−0.158		−0.632	
M		−4.749		4.749	

B
	左梁	上柱	下柱	右梁	Σ
k	4	1.2			5.2
μ	−0.769	−0.231			
F	0	−7.2			−7.2
D_1	5.54	1.66			
C_1	2.4	0.985			3.385
D_2	−2.60	−0.782			
C_2	−1.408	−0.318			−1.726
D_3	1.327	0.399			
C_3	0.632	0.155			0.778
D_4	−0.598	−0.180			
M	5.293	−5.281			

単位　EK_0

例表4 2層目が単位傾斜する場合

E

	左梁	上柱	下柱	右梁	Σ
k			1	2	3
μ			−0.333	−0.667	
F			−6	0	−6
D_1			1.998	4.002	
C_1			0.75	2.25	3
D_2			−0.999	−2.001	
C_2			−0.329	−0.933	−1.262
D_3			0.420	0.842	
C_3			0.153	0.435	0.588
D_4			−0.196	−0.392	
M			−4.203	4.203	

F

	左梁	上柱	下柱	右梁	Σ
k	2		1.2		3.2
μ	−0.625		−0.375		
F	0		−7.2		−7.2
D_1	4.5		2.7		
C_1	2.001		0.983		2.984
D_2	−1.865		−1.119		
C_2	−1.001		−0.389		−1.390
D_3	0.869		0.521		
C_3	0.421		0.182		0.603
D_4	−0.377		−0.226		
M	4.548		−4.548		

C

	左梁	上柱	下柱	右梁	Σ
k		1	1	2	4
μ		−0.25	−0.25	−0.5	
F		−6	0	0	−6
D_1		1.5	1.5	3.0	
C_1		0.999	0	1.634	2.633
D_2		−0.658	−0.658	−1.317	
C_2		−0.500	−0.075	−0.647	−1.222
D_3		0.306	0.306	0.611	
C_3		0.210	0.071	0.303	0.584
D_4		−0.146	−0.146	−0.292	
M		−4.289	1.998	3.292	

D

	左梁	上柱	下柱	右梁	Σ
k	2	1.2	1.2		4.4
μ	−0.454	−0.273	−0.273		
F	0	−7.2	0		−7.2
D_1	3.268	1.966	1.966		
C_1	1.50	1.35	0		2.85
D_2	−1.294	−0.778	−0.778		
C_2	−0.659	−0.560	−0.114		−1.333
D_3	0.605	0.364	0.364		
C_3	0.306	0.261	0.080		0.647
D_4	−0.294	−0.177	−0.177		
M	3.432	−4.774	1.341		

A

	左梁	上柱	下柱	右梁	Σ
k		1		4	5
μ		−0.2		−0.8	
F		0		0	0
D_1		0		0	
C_1		0.75		0	0.75
D_2		−0.15		−0.60	
C_2		−0.329		−0.378	−0.707
D_3		0.141		0.566	
C_3		0.153		0.265	0.418
D_4		−0.084		−0.334	
M		0.481		−0.481	

B

	左梁	上柱	下柱	右梁	Σ
k	4	1.2			5.2
μ	−0.769	−0.231			
F	0	0			0
D_1	0	0			
C_1	0	0.983			0.983
D_2	−0.756	−0.227			
C_2	−0.300	−0.389			−0.689
D_3	0.530	0.159			
C_3	0.283	0.182			0.465
D_4	−0.358	−0.107			
M	−0.601	0.601			

単位　EK_0

⑧ 節点移動があるラーメンの曲げモーメント：$M = m_1\delta_1 + m_2\delta_2$
表計算で求める（**例表5**）。

例表5　材端モーメント

	E	上柱	下柱	右梁	F	左梁	上柱	下柱
m_1			0.441	−0.441		−0.534		0.534
m_2			−4.203	4.203		4.548		−4.548
$m_1\delta_1$			0.721	−0.721		−0.873		0.873
$m_2\delta_2$			−3.875	3.875		4.193		−4.193
M			−3.155	3.155		3.321		−3.321
	C	上柱	下柱	右梁	D	左梁	上柱	下柱
m_1		1.038	−4.529	3.490		3.656	1.413	−5.070
m_2		−4.289	1.998	3.292		3.432	−4.774	1.341
$m_1\delta_1$		1.696	−7.400	5.703		5.974	2.309	−8.284
$m_2\delta_2$		−3.954	1.842	3.035		3.164	−4.402	1.236
M		-2.258	-5.558	8.738		9.138	-2.093	-7.048
	A	上柱	下柱	右梁	B	左梁	上柱	下柱
m_1			−4.749	4.749		5.293	−5.281	
m_2			0.481	−0.481		−0.601	0.601	
$m_1\delta_1$			−7.760	7.760		8.649	−8.629	
$m_2\delta_2$			0.443	−0.443		−0.554	0.554	
M			−7.316	7.316		8.095	−8.075	

⑨ M図（**例図6**）

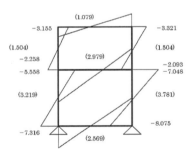

曲げモーメント　kNm
（　）内はせん断力　kN

例図6　M図およびQ値

例題2　非対称鉛直荷重が作用する場合

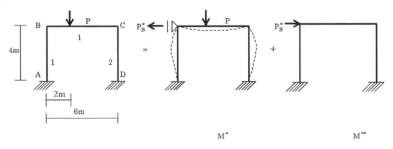

(a)　　　　　(b) 節点の移動を拘束　　　(c) 節点の拘束を解除

例図7　非対称鉛直荷重に対する計算法

[計算手順]

① 非対称荷重が作用することにより、梁 BC は水平に移動し、節点移動を生じる（例図 7(a)）。そこで、例図 7(b)のように、節点 B で節点移動を拘束して、節点移動がないラーメンとして解法する。各部材の曲げモーメント M^* と柱のせん断力から層せん断力 P_B^* を求める。

② 次に、この P_B^* を水平荷重として逆に作用させ、例図 7(c)の節点移動のあるラーメンを解く。

③ 最終的な曲げモーメントは、$M = M^* + M^{**}$ となる。

④ M^* の計算：節点移動のない場合

固定端モーメント：$C_{BC} = -\dfrac{P \times ab^2}{\ell^2} = -\dfrac{P \times 2 \times 4^2}{6^2} = -0.889P$

$$C_{CB} = +\dfrac{P \times a^2 b}{\ell^2} = \dfrac{P \times 2^2 \times 4}{6^2} = 0.444P$$

$M_0 = \dfrac{4P}{6} \times a = \dfrac{4P \times 2}{6} = 1.34P$

固定モーメント法より解く（例表 6、例図 8）。

例表 6 節点の移動のない場合

B
	左梁	上柱	下柱	右梁	Σ
k			1	1	2
μ			−0.5	−0.5	
F			0	−0.889	−0.889
D_1			0.445	0.445	
C_1			0	−0.074	−0.074
D_2			0.037	0.037	
C_2					
D_3					
C_3					
D_4					
M			0.482	−0.481	

C
	左梁	上柱	下柱	右梁	Σ
k	1		2		3
μ	−0.333		−0.667		
F	0.444				0.444
D_1	−0.148		−0.296		
C_1	0.223		0		0.223
D_2	−0.074		−0.149		
C_2					
D_3					
C_3					
D_4					
M	0.445		−0.445		

A
	左梁	上柱	下柱	右梁	Σ
k					
μ					
F		0			
D_1					
C_1		0.223			
D_2					
C_2					
D_3					
C_3					
D_4					
M		0.223			

D
	左梁	上柱	下柱	右梁	Σ
k					
μ					
F		0			
D_1					
C_1			−0.148		
D_2					
C_2					
D_3					
C_3					
D_4					
M			−0.148		

単位　P

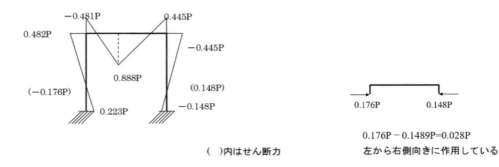

例図8　M図およびQ値　　　　　　　　　　　例図9　P_B^*

⑤　P_B^*の計算（例図9）：$P_B^* = \dfrac{[0.482 + 0.223 - 0.445 - 0.148]P}{4m} = 0.028P$

⑥　M^{**}の計算：節点移動のある場合

　P_B^*を逆に作用（右から左向きに作用）させて、節点移動のあるラーメンを解く（例表7）。

$$C_{AB} = C_{BA} = -6EK_0 k_{AB} = -6EK_0 \times 1 = -6EK_0$$
$$C_{DC} = C_{CD} = -6EK_0 k_{CD} = -6EK_0 \times 2 = -12EK_0$$

柱の上下端曲げモーメント：$m_{11} = (-3.916 - 4.705 - 4.937 - 8.331)EK_0 = -21.889EK_0$

不釣合モーメント：$M_1 = 0.028P \times 4^m = 0.112P$

骨組の1層の部材角の倍率をδ_1とすると、

$$m_{11}\delta_1 + M_1 = 0 \rightarrow -21.889EK_0 \delta_1 + 0.112P = 0$$

$$\therefore \delta_1 = \dfrac{0.028P \times 4}{21.889EK_0} = \dfrac{0.00512P}{EK_0}$$

$$M^{**} = m_1 \delta_1$$

例表7 で求める。

第19章 固定モーメント法による矩形ラーメンの解法

例表7 節点移動のある場合の解法

B
	左梁	上柱	下柱	右梁	Σ
k			1	1	2
μ			−0.5	−0.5	
F			−6	0	−6
D_1			3	3	
C_1			0	1.998	1.998
D_2			−0.999	−0.999	
C_2			0	−0.25	−0.25
D_3			0.125	0.125	
C_3			0	0.084	0.084
D_4			−0.042	−0.042	
M			−3.916	3.916	

C
	左梁	上柱	下柱	右梁	Σ
k	1		2		3
μ	−0.333		−0.667		
F	0		−12		−12
D_1	3.996		8.004		
C_1	1.5				1.5
D_2	−0.50		−1.00		
C_2	−0.50		0		−0.5
D_3	0.167		0.333		
C_3	0.063		0		0.063
D_4	−0.021		−0.042		
M	4.705		−4.705		

A
	左梁	上柱	下柱	右梁	Σ
k					
μ					
F			−6		
D_1					
C_1			1.5		
D_2					
C_2			−0.50		
D_3					
C_3			0.063		
D_4					
M			−4.937		

D
	左梁	上柱	下柱	右梁	Σ
k					
μ					
F		−12			
D_1					
C_1		4.002			
D_2					
C_2		−0.50			
D_3					
C_3		0.167			
D_4					
M		−8.331			

単位 EK_0

⑦ 節点移動を考慮した場合の材端モーメント：$M = M^* + M^{**}$

例表8 より求める。

例表8 M, M^*, M^{**}

	B	上柱	下柱	右梁	C	左梁	上柱	下柱
m_1			−3.9160	3.9160		4.7050		−4.7050
$M^{**}=m_1\delta_1$			−0.0200	0.0200		0.0241		−0.0241
M^*			0.4820	−0.4810		0.4450		−0.4450
M			0.4620	−0.4610		0.4691		−0.4691
	A	上柱	下柱	右梁	D	左梁	上柱	下柱
m_1		−4.9370					−8.3310	
$M^{**}=m_1\delta_1$		−0.0253					−0.0427	
M^*		0.2230					−0.1480	
M		0.1977					−0.1907	

単位 P

⑧ M図（例図10）

梁中央：$M = 1.34P - \dfrac{(0.469 + 0.461)P}{2} = 0.875P$

梁左端：$Q_{左} = \dfrac{4P}{6} - \dfrac{(-0.461P + 0.469P)}{6} \fallingdotseq \dfrac{4P}{6}$

梁右端：$Q_{右} = -\dfrac{2P}{6} - \dfrac{(-0.461 + 0.469P)}{6} \fallingdotseq -\dfrac{2P}{6}$

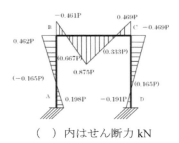

（　）内はせん断力 kN

例図10　M図

垂直荷重と水平荷重が同時作用する短期荷重時の取扱いは、実用的には例題2に示すように、通常のラーメンでは垂直荷重時と水平荷重時を分離して取り扱う（図19-8）。

・**垂直荷重が作用する状態** ⇒ ラーメンの節点移動（水平移動）を無視できる（図19-8(b)）。

・**水平荷重が作用する状態** ⇒ ラーメンの節点移動（水平移動）を考慮する（図19-8(c)）。

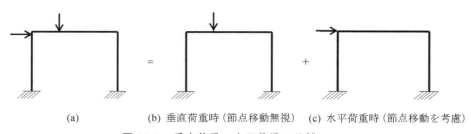

(a)　　　(b) 垂直荷重時（節点移動無視）　(c) 水平荷重時（節点移動を考慮）

図19-8　垂直荷重・水平荷重の分離

第4部
骨組および部材挙動の評価法

パソコンが普及する今日では、任意形状の骨組解法はマトリックス法を用いる。マトリックス法の基本概念を理解すれば、市販されている汎用構造計算ソフトで何を計算しているかが理解できる。また、計算結果の妥当性も容易に判断できる。構造物の耐力は塑性変形を許容することから、骨組構造の終局耐力を単純塑性解析法から理解する。次に、鉄骨構造で利用されるH形鋼やボックス断面からなる薄肉断面材の捩り現象と横座屈現象を理解し、鉄骨構造の許容曲げ応力度を把握する。

―― 内容 ――

第 20 章　マトリックス法による骨組の解法　*207*

構造解析法の現状／平面骨組の解析／座標変換／rod 要素および beam 要素の要素剛性マトリックス／beam-column 要素の剛性マトリックス／全体座標系で表示した要素剛性マトリックス／等価節点力／バンド幅／矩形ラーメンの解法

第 21 章　骨組の塑性解析法　*228*

線材部材の弾塑性挙動／梁の弾塑性解析／M-N の相関曲線／降伏条件／塑性関節／単純塑性解析法（塑性ヒンジを用いる方法）／崩壊の 3 条件／上界定理：動力学的方法により求めた場合／下界定理：静力学的方法により求めた場合／ラーメンの塑性設計法／節点振り分け法による保有水平耐力の算定方法

第 22 章　薄肉断面の振り挙動　*248*

薄肉開断面の座屈／棒材の振り／St. Venant の単純振り理論／単純振りの解析法／薄肉開断面の単純振り／薄肉閉断面の単純振り／反り拘束振り／薄肉閉断面の反り拘束振り／H 形断面梁の横座屈モーメントの支配方程式／鉄骨構造の許容曲げ応力度

第 20 章　マトリックス法による骨組の解法

20.1　構造解析法の現状

　コンピュータの進展は数値計算能力を飛躍的に向上させ、これまで計算できなかった高次の多元連立方程式を瞬時に解くことができる。この計算能力の向上は、矩形ラーメンおよび異形ラーメンに対する解析法の新しい展開を発展させた。従来は、高次不静定構造の矩形ラーメンの解法は、垂直荷重に対しては固定モーメント法を用い、水平荷重に対しては D 値法を用いるのが、これまでの実用的な計算法であった。しかし今日では、骨組の計算法はコンピュータを用いたマトリックス法が主流となっている。マトリックス法は、部材の剛性マトリックスにたわみ角法の基本式を用いており、コンピュータ処理を容易にする座標変換マトリックスを導入した線材の解析法である。柱、梁の線材要素に加えて、耐力壁等の面材要素を等価な線材要素に置換したモデル化を組み込むことにより、多様な構造物の解析が容易となっている。

　マトリックス理論は 1950 年に開発され、Turner, Clough, Martin, Topp は、1956 年 Direct stiffness method を発表した。線材の力学としてのマトリックス法は、構造物を線材、平板、曲面板等の要素に細分化して適用範囲を拡張した有限要素法へと進展した。Clough は、この方法を 1960 年に有限要素法（Finite element method, FEM）と名称し、Zienkiewicz は 1960 年から構造工学分野に FEM を先駆的に展開した。コンピュータを利用したプリプロセッシングとポストプロセッシングを併用した汎用 FEM ソフトの普及により、FEM は構造解析の主流となっている。FEM は棒材、面材等で構成される種々の構造物に対して、棒材要素（beam 要素）、面材要素（shell 要素）、立体要素（solid 要素）等を適宜使用できるので、汎用性の高い解析法である。

　コンピュータの進展は解析を精査する方向にあるが、構造物の設計では、外力に対して力の流れがどのように支持構造物（基礎・地盤）に流れていくかの全体の挙動を常に把握することが重要である。かつて某大学で、構造力学の講義を手で計算する古典的な線材の力学を止めて、コンピュータを用いたマトリックス法から教えたところ、学生は計算はできても、曲げモーメントの分布形状を表すアナログ的感覚がないので、デジタル的な値のみしか理解できず、計算結果の妥当性を評価できない状況が発生し、手計算による古典的な構造力学から講義することに戻したことを聞いている。汎用ソフトの普及により、解析法はブラックボックスになるが、出力結果をポスト処理して図化させることにより、全体の挙動から結果の妥当性を判断できる。

　マトリックス法と有限要素法は、線材の力学では同じ基本概念と手法を使用してい

る変形法系の解法であり、主たる違いは、個々の要素の剛性を求める方法にある。マトリックス法は棒（rod）要素、梁（beam）要素、フレーム（beam-column または frame）要素のような簡単な形状に対して、材料強度と基本的な構造理論より求める。一方、FEM は連続体を幾つかの要素に分割し、線材要素と面材要素、さらに、solid 要素を考え、節点間を結ぶ形状関数に total energy を最小にする手法を使用する。

20.2　平面骨組の解析

構造物の解析は平面骨組を対象とする。マトリックス法では座標系は、構造物全体の水平および垂直を表す全体座標系 x, y, z（右手直交座標系）と、部材要素ごとに設ける局所座標系 $\bar{x}, \bar{y}, \bar{z}$（右手直交座標系）を設ける（**図 20-1** および**表 20-1** 参照）。θ は x 軸と $\bar{x}$ 軸とのなす角であり、右手直交座標系の z 軸の正の方向に右まわりを正とする。つまり、z 軸を紙面の上向きに設定すれば、θ は紙面において反時計まわりを正とする。

これらの座標系により表示される変位は、全体座標系では x, y, z 方向の成分として u, v, w をとり、局所座標系では $\bar{x}, \bar{y}, \bar{z}$ 方向の成分として $\bar{u}, \bar{v}, \bar{w}$ をとる。マトリックス表示すると、前者を $\{u\}$、後者を $\{\bar{u}\}$ と表す。局所座標系による諸量は全体座標系による諸量にバーを付けた表示を使用する。一方、部材力は $\{F\}$ と $\{\bar{F}\}$ で表示する。マトリックス法では、全体および局所座標系にかかわらず、変位および断面力は座標軸の正の方向を向くときを正とする。構造解析の結果として必要不可欠な情報は、変位は全体座標系の表示で、部材力は局所座標系の表示で与えられることである。

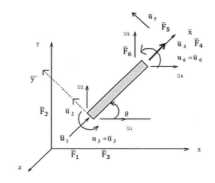

図 20-1　全体座標系 x, y, z と局所座標系 $\bar{x}, \bar{y}, \bar{z}$

表 20-1　全体座標系と局所座標系による諸量

	全体座標系		局所座標系	
座標	x, y, z	$\{x\}$	$\bar{x}, \bar{y}, \bar{z}$	$\{\bar{x}\}$
変位	$u_1\ u_2\ u_3$ $u_4\ u_5\ u_6$	$\{u\}$	$\bar{u}_1\ \bar{u}_2\ \bar{u}_3 = \bar{u}_3$ $\bar{u}_4\ \bar{u}_5\ \bar{u}_6 = \bar{u}_6$	$\{\bar{u}\}$
断面力	$F_1\ F_2\ F_3$ $F_4\ F_5\ F_6$	$\{F\}$	$\bar{F}_1\ \bar{F}_2\ \bar{F}_3$ $\bar{F}_4\ \bar{F}_5\ \bar{F}_6$	$\{\bar{F}\}$

20.3 座標変換

変位および断面力に対する全体座標系$\{x\}$と局所座標系$\{\bar{x}\}$を用いた諸量の変換は、座標変換マトリックス$[T]$で行う。beam-column（frame）要素に対する座標変換マトリックスを考える。

両座標系を用いた変位成分$\{\bar{u}\}$と$\{u\}$の関係は、次式で表せる。

$$\begin{aligned}
\bar{u}_1 &= u_1 \cos\theta + u_2 \sin\theta \\
\bar{u}_2 &= u_2 \cos\theta + u_1 \sin\theta \\
\bar{u}_3 &= u_3 \\
\bar{u}_4 &= u_4 \cos\theta + u_5 \sin\theta \\
\bar{u}_5 &= u_5 \cos\theta - u_4 \sin\theta \\
\bar{u}_6 &= u_6
\end{aligned} \quad \text{式①}$$

表記を簡略化するため$C = \cos\theta$、$S = \sin\theta$と表示し、上式をマトリックス表示すると、

$$\{\bar{u}\} = [T]\{u\} \tag{20.1}$$

ここに、$[T]$は座標変換マトリックスである。

$$[T] = \begin{bmatrix} C & S & 0 & 0 & 0 & 0 \\ -S & C & 0 & 0 & 0 & 0 \\ 0 & 0 & 1 & 0 & 0 & 0 \\ 0 & 0 & 0 & C & S & 0 \\ 0 & 0 & 0 & -S & C & 0 \\ 0 & 0 & 0 & 0 & 0 & 1 \end{bmatrix} \tag{20.2}$$

座標変換マトリックス$[T]$の逆マトリックス$[T]^{-1}$を求める。式(20.1)に$[T]^{-1}$を前乗すると、（$[T]^{-1}[T] = [I]$より）

$$[T]^{-1}\{\bar{u}\} = \{u\} \quad \text{式②}$$

一方、式(20.1)の転置（公式$[A] = [B][C] \longrightarrow [A]^T = [C]^T[B]^T$）は次式となる。

$$\{\bar{u}\}^T = \{u\}^T [T]^T \quad \text{式③}$$

いま、変位ベクトル$\bar{u}$は局所座標系および全体座標系で求めても同じ長さでなければならない。よって、次式の関係が成立する。

$$\bar{u}_i^2 + \bar{v}_i^2 = u_i^2 + v_i^2 \quad \text{式④}$$

マトリックス的に書くと、

$$\begin{bmatrix} \bar{u}_i & \bar{v}_i \end{bmatrix} \begin{Bmatrix} \bar{u}_i \\ \bar{v}_i \end{Bmatrix} = \begin{bmatrix} u_i & v_i \end{bmatrix} \begin{Bmatrix} u_i \\ v_i \end{Bmatrix}$$

よって、

$$\{\bar{u}\}^T \{\bar{u}\} = \{u\}^T \{u\} \quad \text{式⑤}$$

式⑤の左辺に式③を、右辺に式②を代入すると、次式となる。

$$\underbrace{\{u\}^T [T]^T}_{\text{式③}} \{\bar{u}\} = \{u\}^T \underbrace{[T]^{-1} \{\bar{u}\}}_{\text{式②}}$$

これより、次式の関係を得る。
$$[T]^{-1} = [T]^T \tag{20.3}$$
詳しく書くと、
$$[T]^{-1} = [T]^T = \begin{bmatrix} c & -s & 0 & 0 & 0 & 0 \\ s & c & 0 & 0 & 0 & 0 \\ 0 & 0 & 1 & 0 & 0 & 0 \\ 0 & 0 & 0 & c & -s & 0 \\ 0 & 0 & 0 & s & c & 0 \\ 0 & 0 & 0 & 0 & 0 & 1 \end{bmatrix} \tag{20.4}$$

座標変換マトリックスの逆マトリックス$[T]^{-1}$は、転置マトリックス$[T]^T$に等しい。

20.4　rod 要素および beam 要素の要素剛性マトリックス

平面骨組に適用できる要素には、図 20-2 に示すように、rod（棒）要素、beam（梁）要素、beam-column（フレーム）要素がある。rod 要素は、トラス部材のように軸方向力のみを支持する場合に使用する。beam 要素は軸方向力が作用しない曲げモーメントとせん断力を支持する場合に使用する。骨組の柱は曲げと同時に軸方向力が作用するので、beam-column 要素を使用する。beam-column 要素は rod 要素と beam 要素を組み合わせた要素である。各要素に対する断面力$\{\bar{F}\}$と変位$\{\bar{u}\}$を図 20-2 に示す。

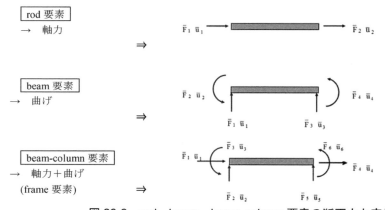

図 20-2　rod、beam、beam-column 要素の断面力と変位

なお、要素の節点での節点力$\{\bar{F}\}$および変位$\{\bar{u}\}$の正は、局所座標軸の正方向とし、曲げモーメントは座標軸$\bar{z}$の正の方向を見て右まわりを正とする。

(1)　rod 要素の剛性マトリックス

図 20-2 の棒要素は 2 個の自由度を持つ。部材の変位と断面力の関係より、局所座標系$\{\bar{x}\}$表示による要素の節点力$\{\bar{F}\}$と節点変位$\{\bar{u}\}$の間には次式が成立する。

$$\begin{Bmatrix} \bar{F}_1 \\ \bar{F}_2 \end{Bmatrix} = \frac{EA}{L} \begin{bmatrix} 1 & -1 \\ -1 & 1 \end{bmatrix} \begin{Bmatrix} \bar{u}_1 \\ \bar{u}_2 \end{Bmatrix}$$

マトリックス表示では次式となる。

$$\{\overline{F}\}=[\overline{k}]\{\overline{u}\} \tag{20.5}$$

ここに、$\{\overline{F}\}$＝要素の両端での断面力（局所座標系表示）；$\{\overline{u}\}$＝要素の節点での変位；$[\overline{k}]$＝棒要素の剛性マトリックス。

$$[\overline{k}]=\frac{EA}{L}\begin{bmatrix} 1 & -1 \\ -1 & 1 \end{bmatrix} \tag{20.6}$$

ここに、E＝要素のヤング係数；A＝要素の断面積；L＝要素の長さ。

(2) beam 要素の剛性マトリックス

beam 要素は4個の自由度を持つことから、図20-3 の局所座標系$(\overline{x},\overline{y},\overline{z})$表示で表すと、要素の節点力$\{\overline{F}\}$と節点変位$\{\overline{u}\}$の間には次式が成立する。

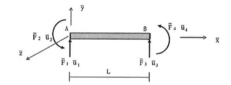

図20-3 beam 要素の$\{\overline{F}\}$と$\{\overline{u}\}$

$$\begin{Bmatrix} \overline{F}_1 \\ \overline{F}_2 \\ \overline{F}_3 \\ \overline{F}_4 \end{Bmatrix} = \begin{bmatrix} \overline{k}_{11} & \overline{k}_{12} & \overline{k}_{13} & \overline{k}_{14} \\ \overline{k}_{21} & \overline{k}_{22} & \overline{k}_{23} & \overline{k}_{24} \\ \overline{k}_{31} & \overline{k}_{32} & \overline{k}_{33} & \overline{k}_{34} \\ \overline{k}_{41} & \overline{k}_{42} & \overline{k}_{43} & \overline{k}_{44} \end{bmatrix} \begin{Bmatrix} \overline{u}_1 \\ \overline{u}_2 \\ \overline{u}_3 \\ \overline{u}_4 \end{Bmatrix} \tag{20.7}$$

式(20.7)をマトリックス的に表示すると、局所座標表示では次式となる。

$$\{\overline{F}\}=[\overline{k}]\{\overline{u}\} \tag{20.8}$$

ここに、$\{\overline{F}\}$＝ 要素の両端での断面力（局所座標系表示）；$\{\overline{u}\}$＝ 要素の節点での変位（局所座標系表示）；$[\overline{k}]$＝ 梁の要素剛性マトリックス（局所座標系表示）。

要素剛性マトリックスは、たわみ角法の基本式を用いて求める。マトリックス法では、外力は節点にのみ作用すると考え、途中荷重は別途考慮する。梁の途中荷重が作用しない場合のたわみ角法の基本式は、式(17.2)および式(17.3)の荷重項を無視すると、次式となる。

$$M_{AB}=\frac{2EI}{L}\left(2\theta_A+\theta_B-3\frac{\Delta}{L}\right) \qquad 式①$$

$$M_{BA}=\frac{2EI}{L}\left(\theta_A+2\theta_B-3\frac{\Delta}{L}\right) \qquad 式②$$

$$Q_{AB}=-\frac{2EI}{L^2}\left(3\theta_A+3\theta_B-6\frac{\Delta}{L}\right) \qquad 式③$$

$$Q_{BA}=-\frac{2EI}{L^2}\left(3\theta_A+3\theta_B-6\frac{\Delta}{L}\right) \qquad 式④$$

ここに、I＝断面2次モーメント。$I/L=K_0 k_{AB}$の関係がある。Δは節点AとBとの垂直変位の差であり、次式で与えられる。

$$\Delta=u_B-u_A \qquad 式⑤$$

たわみ角法の変位、部材角、および材端モーメントの正の方向を図20-4 に示す。

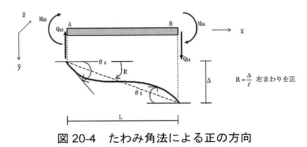

図 20-4　たわみ角法による正の方向

たわみ角法とマトリックス法における曲げモーメントおよびせん断力の正方向を、図 20-5 および表 20-2 に比較する。

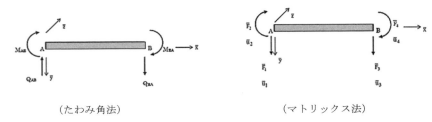

図 20-5　たわみ角法とマトリックス法の正方向

表 20-2　曲げモーメントおよびせん断力の正方向

		たわみ角法			マトリックス法	両者の方向
曲げ モーメント	M_{AB}	$\bar{z}$ 軸に関して右まわり	$\bar{F}_2$		同左	同じ
	M_{BA}	$\bar{z}$ 軸に関して右まわり	$\bar{F}_4$		同左	同じ
せん断力	Q_{AB}	$\bar{y}$ 軸の負方向	$\bar{F}_1$		$\bar{y}$ 軸の正方向	反対
	Q_{BA}	$\bar{y}$ 軸の正方向	$\bar{F}_3$		$\bar{y}$ 軸の正方向	同じ
回転角	θ_A	$\bar{z}$ 軸に関して右まわり	$\bar{u}_2$		$\bar{z}$ 軸に関して右まわり	同じ
	θ_B	$\bar{z}$ 軸に関して右まわり	$\bar{u}_4$		$\bar{z}$ 軸に関して右まわり	同じ
変位	u_A	$\bar{y}$ 軸の正方向	$\bar{u}_1$		$\bar{y}$ 軸の正方向	同じ
	u_B	$\bar{y}$ 軸の正方向	$\bar{u}_3$		$\bar{y}$ 軸の正方向	同じ

表 20-2 から、たわみ角法の公式をマトリックス法に変換するには、$Q_{AB} \to -\bar{F}_1$ として変更すればよいことになる。式①〜④で次式の変換を行う。

$$Q_{AB} \to -\bar{F}_1 \qquad u_A \to \bar{u}_1 \ ; \ Q_{BA} \to \bar{F}_3 \qquad u_B \to \bar{u}_3$$
$$M_{AB} \to \bar{F}_2 \qquad \theta_A \to \bar{u}_2 \ ; \ M_{BA} \to \bar{F}_4 \qquad \theta_B \to \bar{u}_4$$

また、式⑤の関係を使用すると、局所座標系による断面力 $\{\bar{F}\}$ と変位 $\{\bar{u}\}$ とは次式で表せる。

$$\begin{Bmatrix} \bar{F}_1 \\ \bar{F}_2 \\ \bar{F}_3 \\ \bar{F}_4 \end{Bmatrix} = \begin{bmatrix} \dfrac{12EI}{L^3} & \dfrac{6EI}{L^2} & -\dfrac{12EI}{L^3} & \dfrac{6EI}{L^2} \\ \dfrac{6EI}{L^2} & \dfrac{4EI}{L} & -\dfrac{6EI}{L^2} & \dfrac{2EI}{L} \\ -\dfrac{12EI}{L^3} & -\dfrac{6EI}{L^2} & \dfrac{12EI}{L^3} & -\dfrac{6EI}{L^2} \\ \dfrac{6EI}{L^2} & \dfrac{2EI}{L} & -\dfrac{6EI}{L^2} & \dfrac{4EI}{L} \end{bmatrix} \begin{Bmatrix} \bar{u}_1 \\ \bar{u}_2 \\ \bar{u}_3 \\ \bar{u}_4 \end{Bmatrix} \quad (20.9)$$

マトリックス表現を用いると次式となる。

$$\{\bar{F}\} = [\bar{k}]\{\bar{u}\} \quad (20.10)$$

上式はbeam要素に対する力と変位の関係であり、[ ]内の値が要素剛性マトリックス$[\bar{k}]$である。

$$[\bar{k}] = \begin{bmatrix} \dfrac{12EI}{L^3} & \dfrac{6EI}{L^2} & -\dfrac{12EI}{L^3} & \dfrac{6EI}{L^2} \\ \dfrac{6EI}{L^2} & \dfrac{4EI}{L} & -\dfrac{6EI}{L^2} & \dfrac{2EI}{L} \\ -\dfrac{12EI}{L^3} & -\dfrac{6EI}{L^2} & \dfrac{12EI}{L^3} & -\dfrac{6EI}{L^2} \\ \dfrac{6EI}{L^2} & \dfrac{2EI}{L} & -\dfrac{6EI}{L^2} & \dfrac{4EI}{L} \end{bmatrix} \quad (20.11)$$

ここに、$E=$要素のヤング係数；$I=$要素の断面2次モーメント。

20.5　beam-column要素の剛性マトリックス

beam-column要素（frame要素）は、beam要素の曲げおよびせん断の効果にrod要素の軸方向力の効果が付加する。要素の両端での力と変位の正方向を図20-6に示す。beam-column要素の剛性マトリックス$[\bar{k}]$は、rod要素で求めた軸方向力に対する剛性マトリックス式(20.6)と、beam要素に対する剛性マトリックス式(20.11)を組み合わせることにより求まる。曲げ・せん断と、軸方向力の項とは連成しないので、単に組み合わせるだけでよい。ここに、式(20.12)におけるsym.は対称形を意味し、表記を省略している。なお、剛性マトリックスは常に対称マトリックスである。

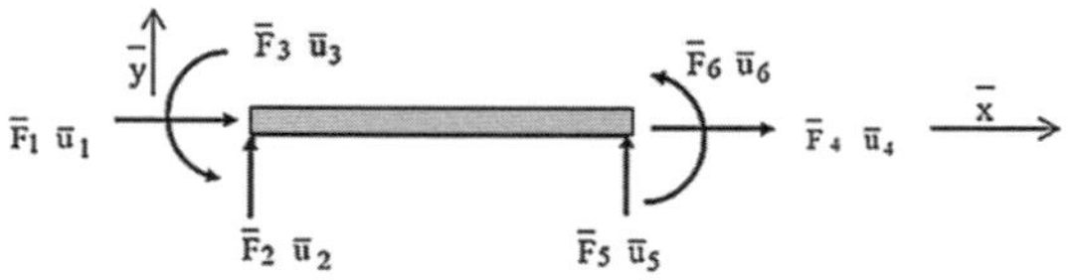

図20-6　正の変位および断面力（beam-column要素）

$$\begin{Bmatrix} \bar{F}_1 \\ \bar{F}_2 \\ \bar{F}_3 \\ \bar{F}_4 \\ \bar{F}_5 \\ \bar{F}_6 \end{Bmatrix} = \begin{bmatrix} \dfrac{EA}{L} & 0 & 0 & -\dfrac{EA}{L} & 0 & 0 \\ & \dfrac{12EI}{L^3} & \dfrac{6EI}{L^2} & 0 & -\dfrac{12EI}{L^3} & \dfrac{6EI}{L^2} \\ & & \dfrac{4EI}{L} & 0 & -\dfrac{6EI}{L^2} & \dfrac{2EI}{L} \\ & \text{sym.} & & \dfrac{EA}{L} & 0 & 0 \\ & & & & \dfrac{12EI}{L^3} & -\dfrac{6EI}{L^2} \\ & & & & & \dfrac{4EI}{L} \end{bmatrix} \begin{Bmatrix} \bar{u}_1 \\ \bar{u}_2 \\ \bar{u}_3 \\ \bar{u}_4 \\ \bar{u}_5 \\ \bar{u}_6 \end{Bmatrix} \quad (20.12)$$

式(20.12)は、マトリックス表示では次式で表せる。
$$\{\bar{F}\} = [\bar{k}]\{\bar{u}\} \tag{20.13}$$
ここに、

$$[\bar{k}] = \begin{bmatrix} \frac{EA}{L} & 0 & 0 & -\frac{EA}{L} & 0 & 0 \\ 0 & \frac{12EI}{L^3} & \frac{6EI}{L^2} & 0 & -\frac{12EI}{L^3} & \frac{6EI}{L^2} \\ 0 & \frac{6EI}{L^2} & \frac{4EI}{L} & 0 & -\frac{6EI}{L^2} & \frac{2EI}{L} \\ -\frac{EA}{L} & 0 & 0 & \frac{EA}{L} & 0 & 0 \\ 0 & -\frac{12EI}{L^3} & -\frac{6EI}{L^2} & 0 & -\frac{12EI}{L^3} & -\frac{6EI}{L^2} \\ 0 & \frac{6EI}{L^2} & \frac{2EI}{L} & 0 & -\frac{6EI}{L^2} & \frac{4EI}{L} \end{bmatrix} \tag{20.14}$$

以後、式(20.13)で与えられる beam-column 要素を使用する。beam 要素は beam-column 要素に含まれ、beam-column 要素で $EA=0$ とおいた結果になる。また、トラスで用いる rod 要素は、beam-column 要素に含まれ、$EI=0$ とおいた結果になる。

20.6 全体座標系で表示した要素剛性マトリックス [k]

局所座標系で表示した $\{\bar{F}\}$ と $\{\bar{u}\}$ の関係を表す beam-column 要素剛性マトリックス $[\bar{k}]$ を、全体座標系で表示した $\{F\}$ と $\{u\}$ の関係を表す要素剛性マトリックス $[k]$ に変形する。

変位 $\{\bar{u}\}$ と $\{u\}$ の関係は、式(20.1)より、
$$\{\bar{u}\} = [T]\{u\} \tag{20.1}$$
となり、同様に、要素の断面力についても書ける。
$$\{\bar{F}\} = [T]\{F\} \tag{20.15}$$
局所座標系に対して、式(20.13)より、
$$\{\bar{F}\} = [\bar{k}]\{\bar{u}\} \tag{20.13}$$
の関係があるから、式(20.1)を上式に代入すると、
$$\{\bar{F}\} = [\bar{k}][T]\{u\} \tag{20.16}$$
となる。上式を式(20.15)に代入すると次式を得る。
$$[\bar{k}][T]\{u\} = [T]\{F\}$$
$[T]^{-1}$ を前乗すると、
$$\{F\} = [T]^{-1}[\bar{k}][T]\{u\} \tag{20.17}$$
となる。ここで、全体座標系で表示した要素剛性マトリックス $[k]$ を次式で定義する。
$$[k] \equiv [T]^{-1}[\bar{k}][T] \tag{20.18}$$
式(20.3)より座標変換マトリックスの逆マトリックスは $[T]^{-1} = [T]^T$ であるから、式(20.18)は次式となる。
$$[k] \equiv [T]^T[\bar{k}][T] \tag{20.19}$$

全体座標系で表示した要素剛性マトリックス$[k]$を詳しく計算すると、次式となる

$$[k] = \begin{bmatrix} \frac{EA}{L}C^2 + \frac{12EI}{L^3}S^2 & \frac{EA}{L}SC - \frac{12EI}{L^3}SC & -\frac{6EI}{L^2}S & -\frac{EA}{L}C^2 - \frac{12EI}{L^3}S^2 & -\frac{EA}{L}SC + \frac{12EI}{L^3}SC & -\frac{6EI}{L^2}S \\ & \frac{EA}{L}S^2 + \frac{12EI}{L^3}C^2 & \frac{6EI}{L^2}C & -\frac{EA}{L}SC + \frac{12EI}{L^3}SC & -\frac{EA}{L}S^2 - \frac{12EI}{L^3}C^2 & \frac{6EI}{L^2}C \\ & & \frac{4EI}{L} & \frac{6EI}{L^2}S & -\frac{6EI}{L^2}C & \frac{2EI}{L} \\ & \text{sym.} & & \frac{EA}{L}C^2 + \frac{12EI}{L^3}S^2 & \frac{EA}{L}SC - \frac{12EI}{L^3}SC & \frac{6EI}{L^2}S \\ & & & & \frac{EA}{L}S^2 + \frac{12EI}{L^3}C^2 & -\frac{6EI}{L^2}C \\ & & & & & \frac{4EI}{L} \end{bmatrix} \quad (20.20)$$

よって、式(20.17)は次式のように表せる。

$$\{F\} = [k]\{u\} \quad (20.21)$$

構造物の各要素は柱や梁のように向きが個々に変化するので、部材の断面力は局所座標系の表示を用いる。一方、変位は垂直変位および水平変位を知りたいので全体座標系の表示を用いる。そこで、局所座標系表示での$\{\bar{F}\}$と、全体座標系表示の変位$\{u\}$の関係を示す。式(20.13)の$\{\bar{u}\}$を式(20.1)を用いて$\{u\}$で書き換えると、

$$\{\bar{F}\} = [\bar{k}][T]\{u\} \quad (20.22)$$

となる。ここに、

$$[\bar{k}][T] = \begin{bmatrix} \frac{EA}{L} & 0 & 0 & -\frac{EA}{L} & 0 & 0 \\ 0 & \frac{12EI}{L^3} & \frac{6EI}{L^2} & 0 & -\frac{12EI}{L^3} & \frac{6EI}{L^2} \\ 0 & \frac{6EI}{L^2} & \frac{4EI}{L} & 0 & -\frac{6EI}{L^2} & \frac{2EI}{L} \\ -\frac{EA}{L} & 0 & 0 & \frac{EA}{L} & 0 & 0 \\ 0 & -\frac{12EI}{L^3} & -\frac{6EI}{L^2} & 0 & \frac{12EI}{L^3} & -\frac{6EI}{L^2} \\ 0 & \frac{6EI}{L^2} & \frac{2EI}{L} & 0 & -\frac{6EI}{L^2} & \frac{4EI}{L} \end{bmatrix} \begin{bmatrix} C & S & 0 & 0 & 0 & 0 \\ -S & C & 0 & 0 & 0 & 0 \\ 0 & 0 & 1 & 0 & 0 & 0 \\ 0 & 0 & 0 & C & S & 0 \\ 0 & 0 & 0 & -S & C & 0 \\ 0 & 0 & 0 & 0 & 0 & 1 \end{bmatrix} \quad (20.23)$$

上式をあらかじめ計算し、式(20.21)に代入すると次式になる。

$$\begin{Bmatrix} \bar{F}_1 \\ \bar{F}_2 \\ \bar{F}_3 \\ \bar{F}_4 \\ \bar{F}_5 \\ \bar{F}_6 \end{Bmatrix} = \begin{bmatrix} \frac{EA}{L}C & \frac{EA}{L}S & 0 & -\frac{EA}{L}C & -\frac{EA}{L}S & 0 \\ -\frac{12EI}{L^3}S & \frac{12EI}{L^3}C & \frac{6EI}{L^2} & \frac{12EI}{L^3}S & -\frac{12EI}{L^3}C & \frac{6EI}{L^2} \\ -\frac{6EI}{L^2}S & \frac{6EI}{L^2}C & \frac{4EI}{L} & \frac{6EI}{L^2}S & -\frac{6EI}{L^2}C & \frac{2EI}{L} \\ -\frac{EA}{L}C & -\frac{EA}{L}S & 0 & \frac{EA}{L}C & \frac{EA}{L}S & 0 \\ \frac{12EI}{L^3}S & -\frac{12EI}{L^3}C & -\frac{6EI}{L^2} & -\frac{12EI}{L^3}S & \frac{12EI}{L^3}C & -\frac{6EI}{L^2} \\ -\frac{6EI}{L^2}S & \frac{6EI}{L^2}C & \frac{2EI}{L} & \frac{6EI}{L^2}S & -\frac{6EI}{L^2}C & \frac{4EI}{L} \end{bmatrix} \begin{Bmatrix} u_1 \\ u_2 \\ u_3 \\ u_4 \\ u_5 \\ u_6 \end{Bmatrix} \quad (20.24)$$

20.7 等価節点力

マトリックス法では、外力はすべて節点に作用すると仮定している。そこで、要素の中間に作用する荷重は、その要素の両端の節点に作用する等価節点力に置換する。**図 20-7** に示すように、例えば、集中荷重P_0が要素の中間に作用する場合は、まず要

素の両端を固定して（**図 20-7(a)参照**）固定端モーメントを A 端 $\frac{P_0 L}{8}$（左まわり）、B 端 $\frac{P_0 L}{8}$（右まわり）に、さらに、固定せん断力を A 端 $\frac{P_0}{2}$、B 端 $\frac{P_0}{2}$ に作用させる。実際には両節点は固定端でないので、固定端と考えたときに発生した固定端モーメントおよび固定せん断力を節点に逆向きに作用させて、仮定した固定を解除する。固定を解除するために、マトリックス法では、A 端に $\frac{P_0 L}{8}$ と $\frac{P_0}{2}$; B 端に $\frac{P_0 L}{8}$ と $\frac{P_0}{2}$ が作用する（**図 20-7(b)参照**）として解法する。最終の応力状態は**図 20-7(a)と(b)**の和となる。中間荷重に対する要素の固定端モーメントおよび固定端せん断力は、たわみ角法の固定端モーメントおよび固定端せん断力の**表 17-3** で与えられる。

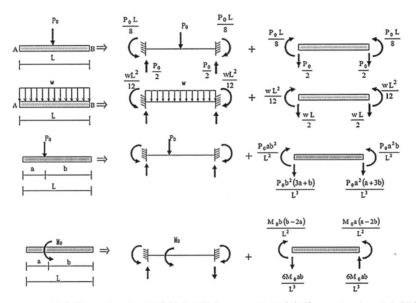

(a) 固定端モーメント・固定端せん断力　　(b) 固定解除モーメント・せん断力

図 20-7　要素の中間に作用する荷重の場合

例題　等分布荷重を受ける両端固定梁（**例図 1**）の M 図を求める。梁の要素は図中の①と②であり、節点番号を 1, 2, 3 と記す。

① 要素①および②の節点 2 を固定したときの固定端モーメントおよび固定端せん断力を、**例図 2(a)**のように求める（**図 20-7 参照**）。

② 次に、節点 2 の固定を解除するために、**例図 2(b)**のように、節点 2 に**例図 2(a)**とは逆向きの曲げモーメント $\frac{w\ell^2}{12}$ とせん断力 $\frac{w\ell}{2}$ を作用させる。結果的には、節点

分布荷重　　　　　　w
部材のヤング係数　　E
材長　　　　　　　　$L = 2\ell$

例図 1　両端固定梁

2 では曲げモーメントは相殺して 0 となり、せん断力の合計である荷重 $w\ell$ が作用する状態となる（**例図 2(c)**）。この状態をマトリックス法で解く。

③　最終のモーメント図は、**例図 2(a)と(c)**の荷重状態の結果を合計すると**例図 2(d)** のように求まる。

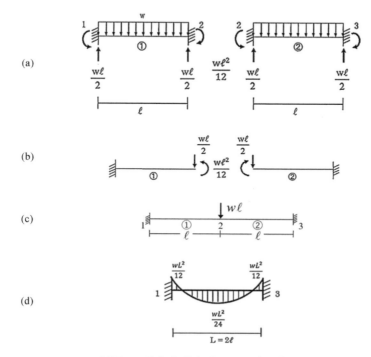

例図 2　分布荷重を受ける両端固定梁の解法

20.8　バンド幅

　構造物全体の剛性マトリックスは、構造物を構成しているすべての要素の剛性マトリックスの和となる。剛性マトリックスの 0 でない値は対角方向に並ぶが、対角項からどれくらいの幅を持って 0 以外の値があるかを示すのがバンド幅である。バンド幅が 0 の場合、対角項のみの値を持つので、マトリックスは解けたことになる。バンド幅は、対角項から片側の何項まで 0 でない値を持っているかを示す。節点番号の取り方の順序により、バンド幅が小さくなる場合があるので、階ごとに、梁が連続する順に節点番号を付けるとバンド幅は小さくなる。バンド幅が小さいほど連立方程式の解法は容易である。

　バンド幅は、節点番号の付け方により異なる。**図 20-8** の 2 種類の節点番号の付け方の違いによるバンド幅の違いを示す。汎用ソフトではバンド幅を小さくするため、プログラムソフト内で自動的に節点番号を付け直している。

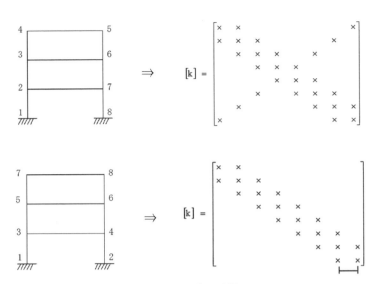

図 20-8　バンド幅

20.9　矩形ラーメンの解法

例題 1　例図 3 の矩形ラーメンを beam-column（フレーム）要素を用いてマトリックス法で解く。

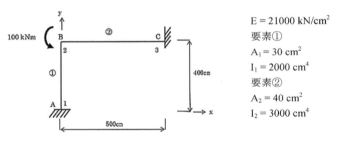

E = 21000 kN/cm^2
要素①
A_1 = 30 cm^2
I_1 = 2000 cm^4
要素②
A_2 = 40 cm^2
I_2 = 3000 cm^4

例図 3　矩形ラーメン

計算順序は以下のようである。
① 要素番号として①、②および節点番号として 1、2、3 を付ける。
② 要素①：1→2 の方向に局所座標系 $\bar{x}$ 軸をとる。
　　$A_1 = 30\,\text{cm}^2$, $L = 400\,\text{cm}$, $I_1 = 2000\,\text{cm}^4$
　　$\theta = 90°$　　$S = 1$　　$C = 0$

式(20.20)より、全体座標で表示した要素剛性マトリックス[k]を求める。

$$[k]_① = \begin{bmatrix} 7.875 & 0 & -1.575 \times 10^3 & -7.875 & 0 & -1.575 \times 10^3 \\ 0 & 1.575 \times 10^3 & 0 & 0 & -1.575 \times 10^3 & 0 \\ -1.575 \times 10^3 & 0 & 4.2 \times 10^5 & 1.575 \times 10^3 & 0 & 2.1 \times 10^5 \\ -7.875 & 0 & 1.575 \times 10^3 & 7.875 & 0 & 1.575 \times 10^3 \\ 0 & -1.575 \times 10^3 & 0 & 0 & 1.575 \times 10^3 & 0 \\ -1.575 \times 10^3 & 0 & 2.1 \times 10^5 & 1.575 \times 10^3 & 0 & 4.2 \times 10^5 \end{bmatrix} \begin{matrix} u_1 \\ u_2 \\ u_3 \\ u_4 \\ u_5 \\ u_6 \end{matrix} \quad 式①$$

なお、剛性マトリックス①および②の右側に対応する変位を付記している。これがあると全体の剛性マトリックスの作成の際に便利である。

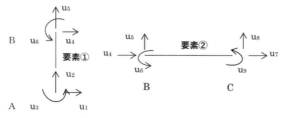

（注）変位は全体座標系で表示する。

③　要素② : 2→3 の方向に局所座標系 $\bar{x}$ 軸をとる。

$A_2 = 40 \text{cm}^2$, $L = 500 \text{cm}$, $I_2 = 3000 \text{cm}^4$

$\theta = 0°$　　　$S = 0$　　　$C = 1$

$$[k]_② = \begin{bmatrix} 1.68 \times 10^3 & 0 & 0 & -1.68 \times 10^3 & 0 & 0 \\ 0 & 6.048 & 1.512 \times 10^3 & 0 & -6.048 & 1.512 \times 10^3 \\ 0 & 1.512 \times 10^3 & 5.04 \times 10^5 & 0 & -1.512 \times 10^3 & 2.52 \times 10^5 \\ -1.68 \times 10^3 & 0 & 0 & 1.68 \times 10^3 & 0 & 0 \\ 0 & -6.048 & -1.512 \times 10^3 & 0 & 6.048 & -1.512 \times 10^3 \\ 0 & 1.512 \times 10^3 & 2.52 \times 10^5 & 0 & -1.512 \times 10^3 & 5.04 \times 10^5 \end{bmatrix} \begin{matrix} u_4 \\ u_5 \\ u_6 \\ u_7 \\ u_8 \\ u_9 \end{matrix}$$　式②

④　釣合式

節点 1、2、3 に作用する外力 $P_1 \sim P_9$ の正の方向を**例図 4** のように定める。これらの方向は、力は全体座標系 x、y 軸の正方向を向くときを正とし、モーメントは x, y 平面に直交する右手直交座標 z 軸の正の方向を見て右まわりを正とする。

各節点での釣合方程式は、下式が成立する。

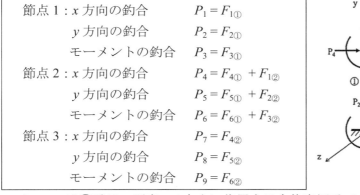

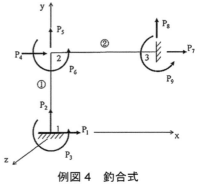

例図 4　釣合式

ここに、$F_{i⑩}$ は⑩番目の要素の i 方向に作用する全体座標系で表示した要素力を表している。つまり、式(20.21)で与えられる $\{F\}$ を詳しく書いていることに過ぎない。

上述の釣合式の $\{F\}$ の項に、式(20.21)を代入し、構造物全体について書くと次式が成立する。

$$\{P\} = [K]\{u\} \quad 式③$$

ここに、全体剛性マトリックス $[K] = \Sigma[k] = [k_①] + [k_②]$。

$$\begin{Bmatrix} P_1 \\ P_2 \\ P_3 \\ P_4 \\ P_5 \\ P_6 \\ P_7 \\ P_8 \\ P_9 \end{Bmatrix} = \begin{bmatrix} 7.875 & 0 & -1.575\times10^3 & -7.875 & 0 & -1.575\times10^4 & 0 & 0 & 0 \\ 0 & 1.575\times10^3 & 0 & 0 & -1.575\times10^3 & 0 & 0 & 0 & 0 \\ -1.575\times10^3 & 0 & 4.2\times10^5 & 1.575\times10^3 & 0 & 2.1\times10^5 & 0 & 0 & 0 \\ -7.875 & 0 & 1.575\times10^3 & 1.68\times10^3+7.875 & 0+0 & 0+1.575\times10^3 & -1.63\times10^3 & 0 & 0 \\ 0 & -1.575\times10^3 & 0 & 0+0 & 6.048+1.575\times10^3 & 1.512\times10^3+0 & 0 & -6.048 & 1.512\times10^3 \\ -1.575\times10^3 & 0 & 2.1\times10^5 & 0+1.575\times10^3 & 1.512\times10^3+0 & 5.04\times10^5+4.2\times10^5 & 0 & -1.512\times10^3 & 2.52\times10^5 \\ 0 & 0 & 0 & -1.68\times10^3 & 0 & 0 & 1.68\times10^3 & 0 & 0 \\ 0 & 0 & 0 & 0 & -6.048 & -1.512\times10^3 & 0 & 6.048 & -1.512\times10^3 \\ 0 & 0 & 0 & 0 & 1.512\times10^3 & 2.52\times10^5 & 0 & -1.512\times10^3 & 5.04\times10^5 \end{bmatrix} \begin{Bmatrix} u_1 \\ u_2 \\ u_3 \\ u_4 \\ u_5 \\ u_6 \\ u_7 \\ u_8 \\ u_9 \end{Bmatrix} \quad 式④$$

整理すると、

$$\begin{Bmatrix} P_1 \\ P_2 \\ P_3 \\ P_4 \\ P_5 \\ P_6 \\ P_7 \\ P_8 \\ P_9 \end{Bmatrix} = \begin{bmatrix} 7.875 & 0 & -1.575\times10^3 & -7.875 & 0 & -1.575\times10^3 & 0 & 0 & 0 \\ 0 & 1.575\times10^3 & 0 & 0 & -1.575\times10^3 & 0 & 0 & 0 & 0 \\ -1.575\times10^3 & 0 & 4.2\times10^5 & 1.575\times10^3 & 0 & 2.1\times10^5 & 0 & 0 & 0 \\ -7.875 & 0 & 1.575\times10^3 & 1.688\times10^3 & 0 & 1.575\times10^3 & -1.68\times10^3 & 0 & 0 \\ 0 & -1.575\times10^3 & 0 & 0 & 1.581\times10^3 & 1512\times10^3 & 0 & -6.048 & 1.512\times10^3 \\ -1.575\times10^3 & 0 & 2.1\times10^5 & 1.575\times10^3 & 1.512\times10^3 & 9.24\times10^5 & 0 & -1.512\times10^3 & 2.52\times10^5 \\ 0 & 0 & 0 & -1.68\times10^3 & 0 & 0 & 1.68\times10^3 & 0 & 0 \\ 0 & 0 & 0 & 0 & -6.048 & -1.512\times10^3 & 0 & 6.048 & -1.512\times10^3 \\ 0 & 0 & 0 & 0 & 1.512\times10^3 & 2.52\times10^5 & 0 & -1.512\times10^3 & 5.04\times10^5 \end{bmatrix} \begin{Bmatrix} u_1 \\ u_2 \\ u_3 \\ u_4 \\ u_5 \\ u_6 \\ u_7 \\ u_8 \\ u_9 \end{Bmatrix} \quad 式⑤$$

⑤ 境界条件

$u_1 = 0$	節点 1 で x 方向の移動なし	（固定端）
$u_2 = 0$	節点 1 で y 方向の移動なし	（固定端）
$u_3 = 0$	節点 1 で回転なし	（固定端）
$u_7 = 0$	節点 3 で x 方向の移動なし	（固定端）
$u_8 = 0$	節点 3 で y 方向の移動なし	（固定端）
$u_9 = 0$	節点 3 で回転なし	（固定端）

式⑥

（参考）境界条件式には変位を規定する幾何学的境界条件と、力を規定する力学的境界条件とがある。境界条件は変位に対して力、回転に対してモーメントのいずれか一方を用いる。構造物が静的外力を受ける場合の支点に対する境界条件は一般に幾何学的境界条件である。逆に、自由端は力学的境界条件である。

⑥ 外力

外力は節点 2 のみに作用し、モーメント P_6 以外は 0 である。

$$P_4 = 0 \;;\; P_5 = 0 \;;\; P_6 = 10000 \text{ kNcm} \quad 式⑦$$

節点 1 および節点 3 は固定端であり、そこに作用する $P_1, P_2, P_3, P_7, P_8, P_9$ は反力を示すが、この時点では 0 とおく。

⑦ 式⑥⑦の関係を式⑤に代入する。

$$\begin{Bmatrix} 0 \\ 0 \\ 0 \\ 0 \\ 0 \\ 10000 \\ 0 \\ 0 \\ 0 \end{Bmatrix} = \begin{bmatrix} 7.875 & 0 & -1.575\times10^3 & -7.875 & 0 & -1.575\times10^3 & 0 & 0 & 0 \\ 0 & 1.575\times10^3 & 0 & 0 & -1.575\times10^3 & 0 & 0 & 0 & 0 \\ -1.575\times10^3 & 0 & 4.2\times10^5 & 1.575\times10^3 & 0 & 2.1\times10^5 & 0 & 0 & 0 \\ -7.875 & 0 & 1.575\times10^3 & 1.688\times10^3 & 0 & 1.575\times10^3 & -1.68\times10^3 & 0 & 0 \\ 0 & -1.575\times10^3 & 0 & 0 & 1.581\times10^3 & 1512\times10^3 & 0 & -6.048 & 1.512\times10^3 \\ -1.575\times10^3 & 0 & 2.1\times10^5 & 1.575\times10^3 & 1.512\times10^3 & 9.24\times10^5 & 0 & -1.512\times10^3 & 2.52\times10^5 \\ 0 & 0 & 0 & -1.68\times10^3 & 0 & 0 & 1.68\times10^3 & 0 & 0 \\ 0 & 0 & 0 & 0 & -6.048 & -1.512\times10^3 & 0 & 6.048 & -1.512\times10^3 \\ 0 & 0 & 0 & 0 & 1.512\times10^3 & 2.52\times10^5 & 0 & -1.512\times10^3 & 5.04\times10^5 \end{bmatrix} \begin{Bmatrix} u_1=0 \\ u_2=0 \\ u_3=0 \\ u_4 \\ u_5 \\ u_6 \\ u_7=0 \\ u_8=0 \\ u_9=0 \end{Bmatrix} \quad 式⑧$$

⑧ 連立方程式の修正法

式⑧は、右辺 $\{u\}$ に既知な値が混入している。連立方程式が解けるには、右辺の $\{u\}$ は未知数、左辺の荷重項 $\{P\}$ は既知でなければならない。そのためには連立方程式の組み替えをする必要がある。一般には、剛性マトリックス $[K]$ は構造物のすべての要

素を含んでいるので大きなマトリックスである。このように大きなマトリックスの元数を変更する組み替えは計算時間およびその取扱いが複雑になるので、元のマトリックスのサイズを変更せずに修正する方が便利である。その方法は、以下のステップで行う。

- **ステップ1**：変位ベクトル$\{u\}$のうち境界条件より第i番目の変位u_iが既知な値$u_i = u_i^*$とすると、剛性マトリックス$[K]$のj行目i列目の値K_{ji}にu_i^*を掛けた値$K_{ji}u_i^*$を荷重項$\{P\}$のj行目に移項する。よって、

  j行目の荷重項P_jは、$P_j - K_{ji}u_i^*$ $(j=1,2,\ldots n)$ となる。

  変位の拘束が複数ある場合は、順に移項すると、次式のようになる。
  $$P_j - K_{ji(1)}u_{i(1)}^* - K_{ji(2)}u_{i(2)}^* - K_{ji(3)}u_{i(3)}^*$$ （3個の $u_{i(1)}^*, u_{i(2)}^*, u_{i(3)}^*$ がある場合）

- **ステップ2**：次に、u_i^*が関係する剛性マトリックス$[K]$のi列目およびi行目のすべての値を0にして、対角項K_{ii}のみを1とおき、同時に変位ベクトル$\{u\}$のi行目を未知数u_iとする。

- **ステップ3**：外力ベクトル$\{P\}$のi行目をu_i^*で置き換える。以上の操作により、境界条件$u_i = u_i^*$は満足され、かつ、左辺の荷重項$\{P\}$は既知に、右辺の変位ベクトル$\{u\}$はすべて未知となり、連立方程式が解法できる。

以上の操作を図示すると**例図5**のようになる。

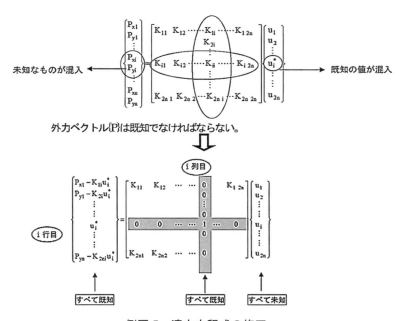

例図5　連立方程式の修正

以上の操作を式⑧に施すと次式となる。

$$\begin{Bmatrix} 0 \\ 0 \\ 0 \\ 0 \\ 0 \\ 10000 \\ 0 \\ 0 \\ 0 \end{Bmatrix} = \begin{bmatrix} 1 & 0 & 0 & 0 & 0 & 0 & 0 & 0 & 0 \\ 0 & 1 & 0 & 0 & 0 & 0 & 0 & 0 & 0 \\ 0 & 0 & 1 & 0 & 0 & 0 & 0 & 0 & 0 \\ 0 & 0 & 0 & 1.688 \times 10^3 & 0 & 1.575 \times 10^3 & 0 & 0 & 0 \\ 0 & 0 & 0 & 0 & 1.581 \times 10^3 & 1.512 \times 10^3 & 0 & 0 & 0 \\ 0 & 0 & 0 & 1.575 \times 10^3 & 1.512 \times 10^3 & 9.24 \times 10^5 & 0 & 0 & 0 \\ 0 & 0 & 0 & 0 & 0 & 0 & 1 & 0 & 0 \\ 0 & 0 & 0 & 0 & 0 & 0 & 0 & 1 & 0 \\ 0 & 0 & 0 & 0 & 0 & 0 & 0 & 0 & 1 \end{bmatrix} \begin{Bmatrix} u_1 \\ u_2 \\ u_3 \\ u_4 \\ u_5 \\ u_6 \\ u_7 \\ u_8 \\ u_9 \end{Bmatrix} \quad \text{式⑨}$$

これより、u_4, u_5, u_6 の関係する部分のみを解く。

$$\begin{Bmatrix} 0 \\ 0 \\ 10000 \end{Bmatrix} = \begin{bmatrix} 1.688 \times 10^3 & 0 & 1.575 \times 10^3 \\ 0 & 1.581 \times 10^3 & 1.521 \times 10^3 \\ 1.575 \times 10^3 & 1.512 \times 10^3 & 9.24 \times 10^5 \end{bmatrix} \begin{Bmatrix} u_4 \\ u_5 \\ u_6 \end{Bmatrix} \quad \text{式⑩}$$

連立方程式をクラメルの公式を用いて解くと、

$$\Delta = \begin{vmatrix} 1.688 \times 10^3 & 0 & 1.575 \times 10^3 \\ 0 & 1.581 \times 10^3 & 1.512 \times 10^3 \\ 1.575 \times 10^3 & 1.512 \times 10^3 & 9.24 \times 10^5 \end{vmatrix} = 2.458 \times 10^{12}$$

$$\Delta_4 = \begin{vmatrix} 0 & 0 & 1.575 \times 10^3 \\ 0 & 1.581 \times 10^3 & 1.512 \times 10^3 \\ 10000 & 1.512 \times 10^3 & 9.24 \times 10^5 \end{vmatrix} = -2.490 \times 10^{10}$$

$$\Delta_5 = \begin{vmatrix} 1.688 \times 10^3 & 0 & 1.575 \times 10^3 \\ 0 & 0 & 1.512 \times 10^3 \\ 1.575 \times 10^3 & 10000 & 9.24 \times 10^5 \end{vmatrix} = -2.575 \times 10^{10}$$

$$\Delta_6 = \begin{vmatrix} 1.688 \times 10^3 & 0 & 0 \\ 0 & 1.581 \times 10^3 & 0 \\ 1.575 \times 10^3 & 1.512 \times 10^3 & 10000 \end{vmatrix} = 2.669 \times 10^{10}$$

$$u_4 = \frac{\Delta_4}{\Delta} = -0.010131\,\text{cm} \;;\; u_5 = \frac{\Delta_5}{\Delta} = -0.010475\,\text{cm} \;;\; u_6 = \frac{\Delta_6}{\Delta} = 0.010857\,\text{radian} \quad \text{式⑪}$$

⑨ 部材断面力は局所座標系で表示するので、式(20.24) を用いて $\{\overline{F}\}$ を求める。

(要素①)

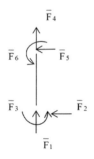

$$\begin{Bmatrix} \overline{F}_1 \\ \overline{F}_2 \\ \overline{F}_3 \\ \overline{F}_4 \\ \overline{F}_5 \\ \overline{F}_6 \end{Bmatrix} = \begin{bmatrix} 0 & 1.575 \times 10^3 & 0 & 0 & -1.575 \times 10^3 & 0 \\ -7.875 & 0 & 1.575 \times 10^3 & 7.875 & 0 & 1.575 \times 10^3 \\ -1.575 \times 10^3 & 0 & 4.2 \times 10^5 & 1.575 \times 10^3 & 0 & 2.1 \times 10^5 \\ 0 & -1.575 \times 10^3 & 0 & 0 & 1.575 \times 10^3 & 0 \\ 7.875 & 0 & -1.575 \times 10^3 & -7.875 & 0 & -1.575 \times 10^3 \\ -1.575 \times 10^3 & 0 & 2.1 \times 10^5 & 1.575 \times 10^3 & 0 & 4.2 \times 10^5 \end{bmatrix} \begin{Bmatrix} u_1 = 0 \\ u_2 = 0 \\ u_3 = 0 \\ u_4 = -0.010131 \\ u_5 = -0.010475 \\ u_6 = 0.010857 \end{Bmatrix}$$

$$= \begin{Bmatrix} 16.50 \\ 17.02 \\ 2264.01 \\ -16.50 \\ -17.02 \\ 4543.98 \end{Bmatrix}$$

(要素②)

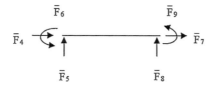

$$\begin{Bmatrix} \overline{F}_4 \\ \overline{F}_5 \\ \overline{F}_6 \\ \overline{F}_7 \\ \overline{F}_8 \\ \overline{F}_9 \end{Bmatrix} = \begin{bmatrix} 1.68 \times 10^3 & 0 & 0 & -1.68 \times 10^3 & 0 & 0 \\ 0 & 6.048 & 1.512 \times 10^3 & 0 & -6.048 & 1.512 \times 10^3 \\ 0 & 1.512 \times 10^3 & 5.04 \times 10^5 & 0 & -1.512 \times 10^3 & 2.52 \times 10^5 \\ -1.68 \times 10^3 & 0 & 0 & 1.68 \times 10^3 & 0 & 0 \\ 0 & -6.048 & -1.512 \times 10^3 & 0 & 6.048 & -1.512 \times 10^3 \\ 0 & 1.512 \times 10^3 & 2.52 \times 10^5 & 0 & -1512 \times 10^3 & 5.04 \times 10^5 \end{bmatrix} \begin{Bmatrix} u_4 = -0.010131 \\ u_5 = -0.010475 \\ u_6 = 0.010857 \\ u_7 = 0 \\ u_8 = 0 \\ u_9 = 0 \end{Bmatrix}$$

$$= \begin{Bmatrix} -17.02 \\ 16.35 \\ 5456.09 \\ 17.02 \\ -16.35 \\ 2720.13 \end{Bmatrix}$$

⑩ 計算結果を図示すると、
(注) 負の値のときは矢印の方向とは反対向きを示す (局所座標軸とは反対向き)。

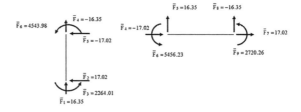

⑪ M図およびせん断力 (例図6)

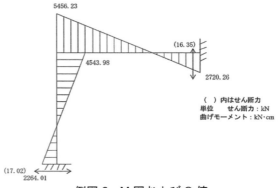

例図6 M図およびQ値

例題 2 例図 7 の門型ラーメンをフレーム要素を用いてマトリックス法で解く。

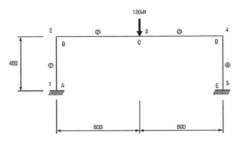

例図 7　門型ラーメン

要素①、④
　□－200×200×6
　$E = 21000 \, \text{kN/cm}^2$
　$L = 400 \, \text{cm}$
　$A_1 = A_4 = 45.63 \, \text{cm}^2$
　$I_1 = I_4 = 2830 \, \text{cm}^4$

要素②、③
　H－400×200×8×13
　$E = 21000 \, \text{kN/cm}^2$
　$L = 600 \, \text{cm}$
　$A_2 = A_3 = 84.12 \, \text{cm}^2$
　$I_2 = I_3 = 23700 \, \text{cm}^4$

① 要素番号：①、②、③、④　　節点番号：1、2、3、4、5とする。
全体座標系で表示した要素剛性マトリックスを求める。

② 要素①：1 → 2 の方向に局所座標系 $\bar{x}$ 軸をとる。
$\theta = 90°$; $S=1$; $C=0$; $A_1 = 45.63 \, \text{cm}^2$; $E = 2.1 \times 10^4 \, \text{kN/cm}^2$; $I_1 = 2830 \, \text{cm}^4$; $L = 400 \, \text{cm}$
全体座標で表示した要素剛性マトリックスを式(20.20)より求める。

$$[k_①] = \begin{bmatrix} 1.1143 \times 10^1 & 0 & -2.2286 \times 10^3 & -1.1143 \times 10^1 & 0 & -2.2286 \times 10^3 \\ 0 & 2.3956 \times 10^3 & 0 & 0 & -2.3956 \times 10^3 & 0 \\ -2.2286 \times 10^3 & 0 & 5.9430 \times 10^5 & 2.2286 \times 10^3 & 0 & 2.9715 \times 10^5 \\ -1.1143 \times 10^1 & 0 & 2.2286 \times 10^3 & 1.1143 \times 10^1 & 0 & 2.2286 \times 10^3 \\ 0 & -2.3956 \times 10^3 & 0 & 0 & 2.3956 \times 10^3 & 0 \\ -2.2286 \times 10^3 & 0 & 2.9715 \times 10^5 & 2.2286 \times 10^3 & 0 & 5.9430 \times 10^5 \end{bmatrix} \quad 式①$$

③ 要素②：2 → 3 の方向に局所座標系 $\bar{x}$ 軸をとる。
$\theta = 0°$; $S=0$; $C=1$; $A_2 = 84.12 \, \text{cm}^2$; $E = 2.1 \times 10^4 \, \text{kN/cm}^2$; $I_2 = 23700 \, \text{cm}^4$; $L = 600 \, \text{cm}$

$$[k_②] = \begin{bmatrix} 2.9442 \times 10^3 & 0 & 0 & -2.9442 \times 10^3 & 0 & 0 \\ 0 & 2.7650 \times 10^1 & 8.2950 \times 10^3 & 0 & -2.7650 \times 10^1 & 8.2950 \times 10^3 \\ 0 & 8.2950 \times 10^3 & 3.3180 \times 10^6 & 0 & -8.2950 \times 10^3 & 1.6590 \times 10^6 \\ -2.9442 \times 10^3 & 0 & 0 & 2.9442 \times 10^3 & 0 & 0 \\ 0 & -2.7650 \times 10^1 & -8.2950 \times 10^3 & 0 & 2.7650 \times 10^1 & -8.2950 \times 10^3 \\ 0 & 8.2950 \times 10^3 & 1.6590 \times 10^6 & 0 & -8.2950 \times 10^3 & 3.3180 \times 10^6 \end{bmatrix} \quad 式②$$

④ 要素③：3 → 4 の方向に局所座標系 $\bar{x}$ 軸をとる。
$\theta = 0°$; $S=0$; $C=1$; $A_3 = 84.12 \, \text{cm}^2$; $E = 2.1 \times 10^4 \, \text{kN/cm}^2$; $I_3 = 23700 \, \text{cm}^4$; $L = 600 \, \text{cm}$

$$[k_③] = \begin{bmatrix} 2.9442\times10^3 & 0 & 0 & -2.9442\times10^3 & 0 & 0 \\ 0 & 2.7650\times10^1 & 8.2950\times10^3 & 0 & -2.7650\times10^1 & 8.2950\times10^3 \\ 0 & 8.2950\times10^3 & 3.3180\times10^6 & 0 & -8.2950\times10^3 & 1.6590\times10^6 \\ -2.9442\times10^3 & 0 & 0 & 2.9442\times10^3 & 0 & 0 \\ 0 & -2.7650\times10^1 & -8.2950\times10^3 & 0 & 2.7650\times10^1 & -8.2950\times10^3 \\ 0 & 8.2950\times10^3 & 1.6590\times10^6 & 0 & -8.2950\times10^3 & 3.3180\times10^6 \end{bmatrix} \quad 式③$$

⑤ 要素④：4→5 の方向に局所座標系 $\bar{x}$ 軸をとる。

$\theta=270°$；$S=-1$；$C=0$；$A_4=45.63\,\text{cm}^2$；$E=2.1\times10^4\,\text{kN/cm}^2$；$I_4=2830\,\text{cm}^4$；$L=400\,\text{cm}$

$$[k_④] = \begin{bmatrix} 1.1143\times10^1 & 0 & 2.2286\times10^3 & -1.1143\times10^1 & 0 & 2.2286\times10^3 \\ 0 & 2.3956\times10^3 & 0 & 0 & -2.3956\times10^3 & 0 \\ 2.2286\times10^3 & 0 & 5.9430\times10^5 & -2.2286\times10^3 & 0 & 2.9715\times10^5 \\ -1.1143\times10^1 & 0 & -2.2286\times10^3 & 1.1143\times10^1 & 0 & -2.2286\times10^3 \\ 0 & -2.3956\times10^3 & 0 & 0 & 2.3956\times10^3 & 0 \\ 2.2286\times10^3 & 0 & 2.9715\times10^5 & -2.2286\times10^3 & 0 & 5.9430\times10^5 \end{bmatrix} \quad 式④$$

⑥ 釣合式： $\{P\}=[K]\{u\}$

ここに、全体剛性マトリックス $[K]=\Sigma[k]=[k_①]+[k_②]+[k_③]+[k_④]$

全体座標系で表示した要素剛性マトリックスを求める。

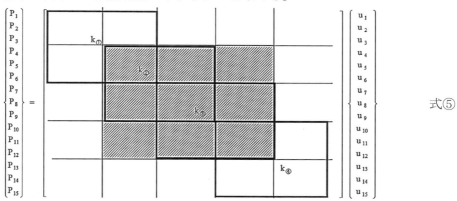

式⑤

⑦ 境界条件

$u_1=0$　節点1でx方向の移動なし；$u_{13}=0$　節点5でx方向の移動なし
$u_2=0$　節点1でy方向の移動なし；$u_{14}=0$　節点5でy方向の移動なし　　式⑥
$u_3=0$　節点1で回転なし　　　　　　；$u_{15}=0$　節点5で回転なし

⑧ 外力は節点2,3,4に作用することができるが、例題2では、節点3に$P_8=-120\,\text{kN}$のみが作用する。節点1と5は固定端であり、この時点では、式⑤の左辺の外力項はP_8以外の外力をすべて0とおく。

⑨ 外力

$P_4=0$　$P_5=0$　$P_6=0$　$P_7=0$　$P_8=-120$　$P_9=0$　$P_{10}=0$　$P_{11}=0$　$P_{12}=0$　式⑦

⑩　境界条件式⑥および外力式⑦を式⑤に代入すると、

$$\begin{Bmatrix} 0 \\ 0 \\ 0 \\ 0 \\ 0 \\ 0 \\ -120 \\ 0 \\ 0 \\ 0 \\ 0 \\ 0 \\ 0 \\ 0 \\ 0 \end{Bmatrix} = \begin{bmatrix} 1 & 0 & 0 & 0 & 0 & 0 & 0 & 0 & 0 & 0 & 0 & 0 & 0 & 0 & 0 \\ 0 & 1 & 0 & 0 & 0 & 0 & 0 & 0 & 0 & 0 & 0 & 0 & 0 & 0 & 0 \\ 0 & 0 & 1 & 0 & 0 & 0 & 0 & 0 & 0 & 0 & 0 & 0 & 0 & 0 & 0 \\ 0 & 0 & 0 & 2.9553 \times 10^3 & 0 & 2.2286 \times 10^3 & -2.9442 \times 10^3 & 0 & 0 & 0 & 0 & 0 & 0 & 0 & 0 \\ 0 & 0 & 0 & 0 & 2.4232 \times 10^3 & 8.2950 \times 10^3 & 0 & -2.7650 \times 10^1 & 8.2950 \times 10^3 & 0 & 0 & 0 & 0 & 0 & 0 \\ 0 & 0 & 0 & 2.2286 \times 10^3 & 8.2950 \times 10^3 & 3.9123 \times 10^6 & 0 & -8.2950 \times 10^3 & 1.6590 \times 10^6 & 0 & 0 & 0 & 0 & 0 & 0 \\ 0 & 0 & 0 & -2.9442 \times 10^3 & 0 & 0 & 5.8884 \times 10^3 & 0 & 0 & -2.9442 \times 10^3 & 0 & 0 & 0 & 0 & 0 \\ 0 & 0 & 0 & 0 & -2.7650 \times 10^1 & -8.2950 \times 10^3 & 0 & 5.5300 \times 10^1 & 0 & 0 & -2.7650 \times 10^1 & 8.2950 \times 10^3 & 0 & 0 & 0 \\ 0 & 0 & 0 & 0 & 8.2950 \times 10^3 & 1.6590 \times 10^6 & 0 & 0 & 6.6360 \times 10^6 & 0 & -8.2950 \times 10^3 & 1.6590 \times 10^6 & 0 & 0 & 0 \\ 0 & 0 & 0 & 0 & 0 & 0 & -2.9442 \times 10^3 & 0 & 0 & 2.9553 \times 10^3 & 0 & 2.2286 \times 10^3 & 0 & 0 & 0 \\ 0 & 0 & 0 & 0 & 0 & 0 & 0 & -2.7650 \times 10^1 & -8.2950 \times 10^3 & 0 & 2.4232 \times 10^3 & -8.2950 \times 10^3 & 0 & 0 & 0 \\ 0 & 0 & 0 & 0 & 0 & 0 & 0 & 8.2950 \times 10^3 & 1.6590 \times 10^6 & 2.2286 \times 10^3 & -8.2950 \times 10^3 & 3.9123 \times 10^6 & 0 & 0 & 0 \\ 0 & 0 & 0 & 0 & 0 & 0 & 0 & 0 & 0 & 0 & 0 & 0 & 1 & 0 & 0 \\ 0 & 0 & 0 & 0 & 0 & 0 & 0 & 0 & 0 & 0 & 0 & 0 & 0 & 1 & 0 \\ 0 & 0 & 0 & 0 & 0 & 0 & 0 & 0 & 0 & 0 & 0 & 0 & 0 & 0 & 1 \end{bmatrix} \begin{Bmatrix} u_1 \\ u_2 \\ u_3 \\ u_4 \\ u_5 \\ u_6 \\ u_7 \\ u_8 \\ u_9 \\ u_{10} \\ u_{11} \\ u_{12} \\ u_{13} \\ u_{14} \\ u_{15} \end{Bmatrix}$$

上式を節点 2, 3, 4 の変位成分 $u_4 \sim u_{12}$ について解く。

$$\begin{Bmatrix} 0 \\ 0 \\ 0 \\ 0 \\ -120 \\ 0 \\ 0 \\ 0 \\ 0 \end{Bmatrix} = \begin{bmatrix} 2.9553 \times 10^3 & 0 & 2.2286 \times 10^3 & -2.9442 \times 10^3 & 0 & 0 & 0 & 0 & 0 \\ 0 & 2.4232 \times 10^3 & 8.2950 \times 10^3 & 0 & -2.7650 \times 10^1 & 8.2950 \times 10^3 & 0 & 0 & 0 \\ 2.2286 \times 10^3 & 8.2950 \times 10^3 & 3.9123 \times 10^6 & 0 & -8.2950 \times 10^3 & 1.659 \times 10^6 & 0 & 0 & 0 \\ -2.9442 \times 10^3 & 0 & 0 & 5.8884 \times 10^3 & 0 & 0 & -2.9442 \times 10^3 & 0 & 0 \\ 0 & -2.7650 \times 10^1 & -8.2950 \times 10^3 & 0 & 5.5300 \times 10^1 & 0 & 0 & -2.7650 \times 10^1 & 8.2950 \times 10^3 \\ 0 & 8.2950 \times 10^3 & 1.6590 \times 10^6 & 0 & 0 & 6.6360 \times 10^6 & 0 & -8.2950 \times 10^3 & 1.6590 \times 10^6 \\ 0 & 0 & 0 & -2.9442 \times 10^3 & 0 & 0 & 2.9553 \times 10^3 & 0 & 2.2286 \times 10^3 \\ 0 & 0 & 0 & 0 & -2.7650 \times 10^1 & -8.2950 \times 10^3 & 0 & 2.4232 \times 10^3 & -8.2950 \times 10^3 \\ 0 & 0 & 0 & 0 & 8.2950 \times 10^3 & 1.6590 \times 10^6 & 2.2286 \times 10^3 & -8.2950 \times 10^3 & 3.9123 \times 10^6 \end{bmatrix} \begin{Bmatrix} u_4 \\ u_5 \\ u_6 \\ u_7 \\ u_8 \\ u_9 \\ u_{10} \\ u_{11} \\ u_{12} \end{Bmatrix}$$

連立方程式を解き変位を求める。

$u_4 = 9.5448 \times 10^{-3}$ cm ; $u_5 = -2.5046 \times 10^{-2}$ cm ; $u_6 = -1.2657 \times 10^{-2}$ radian

$u_7 = -3.4459 \times 10^{-8}$ cm ; $u_8 = -5.9922$ cm ; $u_9 = -4.4224 \times 10^{-11}$ radian

$u_{10} = -9.5448 \times 10^{-3}$ cm ; $u_{11} = -2.5046 \times 10^{-2}$ cm ; $u_{12} = 1.2657 \times 10^{-2}$ radian　　　式⑧

⑪　部材断面力 $\{\bar{F}\}$ を式(20.24)より求める。

(要素①)

$$\begin{Bmatrix} \bar{F}_1 \\ \bar{F}_2 \\ \bar{F}_3 \\ \bar{F}_4 \\ \bar{F}_5 \\ \bar{F}_6 \end{Bmatrix} = \begin{bmatrix} 0 & 2.3956 \times 10^3 & 0 & 0 & -2.3956 \times 10^3 & 0 \\ -1.1143 \times 10^1 & 0 & 2.2286 \times 10^3 & 1.1143 \times 10^1 & 0 & 2.2286 \times 10^3 \\ -2.2286 \times 10^3 & 0 & 5.9430 \times 10^5 & 2.2286 \times 10^3 & 0 & 2.9715 \times 10^5 \\ 0 & -2.3956 \times 10^3 & 0 & 0 & 2.3956 \times 10^3 & 0 \\ 1.1143 \times 10^1 & 0 & -2.2286 \times 10^3 & -1.1143 \times 10^1 & 0 & -2.2286 \times 10^3 \\ -2.2286 \times 10^3 & 0 & 2.9715 \times 10^5 & 2.2286 \times 10^3 & 0 & 5.9430 \times 10^5 \end{bmatrix} \begin{Bmatrix} u_1 = 0 \\ u_2 = 0 \\ u_3 = 0 \\ u_4 = 9.5448 \times 10^{-3} \\ u_5 = -2.5046 \times 10^{-2} \\ u_6 = -1.2657 \times 10^{-2} \end{Bmatrix} = \begin{Bmatrix} 60.0002 \\ -28.1010 \\ -3739.7559 \\ -60.0002 \\ 28.1010 \\ -7500.7832 \end{Bmatrix}$$

(要素②)

$$\begin{Bmatrix} \bar{F}_4 \\ \bar{F}_5 \\ \bar{F}_6 \\ \bar{F}_7 \\ \bar{F}_8 \\ \bar{F}_9 \end{Bmatrix} = \begin{bmatrix} 2.9442 \times 10^3 & 0 & 0 & -2.9442 \times 10^3 & 0 & 0 \\ 0 & 2.7650 \times 10^1 & 8.2950 \times 10^3 & 0 & -2.7650 \times 10^1 & 8.2950 \times 10^3 \\ 0 & 8.2950 \times 10^3 & 3.3180 \times 10^6 & 0 & -8.2950 \times 10^3 & 1.6590 \times 10^6 \\ -2.9442 \times 10^3 & 0 & 0 & 2.9442 \times 10^3 & 0 & 0 \\ 0 & -2.7650 \times 10^1 & -8.2950 \times 10^3 & 0 & 2.7650 \times 10^1 & -8.2950 \times 10^3 \\ 0 & 8.2950 \times 10^3 & 1.6590 \times 10^6 & 0 & -8.2950 \times 10^3 & 3.3180 \times 10^6 \end{bmatrix} \begin{Bmatrix} u_4 = 9.5448 \times 10^{-3} \\ u_5 = -2.5046 \times 10^{-2} \\ u_6 = -1.2657 \times 10^{-2} \\ u_7 = -3.4459 \times 10^{-8} \\ u_8 = -5.9922 \\ u_9 = 4.4224 \times 10^{-11} \end{Bmatrix} = \begin{Bmatrix} 28.1019 \\ 60.0020 \\ 7501.6148 \\ -28.1019 \\ -60.0020 \\ 28499.5801 \end{Bmatrix}$$

(要素③)

$$\begin{Bmatrix} \bar{F}_7 \\ \bar{F}_8 \\ \bar{F}_9 \\ \bar{F}_{10} \\ \bar{F}_{11} \\ \bar{F}_{12} \end{Bmatrix} = \begin{bmatrix} 2.9442 \times 10^3 & 0 & 0 & -2.9442 \times 10^3 & 0 & 0 \\ 0 & 2.7650 \times 10^1 & 8.2950 \times 10^3 & 0 & -2.7650 \times 10^1 & 8.2950 \times 10^3 \\ 0 & 8.2950 \times 10^3 & 3.3180 \times 10^6 & 0 & -8.2950 \times 10^3 & 1.6590 \times 10^6 \\ -2.9442 \times 10^3 & 0 & 0 & 2.9442 \times 10^3 & 0 & 0 \\ 0 & -2.7650 \times 10^1 & -8.2950 \times 10^3 & 0 & 2.7650 \times 10^1 & -8.2950 \times 10^3 \\ 0 & 8.2950 \times 10^3 & 1.6590 \times 10^6 & 0 & -8.2950 \times 10^3 & 3.3180 \times 10^6 \end{bmatrix} \begin{Bmatrix} u_7 = -3.4459 \times 10^{-8} \\ u_8 = -5.9922 \\ u_9 = -4.4224 \times 10^{-11} \\ u_{10} = -9.5448 \times 10^{-3} \\ u_{11} = -2.5046 \times 10^{-2} \\ u_{12} = 1.2657 \times 10^{-2} \end{Bmatrix} = \begin{Bmatrix} 28.1017 \\ -60.0020 \\ -28499.5762 \\ -28.1017 \\ 60.0020 \\ -75016138 \end{Bmatrix}$$

（要素④）

$$\begin{Bmatrix} \bar{F}_{10} \\ \bar{F}_{11} \\ \bar{F}_{12} \\ \bar{F}_{13} \\ \bar{F}_{14} \\ \bar{F}_{15} \end{Bmatrix} = \begin{bmatrix} 0 & -2.3956\times10^3 & 0 & 0 & 2.3956\times10^3 & 0 \\ 1.1143\times10^1 & 0 & 2.2286\times10^3 & -1.1143\times10^1 & 0 & 2.2286\times10^3 \\ 2.2286\times10^3 & 0 & 5.9430\times10^5 & -2.2286\times10^3 & 0 & 2.9715\times10^5 \\ 0 & 2.3956\times10^3 & 0 & 0 & -2.3956\times10^3 & 0 \\ -1.1143\times10^1 & 0 & -2.2286\times10^3 & 1.1143\times10^1 & 0 & -2.2286\times10^3 \\ 2.2286\times10^3 & 0 & 2.9715\times10^3 & -2.2286\times10^3 & 0 & 5.9430\times10^5 \end{bmatrix} \begin{Bmatrix} u_{10} = -9.5448\times10^{-3} \\ u_{11} = -2.5046\times10^{-2} \\ u_{12} = 1.2657\times10^{-2} \\ u_{13} = 0 \\ u_{14} = 0 \\ u_{15} = 0 \end{Bmatrix} = \begin{Bmatrix} 60.0002 \\ 28.1010 \\ 7500.7832 \\ -60.0002 \\ -28.1010 \\ 3739.7559 \end{Bmatrix}$$

⑫ 結果を図示すると、**例図8**のようになる。

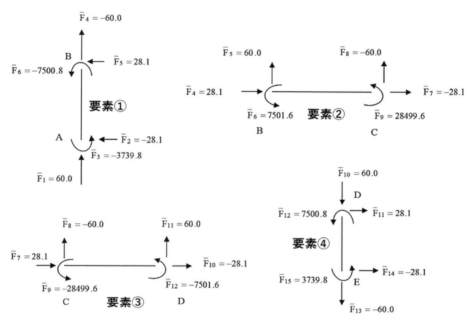

（注）負の値のときは矢印の方向とは反対向きを示す。

例図8 部材断面力

⑬ M図およびせん断力（例図9）

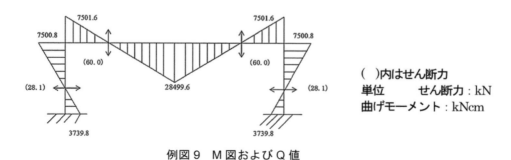

（ ）内はせん断力
単位　せん断力：kN
　　　曲げモーメント：kNcm

例図9 M図およびQ値

第 21 章　骨組の塑性解析法

21.1　線材部材の弾塑性挙動

線材で構成される構造物の部材の弾塑性挙動に対する応力－ひずみ関係は、次の関係が代表的である。
- 弾－完全塑性体：図 21-1(a)
- 剛－完全塑性体：図 21-1(b)
- 弾－線形塑性体：図 21-1(c)

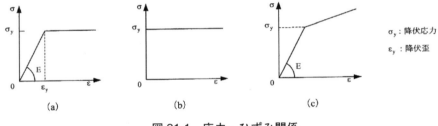

図 21-1　応力－ひずみ関係

図 21-1(c)は 2 本線で表示されるので、bi-linear と呼び、3 本線およびそれ以上の線で表示される場合を tri-linear および multi-linear と呼ぶ。

21.2　梁の弾塑性解析

線材の弾塑性解析として梁の曲げ問題を検討する。解析に際して以下の仮定を用いる。
① ひずみは中立軸からの距離に比例する。
② 応力－ひずみ関係は完全弾塑性とする（図 21-1(a)）。
③ 圧縮側の応力－ひずみ関係は引張側と同じ。
④ 変形は微小とする。

以上の仮定を用いて、矩形断面梁の塑性挙動を解析する。

(1)　単純支持梁（矩形断面とする）の場合

単純支持梁（矩形断面）のスパン中央に集中荷重 P が作用する場合の弾塑性挙動を検討する（図 21-2）。

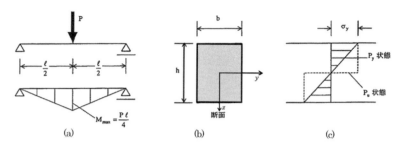

図 21-2　単純支持梁の弾塑性挙動

最大曲げモーメント M_{max} と集中荷重 P との関係は梁のスパンを ℓ とすると、次式となる。

$$M_{max} = \frac{P\ell}{4} \qquad \text{式①}$$

応力－ひずみ関係が、図 21-1(a)で与えられる弾－完全塑性体と仮定する。荷重 P を増加させていくと、梁の応力は中立軸より線形分布し、梁の縁で最大の応力を示す。この最大縁応力 σ が降伏応力 σ_y に達したときの曲げモーメントを降伏モーメント M_Y と呼び、そのときの荷重の大きさを降伏荷重 P_Y と呼ぶ。降伏モーメント M_Y は図 21-2(c)の応力分布より、

$$M_Y = 2\left(\frac{bh}{2} \times \frac{1}{2}\right) \times \frac{2}{3} \times \left(\frac{h}{2}\right) \times \sigma_y = \frac{bh^2}{6}\sigma_y = S\sigma_y \qquad (21.1)$$

となる。ここに、S ＝ 矩形断面梁の弾性断面係数。

さらに荷重 P を増大させると、梁はまだ塑性化していない弾性部分で耐荷力があり、断面内応力の降伏部分が両縁から中立軸に向かって進行する。全断面で弾性部分がなくなると、弾－完全塑性体として仮定しているので、それ以上の荷重を負担できない。梁の全断面が降伏したときの内部モーメントを全塑性モーメント M_P と呼び、そのときの荷重を崩壊荷重 P_U と定義する。

$$M_P = \frac{bh^2}{4}\sigma_y = Z\sigma_y \qquad (21.2)$$

ここに、Z は塑性断面定数であり、矩形断面では $bh^2/4$ となる。

降伏荷重 P_Y および崩壊荷重 P_U は、式①、(21.1)、式(21.2)の関係より、

$$P_Y = \frac{4S\sigma_y}{\ell} \qquad (21.3)$$

$$P_U = \frac{4Z\sigma_y}{\ell} \qquad (21.4)$$

となる。降伏荷重 P_Y と崩壊荷重 P_U との比を調べると、弾性断面係数 S と塑性断面係数 Z の比で表せる。これを形状係数 f と呼ぶ。

$$f = \frac{P_U}{P_Y} = \frac{Z}{S} = \frac{bh^2}{4} \cdot \frac{6}{bh^2} = 1.5 \qquad (21.5)$$

形状係数は断面が全部塑性化するまでの降伏荷重に対する増加の割合を示し、断面の幾何学的形状のみに依存する。矩形断面では50％増である。種々の断面形に対する

塑性断面係数 Z と形状係数 f を**表 21-1**に示す。H 形断面梁では、強軸曲げに対して全塑性モーメントは梁が塑性化しても降伏荷重よりそれほど大きくないことがわかる。梁が全塑性モーメントに達すると、崩壊荷重 P_U は増加せずに変形が急速に増大して、梁のひずみが限界値を超すと破断する。

表 21-1 種々の断面形に対する塑性断面係数 Z と形状係数 f [13]

断面形		Z	f
長方形		$\frac{1}{4}BD^2$	1.5
中空長方形		$BT(D-T)+\frac{1}{2}T(D-2T)^2$	$B=D$ $T=0.05D$ の場合 $f=1.18$
円形		$\frac{1}{6}D^3$	$\frac{16}{3\pi}=1.70$
中空円形		$\frac{1}{6}D^3\left[1-\left(1-\frac{2T}{D}\right)^3\right]$ $T \ll D ; TD^2$	$T=0.05D$ $v=1.34$ $T \ll D$ $f=\frac{4}{\pi}=1.27$
H 形		X 軸まわり $BT(D-T)+\frac{1}{4}t(D-2T)^2$ Y 軸まわり $\frac{1}{2}TB^2+\frac{1}{4}(D-2T)t^2$	圧延形鋼では約 1.14 圧延形鋼では約 1.60

(2) 矩形断面梁の $M-\phi$ 曲線

最初に弾性曲げ（**図 21-3**）について述べる。曲率 ϕ は、次式①で定義する。

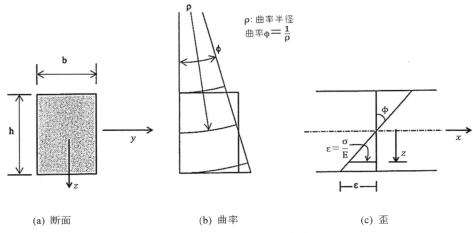

(a) 断面　　　(b) 曲率　　　(c) 歪

図 21-3 矩形断面梁の曲げ

$$\phi = \frac{1}{\rho} = \frac{\varepsilon}{z} \qquad \text{式①}$$

ここに、ρ ＝曲率半径。

梁の上下縁のひずみが降伏ひずみε_y以下の場合、梁は弾性であり、曲げモーメントは次式となる。

$$M = \iint \sigma z \, dydz = EI\phi \qquad \text{式②}$$

ここに、I＝y軸まわりの断面2次モーメント。梁の上下縁が降伏ひずみε_yに達したときの曲率をϕ_yとすると、次式で与えられる。

$$\phi_y = \frac{\varepsilon_y}{\frac{h}{2}} = \frac{\sigma_y}{E\frac{h}{2}} \qquad \text{式③}$$

式②は、曲率ϕが $0 < \phi \leq \phi_y$ の範囲内において有効である。降伏モーメントM_Yは $\phi = \phi_y$のとき生じる。

$$M_Y = EI\phi_y = \sigma_y S \qquad (21.6)$$

式②をM_Yで割り無次元化すると、M/M_Yは弾性範囲内での曲率の比になる。

$$\frac{M}{M_Y} = \frac{\phi}{\phi_y} \qquad (21.7)$$

次に、塑性曲げ状態について検討する。荷重が増加すると、塑性域は**図 21-4** のように両縁から中立軸に向かって進行して、梁は弾塑性状態となる。最終的にはすべて塑性になった時点を全塑性状態と呼ぶ。中立軸より塑性化した部分までの弾性部分の長さをz_0と表すと、曲率ϕは次式となる。

$$\phi = \frac{\sigma_y}{Ez_0} \qquad \text{式④}$$

図 21-4 歪分布と塑性状態

図 21-5 の弾塑性状態の曲げモーメントは、弾性部分と塑性部分との和となる。矩形断面梁の幅をbとすると、

$$M = \iint \sigma z \, dydz = 2\int_0^{z_0} \sigma bzdz + 2\int_{z_0}^{\frac{h}{2}} \sigma_y bzdz \qquad \text{式⑤}$$
　　　　　　　　　　　　（弾性部分）（塑性部分）

図 21-5 より、弾性部分の応力 σ は次式で表せる。

$$\sigma = \sigma_y \frac{z}{z_0} \qquad \text{式⑥}$$

式⑥を式⑤に代入し、積分すると、

$$M = \sigma_y \left(Z - \frac{bz_0^2}{3} \right) \qquad \text{式⑦}$$

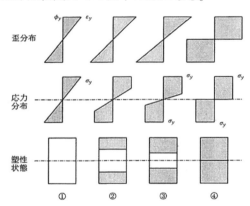

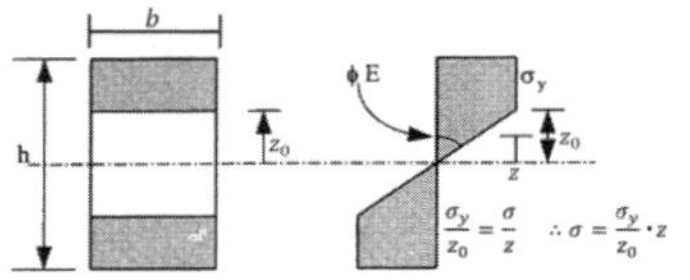

図 21-5 矩形断面梁の弾性状態

となる。ここに、Zは塑性断面係数であり、矩形断面では$Z = bh^2/4$となる。

式⑦で、$z_0 = \dfrac{h}{2}$ のとき、降伏が始まる降伏モーメント $M = M_Y$ になる。一方、全塑性モーメント M_P は $z_0 = 0$ とおくと $M_P = \sigma_y Z$ となる。z_0 は、式④と式(21.6)より次式で表せる。

$$z_0 = \frac{h}{2}\left(\frac{\phi_y}{\phi}\right) \qquad 式⑧$$

式⑦に式⑧を代入すると、

$$M = \sigma_y Z\left[1 - \frac{1}{3}\left(\frac{\phi_y}{\phi}\right)^2\right] \tag{21.8}$$

となる。式(21.8)を式(21.6)で割ると、

$$\frac{M}{M_Y} = \frac{Z}{S}\left[1 - \frac{1}{3}\left(\frac{\phi_y}{\phi}\right)^2\right] = f\left[1 - \frac{1}{3}\left(\frac{\phi_y}{\phi}\right)^2\right] \tag{21.9}$$

となる。ここに、$S =$ 弾性断面係数（矩形断面では $S = bh^2/6$）；$f =$ 形状係数（$f = Z/S$）。

$\phi \gg \phi_y$ のとき、式(21.9)の右辺第 2 項は無視できるので、$\dfrac{M}{M_Y} = f$ となる。

矩形断面梁のモーメントと曲率との関係は、式(21.7)および式(21.9)より図 21-6 となる。

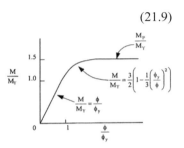

図 21-6　矩形断面梁の M－φ 関係

21.3　M－N の相関曲線

柱には曲げモーメントに加えて軸方向力が作用する。軸方向力の存在により曲げ耐力が低下する。そこで、beam-column の $M-N$ 相関関係を検討する（図 21-7）。

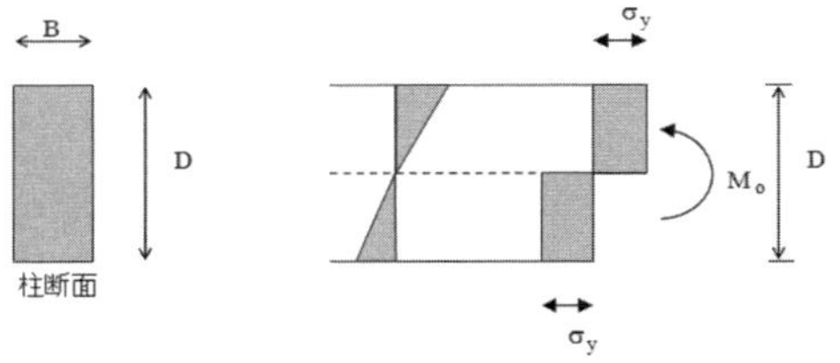

① 軸方向力のみが作用する際の柱の全塑性軸方向力 N_0 は、

$$N_0 = \sigma_y A \tag{21.10}$$

図 21-7　曲げが作用する場合

となる。ここに、$A =$ 柱の断面積。

② 曲げモーメントのみが作用する際の柱の全塑性モーメント M_0 は次式となる。

$$M_o = Z\sigma_y = \frac{BD^2}{4}\sigma_y \quad \text{（短形断面の場合）} \tag{21.11}$$

③ 曲げと軸方向力が同時に作用する場合には、図 21-8 のように軸応力と曲げ応力の和が beam-column の応力となる。曲げ応力に軸応力が付加するので、中立軸の位置は図心よりずれる。中立軸が図心より z_0 の位置にあって、全断面が降伏しているとする（図 21-9(b)）。曲げモーメントに抵抗する部分は図 21-9(c)、軸方向力に抵抗する部分は図 21-9(d)に分ける。曲げモーメントを生じる引張側合力 T および圧縮側合力 C は等しく、次式で与えられる。

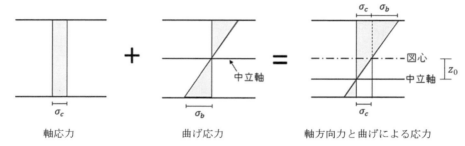

図 21-8　曲げと軸方向力が同時に作用する場合の応力分布

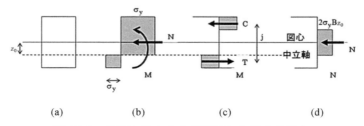

図 21-9　曲げと軸方向力が同時に作用する場合

$$T = C = B\left(\frac{D}{2} - z_0\right)\sigma_y$$

合力 C と T の中心間距離 j は、

$$j = \frac{D}{2} + z_0$$

となる。よって、曲げモーメントおよび軸方向力は次式となる。

$$M = T\,j = B\left(\frac{D}{2} - z_0\right)\left(\frac{D}{2} + z_0\right)\sigma_y = B\,\sigma_y\left[\left(\frac{D}{2}\right)^2 - z_0^2\right] \qquad 式①$$

$$N = 2B z_0 \sigma_y \qquad 式②$$

式②を全塑性軸力 N_0 で割ると軸力比 N/N_0 は、

$$\frac{N}{N_0} = \frac{2z_0}{D} \qquad 式③$$

となり、これより z_0 を求める。

$$z_0 = \frac{D}{2}\frac{N}{N_0} \qquad 式④$$

一方、全塑性曲げモーメント M_0 は、

$$M_0 = \frac{BD^2}{4}\sigma_y \qquad 式⑤$$

で与えられる。式④を式①に代入し、式⑤の関係を用いると次式を得る。

$$M = M_0\left[1 - \left(\frac{N}{N_0}\right)^2\right] \qquad 式⑥$$

上式より、曲げモーメントと軸方向力が同時に作用する beam-column の場合は、軸

方向力により曲げ耐力が低下する。よって、$M-N$ の関係式が求まる（**図 21-10**）。

$$\frac{M}{M_0}+\left(\frac{N}{N_0}\right)^2=1 \qquad (21.12)$$

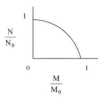

図 21-10　M－N 相関曲線

21.4　降伏条件

塑性挙動は転位の運動と考えられるので、問題を弾性学と同様に巨視的連続体の立場から検討するのが塑性力学である。鉄等の金属材料は、ひずみ硬化、ヒステリシス、バウシンガー効果を発生させるが、これらの挙動を無視した均質等方性の理想的塑性体を考える。降伏条件は、1 次元応力場と 3 次次元応力場について検討する。

(1)　1 次元応力場の降伏条件

上記理想的塑性体の 1 次元応力場の降伏条件を考える。引張または圧縮などの単軸応力（1 次元応力場）では、作用する応力が材料固有の限界値（降伏応力 σ_y）に達すると、降伏が生じて塑性変形が始まる（**図 21-11**）。この場合の降伏条件は次式となる。

$$\boxed{\sigma=\sigma_y} \quad 降伏が発生 \qquad (21.13)$$

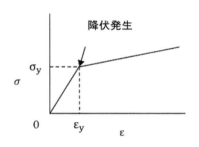

図 21-11　1 次元応力場

(2)　3 次元応力場の降伏条件

① 応力場が 3 次元応力場の場合は、1 次元応力場のように、降伏応力 σ_y とひずみとの対応が単一関係でなく複雑になる。しかし、複数の応力成分からなる関数 $f(\sigma_{ij})$ の値がある限界値 C に達したとき、降伏が生じると言える。これを降伏条件とする。

$$\boxed{f(\sigma_{ij})=C} \quad 降伏条件 \qquad (21.14)$$

② 3 次元直交座標系 x, y, z を用いた微小立方体の 3 次元応力は**図 21-12(a)**のように定義される。

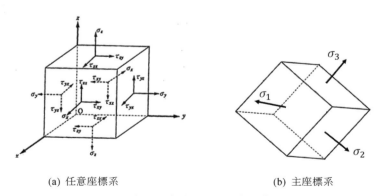

(a) 任意座標系　　　　　(b) 主座標系

図 21-12　応力の定義（3 次元直交座標系）

③ 上記の面には垂直応力 $\sigma_x, \sigma_y, \sigma_z$ とせん断応力 $\tau_{xy}, \tau_{xz}, \tau_{yz}\cdots$ が作用しているが、座標軸を適宜変更していくと、せん断応力が 0 で垂直応力のみになる面がある（図 21-12(b)）。このときの垂直応力を主応力と呼び、$\sigma_1, \sigma_2, \sigma_3$ で表す（$\sigma_1 > \sigma_2 > \sigma_3$ とする）。主応力 $\sigma_1, \sigma_2, \sigma_3$ は座標系により変化する量でなく、唯一の座標系により与えられる量であり、次の 3 次方程式の解である。

$$\sigma^3 - I_1\sigma^2 + I_2\sigma - I_3 = 0 \tag{21.15}$$

ここに、I_1, I_2, I_3 は 1 次、2 次、3 次不変量と呼び、式(21.15)の解であり、主応力 $\sigma_1, \sigma_2, \sigma_3$ により表される。

$$\begin{aligned}
I_1 &= \sigma_x + \sigma_y + \sigma_z = \sigma_1 + \sigma_2 + \sigma_3 \\
I_2 &= -(\sigma_x\sigma_y + \sigma_y\sigma_z + \sigma_z\sigma_x - \tau_{xy}^2 - \tau_{yz}^2 - \tau_{zx}^2) = -(\sigma_1\sigma_2 + \sigma_2\sigma_3 + \sigma_3\sigma_1) \\
I_3 &= \sigma_x\sigma_y\sigma_z + 2\tau_{xy}\tau_{yz}\tau_{zx} - \sigma_x\tau_{yz}^2 - \sigma_y\tau_{zx}^2 - \sigma_z\tau_{xy}^2 = \sigma_1\sigma_2\sigma_3
\end{aligned} \tag{21.16}$$

（参考）不変量は、下式のいずれかで展開すると求まる。

$$\begin{vmatrix} \sigma_x - \sigma & \tau_{xy} & \tau_{zx} \\ \tau_{xy} & \sigma_y - \sigma & \tau_{yz} \\ \tau_{zx} & \tau_{yz} & \sigma_z - \sigma \end{vmatrix} = 0 \tag{21.17}$$

または、

$$(\sigma_1 - \sigma)(\sigma_2 - \sigma)(\sigma_3 - \sigma) = 0 \tag{21.18}$$

④ 3 軸応力状態での理想塑性体の降伏条件は 3 つの主応力の大きさで決定され、主応力の方向には無関係である。

$$f(\sigma_1, \sigma_2, \sigma_3) = C \qquad (C \text{は定数}) \tag{21.19}$$

主応力は不変量 I_1, I_2, I_3 を用いて表せるので、式(21.19)は次式とも書ける。

$$f(I_1, I_2, I_3) = C \tag{21.20}$$

⑤ 等方性材料の場合、静水圧（等方的な応力）が作用しても塑性変形が生じないので、降伏条件は式(21.20)の代わりに応力から静水圧応力 σ_m を除いた偏差応力を用いて表示できる。

静水圧応力 σ_m は、次式で与えられる（図 21-13）。

$$\text{静水圧応力 } \sigma_m = \frac{1}{3}(\sigma_x + \sigma_y + \sigma_z) = \frac{1}{3}(\sigma_1 + \sigma_2 + \sigma_3) = \frac{1}{3}I_1 \tag{21.21}$$

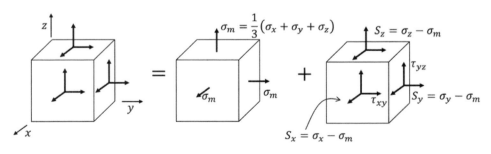

図 21-13 静水圧応力と偏差応力

よって、偏差応力成分 $\bar{\sigma}_x, \bar{\sigma}_y, \bar{\sigma}_z, \bar{\tau}_{xy}, \bar{\tau}_{yz}, \bar{\tau}_{zx}$ は次式となる。

$$\bar{\sigma}_x = \sigma_x - \sigma_m \ ; \ \bar{\sigma}_y = \sigma_y - \sigma_m \ ; \ \bar{\sigma}_z = \sigma_z - \sigma_m \tag{21.22}$$

$$\bar{\tau}_{xy} = \tau_{xy} \ ; \ \bar{\tau}_{yz} = \tau_{yz} \ ; \ \bar{\tau}_{zx} = \tau_{zx}$$

偏差応力の主応力成分を $\bar{\sigma}_1, \bar{\sigma}_2, \bar{\sigma}_3$ と表示すると、

$$\bar{\sigma}_1 = \sigma_1 - \sigma_m \ ; \ \bar{\sigma}_2 = \sigma_2 - \sigma_m \ ; \ \bar{\sigma}_3 = \sigma_3 - \sigma_m \tag{21.23}$$

となる。式(21.17)および(21.18)を書き換えると、

$$\begin{vmatrix} \bar{\sigma}_x - \bar{\sigma} & \tau_{xy} & \tau_{zx} \\ \tau_{xy} & \bar{\sigma}_y - \bar{\sigma} & \tau_{yz} \\ \tau_{zx} & \tau_{yz} & \bar{\sigma}_z - \bar{\sigma} \end{vmatrix} = 0 \tag{21.24}$$

$$(\bar{\sigma}_1 - \bar{\sigma})(\bar{\sigma}_2 - \bar{\sigma})(\bar{\sigma}_3 - \bar{\sigma}) = 0 \tag{21.25}$$

となり、これより偏差応力による不変量は次式となる。

1次不変量：$J_1 = \bar{\sigma}_1 + \bar{\sigma}_2 + \bar{\sigma}_3 = \bar{\sigma}_x + \bar{\sigma}_y + \bar{\sigma}_z = 0$

2次不変量：$J_2 = \bar{\sigma}_1\bar{\sigma}_3 + \bar{\sigma}_2\bar{\sigma}_3 + \bar{\sigma}_3\bar{\sigma}_1 = \bar{\sigma}_x\bar{\sigma}_y + \bar{\sigma}_y\bar{\sigma}_z + \bar{\sigma}_z\bar{\sigma}_x - \tau_{xy}^2 - \tau_{yz}^2 - \tau_{zx}^2$

3次不変量：$J_3 = \bar{\sigma}_1\bar{\sigma}_2\bar{\sigma}_3 = \bar{\sigma}_x\bar{\sigma}_y\bar{\sigma}_z + 2\tau_{xy}\tau_{yz}\tau_{zx} - \bar{\sigma}_x\tau_{yz}^2 - \bar{\sigma}_y\tau_{zx}^2 - \bar{\sigma}_z\tau_{xy}^2$ (21.26)

よって、等方性材料の場合の降伏条件は次式で表せる。

$$\boxed{f(J_2, J_3) = C \qquad 等方性材料の降伏条件} \tag{21.27}$$

(3) 基本的な降伏条件

一般に、構造材料の強度は垂直応力よりもせん断応力が小さいので、破壊はせん断により生じる。通常の靱性材料に対して広く用いられるトレスカの降伏条件とミーゼスの降伏条件について示す。

① 最大せん断応力説（トレスカの降伏条件）

降伏は最大せん断応力がある値に達したときに起こると仮定し、次式が成立するとき材料は降伏すると定義する。

$$\sigma_1 - \sigma_3 = \sigma_y \tag{21.28}$$

ここに、$\sigma_1, \sigma_2, \sigma_3$ は主応力で $\sigma_1 \geq \sigma_2 \geq \sigma_3$ とする。

（証明）せん断の降伏応力を τ_y とすると、主応力 σ_1 と σ_3 を用いて与えられる。

$$\tau_{max} = \frac{\sigma_1 - \sigma_3}{2} = \tau_y \tag{21.29}$$

ここで、単軸引張を受けるときの最大せん断応力は、$\sigma_1 = \sigma_y, \sigma_3 = 0$ より、最大引張応力 σ_y の半分であるから、式(21.29)より $\tau_y = \dfrac{\sigma_1 - \sigma_3}{2} = \dfrac{\sigma_y}{2}$ とおくと、式(21.28)を得る。

（注）主応力とは、断面内の応力面を回転することによって、せん断応力が0で垂直応力のみが存在するようにとった主応力面上の垂直応力をいう。一般には、モールの応力円より容易に求められる（図21-14）。

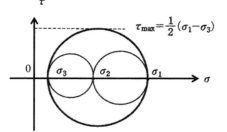

図21-14　モール円と最大せん断応力

② 最大せん断ひずみエネルギー説（ミーゼスの降伏条件）

せん断変形によって蓄えられるひずみエネルギーが材料固有の限界値に達すると降

伏が発生すると仮定する。主応力 $\sigma_1, \sigma_2, \sigma_3$ が次式を満足するとき、その材料は降伏すると定義する。

$$\sqrt{\frac{1}{2}\left[(\sigma_1-\sigma_2)^2+(\sigma_2-\sigma_3)^2+(\sigma_3-\sigma_1)^2\right]}=\sigma_y \tag{21.30}$$

③ 靱性材料に対する両者の降伏条件の比較
- ミーゼスの降伏条件による解は、トレスカの降伏条件による解よりも大きい。
- 靱性材料に対する実験結果は、ミーゼスの降伏条件による方が正確であることを示す。よって、鋼構造の許容せん断応力 τ はミーゼスの降伏条件を用いて $\tau = \sigma_y/\sqrt{3}$ を用いる。
- 主応力 $\sigma_2 = 0$ の場合を考えると、トレスカの降伏条件式(21.28)は、ミーゼスの降伏条件式(21.30)に含まれる（図 21-15）。

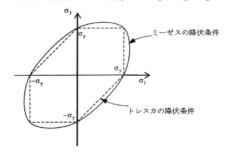

図 21-15 トレスカとミーゼスの降伏条件

例題 1 内圧 $P\,\mathrm{kN/cm^2}$ を受ける薄肉円筒型圧力容器が降伏する限界の内圧を、トレスカの降伏条件を用いて求める。内圧 P を受ける際の円周方向応力 σ_θ、軸方向応力 σ_z、半径方向応力 σ_r は次式で与えられる。

$$\sigma_\theta = \frac{Pr}{t}、\quad \sigma_z = \frac{Pr}{2t}、\quad \sigma_r = -P$$

ここに、r＝半径；t＝肉厚。

半径 $r=100\,\mathrm{cm}$、肉厚 $t=1\,\mathrm{cm}$、$\sigma_y = 23500\,\mathrm{kN/cm^2}$ とすると、内圧 P による各応力は次式となる。

$$\sigma_\theta = \frac{P \times 100}{1} = 100P\,\mathrm{kN/cm^2}、\quad \sigma_z = \frac{P \times 100}{2 \times 1} = 50P\,\mathrm{kN/cm^2}、\quad \sigma_r = -P$$

せん断応力はいずれの方向とも作用していないので、これらの応力は主応力であり、大きい順に $\sigma_1, \sigma_2, \sigma_3$ と当てはめる。

$$\sigma_1 = \sigma_\theta = 100P\,\mathrm{kN/cm^2}、\quad \sigma_2 = \sigma_z = 50P\,\mathrm{kN/cm^2}、\quad \sigma_3 = \sigma_r = -P$$

トレスカの降伏条件式(21.28)より、$100P + P = 23500$ となり、降伏は $P = 232.7\,\mathrm{kN/cm^2}$ より発生する。

例題 2 例題1をミーゼスの降伏条件を用いて限界の内圧を求める。前例題より内圧 P を受ける際の主応力は $\sigma_1 = 100P$、$\sigma_2 = 50P$、$\sigma_3 = -P$ である。材料の降伏応力は $\sigma_y = 23500\,\mathrm{kN/cm^2}$ であるので、ミーゼスの降伏条件式(21.30)に代入すると、

$$\sqrt{\frac{1}{2}\left[(100P-50P)^2+(50P+P)^2+(-P-100P)^2\right]}=23500$$

これより P を求めると、降伏は $P = 268.7\,\mathrm{kN/cm^2}$ より発生する。この値は、トレスカの降伏条件を用いた場合より 1.15 倍大きい。

21.5 塑性関節（Plastic hinge）

21.3節で展開した理想化した $M-\phi$ 曲線から、全塑性モーメント M_P までは塑性計算が成立し、全塑性モーメント M_P に達すると、梁に塑性ヒンジ（塑性関節）が生じて、その点のまわりに、一定モーメント M_P で回転すると解釈できることが判明した。

塑性ヒンジは、回転と共に広がっていくことを単純支持梁について示す。図 21-16 より、集中荷重 P の作用点での全塑性モーメントを M_P とすると、M 図より降伏モーメント M_Y を超えている部分の長さ ℓ と全スパン L との比は形状係数 f に関係する。

$$\frac{\ell}{L} = \frac{M_P - M_Y}{M_P} = 1 - \frac{M_Y}{M_P} = 1 - \frac{1}{f}$$

断面形状による塑性ヒンジの広がりを示すと、

矩形断面　　$f = 1.5$ → $\dfrac{\ell}{L} = \dfrac{1}{3}$

I 形断面　　$f = 1.14$ → $\dfrac{\ell}{L} = \dfrac{1}{8}$

となり、形状係数が大きいほど、塑性ヒンジの広がりは大きい。

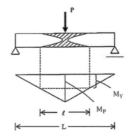

図 21-16　単純梁の塑性ヒンジの広がり [13]

21.6　単純塑性解析法（塑性ヒンジを用いる方法）

構造物は、不安定になる数の塑性ヒンジが発生すると崩壊する。塑性ヒンジの概念を用いることにより、骨組の弾塑性解析が著しく簡略化できる。これを単純塑性解析法と呼ぶ。構造物が崩壊するには、次の崩壊の定義を満足しなければならない。

① 少なくとも構造物の一部で有限変形が荷重の増加なしに起こり得るとき、この構造物は崩壊の状態にあると定義する。

② 崩壊の際には、変形機構（メカニズム）を形成するに十分な塑性ヒンジが発生している。

例題 1　例図 1 の単純支持梁に集中荷重が作用するときの塑性崩壊荷重を求める。

① 静力学的方法

最大曲げモーメントは梁中央に生じるので、集中荷重 P が大きくなると、梁中央が最初に塑性モーメント M_P になり、塑性ヒンジが生じると考える。

$$\frac{P\ell}{4} = M_P \qquad \therefore P = \frac{4}{\ell} M_P \qquad 式①$$

このように、静力学的釣合での曲げモーメントを利用して、最大曲げモーメントを生じる点で塑性モーメントが発生するとして、崩壊荷重を求める方法を**静力学的方法**と呼ぶ。

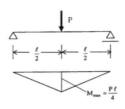

静力学的方法

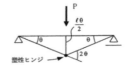

動力学的方法

例図 1　単純支持梁

② 動力学的方法

塑性崩壊中は荷重が不変であり、曲げモーメントも不変であるので曲率は変化しない。よって、塑性崩壊中のたわみの増加は塑性ヒンジの回転によるものである。崩壊機構の小さな挙動の間、荷重による仕事は塑性ヒンジで消費される仕事に等しい。これは、仮想仕事の原理を意味する。

$$（外力）×（変位）=（塑性モーメント）×（回転）$$

で表せる。具体的に書くと（**例図1**参照）、

$$P\frac{\ell\theta}{2} = M_P 2\theta \qquad \therefore P = \frac{4M_P}{\ell} \qquad 式②$$

これは、式①で与えられた結果と一致している。これを**動力学的方法**と呼ぶ。

例題 2 例図2の両端固定梁に等分布荷重が作用するときの崩壊荷重wを求める。

動力学的方法を用いて求める。この構造物は3次不静定であるが、塑性ヒンジが3個生じた時点で、曲げ系から軸力系に移行する。よって、崩壊は曲げ系を喪失した時点で崩壊と定義すると、塑性ヒンジが3個生じればよい。外力の分布荷重を梁中央に作用する集中荷重に置換すると$w\ell/2$となる。動力学的手法により崩壊荷重wを求める。

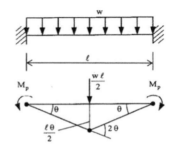

例図2　両端固定梁

$$\frac{w\ell}{2} \times \frac{\ell\theta}{2} = M_P(\theta + 2\theta + \theta) \qquad \therefore w = \frac{16}{\ell^2}M_P$$

（外力）×（変位）=（塑性モーメント）×（回転）

21.7 崩壊の3条件

崩壊機構が1つしか存在しない場合は、上述のように崩壊機構を仮定して容易に求めることができる。しかし、構造物の崩壊は多くの崩壊機構よりなる。崩壊機構が1つ以外のとき、種々の崩壊機構の組合せの中から、真の崩壊機構を見つけ出さなくてはならない。真の崩壊機構は、次の崩壊に対する3条件を満足する崩壊機構である。

---
① 平衡条件（equilibrium condition）
　　曲げモーメントは内力と外力との釣合状態を表すものでなければならない。
② 塑性条件（plastic condition）
　　部材のどの断面でも塑性モーメントM_Pを超えない。
③ 崩壊機構条件（mechanism condition）
　　塑性ヒンジの数は、崩壊機構を形成するのに十分な数でなければならない。

崩壊の 3 条件を満足する崩壊荷重は唯一定まる。これを**唯一性定理**（uniqueness theorem）という。

例題 例図 3(a)の梁の崩壊荷重 P を求める。

この梁は 1 次不静定であるから、崩壊に必要な塑性ヒンジの数は 1+1＝2 個である。塑性ヒンジの発生が可能な点は点 A, C, D である。点 B はヒンジ（$M=0$）であるから、塑性ヒンジは発生しない。塑性ヒンジの発生位置を順次検討し、崩壊の 3 条件を満足する真の崩壊機構を見つける。

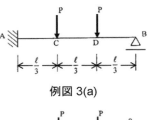

例図 3(a)

① 点 A および C に塑性ヒンジが生じる場合（**例図 3(b)**）

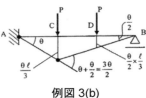

例図 3(b)

$$P\theta\frac{\ell}{3} + P\frac{\theta}{2}\frac{\ell}{3} = M_P\left(\theta + \frac{3\theta}{2}\right) \qquad \therefore P = \frac{5}{\ell}M_P$$

このとき M 図は**例図 3(c)**のようになり、点 D でのモーメントは M_P より大であり、上述の塑性条件を満足していないのでこの崩壊機構は真でない。

② 点 A および D に塑性ヒンジが生じる場合（**例図 3(d)**）

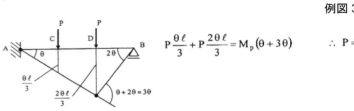

例図 3(c)

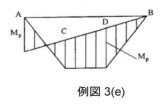

$$P\frac{\theta\ell}{3} + P\frac{2\theta\ell}{3} = M_P(\theta + 3\theta) \qquad \therefore P = \frac{4}{\ell}M_P$$

例図 3(d)

このときの M 図は**例図 3(e)**のようになる。塑性ヒンジ点以外の M は、M_P より小であり、塑性条件を満足している。

③ 点 C および D に塑性ヒンジが生じる場合（**例図 3(f)**、**例図 3(g)**）

例図 3(e)

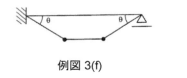

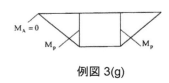

例図 3(f)

例図 3(g)

この場合、点 C および D が M_P になる M 図は生じない。点 A で $M_A = 0$ となり、境界条件を満足しない。

以上の結果、真の崩壊荷重は点 A および D に塑性ヒンジができた場合の $P = \dfrac{4M_P}{\ell}$ である。

真の崩壊荷重は、すべての崩壊機構を検討して得られる荷重の最小値である。これを**上界定理**と言う。上界定理と下界定理は、真の崩壊荷重に対して**図 21-17** のように異なった方向から真の崩壊荷重にアプローチする。

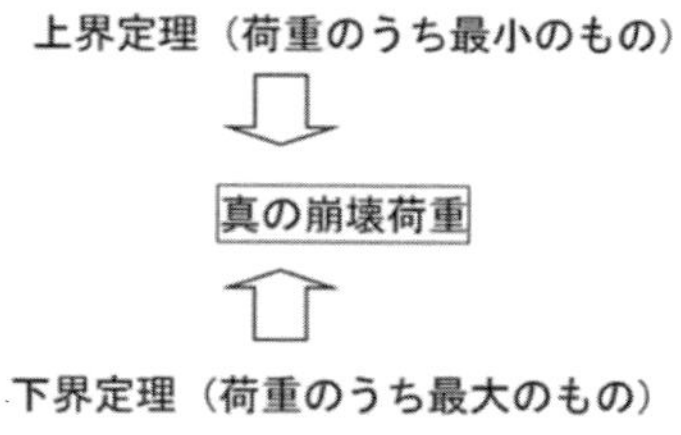

図 21-17 上界定理と下界定理

21.8 上界定理（upper bound theorem）：動力学的方法により求めた場合

> [**定義**] 構造物の崩壊荷重は、変形機構条件を満たす、すべての可能な崩壊形式（メカニズム）に対して、仮想仕事の原理から計算される値のうち最小のものである。

換言すると、構造物の崩壊形式を仮定することは、構造物に拘束を加えることになり、仮定した崩壊形式に基づいて計算された荷重は、真の崩壊荷重より大きいか等しい。

例題 例図 4 の両端固定梁に等分布荷重が作用する場合について上界定理を用いて崩壊荷重を求める。塑性ヒンジの発生を 1〜5 の位置について考えると、塑性ヒンジはそのうち 3 個発生すれば崩壊する。それらの組合せで、支点 1 と 5 に加えて点 2〜4 のいずれかに塑性ヒンジを考える。点 2 に塑性ヒンジを仮定すると、点 2〜4 の間は M_p を超えている。点 3（中央）に塑性ヒンジが発生したときのメカニズムが最小の崩壊荷重 w を与える。（上界定理）

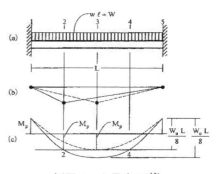

例図 4　上界定理[13]

21.9 下界定理（lower bound theorem）：静力学的方法により求めた場合

> [**定義**] 構造物の崩壊荷重は、平衡条件と塑性条件とを満たす、すべての曲げモーメント分布を考えて得られる荷重のうち最大のものである。

例題 21.8 節の例題の崩壊荷重を下界定理を用いて求める。両端を塑性ヒンジとして、梁の曲げモーメントを増加させていくと、梁中央に塑性ヒンジが生じたときが、崩壊荷重 w としては最大である（**例図 5**）。（下界定理）

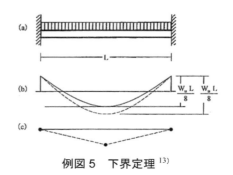

例図 5　下界定理[13]

21.10　ラーメンの塑性設計法

ラーメン構造では部材数が多く、増分解析法により塑性ヒンジの発生を調べる方法が使用されるが、簡易な方法として以下の方法がある。

［崩壊荷重を求める方法］

・上界定理に属する方法
- ① 仮想変形法（Mechanism Method）
- ② 関節回転法（Generalized Hinge Rotation Method）
- ③ 積み重ね法（Load Interaction Method）

・下界定理に属する方法
- ④ 不等式法（Method of Inequality）
- ⑤ 平衡法（Equilibrium Method）
- ⑥ 塑性モーメント配分法（Plastic Moment Distribution Method）

上記計算方法のうち、〇印の付いた計算法が広く実際の計算に用いられている。

構造設計法の二次設計に用いられる保有水平耐力の検定では、次の方法が一般に用いられる。

　　仮想変形法　　　・・・各メーカーがソフトとして市販している。
　　節点振り分け法・・・簡単な架構に対しては、手計算に向く。

21.11　節点振り分け法による保有水平耐力の算定方法

(1)　節点振り分け法

- 骨組の各節点ごとに、その節点に接続する柱の塑性モーメントの和と、梁の塑性モーメントの和を比較し、柱降伏型か梁降伏型かを判定する。
- 柱降伏型の場合は、柱の塑性モーメントを保有水平耐力算定用とする。
- 梁降伏型の場合は、梁の塑性モーメントの和を上下の柱に分割する。この分割法には次の方法がある。①分割率を 1/2 とする、②柱の剛比によって分割する、③一次設計時の応力の比によって分割する。

なお、構造物としての崩壊形状としては、1 階の柱脚以外、柱降伏型でなく梁降伏型の方が好ましい。柱が降伏することは、鉛直支持力を喪失することになる（図 21-18）。

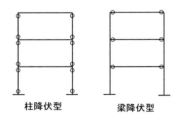

図 21-18　柱降伏型と梁降伏型

(2) 節点振り分け法の計算手順（図 21-19）

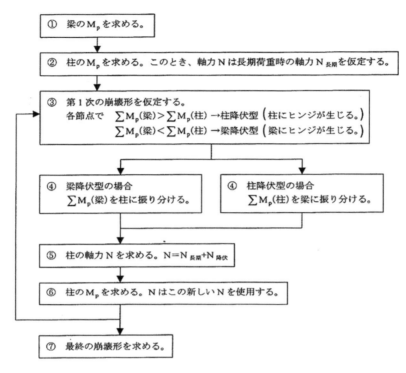

図 21-19　節点振り分け法の計算手順

(3) 柱の曲げ終局モーメント（鉄骨構造の場合）

柱の軸方向力が大きい場合、柱の曲げ耐力は $M-N$ 関係により低下する。柱の曲げ終局モーメント M_u は軸方向力が存在する場合の全塑性モーメント M_{pc} とする。M_{pc} は断面形状に対応した式から求める。

$$\boxed{M_u = M_{pc}} \tag{21.31}$$

M_{p0} は、次式により求める。

H 形断面の場合：$M_{p0} = Z_p \cdot \sigma_y$

箱形断面の場合：$M_{p0} = \sigma_y \left(A_f \cdot d_f + \dfrac{1}{4} A_w \cdot d_w \right)$　（図 21-20） (21.32)

ここに、A_f ＝フランジ断面積＝ $B \cdot t$ ；d_f ＝フランジの長さ＝ $d-t$

A_w ＝ウェブ断面積＝ $2(d-2t)t$ ；d_w ＝ウェブの長さ＝ $d-2t$

① 箱形断面および強軸まわりに曲げを受ける H 形断面の場合

$$\dfrac{N}{N_y} \leqq \dfrac{A_w}{2A} \text{ のとき}\quad M_{pc} = M_{p0}$$

$$\dfrac{N}{N_y} > \dfrac{A_w}{2A} \text{ のとき}\quad M_{pc} = 1.14 \left(1 - \dfrac{N}{N_y} \right) M_{p0} \tag{21.33}$$

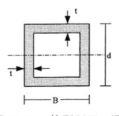

図 21-20　箱型断面の場合

ここに、N＝作用軸力；N_y＝降伏軸力 $=A\cdot\sigma_y$；A＝全断面積$=2A_f+A_w$ または $B\cdot d-(B-2\cdot t)(d-2\cdot t)$

② 弱軸まわりに曲げを受けるH形断面の場合

$$\begin{aligned}\frac{N}{N_y} &\leqq \frac{A_w}{A} \text{ のとき} \quad M_{pc}=M_{p0}\\ \frac{N}{N_y} &> \frac{A_w}{A} \text{ のとき} \quad M_{pc}=\left\{1-\left(\frac{N-N_{wy}}{N_y-N_{wy}}\right)^2\right\}M_{p0}\end{aligned} \quad (21.34)$$

ここに、$N_{wy}=A_w\cdot\sigma_y$

例題1 鉄骨造2階建門型ラーメン（**例図6(a)**）の保有水平耐力を節点振り分け法により求める。節点振り分け率を0.5とする。

（設計条件）

梁、柱共に強軸曲げを受けるH形断面とする。部材の終局モーメントは以下とする。

　R階梁　$M_{po}=50\text{kN m}$；2階梁　$M_{po}=110\text{kN m}$

　2階柱　$N_L=100\text{kN}$（長期軸力）

$$M_{po}=50\text{kN m}\;;\;\frac{A_w}{2A}=0.3\;;\;N_y=350\text{kN}$$

　1階柱　$N_L=200\text{kN}$（長期軸力）

$$M_{po}=70\text{kN m}\;;\;\frac{A_w}{2A}=0.4\;;\;N_y=600\text{kN}$$

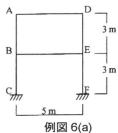

ステップ① 梁の曲げ耐力：（**例図6(b)**）$M_u=M_{po}$ より
　R階梁　$M_u=50\text{kN m}$；2階梁　$M_u=110\text{kN m}$

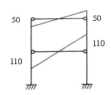

例図6(b) 梁の曲げ耐力

ステップ② 柱の曲げ耐力（**例図6(c)**）

水平荷重による変動軸方向力N_Eが未知なので、最初のステップでは、$N_E=0$として計算する。

　2階　$N=N_L+N_E=100+0=100\text{kN}$
　1階　$N=N_L+N_E=200+0=200\text{kN}$

　2階　$\dfrac{N}{N_y}=\dfrac{100}{350}=0.286<\dfrac{A_w}{2A}=0.3$　式(21.33)より

$$\therefore M_u=M_{pc}=M_{po}=50\text{kN m}$$

　1階　$\dfrac{N}{N_y}=\dfrac{200}{600}=0.333<\dfrac{A_w}{2A}=0.4$　式(21.33)より

$$\therefore M_u=M_{pc}=M_{po}=70\text{kN m}$$

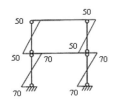

例図6(c) 柱の曲げ耐力

ステップ③ 第1次の崩壊形

ステップ①②の柱の崩壊形より崩壊ヒンジの発生位置を見つける（**例図6(d)**）。

2階床レベルでのヒンジは、梁に発生する。

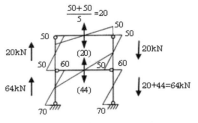

例図6(d) 第1次の崩壊形

2階梁ヒンジは110 kN m であるから、振り分け率0.5 とすると、柱には110×0.5 = 55 kN m となる。しかし、これは2階柱下端の全塑性モーメント50 kN m をオーバーする。よって、2階柱下端を50 kN m とし、1階柱上端を60 kN m と振り分ける。

$$梁のせん断力 \quad (M_左 + M_右)/材長 = \frac{110+110}{5} = 44 \text{ kN}$$

ステップ④ 柱の曲げ耐力（再計算）（例図6(e)）

柱の変動軸方向力 N_E を第1次の崩壊形より求める。柱の変動軸方向力 N_E は梁のせん断力により発生する。

2階　$N_E = \pm 20$ kN

$$N = N_L + N_E = 100 \pm 20 = \begin{matrix} 120 \text{ kN} & \text{（右柱）} \\ 80 \text{ kN} & \text{（左柱）} \end{matrix}$$

例図6(e)　柱の曲げ耐力（再計算）

1階　$N_E = \pm 64$ kN

$$N = N_L + N_E = 200 \pm 64 = \begin{matrix} 264 \text{ kN} & \text{（右柱）} \\ 136 \text{ kN} & \text{（左柱）} \end{matrix}$$

(2階右柱)　$\dfrac{N}{N_y} = \dfrac{120}{350} = 0.343 > \dfrac{A_w}{2A} = 0.3$

$$M_u = M_{pc} = 1.14\left(1 - \dfrac{N}{N_y}\right)M_{P0} = 1.14(1-0.343) \times 50 = 37.4 \text{ kN m}$$

(2階左柱)　$\dfrac{N}{N_y} = \dfrac{80}{350} = 0.229 < \dfrac{A_w}{2A} = 0.3$ ； $M_u = M_{pc} = 50$ kN m

(1階右柱)　$\dfrac{N}{N_y} = \dfrac{264}{600} = 0.44 > \dfrac{A_w}{2A} = 0.4$ ； $M_u = M_{pc} = 1.14(1-0.44) \times 70 = 44.7$ kN m

(1階左柱)　$\dfrac{N}{N_y} = \dfrac{136}{600} = 0.227 < \dfrac{A_w}{2A} = 0.4$ ； $M_u = M_{pc} = 70$ kN m

ステップ⑤ 第2次の崩壊形（例図6(f)）

ステップ①と④を比較して、塑性ヒンジの発生位置を調べる。

節点Eに集まる上下柱 M の和 $= 37.4 + 44.7 = 82.1$ kN m $<$ 梁 $M_p = 110$ kN m

よって、柱にヒンジが発生する。ヒンジの位置が変動しているので、計算を繰り返す。

ステップ⑥ 柱の曲げ耐力（再計算）（例図6(g)）

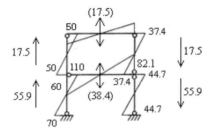

例図6(f)　第2次の崩壊形

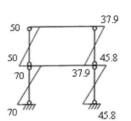

例図6(g)　柱の曲げ耐力

梁のせん断力が変更したので、柱の軸力 N_E をステップ⑤の第 2 次の崩壊形より再度求める。

2 階　$N_E = \pm 17.5\,\mathrm{kN}$　　$N = N_L + N_E = 100 \pm 17.5 = \begin{array}{c} 117.5\,\mathrm{kN} \\ 82.5\,\mathrm{kN} \end{array}$

1 階　$N_E = \pm 55.9\,\mathrm{kN}$　　$N = N_L + N_E = 200 \pm 55.9 = \begin{array}{c} 255.9\,\mathrm{kN} \\ 144.1\,\mathrm{kN} \end{array}$

(2 階右柱)　$\dfrac{N}{N_y} = \dfrac{117.5}{350} = 0.336 > \dfrac{A_w}{2A} = 0.3$; $M_u = M_{pc} = 1.14(1 - 0.336) \times 50 = 37.9\,\mathrm{kN\,m}$

(2 階左柱)　$\dfrac{N}{N_y} = \dfrac{82.5}{350} = 0.236 < \dfrac{A_w}{2A} = 0.3$; $M_u = M_{pc} = 50\,\mathrm{kN\,m}$

(1 階右柱)　$\dfrac{N}{N_y} = \dfrac{255.9}{600} = 0.427 > \dfrac{A_w}{2A} = 0.4$; $M_u = M_{pc} = 1.14(1 - 0.44) \times 70 = 45.8\,\mathrm{kN\,m}$

(1 階左柱)　$\dfrac{N}{N_y} = \dfrac{144.1}{600} = 0.240 < \dfrac{A_w}{2A} = 0.4$; $M_u = M_{pc} = 70\,\mathrm{kN\,m}$

ステップ⑦　第 3 次の崩壊形

ステップ①と⑥を比較して、塑性ヒンジの発生位置を調べる。

節点 E に集まる上下柱 M の和 $= 37.9 + 45.8 = 83.7\,\mathrm{kN\,m} <$ 梁 $M_p = 110\,\mathrm{kN\,m}$
よって、柱にヒンジが発生する。

ヒンジの位置が変動していないので、崩壊形が確定し、計算はこれで終了する（例図 6(h)）。

ステップ⑧　保有水平耐力：柱のせん断力の和となる。

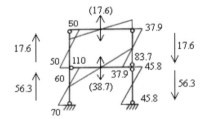

例図 6(h)　最終の崩壊形

　　　　　　　（左柱）　　（右柱）

2 階　$Q_u = \dfrac{50 + 50}{3} + \dfrac{37.9 + 37.9}{3} = 58.6\,\mathrm{kN}$

1 階　$Q_u = \dfrac{60 + 70}{3} + \dfrac{45.8 + 45.8}{3} = 73.9\,\mathrm{kN}$

例題 2　上記の例題 1 で、建物の諸量が下記のように与えられたときの必要保有水平耐力を求める。

また、各階の保有水平耐力が必要保有水平耐力を満足することを確認する。

2 階	重量	$w_2 = 50\,\mathrm{kN}$	$Z = 1.0$	$R_t = 1.0$	$C_0 = 1.0$	$F_{es} = 1.0$	$D_s = 0.25$
1 階	重量	$w_1 = 60\,\mathrm{kN}$	$Z = 1.0$	$R_t = 1.0$	$C_0 = 1.0$	$F_{es} = 1.0$	$D_s = 0.3$

① 固有周期：$\alpha = \dfrac{\text{S 造の全高さ }h_S}{\text{建物高さ }h}$

建物は全層鉄骨構造であるから、$\alpha = 1$ となる。

1 次の固有周期：$T = (0.02 + 0.01\alpha)h = 0.03 \times 6 = 0.18\,\mathrm{sec}$

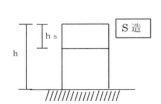

② 建物重量：
(2階) $W_2 = w_2 = 50\,\text{kN}$ ；(1階) $W_1 = w_1 + w_2 = 110\,\text{kN}$

③ 地震層せん断力の高さ方向の分布を表す係数 A_i：S造の全高さ＝建物高さ

(2階) $\alpha_2 = \dfrac{W_2}{W_1} = \dfrac{50}{110} = 0.455$ ；($\alpha_i = W_i / W_1$)

$$A_i = 1 + \left(\dfrac{1}{\sqrt{\alpha_i}} - \alpha_i\right)\dfrac{2T}{1+3T} = 1 + \left(\dfrac{1}{\sqrt{0.455}} - 0.455\right)\dfrac{2 \times 0.18}{1 + 3 \times 0.18} = 1.24$$

(1階) $\alpha_1 = \dfrac{W_1}{W_1} = 1$ ； $A_i = 1$

④ 必要保有水平耐力 Q_{un}：

(2階) $Q_{ud} = Z \cdot R_t \cdot A_i \cdot C_0 \cdot W_2 = 1 \times 1 \times 1.24 \times 1.0 \times 50 = 62\,\text{kN}$

$Q_{un} = D_s \cdot F_{es} \cdot Q_{ud} = 0.25 \times 1 \times 62 = 15.5\,\text{kN}$

(1階) $Q_{ud} = 1 \times 1 \times 1 \times 1.0 \times 110 = 110\,\text{kN}$ ； $Q_{un} = 0.3 \times 1 \times 110 = 33\,\text{kN}$

⑤ 判定：

(保有水平耐力) (必要保有水平耐力)

(2階) $Q_u = 58.6\,\text{kN} \;>\; Q_{un} = 15.5\,\text{kN}$　　　　O.K.

(1階) $Q_u = 73.9\,\text{kN} \;>\; Q_{un} = 33\,\text{kN}$　　　　　O.K.

第 22 章　薄肉断面の捩り挙動

22.1　薄肉開断面の座屈

(1)　薄肉開断面の座屈形態

　安価で強度があり加工しやすい鉄は、炭素含有量と圧延技術の向上により、強度が高く靱性のある「鋼」として建築材料に広く利用されている。鋼材は、断面 2 次モーメントが最も効率の良い断面形状に加工される。鋼の製造過程で実施する圧延により均質な強度の鋼材ができることから、熱間加工では薄肉開断面および鋼板が主流となる。

　鋼材による薄肉断面材は座屈を発生しやすい。その座屈形態は、**図 22-1** に示すように曲げ座屈、局部座屈、横座屈がある。

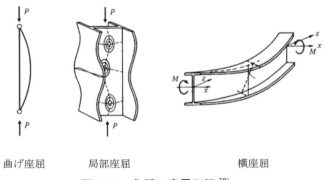

曲げ座屈　　　　局部座屈　　　　　　　横座屈

図 22-1　各種の座屈形態 [38]

(2)　曲げ座屈

　曲げ座屈については「第 13 章　圧縮材の座屈」について検討したので、ここでは許容圧縮応力度に対する考え方を概説する。曲げ座屈は構造部材が圧縮を受ける場合に生じる座屈形態であり、座屈応力は細長比 λ に依存し、鉄骨構造の許容圧縮応力度を決定する。曲げ座屈の弾性座屈応力はオイラー（Euler）により提示され、次式で与えられる。

$$\sigma_{cr} = \frac{\pi^2}{\lambda^2} E \tag{22.1}$$

ここに、細長比 λ は座屈長さ ℓ_k と断面 2 次半径 i より、

$$\lambda = \frac{\ell_k}{i} \tag{22.2}$$

と定義する。座屈長さ ℓ_k は、材長（実長）ℓ と部材端の支持条件により定まる座屈長さ係数 k との積となる。

$$\ell_k = \ell \times k \tag{22.3}$$

細長比 λ が増加すると弾性座屈応力は急激に低下するので、細長比を制限している。鋼材の場合、柱材については λ は200以下、その他の圧縮材については250以下とする。圧縮筋かいの場合の細長比は $\lambda < 1.1\sqrt{(E/F)}$ であり、$F=235\text{N/mm}^2$ の場合は32以下、$F=275\text{N/mm}^2$ の場合は30以下とする。

式(22.1)は弾性座屈に対する式である。細長比 λ が限界細長比 Λ 以下となると部材の一部が降伏をして非弾性座屈となる。非弾性座屈はジョンソン（Johnson）の式を用いて

$$\sigma_{cr} = F\left\{1.0 - (1.0 - \rho)\left(\frac{\lambda}{\Lambda}\right)^2\right\} \tag{22.4}$$

となる。弾性座屈と非弾性座屈を分ける細長比である限界細長比 Λ は次式で定義する。

$$\Lambda = \pi\sqrt{\frac{E}{\rho F}} \tag{22.5}$$

ここに、E＝鋼材のヤング係数；F＝鋼材の強度基準。比例限度と降伏点との比 ρ は鋼材の初期不整、残留応力等を考慮して $\rho=0.6$ とする。

図22-2は、圧縮力を受ける部材の曲げ座屈に対する座屈応力と細長比の関係を示す。鉄骨構造の許容圧縮応力度 f_c は、安全率 ν で座屈応力度 σ_{cr} を割った値として定義される。S造計算規準では、長期許容圧縮応力度に対する安全率 ν は図22-3に示すように、弾性座屈（$\lambda \geq \Lambda$）に対しては2.17、非弾性座屈（$\lambda \leq \Lambda$）に対しては $1.5 + \frac{2}{3}\left(\frac{\lambda}{\Lambda}\right)^2$ とする。

$$f_c = \frac{\sigma_{cr}}{\nu} \tag{22.6}$$

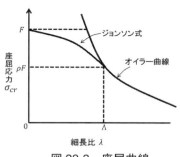

図22-2　座屈曲線

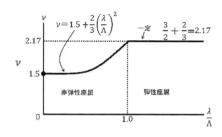

図22-3　安全率 ν

(3)　局部座屈

局部座屈は鋼材の幅に対する厚さの比である幅厚比に影響され、局部座屈を生じない限界の幅厚比以内であれば局部座屈を避けることができる。幅厚比の制限値は、許容応力度設計用（一次設計）に対しては**表22-1**となる。

表 22-1 許容応力度設計用幅厚比の制限値（一次設計）

条件	断面形	一般式	制限値 $F=235N/mm^2$	制限値 $F=325N/mm^2$
1縁支持他縁自由の板要素		$\dfrac{b}{t} \leq 0.44\sqrt{\dfrac{E}{F}}$	13	11
1縁支持他縁自由の板要素		$\dfrac{b}{t} \leq 0.53\sqrt{\dfrac{E}{F}}$	16	13
2縁支持の板要素		柱、圧縮材のフランジ、ウェブ $\dfrac{d}{t} \leq 1.6\sqrt{\dfrac{E}{F}}$	47	40
2縁支持の板要素		梁のウェブ $\dfrac{d}{t} \leq 2.4\sqrt{\dfrac{E}{F}}$	71	60
円形鋼管		$\dfrac{D}{t} \leq 0.114\dfrac{E}{F}$	100	72

　二次設計における幅厚比の制限は、ルート3の保有水平耐力の計算では幅厚比に対応した D_s 値が検討されているので、幅厚比の制限はない。一方、ルート3以外のルート1およびルート2では塑性変形を確保するために、**表 22-2** を満足する必要がある。

表 22-2 耐震骨組の柱梁に対する幅厚比の制限値（二次設計ルート3以外に適用）

部材	柱				梁	
断面	H形鋼		角形鋼管	円形鋼管	H形鋼	
部位	フランジ	ウェブ	—	—	フランジ	ウェブ
幅厚比	b/t_f	d/t_w	B/t	D/t	b/t_f	d/t_w
制限 F=235N/mm²	9.5 (12)	43 (45)	33 (37)	50 (70)	9 (11)	60 (65)
制限 F=325N/mm²	8 (10)	37 (39)	27 (32)	36 (50)	7.5 (9.5)	51 (55)

（注）（　）内は当面の緩和値

(4) 横座屈

　横座屈は、曲げ材で発生する薄肉開断面特有の座屈形態である。H 形断面の梁が強軸まわりに曲げを受けると、上下のフランジに圧縮力および引張力が作用する。圧縮側のフランジの応力が座屈応力に達すると、フランジは、フランジの弱軸方向（面外方向）に座屈を生じようとするが、この方向は梁のウェブで拘束されているので、フランジの強軸方向（面内方向）に曲がり出す（図 22-4(a)）。このフランジの曲げにより発生したせん断力と釣合うためには、引張側のフランジの面内方向に大きさが等しく方向が反対のせん断力が発生する（図 22-4(b)）。そのため、引張側のフランジは圧縮側のフランジとは反対方向の曲げを生じて、梁は捩れることになる。

　梁は強軸まわりの曲げを受けているにもかかわらず、弱軸方向（横方向）に座屈するので横座屈と呼ぶ。横座屈は、薄肉開断面が強軸曲げを受ける場合に弱軸方向に捩れる。しかし、弱軸曲げが作用する場合、強軸方向への横座屈は発生しない。横座屈は薄肉開断面材の強軸曲げにより発生し、ボックス形をする薄肉閉断面では発生しない。

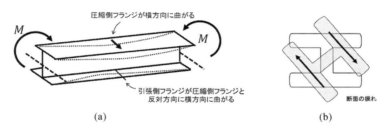

図 22-4　横座屈

　横座屈を防止するには、横方向に部材が移動できないようにする横補剛で対応できる。梁の横座屈を防ぐために必要な横補剛は、以下のように規定されている。梁全長にわたって均等間隔で横補剛を設ける場合、細長比 λ_z は次の式を満足する必要がある。

$\lambda_z \leq 170 + 20n$	（400N 級炭素鋼の場合）
$\lambda_z \leq 130 + 20n$	（490N 級炭素鋼の場合）

ここに、λ_z＝梁の弱軸まわりの細長比（$\lambda_z = \ell / i_z$）；ℓ＝梁の長さ（mm）；i_z＝梁の弱軸まわりの断面 2 次回転半径（mm）（$i_z = \sqrt{I_z / A}$）；I_z＝梁の弱軸まわりの断面 2 次モーメント（mm^4）；A＝梁の断面積（mm^2）；n＝横補剛の箇所数。

　梁の横補剛に必要な強度と剛性について、日本建築学会、鋼構造塑性設計指針は次のように定めている。

　H 形断面梁に設ける横方向補剛材は、①$F = 0.02C$ なる集中横力を圧縮側フランジ位置に作用させた場合に十分な強度を有し、かつ、②$k \geq 5.0 \dfrac{C}{\ell_b}$ なる剛性 k を有しなければならない。ただし、C は梁断面に生ずる曲げ応力による圧縮側合力であり、塑性ヒンジ部では次式をとる。

$$C = \frac{\sigma_y A}{2}$$

ここに、A＝大梁の全断面積。図 22-5 に示すように、材長 ℓ の横補剛材により梁の横方向の移動が止まっているとすると、この補剛材の軸方向剛性 k は、次式を満足する必要がある。

$$k = \frac{2A_b E}{\ell} > \frac{5.0\sigma_y A}{2\ell_b}$$

ここに、ℓ_b＝横補剛材の間隔；ℓ＝横補剛材の長さ；A_b＝横補剛材の断面積；E＝横補剛材のヤング係数。

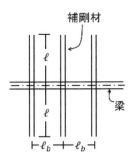

図 22-5　横補剛

横座屈耐力は、許容曲げ応力度 f_b を規定する。横座屈が発生しない場合は、許容曲げ応力度 f_b は鋼材の許容引張応力度 f_t になる。横座屈が発生すると、鋼材の本来の長期許容引張応力度 $f_t = F/1.5$ より小さくなるので、横座屈を発生させない対策が必要となる。

鋼構造の許容曲げ応力度 f_b の算定法は、日本建築学会の「鋼構造設計規準」に基づく方法を 22.10 節で紹介している。この方法は、許容圧縮応力度を決めた曲げ座屈と同様な考え方で、横座屈から許容曲げ応力度を算出している。2017 年現在の建築基準法で規定している許容曲げ応力度の算出法は学会の旧規準を使用している。

22.2　棒材の捩り

横座屈モーメントを求める前に、棒材の捩りに関する基礎理論を薄肉断面について述べる。棒材を捩ると横断面は材軸方向に反る。これを反り（warping）と呼ぶ。捩り中心が円の中心である円形断面以外の断面形状は、捩りにより反りを発生する。棒材の材軸方向に発生する反りを拘束せずに捩る場合を自由捩り（St. Venant の捩り）（図 22-6）、反りを拘束する場合を拘束捩り（Wagner の捩り）と称する。拘束捩りは、自由捩り状態に拘束捩りの効果が付加する。

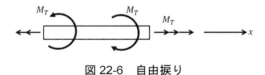

図 22-6　自由捩り

座標軸は右手直交座標系を使用し、棒材の材軸方向を x 軸に、断面軸を y、z 軸とする。捩りモーメントは、x 軸の正を向く断面については、x 軸の正の方向に対して右まわりを正とする。x 軸の負を向く断面については反対を正とする。捩りモーメント M_T により生じた断面の捩れ角を θ とすると、単位長さ当たりの捩り率 ω は捩り角 θ と次式の関係にある。

$$\omega = \frac{d\theta}{dx} \tag{22.7}$$

材軸方向の反りを自由にし、棒材の両端にのみ捩りモーメントが作用する場合を単純捩りと呼ぶ。この状態では捩りモーメントは一様であり、捩り率 ω、反り変位 u は x の関数でなく一様である。それ以外の捩りについては、捩りモーメント、捩り率、

反りは一様でなく x 方向の関数となる。

22.3 St. Venant の単純捩り理論

捩り中心は棒材の重心 S を通る軸にとると仮定する。断面の x 軸、y 軸、z 軸方向の変位を u、v、w とすると、微小捩りに対しては、

$$u(y,z) = \omega \varphi_s(y,z) \tag{22.8}$$

$$v = -\omega z x \tag{22.9}$$

$$w = \omega y x \tag{22.10}$$

となる。ここに、φ_s ＝捩り中心を重心 S の位置にとった場合の単位反り関数。

連続体の微小変形理論では歪と変位関係は、次式で表せる。

$$\varepsilon_x = \frac{\partial u}{\partial x} \; ; \qquad \varepsilon_y = \frac{\partial v}{\partial y} \; ; \qquad \varepsilon_z = \frac{\partial w}{\partial z} \; ;$$

$$\gamma_{xy} = \frac{\partial u}{\partial y} + \frac{\partial v}{\partial x} \; ; \; \gamma_{xz} = \frac{\partial u}{\partial z} + \frac{\partial w}{\partial x} \; ; \; \gamma_{yz} = \frac{\partial w}{\partial y} + \frac{\partial v}{\partial z} \tag{22.11}$$

式(22.8)～式(22.10)を式(22.11)に代入すると、

$$\varepsilon_x = \varepsilon_y = \varepsilon_z = \gamma_{yz} = 0 \; ; \; \gamma_{yx} = \omega\left(\frac{\partial \varphi_s}{\partial y} - z\right) \; ; \; \gamma_{zx} = \omega\left(\frac{\partial \varphi_s}{\partial z} + y\right) \tag{22.12}$$

となる。断面には面外方向のせん断歪のみが発生し、断面内の歪 γ_{yz} は発生しない。

応力－歪関係には次式の関係がある。

$$\sigma_x = E\varepsilon_x \; ; \quad \sigma_y = E\varepsilon_y \; ; \quad \sigma_z = E\varepsilon_z \; ;$$

$$\tau_{xy} = G\gamma_{xy} \; ; \quad \tau_{yz} = G\gamma_{yz} \; ; \quad \tau_{zx} = G\gamma_{zx} \tag{22.13}$$

式(22.12)を式(22.13)に代入すると、捩りにおける応力は τ_{yx}，τ_{zx} のみとなる。他は 0 である。

$$\sigma_x = 0 \; ; \; \sigma_y = 0 \; ; \; \sigma_z = 0 \; ; \quad \tau_{yz} = 0 \; ;$$

$$\tau_{yx} = G\omega\left(\frac{\partial \varphi_s}{\partial y} - z\right) \; ; \qquad \tau_{zx} = G\omega\left(\frac{\partial \varphi_s}{\partial z} + y\right) \tag{22.14}$$

弾性体の釣合式は次式が成立しなければならない。

$$\frac{\partial \sigma_x}{\partial x} + \frac{\partial \tau_{yx}}{\partial y} + \frac{\partial \tau_{zx}}{\partial z} + X = 0$$

$$\frac{\partial \tau_{xy}}{\partial x} + \frac{\partial \sigma_y}{\partial y} + \frac{\partial \tau_{zy}}{\partial z} + Y = 0 \tag{22.15}$$

$$\frac{\partial \tau_{xz}}{\partial x} + \frac{\partial \tau_{yz}}{\partial y} + \frac{\partial \sigma_z}{\partial z} + Z = 0$$

体積力を $X=Y=Z=0$ とし、式(22.15)に式(22.14)を代入すると、

$$\frac{\partial \tau_{yx}}{\partial y} + \frac{\partial \tau_{zx}}{\partial z} = 0 \tag{22.16}$$

$$\frac{\partial \tau_{xy}}{\partial x} = 0 \quad ; \quad \frac{\partial \tau_{yz}}{\partial y} = 0 \tag{22.17}$$

を得る。式(22.14)を式(22.16)、式(22.17)に代入すると、式(22.17)は常に成立するので、式(22.16)は、

$$\boxed{\frac{\partial^2 \varphi_s}{\partial y^2} + \frac{\partial^2 \varphi_s}{\partial z^2} \equiv 0 \qquad \text{in } V} \tag{22.18}$$

となる。式(22.18)は Laplace の微分方程式（$\nabla^2 \varphi_s = 0$、ここに、$\nabla^2 = \frac{\partial^2}{\partial y^2} + \frac{\partial^2}{\partial z^2}$）であり、棒材の内部で常に成立する。反り関数 φ_s は横断面の境界での条件を満足しなければならない。棒材の横断面の周辺を Γ と表すと、この Γ 曲線上では図22-7 に示すように、せん断応力 τ_{yx} と τ_{zx} のなす合応力 τ は曲線 Γ の切線方向を向いていなければならない。よって次式が成立する。

$$\frac{dz}{dy} = \frac{\tau_{xz}}{\tau_{xy}} \qquad \text{on } \Gamma \tag{22.19}$$

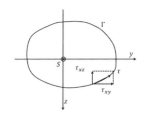

図 22-7　横断面周辺のせん断応力

上式に式(22.14)を代入すると、

$$\boxed{\left(\frac{\partial \varphi_s}{\partial z} + y\right) dy - \left(\frac{\partial \varphi_s}{\partial y} - z\right) dz = 0 \qquad \text{on } \Gamma} \tag{22.20}$$

となる。よって、単位反り関数 $\varphi_s(y, z)$ は、横断面の内部では式(22.18)を、横断面の周辺上では式(22.20)を満足しなければならない。これは、数学的には境界値問題と呼ばれている。

捩りモーメントは次式で与えられる。

$$M_T = \iint (\tau_{xz} y - \tau_{xy} z) dy \, dz \tag{22.21}$$

22.4　単純捩りの解析法

(1)　応力関数による解析法

単位反り関数 φ_s を求めるには、上述した境界値問題を解かなければならない。これを簡易に解析する方法として、Prandtl は応力関数を用いる方法を提示した。この方法は、簡単な断面形状の場合は比較的容易であるが、それ以外の断面では容易でない。

せん断応力 τ_{yx} および τ_{zx} を応力関数 $\Psi = \Psi(y, z)$ を用いて次式で表す。

$$\tau_{yx} = -2G\omega \frac{\partial \Psi}{\partial z} \quad ; \quad \tau_{zx} = 2G\omega \frac{\partial \Psi}{\partial y} \tag{22.22}$$

$\Psi(y, z)$ は、釣合式(22.16)を満足している。

応力関数 Ψ と φ_s の関係を知るため、式(22.22)を式(22.14)に代入すると、

$$-2\frac{\partial \Psi}{\partial z} = \frac{\partial \varphi_s}{\partial y} - z \quad ; \quad 2\frac{\partial \Psi}{\partial y} = \frac{\partial \varphi_s}{\partial z} + y \tag{22.23}$$

の関係がある。上式の第 1 式を z で、第 2 式を y でそれぞれ微分し、辺々を差引くと Poisson の微分方程式を得る。

$$\boxed{\frac{\partial^2 \Psi}{\partial y^2} + \frac{\partial^2 \Psi}{\partial z^2} = 1 \qquad \text{in } V} \tag{22.24}$$

一方、棒材の横断面の周辺 Γ 上では式(22.19)が成立しなければならないので、次式となる。

$$\frac{\partial \Psi}{\partial y} dy + \frac{\partial \Psi}{\partial z} dz = d\Psi = 0 \qquad \text{on } \Gamma \tag{22.25}$$

上式は、横断面の周辺 Γ 上において Ψ が定数となることを示している。よって、

$$\Psi = \Psi(y,z) = \text{一定} \qquad \text{on } \Gamma \tag{22.26}$$

せん断応力は、式(22.22)に示すように Ψ の微分で与えられるから、Γ 上では Ψ は 0 でもよい。

$$\boxed{\Psi = \Psi(y,z) = 0 \qquad \text{on } \Gamma} \tag{22.27}$$

よって、応力関数 Ψ は断面の内部では式(22.24)の Poisson の微分方程式を満足し、横断面の周辺境界 Γ では式(22.27)を満足しなければならない。捩りの境界値問題に応力関数 Ψ を導入する利点は、対称形の断面に対して、棒材断面の周辺境界で 0 となる応力関数を比較的容易に見つけやすいことにある。

捩りモーメント M_T は式(22.21)に式(22.22)を代入すると、

$$M_T = 2G\omega \iint \left(\frac{\partial \Psi}{\partial y} y + \frac{\partial \Psi}{\partial z} z \right) dy\, dz \tag{22.28}$$

となる。ここで、積分の値は y と z により求められる断面固有の捩り定数であり、J で表すと、

$$J = 2 \iint \left(\frac{\partial \Psi}{\partial y} y + \frac{\partial \Psi}{\partial z} z \right) dy\, dz \tag{22.29}$$

となる。J は部分積分を用いて計算すると次式となる。

$$J = -4 \iint \Psi(y,z)\, dy\, dz \tag{22.30}$$

よって、捩りモーメントは次式と表せる。

$$M_T = GJ\omega \tag{22.31}$$

GJ は捩り剛性である。上式より捩り率 ω が求まる。

$$\omega = \frac{M_T}{GJ} \tag{22.32}$$

次に、応力関数を用いる際の単位反り関数 φ_s を求める。式(22.23)を変形すると、

$$\frac{\partial \varphi_s}{\partial y} = z - 2\frac{\partial \Psi}{\partial z} \tag{22.33}$$

$$\frac{\partial \varphi_s}{\partial z} = -y + 2\frac{\partial \Psi}{\partial y} \tag{22.34}$$

となる。単位反り関数は式(22.33)を y で積分すると、

$$\varphi_s = zy - 2\int \frac{\partial \Psi}{\partial z} dy + f(y) \tag{22.35}$$

となるが、$f(y)$の値が決まらない。そこで、$f(y)$を決定するため、上式をzで微分すると、

$$\frac{\partial \varphi_s}{\partial z} = y - 2\frac{\partial}{\partial z}\left[\int \frac{\partial \Psi}{\partial z} dy\right] + \frac{df(y)}{dz} \tag{22.36}$$

となる。式(22.34)と式(22.36)を比較することにより$f(y)$の値が決定する。具体的な決定法を例題で示す。

例題 1 例図1に示す楕円形断面が重心を捩り中心とした単純捩りを受ける際の反りを求める。

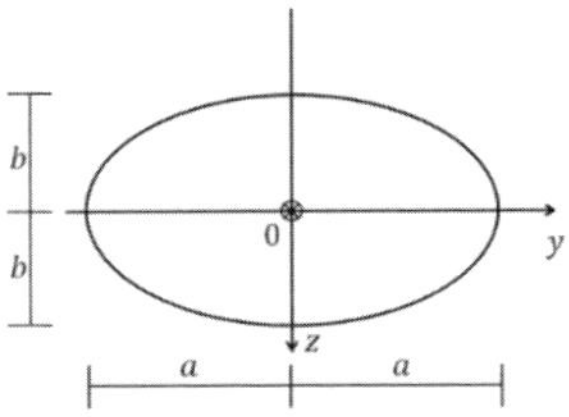

① 応力関数 $\Psi(y,z)$：応力関数 $\Psi(y,z)$ に楕円の方程式を用いると、周辺 Γ 上で式(22.27)を満足する。よって、応力関数 $\Psi(y,z)$ を次式とする。

$$\Psi(y,z) = C\left(\frac{y^2}{a^2} + \frac{z^2}{b^2} - 1\right) \quad \text{式①}$$

ここに、C は未知数。上式を式(22.24)に代入すると、

$$C = \frac{1}{\frac{2}{a^2} + \frac{2}{b^2}} = \frac{a^2 b^2}{2(a^2 + b^2)} \quad \text{式②}$$

となる。よって、応力関数 Ψ は次式となる。

$$\Psi(y,z) = \frac{a^2 b^2}{2(a^2 + b^2)}\left(\frac{y^2}{a^2} + \frac{z^2}{b^2} - 1\right) \quad \text{式③}$$

② 捩り定数 J：式(22.30)に式③を代入すると[10]、

$$J = -4\iint \frac{a^2 b^2}{2(a^2 + b^2)}\left(\frac{y^2}{a^2} + \frac{z^2}{b^2} - 1\right) dy\, dz = \frac{\pi a^3 b^3}{a^2 + b^2} \quad \text{式④}$$

③ 捩り率 ω：式(22.32)より、

$$\omega\left(=\frac{d\theta}{dx}\right) = \frac{(a^2 + b^2) M_T}{\pi a^3 b^3 G} \quad \text{式⑤}$$

④ 単位反り関数 φ_s：式(22.34)と式(22.36)に式③を代入すると、

$$\frac{\partial \varphi_s}{\partial z} = -\frac{a^2 - b^2}{a^2 + b^2} y \quad \text{式⑥}$$

$$\frac{\partial \varphi_s}{\partial z} = -\frac{a^2 - b^2}{a^2 + b^2} y + \frac{df(y)}{dz} \quad \text{式⑦}$$

となる。式⑥と⑦を比較すると、$f(y)=$一定でないと両式は一致しない。2軸対称断面で断面軸を対称軸に選定しているので$f(y)=0$とおくと、単位反り関数は式(22.35)より、

$$\varphi_s(y,z) = -\frac{a^2 - b^2}{a^2 + b^2} yz \quad \text{式⑧}$$

となる。反りはyおよびzの線形関係であるので平面形状となる。

例図1 楕円断面と座標

⑤ 変位：y方向およびz方向の変位vおよびwは、式(22.9)、式(22.10)の捩り率ωに、式⑤を代入すると求まる。一方、材軸方向の反り変位uは、式(22.8)より次式となる。

$$u(y,z) = \frac{(b^2 - a^2) M_T}{\pi a^3 b^3 G} yz \qquad 式⑨$$

変位uはxの関数でないので、軸方向に沿ってすべて同じ変位となる。これは単純捩り状態の特徴である。

例題 2 円形断面の場合の断面の反りを考える。

例題 1 で$a = b$とすると円形断面になる。単位反り関数$\varphi_s(y,z) = 0$となり、円形断面に重心まわりの捩れモーメントが作用した場合、断面の反りは生じない。

例題 3 薄肉開断面材の単純捩りを考える（**例図 2**）。

薄肉開断面材の単純捩り問題は、応力関数による解法では容易であるので、捩りによる力学的挙動を検討する。薄肉開断面材の重心Oを捩り中心として捩りモーメントM_Tが作用する場合を考える。座標軸y, z軸の原点を薄肉開断面の重心にとる。断面は板厚$t \ll$ 高さhが成立するので、板厚方向のせん断応力τ_{yx}は無視する。

① 応力関数Ψ：境界$y = \pm t/2$で0になる条件を満足する応力関数Ψを次式で表す。

$$\Psi = C\left[y^2 - \left(\frac{t}{2}\right)^2\right] \qquad 式①$$

（注）応力関数①は石鹸膜の形状からも類推できる。

式①を式（22.24）に代入すると$C = 1/2$となり、応力関数Ψは次式となる。

$$\Psi = \frac{1}{2}\left[y^2 - \left(\frac{t}{2}\right)^2\right] \qquad 式②$$

② 捩り定数J：式②を式(22.30)に代入すると求まる。

$$J = -4\int_{-\frac{h}{2}}^{\frac{h}{2}} \int_{-\frac{t}{2}}^{\frac{t}{2}} \frac{1}{2}\left[y^2 - \left(\frac{t}{2}\right)^2\right] dy\, dz = \frac{1}{3} Ght^3 \qquad 式③$$

③ 捩り率ω：式(22.32)より求まる。

$$\omega = \frac{3M_T}{Ght^3} \qquad 式④$$

④ せん断応力τ_{zx}：式(22.22)より、

$$\tau_{zx} = -2G\omega y = -\frac{6M_T}{ht^3} y \; ; \qquad \tau_{yx} = 2G\omega \frac{\partial \Psi}{\partial z} = 0 \qquad 式⑤$$

τ_{zx}の分布を**例図 3**に示す。板厚中心線（$y=0$）ではせん断応力は0であり、断面のせん断力の和であるせん断流qは0となる。最大せん断応力は式⑤より、$y = \pm t/2$（薄肉断面の長辺の両側面）で発生する。

$$|\tau_{max}| = \frac{3M_T}{ht^2} = \frac{M_T}{J} t \qquad 式⑥$$

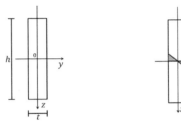

例図2　薄肉開断面　　例図3　τ_{zx} の分布

⑤　単位反り関数 $\varphi_s(y,z)$ は例題1の場合と同様に、式(22.34)と式(22.36)を比較することにより求まる。両式は、

$$\frac{\partial \varphi_s}{\partial z} = y \qquad 式⑦$$

$$\frac{\partial \varphi_s}{\partial z} = y + \frac{df(y)}{dz} \qquad 式⑧$$

となり、$f(y)=0$ とおける。よって、φ_s は式(22.35)より、

$$\varphi_s = yz \qquad 式⑨$$

となる。反りは座標の原点O(重心位置)より平面分布する。

⑥　変位：式(22.8)〜式(22.10)より、

$$u = \frac{3M_T}{Ght^3}yz \ ; \ v = -\frac{3M_T}{Ght^3}zx \ ; \ w = \frac{3M_T}{Ght^3}yx \qquad 式⑩$$

(2)　薄膜相似法による単純捩りの解法

　応力関数による捩り問題の解析法は、簡単な断面形状以外に対して応力関数を見つけることが困難である。これを解決する方法として、Prandtl は石鹸膜の形状と捩りの応力関数 Ψ との間には相似性があることを指摘し、実験的に捩り応力を求める方法を提示した。棒材の横断面と同一の輪郭を持つ開口部に石鹸膜を張り、圧力 p をかけて膨らます。石鹸膜の変位 u は次式の最小曲面の釣合式を満足している。

$$\frac{\partial^2 u}{\partial y^2} + \frac{\partial^2 u}{\partial z^2} = -\frac{p}{S} \qquad (22.37)$$

ここに、$S=$石鹸膜の張力。孔の周辺では変位を生じていないので、$u=0$ となる。式(22.37)と式(22.24)の比較から、応力関数 Ψ を、

$$u = -\frac{p}{S}\Psi \qquad (22.38)$$

とおくと、薄膜の変位 u と同じ形の微分方程式となる。石鹸膜の膨らんだ形状 $u(y,z)$ が求まると、せん断応力は式(22.38)を式(22.22)に代入すると求まる。

$$\tau_{xy} = 2G\omega\frac{S}{p}\frac{\partial u}{\partial z} \ ; \ \tau_{xz} = -2G\omega\frac{S}{p}\frac{\partial u}{\partial y} \qquad (22.39)$$

捩り剛性 GJ は、式(22.30)に代入すると、

$$GJ = \frac{4GS}{p}\iint u(y,z)\,dy\,dz = \frac{4GS}{p}V \qquad (22.40)$$

となる。ここに、V＝膨らんだ石鹸膜の体積。捩り率 ω は、

$$\omega = \frac{M_T}{GJ} = \frac{M_T p}{4GSV} \tag{22.41}$$

となる。この ω を式(22.39)に代入するとせん断応力が求まる。

$$\tau_{xy} = \frac{M_T}{2V}\frac{\partial u}{\partial z} \;;\; \tau_{xy} = -\frac{M_T}{2V}\frac{\partial u}{\partial y} \tag{22.42}$$

22.5 薄肉開断面の単純捩り

(1) 薄肉開断面の単位反り関数 φ

反りの大きさは捩りの中心位置が変わると異なってくる。単純捩りの場合には単位捩り率 $\omega = \dfrac{d\theta}{dx}$ は定数であり、x に無関係であるので、反りは断面の座標 y, z により与えられる。

単位反り関数は、捩り中心がどこにあるかで異なる。捩り中心が点 O_s およびその他の点 D にあるときのそれぞれの単位反り関数を $\varphi_s(y,z)$ および $\varphi_d(y,z)$ とすると、反り変位は次式で表せる。

$$u(y,z) = \omega \varphi_s(y,z) \tag{22.43}$$
$$u(y,z) = \omega \varphi_d(y,z) \tag{22.44}$$

上述の座標系 y および z による表現は、充実断面に対する展開には適しているが、薄肉断面では図 22-8 に示すように、板厚中心線の線座標 s を用いた方が便利である。そこで、以後の薄肉断面については板厚中心線座標による展開を行う。板厚 t は板厚中心線座標 s の関数であり、板厚が変化する場合は $t = t(s)$ となる。板厚中心線座標 s の原点を図 22-8 に示す横断面の一端 A にとり、他端 B の s 座標値を U とする。U は横断面の板厚中心線の材長となる。座標 s 上の任意点 P での接線 PT に、捩り中心 O_s より下した垂線の長さを $r_s(s)$ とする（図 22-9）。r_s は、接線 $\overrightarrow{PT}$ が捩りの中心点 O_s に関して反時計まわりの回転をするときを正とする。

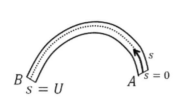
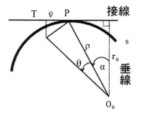

図 22-8 板厚中心線座標　　　図 22-9 点 P での微小変位 $\bar{v}$

断面が微小角 θ だけ回転すれば、点 P の接線方向の変位 $\bar{v}$ は図 22-9 より、

$$\bar{v} = \rho \theta \cos\alpha = r_s \theta \tag{22.45}$$

となる。ここに、ρ ＝捩り中心 O_s から点 P までの距離。x 方向の変位 u は式(22.8)と

同じ形であるが、単位捩り関数 φ_s は s の関数で与えられる。

$$u = \frac{d\theta}{dx}\varphi_s = \omega \varphi_s(s) \tag{22.46}$$

板厚中心線座標で表示したせん断ひずみ γ_{sx} は、次式で表せる。

$$\gamma_{sx} = \frac{\partial u}{\partial s} + \frac{\partial \overline{v}}{\partial x} \tag{22.47}$$

式(22.47)に式(22.45)、式(22.46)を代入すると、

$$\gamma_{sx} = \omega \frac{d\varphi_s}{ds} + \omega r_s \tag{22.48}$$

となる。薄肉開断面材では板厚中心線でのせん断応力は 0 である（例題 3 参照）。これは、板厚中心線でのせん断歪 γ_{sx} が生じないことを意味する。よって、式(22.48)を 0 とおくと、

$$d\varphi_s = -r_s ds \tag{22.49}$$

となる。上式を s について積分すると、反り $\varphi_s(s)$ が求まる。

$$\varphi_s(s) = \varphi_{s0} - \int_0^s r_s\, ds \tag{22.50}$$

ここに、φ_{s0}＝積分定数であり、$s=0$ における単位反り関数。式(22.50)の右辺第 2 項は捩り中心 O_s より弧長 ds とのなす扇形面積であり、捩り中心点 O_s に関する基本単位反り関数 $\varphi_s^*(s)$ と定義する。

$$\varphi_s^*(s) = -\int_0^s r_s(s)\, ds \tag{22.51}$$

式(22.51)を用いて式(22.50)を書き直すと次式となる。

$$\varphi_s(s) = \varphi_{s0} + \varphi_s^*(s) \tag{22.52}$$

$s=0$ での反りを表す積分定数 φ_{s0} は任意に決めてよいので、次式を満足するように決める。

$$\int_A \varphi_s(s)\, dA = 0 \tag{22.53}$$

ここに、A＝薄肉断面材の横断面積；$dA = t\, ds$。式(22.52)を式(22.53)に代入すると、φ_{s0} が求まる。

$$\varphi_{s0} = -\frac{1}{A}\int_A \varphi_s^*(s)\, dA \tag{22.54}$$

点 O_s に換えて任意点 D に関する単位反り関数 $\varphi_d(s)$ は、式(22.50)と同様に表せる。

$$\varphi_d(s) = \varphi_{d0} - \int_0^s r_d(s)\, ds \tag{22.55}$$

ここに、$r_d(s)$＝点 D より板厚中心線座標値 s の位置での接線に下した垂線の長さ。

(2) 薄肉開断面の捩り定数 J

薄肉開断面の捩り定数 $J = (J_S)$ は、前述の例題で示したように、サンブナン（St. Venant）の捩り定数 J_S となる。

$$J = J_S = \frac{1}{3}\int_0^U t^3\, ds = \frac{1}{3}t^3 U \tag{22.56}$$

となる。ここに、U＝板厚中心線の全長。

図 22-10 に示す H 形断面の場合の振り定数は、上下フランジおよびウェブについて式(22.56)を求め、それらの和となる。

$$J = J_S = \frac{1}{3}t_f^3 B \times 2 + \frac{1}{3}t_w^3 h$$

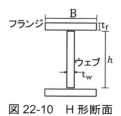

図 22-10　H 形断面

22.6　薄肉閉断面の単純振り

(1)　単室薄肉閉断面の振り定数 J_T

図 22-11 に示す単室の薄肉閉断面の振り定数 J は、板厚中心線に沿った曲線座標を s とすると、Bredt の第2公式より次式となる。

$$J_B = \frac{4F^2}{\oint \dfrac{ds}{t}} \tag{22.57}$$

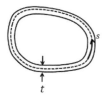

図 22-11　単室の薄肉閉断面

ここに、F＝板厚中心線で囲まれた面積；ds＝板厚中心線の微小長さ。

$\oint \dfrac{ds}{t}$ は、図 22-12 の閉鎖空間が 1 つの単室薄肉閉断面の場合は次式となる。

$$\oint \frac{ds}{t} = \frac{\ell_1}{t_1} + \frac{\ell_2}{t_2} + \frac{\ell_3}{t_3} + \frac{\ell_4}{t_4}$$

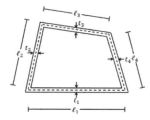

図 22-12　単室の薄肉閉断面

薄肉閉断面の実際の応力状態は、St. Venant の応力状態と Bredt の応力状態を重ね合わせたものである。よって、薄肉閉断面の振り定数 J は、開断面としての振り定数 J_S 式(22.56)に、Bredt の振り定数 J_B 式(22.57)を加えた値である。しかし、振り定数 J_S は J_B より遥かに小さいので、$J = J_S + J_B \fallingdotseq J_B$ と考えても実用上十分な精度を有する。

薄肉閉断面は薄肉開断面を閉じた形状の断面であるが、振り定数は格段に大きくなる。例えば、半径 r、肉厚 t（一定）の円形断面の場合、$F = \pi r^2$，$\oint \dfrac{ds}{t} = \dfrac{2\pi r}{t}$ となるので、振り定数 $J_T = 2\pi r^3 t$ となる。一方、閉断面に 1 カ所スリットを設けて開断面にすると、$J_T = \dfrac{2}{3}\pi r t^3$ となる。開断面材と閉断面材の振り定数 J_T の比は $3(r/t)^2$ となる。例えば $r/t = 10$ のとき、閉断面材の振り定数は開断面材の 300 倍になる。

(2)　単室薄肉閉断面の単純振り

図 22-11 に示した単室薄肉閉断面の単純振りを考える。閉断面に 1 つのスリットを入れると、力学的挙動に大きな違いが発生する。その違いは、薄肉閉断面では図 22-13 に示すように $s=0$ の点 A と $s=U$ の点 B で反り変位の差 Δu が生じないことである。

薄肉開断面

薄肉閉断面

図 22-13　薄肉開断面と閉断面

薄肉開断面　$\Delta u = u_B - u_A \neq 0$　（x 方向の食い違いが発生する）
薄肉閉断面　$\Delta u = u_B - u_A = 0$　（x 方向の食い違いが発生しない）

単室からなる薄肉閉断面に1カ所スリットを入れて薄肉開断面にする。この断面に振りモーメント M_T が作用すると、板厚中心線座標の $s=U$ の点 B と $s=0$ の点 A の間には、反り変位により u 方向の変位の食い違いが発生する（図 22-14）。

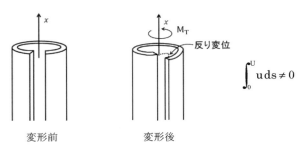

図 22-14　薄肉開断面の反り

薄肉閉断面では $\Delta u = \oint u ds = 0$ であり、食い違いは発生しない。薄肉開断面で発生した食い違いをなくすには、図 22-15 に示すように、食い違い面にせん断力が必要となる。この力を q と表すと、この q は図 22-15 に示すように薄肉閉断面内を流れるせん断流となり、食い違い Δu を戻す役割をする。

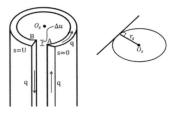

図 22-15　せん断流 q

このせん断流 q による点 O_s まわりの振りモーメント M_{TB} は、

$$M_{TB} = \oint q\, r_s\, ds = q \oint r_s\, ds = q\, 2F \tag{22.58}$$

となる。ここに、r_s は板厚中心座標 s での接線に、振り中心 O_s から下した垂線である。円形断面では r_s は円の半径となる。また $\oint r_s ds$ は、板厚中心線で囲まれた面積 F の2倍となる。

$$\oint r_s ds = 2F \tag{22.59}$$

よって、Bredt の第1公式を得る。

$$q = \frac{M_{TB}}{2F} \tag{22.60}$$

図 22-14 の薄肉開断面の x 方向の変位 u は次式で与えられる。

$$u = \omega \varphi_s = \omega \left[\varphi_{s,o} - \int_o^s r_s(s)\, ds \right] \tag{22.61}$$

上式に、$s=0$ および $s=U$ を代入して点 A と点 B の食い違い Δu を求める。

$$\Delta u = u_B - u_A = -\omega \int_o^U r_s(s)\, ds = -\omega\, 2F \tag{22.62}$$

この食い違い Δu を発生させるせん断歪 γ は、次式の関係にある。

$$\Delta u = \int_o^U \gamma\, ds = \int_o^U \frac{\tau}{G}\, ds \tag{22.63}$$

上式のせん断応力 τ をせん断流 q で表すと $\tau = q/t$ となる。q に Bredt の第1公式(22.60)を代入すると、

$$\Delta u = \int_o^U \frac{q}{Gt} ds = \frac{M_{TB}}{2FG} \int_o^U \frac{1}{t} ds \tag{22.64}$$

となる。式(22.62)と式(22.64)を加えると、せん断流 q により $\Delta u=0$ とならなければならない。よって、

$$-\omega 2F + \frac{M_{TB}}{2FG} \int_o^U \frac{1}{t} ds = 0$$

これより、捩り率 ω と捩りモーメント M_{TB} との関係を得る。

$$\boxed{\omega = \frac{M_{TB}}{GJ_B}} \tag{22.65}$$

ここに、単室の薄肉閉断面の捩り定数 J_B を次式で定義する。

$$J_B = \frac{4F^2}{\oint \frac{1}{t} ds} \tag{22.66}$$

薄肉閉断面材に作用する捩りモーメント M_T は、St. Venant の捩りモーメント M_{TS} と Bredt の捩りモーメント M_{TB} との和で支持される。

$$M_T = M_{TS} + M_{TB} = G(J_S + J_B)\omega = GJ\,\omega = GJ\frac{d\theta}{dx} \tag{22.67}$$

よって、捩り定数 $J = J_S + J_B$ となる。しかし、薄肉閉断面では $J_S \ll J_B$ であるので、実用上は St. Venant の捩り定数 J_S を無視して $J \fallingdotseq J_B$ とし、$M_T \fallingdotseq M_{TB}$ とする。

(3) 薄肉閉断面の反り

薄肉閉断面では、せん断流 q により板厚中心線上のせん断歪 γ_{sx} が存在する。せん断歪 γ_{sx} は式(22.48)を再記すると、

$$\gamma_{sx} = \omega \frac{d\varphi_s}{ds} + \omega r_s \tag{22.48}$$

となる。一方、せん断ひずみとせん断流との関係より、式(22.60)、(22.65)、(22.66)を用いると

$$\gamma_{sx} = \frac{\tau}{G} = \frac{M_T}{2GFt} = \omega \frac{2F}{t} \frac{1}{\oint \frac{ds}{t}} \tag{22.68}$$

と表せるので、両式(22.48)と式(22.68)を等置すると次式を得る。

$$\frac{d\varphi_s}{ds} = \frac{2F}{t} \frac{1}{\oint \frac{ds}{t}} - r_s \tag{22.69}$$

上式を s について積分すると反り $\varphi_s(s)$ を得る。

$$\varphi_s(s) = \varphi_{so} + 2F \frac{1}{\oint \frac{ds}{t}} \int_o^s \frac{ds}{t} - \int_o^s r_s ds \tag{22.70}$$

ここに、φ_{so} は $s=0$ における単位反り関数の値。式(22.51)で定義される基本単位反り関数 $\varphi_s^*(s)$ を用いて上式を書き直すと、次式となる。

$$\varphi_s(s) = \varphi_{so} + \frac{2F}{\oint \frac{ds}{t}} \int_0^s \frac{ds}{t} + \varphi_s^*(s) \tag{22.71}$$

φ_{so} は、反り関数が座標軸に対して対称とするように選定しておく方が便利であるから、φ_{so} は次式の関係を満足するように選定する。

$$\int_A \varphi_s(s) dA = 0 \tag{22.72}$$

上式に式(22.71)を代入すると、φ_{so} が求まる。

$$\varphi_{so} = -\frac{1}{A}\left\{ \frac{2F}{\oint \frac{ds}{t}} \int_A \left[\int_0^s \frac{ds}{t}\right] dA + \int_A \varphi_s^* dA \right\} \tag{22.73}$$

板厚 $t(s)=$ 一定値 t のとき、上式は次式となる。（$A=tU$ より）

$$\varphi_{so} = -\frac{1}{U}\left\{ FU + \int \varphi_s^* ds \right\} \tag{22.74}$$

薄肉開断面はせん断流 $q=0$ であるから、薄肉開断面材に対する諸式は、式(22.69)〜式(22.74)で F を含む項を 0 とおくと求まる。

薄肉閉断面材には、前述のように、せん断応力に板厚を掛けたせん断流 $q=\tau t$ が流れる。このせん断流は、薄肉閉断面内を一定の大きさで流れ、Bredt の第 1 公式より与えられる。よって、捩りモーメントが既知ならば、せん断流は容易に求まる。

$$q = \frac{M_T}{2F^2} \tag{22.75}$$

せん断応力の最大値 τ_{max} は、せん断流 q（一定）が最小板厚 t_{min} を流れる部分で生じる。

$$\tau_{max} = \frac{q}{t_{min}} \tag{22.76}$$

単位長さ当たりの捩り率 ω は、次式となる。

$$\omega = \frac{M_T}{GJ} = \frac{M_T}{4GF^2} \oint \frac{ds}{t} = \frac{q}{2GF} \oint \frac{ds}{t} \tag{22.77}$$

22.7 反り拘束捩り

棒材の両端の材軸方向を拘束せずに自由にした状態で、両端のみに捩りモーメント M_T が作用する単純捩り状態以外は、捩りモーメント M_T、捩り角 θ、捩り率 ω、および、反りは材軸方向(x 方向)の関数となる。すなわち、これらの諸量は材軸方向に変化する。

反りを拘束すると、材軸方向の変位 u は x 方向に変化するので、材軸方向の歪 $\varepsilon^*(x) = \partial u / \partial x$ が生じ、それに伴う材軸方向の 2 次応力 $\sigma^* = E\varepsilon^*$ が発生する。この材軸方向 2 次応力 σ^* の出現により、x 方向の釣合いを保つために 2 次せん断応力 τ^* が断面

に生じる。この 2 次せん断応力により、捩りの中心まわりの 2 次捩りモーメント M_T^* が発生する。よって、反り拘束した場合の捩りモーメント M_T は、自由捩りの捩りモーメント M_{T0} と、材端を拘束した場合の 2 次捩りモーメント M_T^* との和となる。

$$M_T = M_{T0} + M_T^* \tag{22.78}$$

ここに、薄肉開断面では $M_{T0} = M_{TS}$ であり、薄肉閉断面では $M_{T0} = M_{TS} + M_{TB} \fallingdotseq M_{TB}$ である。

(1) 薄肉開断面の反り拘束捩り

薄肉開断面の捩り中心を O_M とし、捩りモーメント M_T が作用した際の拘束捩りを考える。

最初に、反り拘束による材軸方向の変位 $u(s,x)$ を求める。板厚さ中心線でのせん断歪 γ_{xs} は 0 であり、また、反り拘束による 2 次せん断応力 τ_{xs}^* によるせん断ひずみも微小であるので 0 とする。

式(22.47)に $\bar{v} = r_m \theta$ の関係を代入し、せん断歪を 2 次せん断応力 τ_{xs}^* で表すと、次式を得る。

$$\gamma_{xs} = \frac{\partial u}{\partial s} + r_m(s)\frac{d\theta}{dx} = \frac{\tau_{xs}^*}{G} = 0 \tag{22.79}$$

ここに、$r_m(s)$ ＝板厚中心線の s の点の接線 PT に捩り中心 O_M から下した垂線の長さ。

式(22.79)を s について積分すると、反り拘束による材軸方向の変位 $u(s,x)$ が求まる。

$$u(s,x) = -\frac{d\theta}{dx}\int_0^s r_m(s)ds + f(x) \tag{22.80}$$

ここに、$f(x) = x$ のみの関数。

捩り中心を O_M とする場合の反り関数 $\varphi_m(s)$ は式(22.52)と同様に表すと、

$$\varphi_m(s) = \varphi_{m0} + \varphi_m^*(s) \tag{22.81}$$

となる。ここに、φ_{m0} ＝積分定数であり、$s = 0$ における $\varphi_m(s)$ の値。

また、捩り中心 M に関する基本単位反り関数 $\varphi_m^*(s)$ は次式で定義する。

$$\varphi_m^*(s) = -\int_0^s r_m(s)ds \quad \text{捩り中心 M に関する基本単位反り関数} \tag{22.82}$$

いま、$\varphi_m(s)$ を次式を満足するようにとると、φ_{m0} が求まる。

$$\int_A \varphi_m(s)dA = 0 \tag{22.83}$$

式(22.81)および式(22.82)を式(22.80)に代入して書き換える。

$$u(s,x) = \frac{d\theta}{dx}\varphi_m(s) - \frac{d\theta}{dx}\varphi_{m0} + f(x) \tag{22.84}$$

上式を x で微分すると、反り拘束によるひずみ ε^* を得る。

$$\varepsilon^* \equiv \frac{\partial u(s,x)}{\partial x} = \frac{d^2\theta}{dx^2}\varphi_m(s) + f'(x) \tag{22.85}$$

よって、反りによる材軸方向応力 σ_x^* は次式となる。

$$\sigma_x^* = E\varepsilon^* = E\left[\frac{d^2\theta}{dx^2}\varphi_m(s) + f'(x)\right] \tag{22.86}$$

x 方向の軸方向力が作用していないから、σ_x^* による軸方向力は 0 でなければならない。

$$\boxed{\int_A \sigma_x^* dA = 0} \tag{22.87}$$

上式に式(22.86)を代入し、$f'(x)$ を求める。

$$f'(x) = -\frac{1}{A}\frac{d^2\theta}{dx^2}\int_A \varphi_m(s)dA \tag{22.88}$$

いま、反り関数 $\varphi_m(s)$ は式(22.83)を満足しているので、$f'(x)=0$ となる。よって、式(22.86)は次式となる。

$$\boxed{\sigma_x^* = E\frac{d^2\theta}{dx^2}\varphi_m(s)} \tag{22.89}$$

直応力 σ_x^* により、薄肉開断面に 2 次せん断力 $\tau^* t$ が発生する。これを x 方向の微小要素 dx の釣合式より求める。微小要素に対する x 方向の釣合式は、図 22-16 より式(22.90)となる。

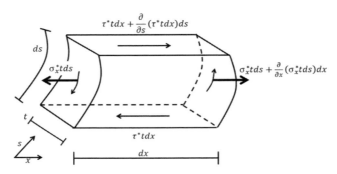

図 22-16 微小要素 dx ds に作用する x 方向の釣合

$$\frac{\partial(\tau^* t)}{\partial s} + \frac{\partial \sigma_x^*}{\partial x}t = 0 \tag{22.90}$$

上式に式(22.89)を代入し、s で積分すると、

$$\tau^* t(s) = -E\frac{d^3\theta}{dx^3}\int_0^s \varphi_m(s)t(s)ds + (\tau^* t)_0$$

ここに、$(\tau^* t)_0$ =積分定数であり、$s=0$ におけるせん断流の値。$s=0$ を薄肉開断面の一端にとると、$(\tau^* t)_0 = 0$ となる。よって、

$$\tau^* t(s) = -E\frac{d^3\theta}{dx^3}\int_0^s \varphi_m(s)t(s)ds \tag{22.91}$$

この 2 次せん断応力により発生する振りモーメント M_T^* は、

$$M_T^* = \int_0^U (\tau^* t)\cdot r_m(s)ds = -E\frac{d^3\theta}{dx^3}\left[\int_0^U \left(\int_0^s \varphi_m(s)t(s)ds\right)r_m(s)ds\right] \tag{22.92}$$

上式を部分積分を用いて変形し、式(22.81)と式(22.83)の関係に留意すると、次式となる。

$$M_T^* = -E\Gamma_m\frac{d^3\theta}{dx^3} \tag{22.93}$$

ここに、Γ_m は次式で定義される捩り中心を m とした曲げ捩り定数である。

$$\Gamma_m = \int_A \left[\varphi_m(s)\right]^2 dA \tag{22.94}$$

反り拘束した際の捩りモーメント M_T は、式(22.78)に式(22.67)、式(22.93)を代入すると得られる。

$$\boxed{M_T = GJ\frac{d\theta}{dx} - E\Gamma_m \frac{d^3\theta}{dx^3}} \tag{22.95}$$

式(22.95)を $E\Gamma_m$ で割って整理すると、

$$\boxed{\frac{d^3\theta}{dx^3} - \alpha^2 \frac{d\theta}{dx} = -\frac{M_T}{E\Gamma_m}} \tag{22.96}$$

となる。ここに、定数 α は次式で定義する。

$$\alpha^2 = \frac{GJ}{E\Gamma_m} \tag{22.97}$$

(2) 式(22.96)の一般解

式(22.96)は、θ に関する3階の定数係数を持つ非同次微分方程式である。一般解は同次解 θ_c と特解 θ_p との和である。

式(22.96)の同次方程式（右辺を 0 とおいた式）の解を $\theta = e^{\lambda x}$ とおいて代入すると、次の特性方程式を得る。

$$\lambda^3 - \alpha^2 \lambda = 0 \quad \rightarrow \quad \lambda(\lambda - \alpha)(\lambda + \alpha) = 0 \qquad \text{式①}$$

これより、λ は $\lambda = 0, \lambda = \pm\alpha$ となる。よって、同次方程式の一般解 θ_c は、

$$\theta_c = C_1 e^{\alpha x} + C_2 e^{-\alpha x} + C_3 \qquad \text{式②}$$

となる。上式に Euler の公式、

$$e^{\pm\alpha x} = \cosh\alpha x \pm \sinh\alpha x \qquad \text{式③}$$

を用いて書き換え、積分定数 C_1, C_2 を再定義すると、同次解は次式となる。

$$\theta_c = C_1 \cosh\alpha x + C_2 \sinh\alpha x + C_3 \qquad \text{式④}$$

一方、式(22.96)の特解 θ_p は、

$$\theta_p = \frac{M_T}{GJ} x \qquad \text{式⑤}$$

と容易に見いだせる。よって、式(22.96)の一般解は式④と式⑤より次式となる。

$$\theta = C_1 \cosh\alpha x + C_2 \sinh\alpha x + C_3 + \frac{M_T}{GJ} x \tag{22.98}$$

積分定数 C_1, C_2, C_3 は、境界条件より決定される（例題2参照）。

(3) せん断中心

棒材には曲げモーメントが作用していないので、2次応力 σ_x^* による y 軸および z 軸まわりの曲げモーメントは 0 でなければならない。よって、次の2式を得る。

$$\boxed{M_z^* = \int_A \sigma_x^* y \, dA = 0} \tag{22.99}$$

$$\boxed{M_y^* = \int_A \sigma_x^* z \, dA = 0} \tag{22.100}$$

上式に式(22.89)を代入すると、次式を得る。

$$R_z^m \equiv \int_A \varphi_m(s) y dA = 0 \tag{22.101}$$

$$R_y^m \equiv \int_A \varphi_m(s) z dA = 0 \tag{22.102}$$

式(22.101)および式(22.102)は、せん断中心O_Mに関するz軸、y軸まわりの反りの1次モーメントであり、これより、せん断中心O_Mが得られる。

薄肉断面の重心Sに座標軸yおよびzの原点をとると、せん断中心の座標y_m, z_mは次式で与えられる（図22-17）。

式(22.101)より　　$R_z^m = R_z^s + y_m I_{yz} - z_m I_z = 0$

式(22.102)より　　$R_y^m = R_y^s - z_m I_{yz} + y_m I_y = 0$

両式よりy_m, z_mを求めると

$$y_m = \frac{R_z^s I_{yz} - R_y^s I_z}{I_y I_z - I_{yz}^2} \;;\; z_m = \frac{R_z^s I_y - R_y^s I_{yz}}{I_y I_z - I_{yz}^2} \tag{22.103}$$

ここに、R_z^s, R_y^s, I_y, I_z, I_{yz}は次式で定義される。

$$R_z^s = \int \varphi_s(s) y dA \;;\; R_y^s = \int \varphi_s(s) z dA$$

$$I_y = \int_A z^2 dA \;;\; I_z = \int_A y^2 dA \;;\; I_{yz} = \int_A yz\, dA \tag{22.104}$$

y、z軸が断面の主軸のとき$I_{yz}=0$となるので、式(22.103)は次式となる。

$$y_m = -\frac{R_y^s}{I_y} \;;\; z_m = \frac{R_z^s}{I_z} \tag{22.105}$$

Γ_mはせん断中心O_Mまわりに捩りを受けるときの値であり、薄肉開断面の曲げ捩り抵抗としては最小値である。捩り中心を重心O_sにとるときのΓ_sとΓ_mの関係は、次式となる。

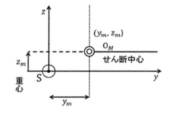

図22-17　せん断中心と重心の関係

$$\Gamma_m = \Gamma_s + y_m R_y^2 - z_m R_z^2 \tag{22.106}$$

ここに

$$\Gamma_s = \int_A [\varphi_s(s)]^2 dA \tag{22.107}$$

せん断中心は、図22-18に示す溝形断面に垂直荷重Pを作用させた片持梁の捩れを考える際、重要な役割をする。

集中荷重Pをせん断中心点Mに作用すると、断面は捩れなく、y軸まわりの曲げのみを発生する。せん断中心以外の点に集中荷重が作用すると、断面にはy軸まわりの曲げモーメントに加えて、捩れモーメントとが発生して断面は捩れる。

せん断中心に鉛直荷重Pが作用する際、溝形断面は図22-19に示すように断面にせん断流が発生する。これらの力が釣り合うには、次の釣合式を満足する必要がある。

$\Sigma Y = 0$　　　y方向の釣合　　　➔　　$Q_f - Q_f = 0$

$\Sigma Z = 0$　　　z方向の釣合　　　➔　　$P = Q_w$

$\Sigma M_{(M)} = 0$　　点Mまわりの釣合　➔　　$-Q_w e + Q_f h = 0$

上式より求めた e は、

$$e = \frac{Q_f h}{Q_w}$$

であり、これはせん断中心を示し、式(22.103)より求めた結果と同じである。

図 22-18　溝形断面　　図 22-19　せん断流

(4) 曲げ理論と反り拘束捩り理論の相関性

梁の曲げ理論では、y 軸まわりの曲げモーメント M_y は曲げ応力 σ_x とその直線分布を示す座標値 z により表せる。一方、曲げ捩り理論では、曲げ捩りモーメントは軸方向の 2 次応力 σ_x^* とその分布を示す反り関数 φ_m により表せる。反り関数は曲げ理論での座標値 z の代りをする。曲げ理論と反り拘束捩り理論の相関性を**表 22-3** に示す。

表 22-3　曲げ理論と反り拘束捩り理論との相関性[10] に加筆

曲げ理論	反り拘束捩り理論
曲げモーメント $M_y(x) = \int_A \sigma_x z\, dA$	曲げ捩りモーメント $M_T^*(x) = \int_A \sigma_x^* \varphi_m\, dA$
断面2次モーメント $I_y = \int_A z^2\, dA$	曲げ捩り抵抗 $\Gamma_m = \int_A \varphi_m^2\, dA$
曲げによる直応力 $\sigma_x = \dfrac{M_y}{I_y} z$	反りによる2次直応力 $\sigma_x^* = \dfrac{M_T^*}{\Gamma_m} \varphi_m$
中立軸	せん断中心
曲げ剛性 EI_y	2次捩り剛性 $E\Gamma_m$

例題 1　H 形断面の曲げ捩り定数 Γ_m を求める（**例図 4**）。

① 断面の重心を座標の原点 O にとる。捩り中心を重心とする捩りモーメント M_T が作用する場合の反り拘束捩りを考える。

② 重心 S に関する単位反り関数 $\phi_s^*(s)$：式(22.51)より求める。

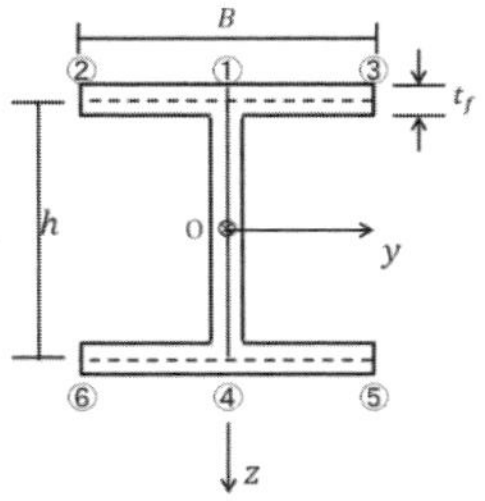

$$\phi_s^*(s) = -\int_0^s r_s(s)\, ds$$

例図 4　H 形断面

O－①区間：$r_s = 0$　→　$\varphi_s^* = 0 \to \varphi_s^*(①) = 0$

O－④区間：$r_s = 0$　→　$\varphi_s^* = 0 \to \varphi_s^*(④) = 0$

①－②区間：$r_s = \dfrac{h}{2}$　→　$\varphi_s^* = \varphi_s^*(①) - \int_{\frac{h}{2}}^s r_s(s)\, ds = \varphi_s^*(①) - \dfrac{h}{2}\left(s - \dfrac{h}{2}\right) = -\dfrac{h}{2}\left(s - \dfrac{h}{2}\right)$

点②　$s = \dfrac{B}{2} + \dfrac{h}{2}$ → $\varphi_s^*(②) = 0 - \dfrac{h}{2} \times \dfrac{B}{2} = -\dfrac{hB}{4}$

①−③区間： $r_s = \dfrac{h}{2}$ → $\varphi_s^*= \varphi_s^*(①)+\int_{\frac{h}{2}}^{s} r_s(s)ds = \varphi_s^*(①)+\dfrac{h}{2}\left(s-\dfrac{h}{2}\right)$

（注）上式の積分の前の＋は s の方向が①→③と右まわりであるから、逆符号をとる。

点③　　$s=\dfrac{B}{2}+\dfrac{h}{2}$ → $\varphi_s^*(③) = 0+\dfrac{hB}{4}=\dfrac{hB}{4}$

④−⑤区間： $r_s = \dfrac{h}{2}$ → $\varphi_s^* = \varphi_s^*(④)-\dfrac{h}{2}\left(s-\dfrac{h}{2}\right)$

点⑤　　$s=\dfrac{B}{2}+\dfrac{h}{2}$ → $\varphi_s^*(⑤) = 0-\dfrac{hB}{4}=-\dfrac{hB}{4}$

④−⑥区間： $r_s = \dfrac{h}{2}$ → $\varphi_s^* = \varphi_s^*(④)+\dfrac{h}{2}\left(s-\dfrac{h}{2}\right)$

点⑥　　$s=\dfrac{B}{2}+\dfrac{h}{2}$ → $\varphi_s^*(⑥) = 0+\dfrac{hB}{4}=\dfrac{hB}{4}$

上述の φ_s^* の分布を図示すると、**例図 5** となる。
φ_{so} は、式(22.54)を満足するように選定する。

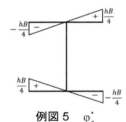

例図 5　φ_s^*

$$\phi_{so} = -\dfrac{1}{A}\int_A \phi_s^*(s)dA$$

$$= -\dfrac{1}{A}\left[\underbrace{\int_0^{\frac{B}{2}}\left(-\dfrac{h}{2}s t_f\right)ds}_{①-②}+\underbrace{\int_0^{\frac{B}{2}}\left(\dfrac{h}{2}s t_f\right)ds}_{①-③}+\underbrace{\int_0^{\frac{B}{2}}\left(-\dfrac{h}{2}s t_f\right)ds}_{④-⑤}+\underbrace{\int_0^{\frac{B}{2}}\left(\dfrac{h}{2}s t_f\right)ds}_{④-⑥}\right]=0$$

よって、$\varphi_s(s)$ は式(22.52)に上式の値を代入すると次式となる。

$$\varphi_s(s) = \varphi_{so}+\varphi_s^*(s)=\varphi_s^*(s) \qquad 式①$$

③　せん断中心：式(22.101)および式(22.102)より、

$$R_z^s = \int \varphi_s(s)y dA = 0 \;;\; R_y^s = \int \varphi_s(s)z dA = 0$$

上式を式(22.105)に代入すると、せん断中心の位置は $y_m=0, z_m=0$ となり、重心がせん断中心となる（2軸対称断面であるから重心位置がせん断中心になる）。

④　曲げ捩り定数 Γ_m ：式(22.107)より、

$$\Gamma_m = \Gamma_s = \int_A \left[\phi_s^*(s)\right]^2 dA$$

$$= \underbrace{\int_0^{\frac{B}{2}}\left(-\dfrac{h}{2}s\right)^2 t_f ds}_{①-②}+\underbrace{\int_0^{\frac{B}{2}}\left(\dfrac{h}{2}s\right)^2 t_f ds}_{①-③}+\underbrace{\int_0^{\frac{B}{2}}\left(-\dfrac{h}{2}s\right)^2 t_f ds}_{④-⑥}+\underbrace{\int_0^{\frac{B}{2}}\left(\dfrac{h}{2}s\right)^2 t_f ds}_{④-⑤}=\dfrac{h^2 B^3}{24}t_f$$

ここで、H形断面のウェブを無視した両フランジのみからなるH形断面の弱軸まわりの断面2次モーメントを I_f と表すと、$I_f = B^3 t_f/6$ となる。よって、曲げ捩り定数 Γ_m は次式となる。

$$\Gamma_m = \left(\dfrac{h}{2}\right)^2 I_f$$

例題 2 反り拘束捩りの一般解(22.98)の例題として、$x=0$ で回転および反りが固定され、$x=\ell$ で自由な片持梁の捩れ問題を検討する（例図6）。

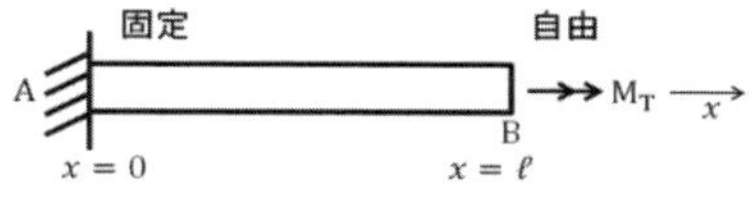

① 境界条件：

$x=0$ で捩れなし　　$\theta = 0$　　　　　式①

$x=0$ で反り拘束　　$\dfrac{\partial u}{\partial s} = 0$　　　式②

$x=\ell$ で反り拘束なし　$\sigma_x^* = 0 \rightarrow \dfrac{d^2\theta}{dx^2} = 0$　（式(22.89)より）　式③

例図6　片持梁の捩れモーメント

一般解式(22.98)は θ に関する式であるので、境界条件は θ に関する式で表わす必要がある。そこで、式②は式(22.79)を用いると、次式のように θ に関する境界条件に置換できる。

$$\dfrac{d\theta}{dx} = 0 \qquad 式④$$

② 積分定数 C_1, C_2, C_3 の決定：式①③④より求めると、

$$C_1 = -C_3 = \dfrac{M_T}{\alpha GJ}\tanh\alpha\ell\ ;\qquad C_2 = -\dfrac{M_T}{\alpha GJ}$$

③ 捩れ角 θ：式(22.98)より、

$$\theta = \dfrac{M_T}{\alpha GJ}\bigl[(\cosh\alpha x - 1)\tanh\alpha\ell - \sinh\alpha x + \alpha x\bigr]$$

上式を展開すると、

$$\theta = \dfrac{M_T}{\alpha GJ}\left[\alpha x - \dfrac{\sinh\alpha\ell - \sinh\alpha(\ell - x)}{\cosh\alpha\ell}\right] \qquad 式⑤$$

後の展開に必要な微分を記すと、

$$\dfrac{d\theta}{dx} = \dfrac{M_T}{GJ}\left[1 - \dfrac{\cosh\alpha(\ell-x)}{\cosh\alpha\ell}\right]\ ;\quad \dfrac{d^2\theta}{dx^2} = \dfrac{\alpha M_T}{GJ}\dfrac{\sinh\alpha(\ell-x)}{\cosh\alpha\ell} \qquad 式⑥$$

④ 捩れ率：$\omega = \dfrac{d\theta}{dx} = \dfrac{M_T}{GJ}\left[1 - \dfrac{\cosh\alpha(\ell-x)}{\cosh\alpha\ell}\right]$　式⑦

⑤ St.Venant の捩りモーメント M_{T0} および 2 次捩りモーメント M_T^*：式(22.67)および式(22.78)、式(22.93)より、

$$M_{T0} = GJ\dfrac{d\theta}{dx} = M_T\left[1 - \dfrac{\cosh\alpha(\ell-x)}{\cosh\alpha\ell}\right] \qquad 式⑧$$

$$M_T^* = M_T\dfrac{\cosh\alpha(\ell-x)}{\cosh\alpha\ell} \qquad 式⑨$$

M_{T0} と M_T^* の x 軸方向の分布を比較する。

・固定端（$x=0$）では $M_{T0} = 0$, $M_T^* = M_T$ となり、捩りモーメント M_T は 2 次捩りモーメントで支持される。

・自由端（$x=\ell$）では、$M_{T0} = M_T\left(1 - \dfrac{1}{\cosh\alpha\ell}\right)$ および $M_T^* = M_T \dfrac{1}{\cosh\alpha\ell}$ となる。

$\cosh\alpha\ell$ は常に1以上であるので、α が大きいか、材長 ℓ が長い場合、$\cosh\alpha\ell$ が大きくなる。その時は、$M_{T0} \fallingdotseq M_T$，$M_T^* \fallingdotseq 0$ となり、捩りモーメントは St.Venant の捩りモーメントで支持される。M_{T0} と M_T^* の分布を**例図 7**に示す。

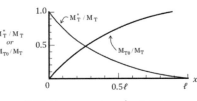

例図7　M_{T0} と M_T^* の分布

⑥　以後の展開は、梁は**例図 8**に示す2軸対称H形断面とする。

⑦　フランジの y 方向変位 $\bar{v}$（**例図 9**）：

$$\bar{v} = \frac{h}{2}\theta \qquad \text{式⑩}$$

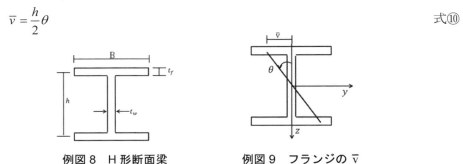

例図8　H形断面梁　　　例図9　フランジの $\bar{v}$

フランジは、捩りモーメントにより変位 $\bar{v}$ を生じて、各フランジの強軸曲げを発生する。片側フランジの z 軸まわりの曲げモーメント M_f と変位 $\bar{v}$ との関係は、弾性曲線式(12.6)より、

$$M_f = -\frac{EI_f}{2}\frac{d^2\bar{v}}{dx^2} = -EI_f \frac{h}{4}\frac{d^2\theta}{dx^2} \qquad \text{式⑪}$$

と書ける。ここに、$I_f =$ 上下フランジの強軸まわりの断面2次モーメント $I_f = 2t_f B^3/12$。I_f はH形断面梁のウェブを無視した弱軸まわりの断面2次モーメントである（$I_f \fallingdotseq I_z$）。

式⑪に式⑥を代入すると、

$$M_f = -EI_f \frac{h}{4}\frac{\alpha M_T}{GJ}\frac{\sinh\alpha(\ell-x)}{\cosh\alpha\ell} \qquad \text{式⑫}$$

ここで、

$$GJ = \alpha^2 E\Gamma = \alpha^2 E\left(\frac{h}{2}\right)^2 I_f$$

の関係に留意すると、式⑫は次式となる。

$$M_f = -\frac{M_T}{\alpha h}\frac{\sinh\alpha(\ell-x)}{\cosh\alpha\ell}$$

片側フランジ面内に作用するせん断力 Q_f（**例図 10**）は、

$$Q_f = \frac{dM_f}{dx} = \frac{M_T}{h}\frac{\cosh\alpha(\ell-x)}{\cosh\alpha\ell}$$

となる。これより、式⑨の関係より

$$hQ_f = M_T \frac{\cosh\alpha(\ell-x)}{\cosh\alpha\ell} = M_T^*$$

を得る。2次捩りモーメントは、捩りにより各フランジに発生するせん断力 Q_f による偶力モーメントに等しいことが確認できる（例図10）。

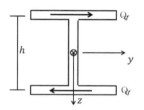

例図10　フランジのせん断力

22.8　薄肉閉断面の反り拘束捩り

単一の薄肉閉断面について検討する。捩り軸は固有捩り中心（せん断中心）O_M を通る。捩りモーメント M_T は次式となる。

$$M_T(x) = M_{T0}(z) + M_T^*(z) \tag{22.108}$$

ここに、M_{T0} は反りを拘束しない場合の捩りモーメントである。M_T^* は反りを拘束した場合に付加する捩りモーメントである。

$$M_{T0} = M_{TS} + M_{TB} = GJ\frac{d\theta}{dx}$$
$$J = J_S + J_B = \frac{1}{3}\oint[t(s)]^3 ds + \frac{4F^2}{\oint \frac{ds}{t(s)}} \tag{22.109}$$

x 方向の直応力 σ_x^* は、次式で与えられる。

$$\sigma_x^* = E\varepsilon_x^* = E\frac{\partial u}{\partial x} \tag{22.110}$$

Bredt の第1公式より、均一せん断応力 τ_B は次式で与えられる。

$$\tau_B = \frac{M_{TB}}{2Ft} \tag{22.111}$$

σ_x^* により生じる2次せん断応力 τ^* は、横断面の変形に影響しないとして無視する。

$$M_{TB} = \frac{4GF^2}{\oint \frac{ds}{t}}\frac{d\theta}{dx} \tag{22.112}$$

薄肉閉断面についても、前述した薄肉開断面と同様な展開をすると式(22.95)が得られる。

22.9　H形断面梁の横座屈モーメントの支配方程式

(1) 等曲げの場合

最初に、H形断面梁が y 軸まわりに一様な強軸曲げ $M_y = M_0$（一定）を受ける際の横座屈問題を考える（図22-20）。

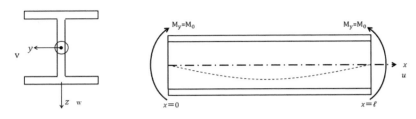

図 22-20　等曲げを受ける H 形断面梁

梁は横座屈を発生して、**図 22-21**、**図 22-22** に示すように、梁の重心（せん断中心）は z 方向に変位 w、y 方向に変位 v、x 軸まわりに捩れ角 θ を発生する。

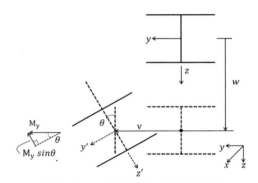

図 22-21　H 形断面梁の横座屈変位

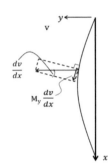

図 22-22　H 形断面梁の変位 v

梁が変形することにより、強軸曲げのモーメント M_y は、変形した y', z' 軸に分解すると**図 22-21** より、

　　z' 軸まわりの曲げモーメント：$M_y \sin\theta \fallingdotseq M_y \theta$
　　y' 軸まわりの曲げモーメント：$M_y \cos\theta \fallingdotseq M_y$

となる。一方、**図 22-22** より、

　　x 軸まわりの捩りモーメント：$M_y \sin\dfrac{dv}{dx} \fallingdotseq M_y \dfrac{dv}{dx}$

となる。これらのモーメントが作用する際のモーメントと変位の関係は、次式が成立する[17]。

　　y 軸（強軸）まわりの曲げに対して　　$-EI_y \dfrac{d^2v}{dx^2} = M_y$ 　　(22.113)

　　z 軸（弱軸）まわりの曲げに対して　　$-EI_z \dfrac{d^2u}{dx^2} = M_y \theta$ 　　(22.114)

　　x 軸まわりの捩れに対して　　$-E\Gamma_m \dfrac{d^3\theta}{dx^3} + GJ \dfrac{d\theta}{dx} = M_y \dfrac{du}{dx}$ 　　(22.115)

式(22.113)、式(22.114)は弾性曲線式(12.6)より与えられ、式(22.115)は反り拘束した捩りの釣合式(22.95)より得られる。式(22.113)は v のみの式である。一方、式(22.114)と式(22.115)は u と θ が連成した式となっている。そこで等曲げ問題では曲げモーメント $M_y = M_0$（一定）であるから、式(22.115)を x で微分し、式(22.114)を代入して u を

消去すると、θ のみの式が得られる。以後簡略化のため y 軸まわりの曲げモーメント M_y を M_0 と表記する。

$$E\Gamma_m \frac{d^4\theta}{dx^4} - GJ_m \frac{d^2\theta}{dx^2} - \frac{M_0^2}{EI_z}\theta = 0 \tag{22.116}$$

上式は定数係数の同次微分方程式である。式を書き換えると、

$$\frac{d^4\theta}{dx^4} - \lambda_1 \frac{d^2\theta}{dx^2} - \lambda_2 \theta = 0 \tag{22.117}$$

ここに、λ_1 および λ_2 は次のように定義する。

$$\lambda_1 = \frac{GJ}{E\Gamma_m} \;;\; \lambda_2 = \frac{M_0^2}{E\Gamma_m EI_z} \tag{22.118}$$

式(22.114)の一般解は、

$$\theta = C_1 \cosh\alpha_1 x + C_2 \sinh\alpha_1 x + C_3 \sin\alpha_2 x + C_4 \cos\alpha_2 x \tag{22.119}$$

となる。ここに、C_1, C_2, C_3, C_4 は積分定数であり、α_1 および α_2 は次式で定義する。

$$\alpha_1 = \sqrt{\frac{\lambda_1 + \sqrt{\lambda_1^2 + 4\lambda_2}}{2}} \;;\; \alpha_2 = \sqrt{\frac{-\lambda_1 + \sqrt{\lambda_1^2 + 4\lambda_2}}{2}} \tag{22.120}$$

一様曲げを受ける梁の境界条件は、次式となる。

$x=0$ で捩れなし　$\theta = 0$ (22.121)

$x=\ell$ で捩れなし　$\theta = 0$ (22.122)

$x=0$ で反り拘束なし　$\dfrac{d^2\theta}{dx^2} = 0$ (22.123)

$x=\ell$ で反り拘束なし　$\dfrac{d^2\theta}{dx^2} = 0$ (22.124)

よって、式(22.119)を上式の 4 個の境界条件に代入すると C_1, C_2, C_3, C_4 に関する 4 個の連立同次方程式を得る。

$$\begin{aligned}
&C_1 + C_4 = 0 \\
&\alpha_1^2 C_1 - \alpha_2^2 C_4 = 0 \\
&\cosh\alpha_1\ell\, C_1 + \sinh\alpha_1\ell\, C_2 + \sin\alpha_2\ell\, C_3 + \cos\alpha_2\ell\, C_4 = 0 \\
&\alpha_1^2 \cosh\alpha_1\ell\, C_1 + \alpha_1^2 \sinh\alpha_1\ell\, C_2 - \alpha_2^2 \sin\alpha_2\ell\, C_3 - \alpha_2^2 \cos\alpha_2\ell\, C_4 = 0
\end{aligned} \tag{22.125}$$

上式が意味を持つには、係数行列式が 0 となる場合である。

$$\begin{vmatrix} 1 & 0 & 0 & 1 \\ \alpha_1^2 & 0 & 0 & -\alpha_2^2 \\ \cosh\alpha_1\ell & \sinh\alpha_1\ell & \sin\alpha_2\ell & \cos\alpha_2\ell \\ \alpha_1^2\cosh\alpha_1\ell & \alpha_1^2\sinh\alpha_1\ell & -\alpha_2^2\sin\alpha_2\ell & -\alpha_2^2\cos\alpha_2\ell \end{vmatrix} = 0 \tag{22.126}$$

行列式を展開し整理すると、次の特性方程式が得られる。

$$\left(\alpha_1^2 + \alpha_2^2\right) \sinh\alpha_1\ell \sin\alpha_2\ell = 0 \tag{22.127}$$

α_1, α_2 は 0 でないので、$\sinh\alpha_1\ell \neq 0$ であるから、上式が意味を持つには、

$$\sin\alpha_2\ell = 0 \tag{22.128}$$

でなければならない。よって、

$$\alpha_2 \ell = n\pi \quad (n=1,2,\cdots\cdots) \tag{22.129}$$

となるが、最小の座屈モーメントを与えるのは $n=1$ の座屈モードである。よって、式(22.129)に式(22.120)を代入し整理すると、最小の座屈モーメント M_{cro} を得る。

$$M_{cro} = \frac{\pi}{\ell}\sqrt{EI_z\left[GJ + \left(\frac{\pi}{\ell}\right)^2 E\Gamma_m\right]} \tag{22.130}$$

上式は、次式のように、反り拘束の捩りモーメント（Wagner の捩りモーメント）M_W と自由捩りの捩りモーメント（St. Venant の捩りモーメント）M_S で表せる。

$$M_{cro} = \sqrt{M_W^2 + M_S^2} \tag{22.131}$$

ここに、M_W および M_S は次式で定義する。

$$M_W = \left(\frac{\pi}{\ell}\right)^2 E\sqrt{I_z\Gamma} \tag{22.132}$$

$$M_S = \frac{\pi}{\ell}\sqrt{EG}\sqrt{I_z J} \tag{22.133}$$

図 22-23 に示した H 形断面についての断面定数を具体的に示すと次の値となる。

$$J = \frac{1}{3}\left(2Bt_f^3 + h_w t_w^3\right) \; ; \; \Gamma_m = \frac{t_f B^3}{12}\cdot\frac{h_f^2}{2}$$

円形以外の断面形の棒材を捩ると、横断面は平面形を保たずに材軸方向に反る。St. Venant の捩りモーメントは、材端を拘束せずに自由にして（反りが発生するままにして）捩った場合（自由捩り）の捩りモーメントである。Wagner の捩りモーメント

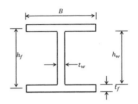

図 22-23 H 形断面の各部寸法

は材端を拘束した場合に付加して発生する捩りモーメントである。横座屈モーメントは、式(22.131)に示すように両者の合成和となるが、材長の長さにより両者の値は極端に大小関係が定まり、一方を無視した状態に近い。材長が長く材端の支持条件の影響が少ない場合は St. Venant の自由捩りが支配的であり、Wagner の捩り効果は無視できる。一方、材長が短い場合は材端拘束の影響が大きく、Wagner の捩りモーメントが St. Venant の捩りモーメントより大きくなり、St. Venant の捩りモーメントを無視できる。しかし、材長が短い場合は横座屈は非弾性になり、弾塑性座屈の Johnson 式に近似できる。

(2) 不等曲げの場合

上述の展開は、**図 22-24** に示すように、材端に作用する曲げモーメントが等しい（$\alpha=-1$）場合の等曲げに対する結果である。等曲げの場合、圧縮側フランジの材長は単純支持状態のスパン全長になるので、一番厳しい状態での横座屈モーメントになる。

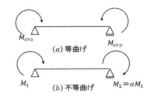

図 22-24 等曲げおよび不等曲げ

不等曲げの場合は、大きい方の材端曲げモーメントを M_1 とすると、他方の曲げモーメント M_2 は $M_2 = \alpha M_1$ と表す。M_1 と M_2 の符号は、M_1

と M_2 の曲げモーメントの方向が同じ回転をする場合(複曲率曲げの場合、図 22-25(c))を正とする。よって、α は等曲げの場合 $\alpha = -1$、それ以外の場合では α は増加する。$\alpha = -1$ 以外の場合は不等曲げとなるので、α が $-1 \sim 0$ までは単曲率曲げであり、圧縮側のフランジの長さは材長となるが、材端モーメントの値が小さくなっているので、横座屈モーメントは大きくなる。一方、α が正で 1 以下の範囲では複曲率曲げであり、梁の圧縮側フランジの長さがスパン ℓ より小さくなるので、横座屈モーメントは増加する。等曲げの結果を不等曲げに対する一般的な荷重に拡張するため、横座屈モーメントは修正係数 C を導入して次式で表す。

$$M_{cr} = CM_{cro} \tag{22.134}$$

ここに、修正係数 C は $1 \sim 2.3$ をとり、

$$C = 1.75 + 1.05\alpha + 0.30\alpha^2 \leq 2.3 \tag{22.135}$$

となる。ここに、$\alpha = M_2 / M_1$（M_1 と M_2 は複曲率曲げとなり同じ回転方向の曲げモーメントを正とし、反対方向を負とする）。修正係数 C を一般的に拡張したのが図 22-25 である。梁の中間のモーメントが材端モーメント M_1 より大きい場合は、修正係数 $C = 1$ とする。

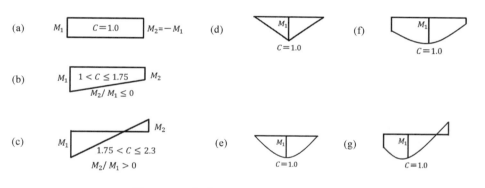

図 22-25 曲げモーメント分布と C の値

22.10 鉄骨構造の許容曲げ応力度 f_b

式(22.134)で与えられる横座屈モーメントは弾性の横座屈モーメント $M_e (= CM_{cro})$ であり、曲げ材の細長比 $\lambda_b = \sqrt{M_Y / M_e}$ が弾性限界細長比 $_e\lambda_b$ 以上について有効となる（図 22-26）。ここに、$M_Y =$ 梁の降伏モーメント。細長比 λ_b が弾性限界細長比に等しくなる場合の弾性横座屈モーメントを $M_e = \rho M_Y$ と表示する。弾性横座屈モーメントは初期不整や残留応力を考慮して、降伏モーメントの 60% と仮定すると、$\rho = 0.6$ となり、弾性限界細長比 $_e\lambda_b = 1.29$ となる。

梁の材長が短い場合、横座屈は発生せずに梁は降伏モーメント M_Y となる。この塑性領

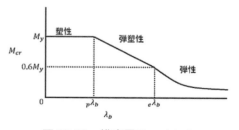

図 22-26 横座屈モーメント

域の限界の細長比を塑性限界細長比 $_p\lambda_b$（図 22-26 参照）とすると、

$$_p\lambda_b = 0.6 + 0.3\alpha \tag{22.136}$$

と表す。λ_b が塑性限界細長比 $_p\lambda_b$ と弾性限界細長比 $_e\lambda_b$（=1.29）の間は弾塑性領域であり、それぞれの細長比に対応する座屈モーメントの値 M_Y と $0.6M_Y$ を直線で補間する。

以上をまとめると次のようになる（図 22-26）。

$$_p\lambda_b \geq \lambda_b \geq 0 \quad \text{（塑性曲げ状態）} \quad M_{cr} = M_Y$$

$$_e\lambda_b \geq \lambda_b \geq {}_p\lambda_b \quad \text{（弾塑性曲げ状態）} \quad M_{cr} = \left(1 - 0.4\frac{\lambda_b - {}_p\lambda_b}{{}_e\lambda_b - {}_p\lambda_b}\right)M_Y \tag{22.137}$$

$$\lambda_b \geq {}_e\lambda_b \quad \text{（弾性曲げ状態）} \quad M_{cr} = M_e$$

曲げ材の座屈応力 σ_{cr} は横座屈モーメント M_{cr} を梁の強軸まわりの断面係数 Z_y で割れば求まる。

$$\sigma_{cr} = \frac{M_{cr}}{Z_y} \tag{22.138}$$

ここで、降伏モーメント $M_Y = Z_y F$ の関係を利用すると、座屈応力は次式となる。

$$0 \leq \lambda_b \leq {}_p\lambda_b \quad \text{（塑性曲げ状態）} \quad \sigma_{cr} = F$$

$$_p\lambda_b \leq \lambda_b \leq {}_e\lambda_b \quad \text{（弾塑性曲げ状態）} \quad \sigma_{cr} = \left(1 - 0.4\frac{\lambda_b - {}_p\lambda_b}{{}_e\lambda_b - {}_p\lambda_b}\right)F \tag{22.139}$$

$$_e\lambda_b \leq \lambda_b \quad \text{（弾性曲げ状態）} \quad \sigma_{cr} = \frac{1}{\lambda_b^2}F$$

長期許容曲げ応力は弾性状態、弾塑性状態、塑性状態の各区間の安全率 ν を、圧縮材に対する安全率（図 22-3）と同様に、図 22-27 のように定めると、

$$f_b = \frac{\sigma_{cr}}{\nu} \tag{22.140}$$

で表せる。式(22.140)は、日本建築学会で提示されている長期許容曲げ応力度である。

長期許容曲げ応力度に対する式(22.140)は、横座屈モーメントに対して、安全率 ν は 22.1 節で述べた長期許容圧縮応力度 f_c と同じ安全率 ν（図 22-3 参照）を使用する。

以上が、日本建築学会の「鋼構造設計規準」および「鋼構造限界状態設計指針・同解説」である。旧規準では、材長により安全率が不明確であるが、ここに提示された学会の新しい基準では、横座屈耐力式を弾性、弾塑性、塑性状態で明確にしている。

しかし、現在、建築基準法では日本建築学会の旧規準式を使用している。弾性範囲の横座屈モーメント M_{cr} は、式(22.131)で M_w または M_s の一方を採用する。また非弾性範囲は Johnson の 2 次式を採用する。安全率 ν は 1.5 と一定にすると、長期許容曲げ応力度 f_b は下式の大きい方を採用する（詳細は文献 36 を参照）。

$$f_b = \max(f_{b1}, f_{b2}) \tag{22.140}$$

ここに、

$$f_{b1} = \left\{1 - 0.4\frac{(\ell_b/i_y^*)^2}{C\Lambda^2}\right\}\frac{F}{1.5} \leq f_t \tag{22.141}$$

$$f_{b2} = \frac{89000}{\eta \lambda^*} \leq f_t \tag{22.142}$$

なお、ℓ_b＝横座屈長さ；i_y^*＝H形断面の圧縮フランジと梁せいの 1/6 からなる T 形断面のウェブ軸まわりの断面 2 次半径（図 22-28）；Λ＝限界細長比；F＝鋼材の基準強度；f_t＝長期許容引張応力度；C＝修正係数（図 22-25 参照）。

$$\eta = \frac{i_y^* h}{A_f}$$

$$A_f = 2bt_f$$

ここに、A_f＝片側フランジの断面積。

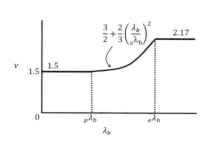

図 22-27　曲げ応力に対する安全率

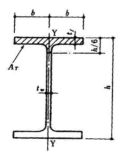

図 22-28　H 形断面[36]

第 5 部
現行耐震設計法の考え方と問題点

我が国は世界でも有数の地震国であり、構造物に作用する地震力（水平力）は柱、耐力壁、ブレースに負担させて耐震性能を高める。しかし、耐力壁は大きな水平力を負担できるが、変形が大きくなると急激に耐力を喪失することから、耐力評価が難しい。耐力壁の評価法を学び、水平荷重時の骨組の曲げモーメントおよびせん断力を実用的に求めるD値法を理解する。次に、現行の耐震設計法の考え方と、その問題点を理解して、耐震性の高い建物を設計するための基本理念を習得する。

―― 内容 ――

第 23 章　水平荷重時による骨組の解法　283

水平荷重による応力計算法の概要／せん断力分布係数（D 値）／分布係数法（D 値法）による骨組解法／無開口独立耐力壁の負担せん断力の評価／耐力壁の剛性の計算法／開口のある耐力壁の分布係数／震動方向に平行でない耐力壁の分布係数／耐力壁偏在による柱・壁のせん断力の補正／柱の軸方向力／耐力壁付柱の軸方向力／D 値法による応力計算の求め方

第 24 章　耐震計算法　322

構造物の応答と耐震計算ルート／木造建築物等の取扱い／層間変形角／剛性率・偏心率、その他／地震時のエネルギー吸収／現行耐震設計法の問題点／各種構造の Ds 値／参考：木造の構造計算

第 23 章　水平荷重時による骨組の解法

23.1　水平荷重による応力計算法の概要

　建築物は荷重の大部分が床に集まっていて、壁や柱の重量は床荷重に比べてわずかであるので、地震時には直上階および直下階の階高の 2 等分面内にある重量が床に作用していると考える。倉庫以外の建物では、地震時に積載荷重が床の全面積に満載されることはないから、一般には、積載荷重を軽減した地震用積載荷重を採用する。

(1)　応力計算に関する仮定
① 建物に作用する荷重を張間方向と桁行方向に別々に分けて検討する。水平荷重に対しては、建物を荷重の作用方向に平行する平面骨組の群の集合と見なして、各骨組の水平変位が等しくなるように各骨組に作用する水平力を按分する擬似立体解析を行い、原則として立体骨組としては扱わない。近年、コンピュータによる一貫構造ソフトを用いた計算では立体骨組として解析されているが、基本は擬似立体解析である。
② 床の水平剛性が確保される場合は、床は剛と仮定（剛床仮定）し、床面内の変形は無視する。剛床仮定を用いると、建物に捩れが生じなければ、同一層では各柱も耐力壁も水平方向のたわみは同じである。同一層では各平面骨組のたわみが等しいことから、各平面骨組の群が負担する水平力が按分される。

　地震力は建物の重心（図心）に作用し、建物の剛心が回転中心となる。剛心と重心との距離を偏心距離と呼ぶ。偏心距離が大きい場合、建物は剛心まわりに回転するので建物は捩れる。建物の捩れによる柱や壁のたわみの変動は別個修正する方法をとる。

（注）張間方向や桁行方向に別々に地震力が作用する場合、立体骨組解析法では、架構形式によっては節点での曲げモーメントの釣合が直交する部材の捩りモーメントで支持される場合がある。**図 23-1** に示す骨組が x 方向に作用する地震力を受ける場合、通常の平面骨組の群として取り扱う解析法では、x 方向に架構を形成していないⒷラーメンは、水平力を負担しないとして除外して考える。しかし、立体骨組解析法では、②通りの G 梁の捩りモーメントの効果を期待して、Ⓑラーメンは水平力を負担できる架構として考慮する場合がある（図 23-2 参照）。構造物の解析をすべてコンピュータに任せる場合には、コンピュータが正しく力の伝達ができるモデル化を実施し、Ⓑラーメンには力が流れないようにして計算させ

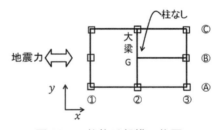

図 23-1　柱抜け架構の伏図

る工夫が必要である。柱および梁等の主架構の断面算定は、張間方向および桁行方向についてそれぞれ断面算定するので、立体骨組解析により発生した断面力に対する断面算定は、通常検討されていない。ただし、片持梁の固定端が直交する梁で支持されている場合は、片持梁により発生した固定端モーメントは直交する梁に捩りモーメントを発生させるので、捩りに対する検討は実施している。

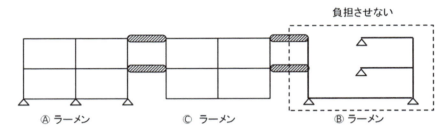

図23-2 擬似立体解析

　耐震偽装事件以来、建築確認を取得するには、汎用一貫構造計算ソフトに依存せざるを得ない流れが構築された。この傾向は、コンピュータ性能の飛躍的な向上に伴い、構造設計者の汎用ソフト依存を加速させている。高層ビルに対する最近の構造評定では、質点系解析や擬似立体骨組解析に代わり、面材要素を線材に置換した立体骨組解析による動的計算法が主流を占める状況にある。線材要素を用いた立体骨組解析では、耐震壁や床の面材を適切に線材要素で置換する必要がある。汎用ソフトに依存する構造設計者にとっては、架構のすべてのデータを入力する現在の汎用ソフトの場合、質点系解析、擬似立体骨組解析、立体骨組解析も入力の手間は同じである。計算時間が多くなっても、パソコンを利用しているので、コンピュータの計算費用は発生しない。質点系解析、疑似立体骨組解析よりも高度で精緻な立体骨組解析をすれば、より正しい構造計算結果が得られると確信していることに問題がある。問題点を整理すると、以下の事項である。

　第1点は、立体骨組解析を過信しすぎることである。立体骨組解析では、面材要素を線材要素で置換する際、多くの仮定を導入しているが、それらの仮定が成立しない場合、結果は大きく異なる。解析法が精緻になるほど、結果のバラツキが多い。また面材要素の置換モデルが、面材（スラブ）の挙動とどのように対応しているかを検討できていない。

　第2点は、膨大な出力データを精査できないことである。立体骨組解析では、部材数の増加とともに出力データが膨大となり、出力結果のチェックが十分でない。膨大なデータを確認するには、構造物全体の挙動を俯瞰できるコンターク図が必要である。ポスト処理を支援するソフトの活用と、力の流れを把握し、応力集中に対する検討が不可欠であるが、現状ではソフト的にも対応が十分でない。

　第3点は、立体骨組解析による出力結果の妥当性を、より簡単な解析モデルを用いた結果と比較する必要がある。

　第4点は、立体骨組解析における荷重の負担の分散化に伴う高次の影響要素の考慮が不十分である。立体骨組解析をするならば、捩り振動を連成した解析で検討し、部

材断面の算定がすべての応力状態について実施されているかをチェックする必要がある。また、立体骨組解析が不可欠な形状をする構造物では捩り振動が併発するので、P-△効果などの2次挙動を考慮する必要がある。

第5点は、自由度の少ない簡易な解析モデルを対象とした構造計算法において慣用した工学的仮定は、精緻な解析法にも適用できるのかの検証が不足している。具体的には、梁の主筋が対称に配筋されていない場合、中立軸は斜めになり、断面算定も複雑になる。また、梁は同時に2軸曲げを受けることになるが、この検討はされているのか等が考えられる。

技術の進歩は宿命であり、避けて通るわけにはいかない。新しい技術の導入には、構造設計者の高い技術力を必要とする。線材と面材から構成される構造物を、面材を線材に置換せずにそのままの形状で合理的・安全に設計する手法として、コンピュータを駆使した「真の立体解析」が開発されることは好ましい。車、船舶、航空機などは立体解析を用いた型式認定であり、多くの開発費が投入される。しかし、建築構造物は一品生産であるので個別認定であり、設計料も個別である。費用対効果を見据えた、建築物の性能に対応した安全で経済的な設計法が確立されことを切望するものである。

(2) 応力計算法

地震や風により発生する水平力を、垂直部材である柱や耐力壁に分配する応力計算法には、①分布係数を利用する方法と、②建物のたわみを利用する方法とがある。

① 分布係数を利用する方法（D値法）

この方法は内藤多仲博士の考案に源を発し、武藤清博士により確立された方法で、せん断力分布係数（D値）に比例して、層せん断力を柱および耐力壁に分割する方法であり、D値法と呼ばれ、コンピュータによるマトリックス法を用いた構造計算ソフトの普及前は一般に用いられた。

柱の材端モーメントは、柱が負担するせん断力Q_Cと柱の曲げモーメントが0になる反曲点高さyが求まると、容易に決定される。

（無壁骨組の場合）
　柱の材端曲げモーメント＝（柱の反曲点から材端までの距離）×（その柱が負担するせん断力）
　梁端の曲げモーメント＝節点に集まる上柱の下端と下柱の上端に生じる曲げモーメントの和を左右の梁の剛比の比に分配する。

（有壁骨組の場合）
　耐力壁のせん断応力と両側柱の軸方向力を算出する。

② 建物のたわみを利用する方法

この方法は、建物の各層のたわみを算定し、建物を構成するすべての骨組は、このたわみを生じるとして応力を求める略算法である。応力計算には、以前は固定モーメント法、または、たわみ角法を利用したが、最近ではマトリックス法を用いた立体解

析が可能となっている。このときの固定端モーメントは、建物のたわみを固定端モーメントとして、柱および耐力壁に接続する梁の両端に作用させる。

$$C_{AB} = -6EK_0 k_{AB} \delta_i \quad (\text{i 層})$$

23.2 せん断力分布係数（D 値）

(1) 柱の分布係数の略算

分布係数を決定する要素には、①柱自身の剛度、②上下の梁の剛度、③上下の柱の高さ、④上下の層の層せん断力、⑤その層の位置、が考えられる。③については、同一層の各柱の高さが一様であれば、各柱に対し相似した影響を持つ。また、④および⑤については、影響も相似したものとして省略できる。よって、①および②のみを考慮して分布係数を求める。

一様なラーメンの場合

図 23-3 に示すように、一様なラーメンが上下左右に続いているときの一部を取り出して検討する。

　　柱　　：一様なせん断力 Q が作用する。
　　反曲点：柱梁共に材長の中央とする。

よって、柱端と梁端のモーメントはそれぞれ等しい。

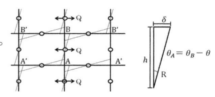

図 23-3　一様なラーメン

節点のたわみ角は等しく θ で表す。柱の部材角を R とすると、層のたわみ δ と階高 h により $R = \delta / h$ となる。

たわみ角法の公式より、柱および梁の材端モーメントは次式となる。

　柱端　$M_{AB} = M_{BA} = 2EK_0 k_C (2\theta_A + \theta_B - 3R) = 2EK_0 k_C (3\theta - 3R)$ 　　　式①

　梁端　$M_{AA'} = M_{BB'} = 2EK_0 k_B (2\theta_B + \theta_{B'}) = 2EK_0 k_B 3\theta$ 　　　式②

釣合関係式：

・節点方程式　　$2M_{AB} + 2M_{AA'} = 0$ 　　　式③

・層方程式　　　$M_{AB} = -Q \dfrac{h}{2}$ 　　　式④

式①②を式③に代入すると、

$$2EK_0 k_C (3\theta - 3R) + 2EK_0 k_B (3\theta) = 0$$

これより、

$$\theta = \frac{k_C}{k_C + k_B} \cdot R = \frac{k_C}{k_C + k_B} \cdot \frac{\delta}{h} \quad \text{式⑤}$$

式⑤①②を式④に代入し、変形すると Q と δ の関係を得る。

$$Q = -\frac{2M_{AB}}{h} = \frac{2M_{AA'}}{h} = \frac{2}{h} \cdot 2EK_0 k_B (3\theta) = \frac{k_B k_C}{k_B + k_C} \left[\frac{12 EK_0}{h^2} \right] \delta$$

$$= \frac{\dfrac{2k_B}{k_C}}{\dfrac{2(k_B+k_C)}{k_C}} \cdot k_C \left[\frac{12EK_0}{h^2}\right]\delta = \frac{\dfrac{2k_B}{k_C}}{2+\dfrac{2k_B}{k_C}} \cdot k_C \left[\frac{12EK_0}{h^2}\right]\delta$$

$$\equiv \frac{\overline{k}}{2+\overline{k}} \cdot k_C \left[\frac{12EK_0}{h^2}\right]\delta = a \cdot k_C \left[\frac{12EK_0}{h^2}\right]\delta \qquad \text{式⑥}$$

ここに、$\overline{k}$ および a は次式で定義する。

$$\overline{k} \equiv \frac{2k_B}{k_C} \qquad \text{有効剛比} \qquad \text{式⑦}$$

$$a = \frac{\overline{k}}{2+\overline{k}} \tag{23.1}$$

よって、柱の分布係数 D 値は式(23.2)となる。柱の分布係数 D 値は、その柱の剛比に比例し、左右の梁の剛比の和に関係する。式(23.2)でカッコ内の値は実用単位であり、E および h が建築物の同一階で同じ場合は、D 値は負担せん断力の比であるから、実用単位は無視して取り扱うことができる。

$$D = \frac{Q}{\delta} = a\, k_C \left[\frac{12EK_0}{h^2}\right] \qquad [\ ]内は実用単位 \tag{23.2}$$

一般柱への拡張

上述した結果を一般柱に拡張する（図 23-4）。一般柱の場合、内柱と外柱とにより柱に接続する梁の数が異なるが、柱の上部に取り付く梁の抵抗と下部に取り付く梁の抵抗の平均値 $\dfrac{1}{2}(k_1+k_2+k_3+k_4)$ が有効剛比 $\overline{k}$ に相当すると考えると、式⑦を一般的に拡張して式(23.3)で表す（図 23-5）。

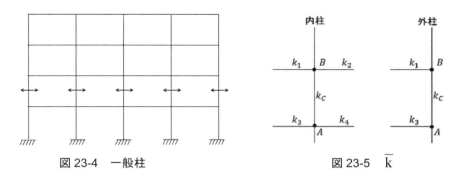

図 23-4　一般柱　　　　　　　図 23-5　$\overline{k}$

（内柱）$\overline{k} = \dfrac{1}{2} \cdot \dfrac{k_1+k_2+k_3+k_4}{k_C}$　　　（外柱）$\overline{k} = \dfrac{1}{2} \cdot \dfrac{k_1+k_3}{k_C}$

$$\overline{k} = \frac{1}{2}\frac{\Sigma k_B}{k_C} \tag{23.3}$$

このように考えると、式(23.1)が適用でき、一般柱の柱の分布係数 D 値は式(23.2)で与えられる。

(参考)
① 梁の剛比が非常に大きいとき、$\bar{k}$ は大となり $a \fallingdotseq 1$ となり柱の剛比 k_C がそのまま分布係数となる（固定のときは、$\bar{k} = \infty$ となり $a=1$）。
② $\bar{k}$ が減少すると a が小さくなる。$\bar{k}$ が 1 以下になると非常に剛性が落ちる。

(2) 普通ラーメンの柱の分布係数 D 値　　$D = ak_C$

（注）柱に対する上下の梁の平均剛比 $\bar{k}$ を基にして計算するので、①$\bar{k}$ が 0.2 以下のとき、②相隣る柱や梁の剛比が著しく違うとき、には大きな誤差を生じる。

$$\boxed{D = ak_C}$$

表 23-1 を片対数グラフで表示すると図 23-6 となる。

表 23-1　$\bar{k}$ と a の関係表 [11]

$\bar{k}_{A,B,C}$	一般階 柱脚半固定 $\bar{k}_A = \frac{k_1+k_2+k_3+k_4}{2k_C}$ $a_A = \frac{\bar{k}_A}{2+\bar{k}_A}$	柱脚固定 $\bar{k}_B = \frac{k_1+k_2}{k_C}$ $a_B = \frac{0.5+\bar{k}_B}{2+\bar{k}_B}$	柱脚ピン $\bar{k}_C = \frac{k_1+k_2}{k_C}$ $a_C = \frac{0.5\bar{k}_C}{1+2\bar{k}_C}$	$\bar{k}_{A,B,C}$	一般階 柱脚半固定	柱脚固定	柱脚ピン
0.1	0.05	0.29	0.042	2.7	0.57	0.68	0.21
0.2	0.09	0.32	0.071	2.8	0.58	0.69	0.21
0.3	0.13	0.35	0.094	2.9	0.59	0.69	0.21
0.4	0.17	0.38	0.11	3.0	0.60	0.70	0.21
0.5	0.20	0.40	0.13	3.2	0.62	0.71	0.22
0.6	0.23	0.42	0.14	3.5	0.64	0.73	0.22
0.7	0.26	0.44	0.15	3.8	0.66	0.74	0.22
0.8	0.29	0.46	0.15	4.0	0.67	0.75	0.22
0.9	0.31	0.48	0.16	4.2	0.68	0.76	0.22
1.0	0.33	0.50	0.17	4.5	0.69	0.77	0.23
1.1	0.35	0.52	0.17	4.8	0.71	0.78	0.23
1.2	0.37	0.53	0.18	5.0	0.71	0.79	0.23
1.3	0.39	0.55	0.18	5.5	0.73	0.80	0.23
1.4	0.41	0.56	0.18	6.0	0.75	0.81	0.23
1.5	0.43	0.57	0.19	6.5	0.76	0.82	0.23
1.6	0.44	0.58	0.19	7.0	0.78	0.83	0.23
1.7	0.46	0.59	0.19	7.5	0.79	0.84	0.23
1.8	0.47	0.61	0.20	8.0	0.80	0.85	0.24
1.9	0.49	0.62	0.20	8.5	0.81	0.86	0.24
2.0	0.50	0.63	0.20	9.0	0.82	0.86	0.24
2.1	0.51	0.63	0.20	9.5	0.83	0.87	0.24
2.2	0.52	0.64	0.20	10.0	0.83	0.88	0.24
2.3	0.53	0.65	0.21	20.0	0.91	0.93	0.24
2.4	0.55	0.66	0.21	30.0	0.94	0.95	0.25
2.5	0.56	0.67	0.21	40.0	0.95	0.96	0.25
2.6	0.57	0.67	0.21	∞	1.00	1.00	0.25

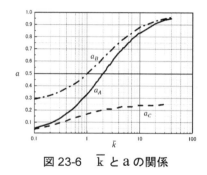

図 23-6　$\bar{k}$ と a の関係

なお、大開口を持つラーメンに適用される剛域を持つラーメンに対する柱の分布係数は、武藤清著「耐震計算法」[11] に記述されている。

(3) 柱高が異なるときの柱の分布係数 D 値

式(23.2)の実用単位中の柱の高さ h は、当該階の共通の h（例えば階高）を使用するため、同じ階で h が異なる場合は分布係数を**表 23-2** のように修正する。

表 23-2　柱高が異なるときの柱の分布係数表[11]

柱の中間に梁を持つとき	（図）	$D' = \dfrac{1}{\dfrac{1}{D_1}\left(\dfrac{h_1}{h}\right)^2 + \dfrac{1}{D_2}\left(\dfrac{h_2}{h}\right)^2}$	①式
$h_1 = h_2$ で2等分されたとき	（図）	$D' = \dfrac{4}{\dfrac{1}{D_1} + \dfrac{1}{D_2}}$ D_1, D_2 の差が小さいときは、 $D' = D_1 + D_2$	②式
高さ h' の柱の D' の補正値	（図）	$D_2' = D_2\left(\dfrac{h}{h'}\right)^2$	③式

分布係数の単位、たわみの単位は実用単位を用いて表せる。実用単位は計算では無視して扱うことができるが、たわみ δ を求める際は実用単位を含めた値となる。

分布係数 D の実用単位 : $\left[\dfrac{12EK_0}{h^2}\right]$; たわみ δ の実用単位 : $\left[\dfrac{h^2}{12EK_0}\right]$; h : 標準階高

$D = \dfrac{Q}{\delta}$　　　Q : せん断力

例題 例図 1 の平面を持つ 2 層の建物に、地震層せん断力が 2 層 400kN、1 層 800kN 作用するときの各柱の負担せん断力を x、y 方向について求める。2 分された柱の剛比を（ ）内に表記する。

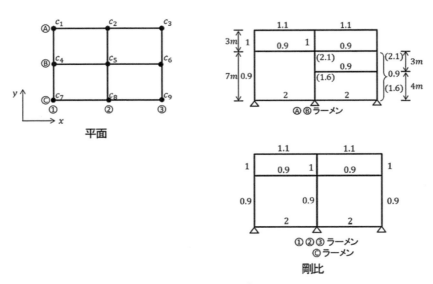

例図 1　伏図および軸組図

① 2 分された柱の剛比　　$k_上 = 0.9 \times 7/3 = 2.1$　　$k_下 = 0.9 \times 7/4 = 1.6$

② D 値

$$\begin{cases}
{}_2C_1 & \bar{k} = \dfrac{1.1 + 0.9}{2 \times 1} = 1 & a = \dfrac{1}{2+1} = 0.33 & D = 0.33 \times 1 = 0.33 \\
{}_1C_1 & \bar{k} = \dfrac{0.9 + 2}{2 \times 0.9} = 1.6 & a = \dfrac{1.6}{2+1.6} = 0.44 & D = 0.44 \times 0.9 = 0.40
\end{cases}$$

$$\begin{cases}
{}_2C_2 & \bar{k} = \dfrac{(1.1+0.9) \times 2}{2 \times 1} = 2 & a = \dfrac{2}{2+2} = 0.5 & D = 0.5 \times 1 = 0.5 \\
{}_1C_{2上} & \bar{k} = \dfrac{0.9 \times 3}{2 \times 2.1} = 0.64 & a = \dfrac{0.64}{2+0.64} = 0.24 & D = 0.24 \times 2.1 = 0.5 \\
{}_1C_{2下} & \bar{k} = \dfrac{0.9 + 2 \times 2}{2 \times 1.6} = 1.53 & a = \dfrac{1.53}{2+1.53} = 0.43 & D = 0.43 \times 1.6 = 0.69
\end{cases} \quad D = \dfrac{1}{\dfrac{1}{0.5}\left(\dfrac{3}{7}\right)^2 + \dfrac{1}{0.69}\left(\dfrac{4}{7}\right)^2} = 1.19$$

$$\begin{cases}
{}_1C_{3上} & \bar{k} = \dfrac{0.9 \times 2}{2 \times 2.1} = 0.45 & a = \dfrac{0.45}{2+0.45} = 0.18 & D = 0.18 \times 2.1 = 0.38 \\
{}_1C_{3下} & \bar{k} = \dfrac{2 + 0.9}{2 \times 1.6} = 0.91 & a = \dfrac{0.91}{2+0.91} = 0.31 & D = 0.31 \times 1.6 = 0.50
\end{cases} \quad D = \dfrac{1}{\dfrac{1}{0.38}\left(\dfrac{3}{7}\right)^2 + \dfrac{1}{0.5}\left(\dfrac{4}{7}\right)^2} = 0.88$$

$${}_1C_8 \quad \bar{k} = \dfrac{(0.9+2) \times 2}{2 \times 0.9} = 3.2 \quad a = \dfrac{3.2}{2+3.2} = 0.62 \quad D = 0.62 \times 0.9 = 0.56$$

よって、D 値は**例図2**のようになる。

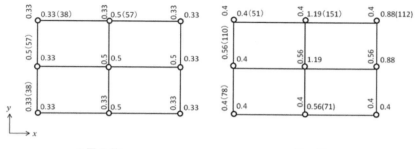

例図2　D 値一覧

③　負担せん断力

（2層）　　　　　　　　　　　　　　　（1層）

$\Sigma D_x = 0.33 \times 6 + 0.5 \times 3 = 3.48$ 　　$\Sigma D_x = 0.4 \times 4 + 0.56 + (1.19 + 0.88) \times 2 = 6.3$

$\Sigma D_y = 0.33 \times 6 + 0.5 \times 3 = 3.48$ 　　$\Sigma D_y = 0.4 \times 6 + 0.56 \times 3 = 4.08$

$\dfrac{Q}{\Sigma D_x} = \dfrac{400}{3.48} = 114.9$ 　　　　　$\dfrac{Q}{\Sigma D_x} = \dfrac{800}{6.3} = 127$

$\dfrac{Q}{\Sigma D_y} = \dfrac{400}{3.48} = 114.9$ 　　　　　$\dfrac{Q}{\Sigma D_y} = \dfrac{800}{4.08} = 196$

例えば、$Q_c = D_c \dfrac{Q}{\Sigma D_c}$ より求まる。

$_2C_{1x}$　$Q_c = 0.33 \times 114.9 = 38\,\mathrm{kN}$　　$_2C_{1x}$　$Q_c = 0.4 \times 127 = 51\,\mathrm{kN}$

$_2C_{2x}$　$Q_c = 0.5 \times 114.9 = 57\,\mathrm{kN}$　　$_2C_{2x}$　$Q_c = 1.19 \times 127 = 151\,\mathrm{kN}$

C_3, C_5, C_6 についても同様に求まる。

（注）**2分された柱は上下共に同じせん断力が作用することに注意**。例えば C_2 柱については、

$_1C_{2上}$　$Q_c = 151\,\mathrm{kN}$ ； $_1C_{2下}$　$Q_c = 151\,\mathrm{kN}$

23.3　分布係数法（D 値法）による骨組解法

D 値法は、水平力を負担する各構造部位の負担せん断力の割合を決定する D 値と、次に、柱のせん断力が 0 になる反曲点高により柱の材端曲げモーメントを決定するプロセスからなる。反曲点高は、骨組に水平力が作用した場合の M 図から求めた値を表にしてある。反曲点高は外力の高さ方向の分布、柱脚の固定度により影響されるが、反曲点高を求める表は多くの表を作成するのを避けるため、次の仮定に基づいて作成されている。

①　最下層が柱脚固定とみなされるラーメン
②　多層の水平荷重が略一様な場合

したがって、柱脚が固定でなく、基礎梁で繋がれているときには、D 値は実際の架構（基礎梁で繋がれた骨組）として求めて、負担せん断力を確定する。反曲点高は、

最初に柱脚固定として求めた反曲点高を用いて柱の曲げモーメントを求めて（**図 23-7**）、次に、柱脚固定のモーメントを修正する（固定の解除）。なお、柱脚ピンのときは反曲点高 y を階高にとると、この修正は不要となる。

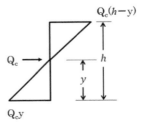

図 23-7　反曲点高と材端モーメント

[計算順序]　建築物の梁間方向および桁行方向について、別々に検討する。

① 柱の分布係数：D_c（実用単位は同一層については共通であるので考慮しなくてよい）

$$D_c = a\, k_c$$

② 柱の負担せん断力：Q_c

$$Q_c = Q \cdot \frac{D_c}{\Sigma D}$$

　　$Q =$ 当該層の層せん断力
　　$\Sigma D = \Sigma D_c$（柱）$+ \Sigma D_w$（耐震壁）

③ 柱の反曲点高：y

$$y = (y_0 + y_1 + y_2 + y_3)\, h$$

ここに、
　$y_0 =$ 標準反曲点高比（**表 23-3** より求める）
　$y_1 =$ 上下の梁の剛比変化による修正値（**表 23-4** より求める）
　　$\alpha_1 =$（柱上端に集まる梁の剛比の和）／（柱下端に集まる梁の剛比の和）
　　$\alpha_1 > 1$ の場合は $1/\alpha_1$ を用いて y_1 を求め（-1）倍する。
　$y_2, y_3 =$ 上下層の層高変化による修正値（**表 23-5** より求める）

$$\alpha_2 = \frac{\text{上層の層高}}{\text{その層の層高}}$$

$$\alpha_3 = \frac{\text{下層の層高}}{\text{その層の層高}}$$

④ 曲げモーメント
　（柱上端）　$M = Q_c(h - y)$
　（柱下端）　$M = Q_c\, y$

ここに、$y =$ 反曲点高。

⑤ 梁端の曲げモーメント（**図 23-8**）
　節点に集まる柱の曲げモーメントの和を梁の剛比の比で配分する。

$$M_{b右} = (M_{c上} + M_{c下}) \cdot \frac{k_{b右}}{k_{b左} + k_{b右}}$$

$$M_{b左} = (M_{c上} + M_{c下}) \cdot \frac{k_{b左}}{k_{b左} + k_{b右}}$$

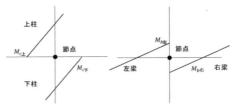

柱の曲げモーメント　　梁の曲げモーメント

図 23-8　柱と梁の曲げモーメント

⑥ 柱脚の固定不完全に対するモーメントの修正（固定の解除）（図 23-9）

柱脚を固定としたときの柱脚モーメント $M_下$ を柱脚の固定度に合わせて修正する。柱脚固定として求めた柱脚モーメント $M_下$ に柱脚の固定度を解除する係数 μ を掛けた $\bar{M} = \mu M_下$ を、柱脚の節点に逆方向に作用させる。修正した柱脚モーメントは $M_下(1-\mu)$ となり、柱頭モーメントは $(M_上 + \mu M_下)$ となる。

μ の値は、柱脚に接続する左右の基礎梁と柱の剛比により決まり、次式により求める。

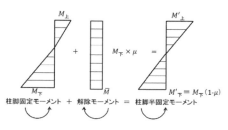

図 23-9　固定の解除

$$\mu = (1+3\bar{k}) - \sqrt{(1+3\bar{k})^2 - 1}$$

ここに、$\bar{k} = \dfrac{\text{左右梁の剛比の和}}{\text{柱剛比}}$

$\bar{k} \geq 0.3$ のとき、μ は次の値で略算できる。

$$\boxed{\mu = \dfrac{1}{2(1+3\bar{k})} \qquad \bar{k} \geq 0.3 \text{に対して}}$$

上述の方法により求めた柱上端の曲げモーメントが、節点を介して上層の柱に伝達する。その伝達率は上式の μ を用いる。この計算は2層目位で省略して差し支えない。これらの修正値を、柱脚固定として求めた上層の柱端の曲げモーメントに加える。柱の曲げモーメントが変化するので、梁の曲げモーメントは柱脚固定を解除して求めた、修正した柱の曲げモーメントより求める。

（参考）1端ピンの場合の取扱い方には**図 23-10**、**図 23-11** の2通りの方法がある。

方法1：

反曲点高 $y = h$ と仮定して求める（**図 23-10**）。

$\quad M_上 = Q_c \times h$

$\quad M_下 = 0$

方法2：

柱脚固定として $M_上$、$M_下$ を求め、柱脚を $M=0$ となるように固定を解除（$\mu=1$）して、柱頭 $M_上$ に $M_下$ を加算すれば、柱頭 $M_上$ が求められる（**図 23.11**）。

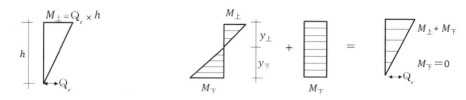

図 23-10　柱脚ピンの場合　　　図 23-11　柱脚ピンの場合

表 23-3　標準反曲点高比 y_0（等分布荷重）[11]

m	n	0.1	0.2	0.3	0.4	0.5	0.6	0.7	0.8	0.9	1.0	2.0	3.0	4.0	5.0
1	1	0.80	0.75	0.70	0.65	0.65	0.60	0.60	0.60	0.60	0.55	0.55	0.55	0.55	0.55
2	2	0.45	0.40	0.35	0.35	0.35	0.35	0.40	0.40	0.40	0.40	0.45	0.45	0.45	0.45
	1	0.95	0.80	0.75	0.70	0.65	0.65	0.65	0.60	0.60	0.60	0.55	0.55	0.55	0.50
3	3	0.15	0.20	0.20	0.25	0.30	0.30	0.30	0.35	0.35	0.35	0.40	0.45	0.45	0.45
	2	0.55	0.50	0.45	0.45	0.45	0.45	0.45	0.45	0.45	0.45	0.45	0.50	0.50	0.50
	1	1.00	0.85	0.80	0.75	0.70	0.70	0.65	0.65	0.65	0.60	0.55	0.55	0.55	0.55
4	4	−0.05	0.05	0.15	0.20	0.25	0.30	0.30	0.35	0.35	0.35	0.40	0.45	0.45	0.45
	3	0.25	0.30	0.30	0.35	0.35	0.40	0.40	0.40	0.40	0.40	0.45	0.45	0.50	0.50
	2	0.65	0.55	0.50	0.50	0.45	0.45	0.45	0.45	0.45	0.45	0.50	0.50	0.50	0.50
	1	1.10	0.90	0.80	0.75	0.70	0.70	0.65	0.65	0.65	0.60	0.55	0.55	0.55	0.55
5	5	−0.20	0.00	0.15	0.20	0.25	0.30	0.30	0.30	0.35	0.35	0.40	0.45	0.45	0.45
	4	0.10	0.20	0.25	0.30	0.35	0.35	0.40	0.40	0.40	0.40	0.45	0.45	0.50	0.50
	3	0.40	0.40	0.40	0.40	0.40	0.45	0.45	0.45	0.45	0.45	0.50	0.50	0.50	0.50
	2	0.65	0.55	0.50	0.50	0.50	0.50	0.50	0.50	0.50	0.50	0.50	0.50	0.50	0.50
	1	1.20	0.95	0.80	0.75	0.75	0.70	0.70	0.65	0.65	0.65	0.55	0.55	0.55	0.55
6	6	−0.30	0.00	0.10	0.20	0.25	0.25	0.30	0.30	0.35	0.35	0.40	0.45	0.45	0.45
	5	0.00	0.20	0.25	0.30	0.35	0.35	0.40	0.40	0.40	0.40	0.45	0.45	0.50	0.50
	4	0.20	0.30	0.35	0.35	0.40	0.40	0.40	0.45	0.45	0.45	0.45	0.50	0.50	0.50
	3	0.40	0.40	0.40	0.45	0.45	0.45	0.45	0.45	0.45	0.45	0.50	0.50	0.50	0.50
	2	0.70	0.60	0.55	0.50	0.50	0.50	0.50	0.50	0.50	0.50	0.50	0.50	0.50	0.50
	1	1.20	0.95	0.85	0.80	0.75	0.70	0.70	0.65	0.65	0.65	0.55	0.55	0.55	0.55
7	7	−0.35	−0.05	0.10	0.20	0.20	0.25	0.30	0.30	0.35	0.35	0.40	0.45	0.45	0.45
	6	−0.10	0.15	0.25	0.30	0.35	0.35	0.35	0.40	0.40	0.40	0.45	0.45	0.50	0.50
	5	0.10	0.25	0.30	0.35	0.40	0.40	0.40	0.45	0.45	0.45	0.45	0.50	0.50	0.50
	4	0.30	0.35	0.40	0.40	0.40	0.45	0.45	0.45	0.45	0.45	0.50	0.50	0.50	0.50
	3	0.50	0.45	0.45	0.45	0.45	0.45	0.45	0.45	0.45	0.45	0.50	0.50	0.50	0.50
	2	0.75	0.60	0.55	0.50	0.50	0.50	0.50	0.50	0.50	0.50	0.50	0.50	0.50	0.50
	1	1.20	0.95	0.85	0.80	0.75	0.70	0.70	0.65	0.65	0.65	0.55	0.55	0.55	0.55
8	8	−0.35	−0.05	0.10	0.15	0.25	0.25	0.30	0.30	0.35	0.35	0.40	0.45	0.45	0.45
	7	−0.10	0.15	0.25	0.30	0.35	0.35	0.40	0.40	0.40	0.40	0.45	0.45	0.50	0.50
	6	0.05	0.25	0.30	0.35	0.40	0.40	0.40	0.45	0.45	0.45	0.45	0.50	0.50	0.50
	5	0.20	0.30	0.35	0.40	0.40	0.45	0.45	0.45	0.45	0.45	0.50	0.50	0.50	0.50
	4	0.35	0.40	0.40	0.45	0.45	0.45	0.45	0.45	0.45	0.45	0.50	0.50	0.50	0.50
	3	0.50	0.45	0.45	0.45	0.45	0.45	0.45	0.50	0.50	0.50	0.50	0.50	0.50	0.50
	2	0.75	0.60	0.55	0.55	0.50	0.50	0.50	0.50	0.50	0.50	0.50	0.50	0.50	0.50
	1	1.20	1.00	0.85	0.80	0.75	0.70	0.70	0.65	0.65	0.65	0.55	0.55	0.55	0.55
9	9	−0.40	−0.05	0.10	0.20	0.25	0.25	0.30	0.30	0.35	0.35	0.45	0.45	0.45	0.45
	8	−0.15	0.15	0.25	0.30	0.35	0.35	0.35	0.40	0.40	0.40	0.45	0.45	0.50	0.50
	7	0.05	0.25	0.30	0.35	0.40	0.40	0.40	0.45	0.45	0.45	0.45	0.50	0.50	0.50
	6	0.15	0.30	0.35	0.40	0.40	0.45	0.45	0.45	0.45	0.45	0.50	0.50	0.50	0.50
	5	0.25	0.35	0.40	0.40	0.45	0.45	0.45	0.45	0.45	0.45	0.50	0.50	0.50	0.50
	4	0.40	0.40	0.40	0.45	0.45	0.45	0.45	0.45	0.45	0.45	0.50	0.50	0.50	0.50
	3	0.55	0.45	0.45	0.45	0.45	0.45	0.45	0.50	0.50	0.50	0.50	0.50	0.50	0.50
	2	0.80	0.65	0.55	0.55	0.50	0.50	0.50	0.50	0.50	0.50	0.50	0.50	0.50	0.50
	1	1.20	1.00	0.85	0.80	0.75	0.70	0.70	0.65	0.65	0.65	0.55	0.55	0.55	0.55
10	10	−0.40	−0.05	0.10	0.20	0.25	0.30	0.30	0.30	0.35	0.35	0.40	0.45	0.45	0.45
	9	−0.15	0.15	0.25	0.30	0.35	0.35	0.40	0.40	0.40	0.40	0.45	0.45	0.50	0.50
	8	0.00	0.25	0.30	0.35	0.40	0.40	0.40	0.45	0.45	0.45	0.45	0.50	0.50	0.50
	7	0.10	0.30	0.35	0.40	0.40	0.45	0.45	0.45	0.45	0.45	0.50	0.50	0.50	0.50
	6	0.20	0.35	0.40	0.40	0.45	0.45	0.45	0.45	0.45	0.45	0.50	0.50	0.50	0.50
	5	0.30	0.40	0.40	0.45	0.45	0.45	0.45	0.45	0.45	0.45	0.50	0.50	0.50	0.50
	4	0.40	0.40	0.45	0.45	0.45	0.45	0.45	0.45	0.45	0.50	0.50	0.50	0.50	0.50
	3	0.55	0.50	0.45	0.45	0.45	0.50	0.50	0.50	0.50	0.50	0.50	0.50	0.50	0.50
	2	0.80	0.65	0.55	0.55	0.55	0.50	0.50	0.50	0.50	0.50	0.50	0.50	0.50	0.50
	1	1.30	1.00	0.85	0.80	0.75	0.70	0.70	0.65	0.65	0.65	0.60	0.55	0.55	0.55
11	11	−0.40	−0.05	0.10	0.20	0.25	0.30	0.30	0.30	0.35	0.35	0.40	0.45	0.45	0.45
	10	−0.15	0.15	0.25	0.30	0.35	0.35	0.40	0.40	0.40	0.40	0.45	0.45	0.50	0.50
	9	0.00	0.25	0.30	0.35	0.40	0.40	0.40	0.45	0.45	0.45	0.45	0.50	0.50	0.50
	8	0.10	0.30	0.35	0.40	0.40	0.45	0.45	0.45	0.45	0.45	0.45	0.50	0.50	0.50
	7	0.20	0.35	0.40	0.45	0.45	0.45	0.45	0.45	0.45	0.45	0.50	0.50	0.50	0.50
	6	0.25	0.35	0.40	0.45	0.45	0.45	0.45	0.45	0.45	0.45	0.50	0.50	0.50	0.50
	5	0.35	0.40	0.40	0.45	0.45	0.45	0.45	0.45	0.45	0.50	0.50	0.50	0.50	0.50
	4	0.40	0.45	0.45	0.45	0.45	0.45	0.45	0.50	0.50	0.50	0.50	0.50	0.50	0.50
	3	0.55	0.50	0.50	0.50	0.50	0.50	0.50	0.50	0.50	0.50	0.50	0.50	0.50	0.50
	2	0.80	0.65	0.60	0.55	0.55	0.50	0.50	0.50	0.50	0.50	0.50	0.50	0.50	0.50
	1	1.30	1.00	0.85	0.80	0.75	0.70	0.70	0.65	0.65	0.65	0.60	0.55	0.55	0.55
12以上	1 (上より)	−0.40	−0.05	0.10	0.20	0.25	0.30	0.30	0.30	0.35	0.35	0.40	0.45	0.45	0.45
	2	−0.15	0.15	0.25	0.30	0.35	0.35	0.40	0.40	0.40	0.40	0.45	0.45	0.50	0.50
	3	0.00	0.25	0.30	0.35	0.40	0.40	0.40	0.45	0.45	0.45	0.45	0.50	0.50	0.50
	4	0.10	0.30	0.35	0.40	0.40	0.45	0.45	0.45	0.45	0.45	0.50	0.50	0.50	0.50
	5	0.20	0.35	0.40	0.40	0.45	0.45	0.45	0.45	0.45	0.45	0.50	0.50	0.50	0.50
	6	0.25	0.35	0.40	0.45	0.45	0.45	0.45	0.45	0.45	0.45	0.50	0.50	0.50	0.50
	7	0.30	0.40	0.40	0.45	0.45	0.45	0.45	0.45	0.45	0.50	0.50	0.50	0.50	0.50
	8	0.35	0.40	0.45	0.45	0.45	0.45	0.45	0.50	0.50	0.50	0.50	0.50	0.50	0.50
	中間	0.40	0.40	0.45	0.45	0.45	0.45	0.50	0.50	0.50	0.50	0.50	0.50	0.50	0.50
	4	0.45	0.45	0.45	0.45	0.50	0.50	0.50	0.50	0.50	0.50	0.50	0.50	0.50	0.50
	3 (下より)	0.60	0.50	0.50	0.50	0.50	0.50	0.50	0.50	0.50	0.50	0.50	0.50	0.50	0.50
	2	0.80	0.65	0.60	0.55	0.55	0.50	0.50	0.50	0.50	0.50	0.50	0.50	0.50	0.50
	1	1.30	1.00	0.85	0.80	0.75	0.70	0.70	0.65	0.65	0.65	0.60	0.55	0.55	0.55

（武藤清「耐震計算法」より）

表 23-4 上下の梁の剛比変化による修正値 y_1 [11]

α \ $\bar{k}_A$	0.1	0.2	0.3	0.4	0.5	0.6	0.7	0.8	0.9	1.0	2.0	3.0	4.0	5.0
0.4	0.55	0.40	0.30	0.25	0.20	0.20	0.20	0.15	0.15	0.15	0.05	0.05	0.05	0.05
0.5	0.45	0.30	0.20	0.20	0.15	0.15	0.15	0.10	0.10	0.10	0.05	0.05	0.05	0.05
0.6	0.30	0.20	0.15	0.15	0.10	0.10	0.10	0.10	0.05	0.05	0.05	0.05	0.00	0.00
0.7	0.20	0.15	0.10	0.10	0.10	0.05	0.05	0.05	0.05	0.05	0.00	0.00	0.00	0.00
0.8	0.15	0.10	0.05	0.05	0.05	0.05	0.05	0.05	0.00	0.00	0.00	0.00	0.00	0.00
0.9	0.05	0.05	0.05	0.05	0.00	0.00	0.00	0.00	0.00	0.00	0.00	0.00	0.00	0.00

$k_{B上} = k_{B1} + k_{B2}$
$\alpha_1 = k_{B上} / k_{B下}$
$k_{B下} = k_{B3} + k_{B2}$
α_1：最下層は考えないでよい。
上梁の剛比が大きいときには逆数をとって
$\alpha_1 = k_{B下} / k_{B上}$として$y_1$を求め、符号を負（−）とする。

（武藤清「耐震計算法」[11] より）

表 23-5 上下の層高変化による修正値 y_2, y_3 [11]

$\alpha_{2上}$	$\alpha_{3下}$	$\bar{k}_A$ 0.1	0.2	0.3	0.4	0.5	0.6	0.7	0.8	0.9	1.0	2.0	3.0	4.0	5.0
2.0		0.25	0.15	0.15	0.10	0.10	0.10	0.10	0.10	0.05	0.05	0.05	0.05	0.00	0.00
1.8		0.20	0.15	0.10	0.10	0.10	0.05	0.05	0.05	0.05	0.05	0.05	0.00	0.00	0.00
1.6	0.4	0.15	0.10	0.10	0.05	0.05	0.05	0.05	0.05	0.05	0.05	0.00	0.00	0.00	0.00
1.4	0.6	0.10	0.05	0.05	0.05	0.05	0.05	0.05	0.05	0.05	0.00	0.00	0.00	0.00	0.00
1.2	0.8	0.05	0.05	0.05	0.00	0.00	0.00	0.00	0.00	0.00	0.00	0.00	0.00	0.00	0.00
1.0	1.0	0.00	0.00	0.00	0.00	0.00	0.00	0.00	0.00	0.00	0.00	0.00	0.00	0.00	0.00
0.8	1.2	-0.05	-0.05	-0.05	0.00	0.00	0.00	0.00	0.00	0.00	0.00	0.00	0.00	0.00	0.00
0.6	1.4	-0.10	-0.05	-0.05	-0.05	-0.05	-0.05	-0.05	0.00	0.00	0.00	0.00	0.00	0.00	0.00
0.4	1.6	-0.15	-0.10	-0.10	-0.05	-0.05	-0.05	-0.05	-0.05	-0.05	-0.05	0.00	0.00	0.00	0.00
	1.8	-0.20	-0.15	-0.10	-0.10	-0.10	-0.05	-0.05	-0.05	-0.05	-0.05	-0.05	0.00	0.00	0.00
	2.0	-0.25	-0.15	-0.15	-0.10	-0.10	-0.10	-0.10	-0.10	-0.05	-0.05	-0.05	0.00	0.00	0.00

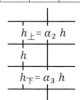

上層の層高変化による修正値y_2は$\alpha_2 = h_上 / h$から求める。上層の層高が高いとき正となる。
下層の層高変化による修正値y_3は$\alpha_3 = h_下 / h$から求める。ただし、最上層についてはy_2、最下層についてはy_3を考えなくてよい。

（武藤清「耐震計算法」[11] より）

表 23-6 柱脚固定解除モーメントの伝達率 μ 表 [11]

$\bar{k}_D$	0.1	0.2	0.3	0.4	0.5	0.6	0.7	0.8	0.9	1.0	1.2	1.5	1.8	2.0	2.2	2.5	2.8	3.0	3.5	4	4.5-
伝達率 μ	0.47	0.35	0.28	0.23	0.20	0.18	0.16	0.15	0.14	0.13	0.11	0.09	0.08	0.07	0.07	0.06	0.05	0.05	0.04	0.04	0.0

$$\bar{k}_D = \frac{k_3 + k_4}{k_c}$$

$$\mu = \frac{1}{2(1 + 3\bar{k}_D)}$$

ただし $\bar{k}_D < 0.3$ のときは次式による。

$$\mu = (1 + 3\bar{k}_D) - \sqrt{(1 + 3\bar{k}_D) - 1}$$

（武藤清「耐震計算法」[11] より）

例題　例図3の建物に地震層せん断力2層150kN、1層300kNが作用するとき、D値法を用いて各部材の曲げモーメントを求める。なおⒶ Ⓑ Ⓒ ラーメン共に同じ剛比とする（**例図4、例図5**）。

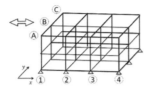

2層　Q=150kN；1層　Q=300kN

例図3　架構図

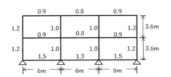

Ⓐ Ⓑ Ⓒラーメン剛比

例図4　桁行方向

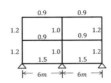

①〜④ラーメン剛比

例図5　張間方向

① 分布係数：D_x および D_y （**例図6**）

（x方向）桁行方向の計算（**例図4**）

(2層)　外柱　$\bar{k}=\dfrac{0.9+0.9}{2\times 1.2}=0.75$　　　内柱　$\bar{k}=\dfrac{(0.9+0.8)\times 2}{2\times 1}=1.7$

　　　　　　$D_x=\dfrac{0.75\times 1.2}{2+0.75}=0.33$　　　　　$D_x=\dfrac{1.7\times 1}{2+1.7}=0.46$

(1層)　外柱　$\bar{k}=\dfrac{0.9+1.5}{2\times 1.2}=1$　　　　内柱　$\bar{k}=\dfrac{0.9+0.8+1.5+1.3}{2\times 1}=2.3$

　　　　　　$D_x=\dfrac{1\times 1.2}{2+1}=0.4$　　　　　　　$D_x=\dfrac{2.3\times 1}{2+2.3}=0.53$

∴　2層　$\Sigma D_x=3\times\{(0.33+0.46)\times 2\}=4.74$　　1層　$\Sigma D_x=3\times\{(0.4+0.53)\times 2\}=5.58$

（y方向）張間方向の計算（**例図5**）

(2層)　外柱　$\bar{k}=\dfrac{2\times 0.9}{2\times 1.2}=0.75$　　　内柱　$\bar{k}=\dfrac{(0.9+0.9)\times 2}{2\times 1}=1.8$

　　　　　　$D_y=\dfrac{0.75\times 1.2}{2+0.75}=0.33$　　　　　$D_y=\dfrac{1.8\times 1}{2+1.8}=0.47$

(1層)　外柱　$\bar{k}=\dfrac{0.9+1.5}{2\times 1.2}=1$　　　　内柱　$\bar{k}=\dfrac{(0.9+1.5)\times 2}{2\times 1.0}=2.4$

　　　　　　$D_y=\dfrac{1\times 1.2}{2+1}=0.4$　　　　　　　$D_y=\dfrac{2.4\times 1}{2+2.4}=0.55$

∴　2層　$\Sigma D_y=4\times(0.33+0.47+0.33)=4.52$　　1層　$\Sigma D_y=4\times(0.4+0.55+0.4)=5.4$

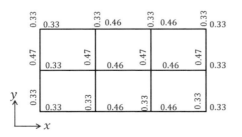

2層　D値分布図

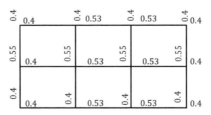

1層　D値分布図

例図6　D値一覧

以後、紙面の制約からx方向（桁行方向）のみ検討する。

② 柱の負担せん断力

(2層) 外柱 $Q = 150 \times \dfrac{0.33}{4.74} = 10.4$ kN 　　内柱 $Q = 150 \times \dfrac{0.46}{4.74} = 14.6$ kN

(1層) 外柱 $Q = 300 \times \dfrac{0.4}{5.58} = 21.5$ kN 　　内柱 $Q = 300 \times \dfrac{0.53}{5.58} = 28.5$ kN

③ 反曲点高（反曲点高比）

反曲点高比を求めるのに用いる $\bar{k}$ は柱脚固定である。したがって、1層では分布係数に用いた $\bar{k}$ と異なるので注意する。

(2層) 外柱 　$\bar{k} = 0.75$ 　　$\alpha_1 = 1$ 　　　　内柱 　$\bar{k} = 1.7$ 　　$\alpha_1 = 1$

(1層) 外柱 　$\bar{k} = \dfrac{0.9}{1.2} = 0.75$ 　　　　内柱 　$\bar{k} = \dfrac{0.9 + 0.8}{1} = 1.7$

表 23-3、表 23-4、表 23-5 より求める。

(2層) 外柱 　$y_0 = 0.40$ ⎫ 他は 0 　　内柱 　$y_0 = 0.43$ ⎫ 他は 0
(1層) 外柱 　$y_0 = 0.63$ ⎭ 　　　　　　内柱 　$y_0 = 0.57$ ⎭

④ 柱の曲げモーメント

(2層) 外柱上端 　$M = 10.4 \times 0.6 \times 3.6 = 23$ kNm 　　内柱上端 　$M = 14.6 \times 0.57 \times 3.6 = 30$ kNm
　　　 外柱下端 　$M = 10.4 \times 0.4 \times 3.6 = 14$ kNm 　　内柱下端 　$M = 14.6 \times 0.43 \times 3.6 = 23$ kNm
(1層) 外柱上端 　$M = 21.5 \times 0.37 \times 3.6 = 29$ kNm 　　　　　　　$M = 28.5 \times 0.43 \times 3.6 = 44$ kNm
　　　 外柱下端 　$M = 21.5 \times 0.63 \times 3.6 = 49$ kNm 　　内柱下端 　$M = 28.5 \times 0.57 \times 3.6 = 59$ kNm

⑤ 梁端の曲げモーメント

　　　　　　　　　(外梁)　　　　　　　　　　　　　　(内梁)

(2層) 外端 　$M = 23$ kNm 　　　　　　　　　左端 　$M = 30 \times 0.8/(0.9 + 0.8) = 14$ kNm
　　　 内端 　$M = 30 \times 0.9/(0.9 + 0.8) = 16$ kNm 　　右端 　$M = 14$ kNm
(1層) 外端 　$M = 14 + 29 = 43$ kNm 　　　　　左端 　$M = (23 + 44) \times 0.8/(0.9 + 0.8) = 32$ kNm
　　　 内端 　$M = (23 + 44) \times 0.9/(0.9 + 0.8) = 35$ kNm 　　右端 　$M = 32$ kNm

（注）固定解除の必要あるときは、⑤のステップは不要。

⑥ 基礎梁による修正モーメント（固定の解除）

　　　　　　　　　外柱　　　　　　　　　　　　　　**内柱**

(1層)　$\bar{k} = \dfrac{1.5}{1.2} = 1.28$ 　　　　　　　　　$\bar{k} = \dfrac{1.5 + 1.3}{1} = 2.8$

　　　 $\mu = \dfrac{1}{2(1 + 3 \times 1.28)} = 0.10$ 　　　　$\mu = \dfrac{1}{2(1 + 3 \times 2.8)} = 0.05$

　　下端　$M = -49 \times 0.10 = -4.9$ kNm 　　　　$M = -59 \times 0.05 = -3$ kNm
　　上端　$M = 4.9$ kNm 　　　　　　　　　　　　$M = 3$ kNm

(2層)　$\bar{k} = \dfrac{0.9}{1.2} = 0.95$ 　　　　　　　　　$\bar{k} = \dfrac{0.9 + 0.8}{1.0} = 1.7$

　　　 $\mu = \dfrac{1}{2(1 + 3 \times 0.95)} = 0.13$ 　　　　$\mu = \dfrac{1}{2(1 + 3 \times 1.7)} = 0.08$

　　下端　$M = -4.9 \times 0.13 = -0.6$ kNm 　　　$M = -3 \times 0.08 = -0.2$ kNm
　　上端　$M = 0.6$ kNm 　　　　　　　　　　　　$M = 0.2$ kNm

⑦ 修正した曲げモーメント

(外柱)
(2層) 上端　M＝23＋0.6≒24kNm
　　　下端　M＝14－0.6≒13kNm
(1層) 上端　M＝29＋4.9≒34kNm
　　　下端　M＝49－4.9≒44kNm

(内柱)
M＝30＋0.2≒30kNm
M＝23－0.2≒23kNm
M＝44＋3≒47kNm
M＝59－3≒56kNm

(外梁)
(2層) 外端　M＝24kNm
　　　内端　M＝30×0.9/(0.9＋0.8)＝16kNm
(1層) 外端　M＝13＋34＝47kNm
　　　内端　M＝(23＋47)×0.9/(0.9＋0.8)＝37kNm

(内梁)
左端　M＝30×0.8/(0.9＋0.8)＝14kNm
右端　M＝14kNm
左端　M＝(23＋47)×0.8/(0.9＋0.8)＝33kNm
右端　M＝33kNm

(基礎梁)
外端　M＝44kNm
内端　M＝56×1.5/(1.5＋1.3)＝30kNm
左端　M＝56×1.3/(1.5＋1.3)＝26kNm
右端　M＝26kNm

⑧ M図およびQ値（例図7）

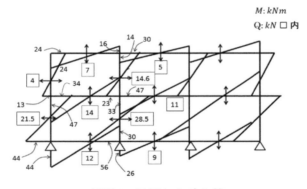

例図7　M図およびQ値

23.4　無開口独立耐力壁の負担せん断力の評価

(1)　水平力に対する抵抗要素

　水平力を負担する構造部材は、負担する応力状態により異なる。梁は曲げで抵抗し、柱は軸方向力と曲げで、耐力壁はせん断力で抵抗する。耐力壁が負担するせん断力は、柱が負担するせん断力よりも遥かに大きい。しかし、耐力壁は強度が大きいが靭性能力が少ないことから、亀裂が生じると負担せん断力が著しく減少するので、耐力壁の負担せん断力が過大にならないようにする必要がある。RC造の耐力壁は最大耐力後の耐力低下が大きいので、一般に最大耐力以降の解析は適用範囲外として扱われる場合が多い。耐力壁の負担せん断力が喪失した場合でも、他の架構（柱）がその分を負担できるようにする必要があり、その目安を把握するために、耐力壁の終局時の塑性係数を $\beta＝1$（弾性）から $\beta≒0.1$（塑性）に低減して負担せん断力の変動幅を把握しておくことも有効である。

ルート3の保有水平耐力の算定では、コンピュータを用いた増分解析が一般に使用される。この計算法では、RC造耐力壁のように靭性に乏しい部材は脆性部材と判断され、水平変位が増大すると耐力を喪失するので、増分計算の途中で脆性部材の破壊により耐力を除去して計算しなければならない。この計算は骨組解析の剛性マトリックスの全体的な組み換えが必要となり、脆性部材を取り除くのではなく、耐力を保持したまま増分解析を実施している場合があるので注意する必要がある。そのため、RC造耐力壁に構造スリットを入れて耐力壁として取り扱わない方法が、現在のRC造の構造設計法となっている。

靭性がある構造物の設計には、天井、外壁等に対する大きな塑性率に対応できる非構造部材の安全性の確保と、地震以後の建築物の使用に支障する残留変形に対して、設計時における建築物の性能を建築物所有者に周知させることが必要となる。靭性が大きいことは建築物が大きな変形をすることであり、居住者の不安、さらに、超高層建築物では各層の層間変形角が規定を満足しても、最上層近くでは1次モードで振動するので、層間変形の総和となると極めて大きな絶対変位となる。また、変形が大きくなると加速度も大きくなり、什器等の移動による損傷が懸念される。建築物の変形はできるだけ小さい方が良いのは当然であるので、変形を小さくするには、構造物の剛性を高めるのみでなく、入力エネルギーを小さくする方法（免震構造）と、ダンパー等を用いて減震性を高めてエネルギーの消費を大きくする方法（粘性ダンパー、制振構造）とがある。

(2) 実務設計における設計法

耐力壁の基礎回転、開口による負担せん断力の低減、亀裂による耐力の低減等が不確定であるので、耐力壁に柱のD値の10〜20倍の大きな分布係数比を仮定することは危険である。耐力壁に地震力を多く負担させずに、架構に剛性および耐力を保持させるようにする。このため、耐力壁が多い場合でも**層せん断力の1/3以上は架構が負担する設計をする**。

耐力壁の強さは、層間変形角1/250を超えると急激に減少する。各階の層せん断力は、柱と耐力壁により負担される。水平荷重（地震力）が大きくなると、建物の層間変形角も増大する。**図23-12**は、層間変形角が増大すると、層せん断力が柱群と耐力壁群とに按分して負担される状態を模式している。**図23-12**の横軸は層間変形角であり、縦軸は柱および耐力壁の負担せん断力を示す。横軸の層間変形角が決まると、そのときの層せん断力は柱と耐力壁との縦軸の値である。

必要とする層せん断力が**図23-12**のⒶの場合、その層のすべての耐力壁が負担

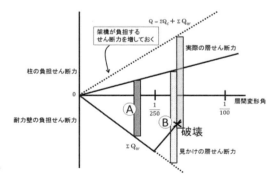

図23-12　地震力による耐力壁の耐力喪失

するせん断力 ΣQ_W は、その層のすべての柱が負担するせん断力 ΣQ_C よりも遥かに大きい。しかし、必要とする層せん断力が大きくなると、**図 23-12** のⒷの場合になる。層間変形角が 1/250 を超えると、耐力壁の急激な耐力の減少から耐力壁に期待していた負担せん断力 ΣQ_W は、見かけは大きいが実際は負担できずに急激に小さくなっている。この耐力壁の耐力減少により生じた不足分は、柱の負担せん断力を大きくしておくことにより解決できる。もし、柱の負担せん断力を増大していない場合は、必要とする層せん断力に見合うまで柱が大きく変形する。柱が過大なせん断力を保持できればよいが、それが保持できなければ崩壊する。あらかじめ耐力壁の負担せん断力を低減し、架構に負担させる設計をしていない場合は、通常無理である。また、崩壊を免れたとしても層間変形角が大きくなり、再使用できない状態となる。

　以上のように、耐力壁の負担せん断力を過大視することは危険であり、耐力壁が多い場合でも、柱の負担せん断力は層せん断力の 1/3 以上は保持できるようにする必要がある。

23.5　耐力壁の剛性の計算法

　耐力壁の負担せん断力の評価法には、以下の方法がある。コンピュータを用いた一貫構造計算ソフトでは、壁エレメントによる線材置換の計算法 5 が使用されている。

① 柱の D 値の n 倍を耐力壁の D 値と仮定する略算法（計算法 1）
② 境界梁の影響を仮定して独立耐力壁として扱う方法（計算法 2）
③ 耐力壁を線材に置換して架構として解く方法（計算法 3）
④ 耐力壁のせん断剛性をブレースに置換して解く方法（計算法 4）
⑤ 耐力壁の曲げおよびせん断変形を壁エレメント（線材）置換して解く方法（計算法 5）

　耐力壁の剛性に影響する主な要素には、①曲げ変形、せん断変形、基礎回転による変形、②上記変形に対応する塑性域での剛性低下、③境界梁および直交梁の存在、④耐力壁に作用する外力分布形状、⑤開口部の存在、が考えられる。耐力壁のせん断耐力を評価する計算法と考慮できる要素の関係を**表 23-7** に示す。

表 23-7　各解析法の特徴

解析法	各解析法で考慮できる要素（○：可、△：ある程度可）				
	曲げ変形	せん断変形	回転変形	境界材の存在	外力分布形
n 倍とおく方法[*4]	―	―	―	―	―
独立耐力壁とする方法	○	○[*1]	○[*1]	△[*3]	△[*2]
線材置換法	○	○[*1]	○[*1]	○[*1]	○
ブレース置換法	○	○[*1]	○[*1]	○[*1]	○
壁エレメント置換法	○	○	○	○	○

*1　塑性化や開口による剛性低下を考慮できる。
*2　耐力壁部分のみ外力分布を仮定する。
*3　一定の応力（降伏耐力とすることが多い）に仮定する。
*4　すべての因子の影響を総合的、経験的に評価する。

以降では、耐力壁の剛性の各計算法を述べる。

(1) 柱の D 値(内柱)の n 倍を耐力壁の D 値と仮定する略算法（計算法 1）

本法は他の方法と比較して簡単であるため、D 値法を用いる実用計算ではもっぱらこの方法が用いられていた。普通の建築物については、耐力壁の D 値を次のようにしている。

① 中柱の分布係数の 2〜5 倍くらい。
② 1 層で約 30〜50％程度を耐力壁に負担させる。
③ 基礎に浮上りを生じない程度にする。
④ 地盤が弱い場合や、長尺杭を用いる場合には、基礎回転が生じるため、各層において n を低めにとる。
⑤ 地上部分の階程耐力壁の分布係数比 n を低減する。
⑥ 境界梁の数が多いほど、耐力壁の分布係数比 n を大きくする。

以上の耐力壁に関する D 値の概念を客観的に表す計算法としては、以下の方法を一般に用いる。

① 両側柱付きの耐力壁の D 値
$$3 \leq n \leq \underset{\uparrow}{0.1t\ell F_c}$$
　　　　　　　　└── 耐力壁板のせん断ひびわれ強度

② 1 階の n 値 $= \dfrac{A_w \left(\text{耐力壁の断面積}\right)}{A_c \left(\text{内柱の断面積}\right)} = (3 \sim 5)$

③ 耐力壁の分布係数比 n の評価が小さすぎると、剛性率・偏心率を危険側にする。反対に、n の評価が大きすぎると、柱・梁が危険側になる。よって、各部の設計応力を大きめにして断力算定を行う。特に、層せん断力の 50％以上を耐力壁で負担するときは、剛接架構部分を中心に設計応力の割増しをする。また、耐力壁の配筋に注意し、靱性を高める。

(2) 独立耐力壁として扱う方法（計算法 2）

本法は手計算では計算が面倒なこと、および、基礎回転を考慮しないと求められた分布係数が大きくなりすぎる欠点がある。ここでは、武藤清博士提案による実用的な略算法を述べる。

① 仮定
・耐力壁は地盤から突出した片持梁とみなす。
・各層の曲げたわみを求める際、簡略化のため、曲げモーメント分布図を図 23-13 のように、台形と同面積の矩形として扱う。

② 多層独立耐力壁のたわみは、せん断変形 δ_S、曲げ変形 δ_B、基礎回転による変形 δ_R、基礎移動による変形 δ_D よりなる。
$$\boxed{\delta = \delta_S + \delta_B + \delta_R + \delta_D}$$

③ たわみの実用単位：$\boxed{\dfrac{h_j^2}{12EK_0}}$、分布係数の実用単位：$\boxed{\dfrac{12EK_0}{h_j^2}}$、$E/G=2.3$。ここに、$h_j=$ 第 j 層の階高。

④ 耐力壁の断面積：A_{wj}、断面2次モーメント：I_{wj}

第 j 層の耐力壁の断面積 A_{wj} および断面2次モーメント I_{wj} は、**図 23-14** の断面のハッチング部分を考慮する。すなわち、断面積は柱心間の壁厚さ、断面2次モーメントは柱付耐力壁の全断面を考慮する。

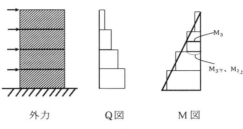

図 23-13　独立耐力壁

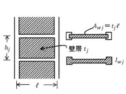

図 23-14　A_{wj} と I_{wj}

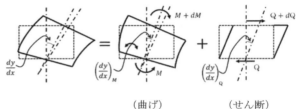

図 23-15　耐力壁の曲げ変形とせん断変形

⑤ せん断たわみ：δ_{Sj}（**図 23-15**）

せん断応力の分布：$\tau_{MAX}=\kappa\dfrac{Q_j}{A_{wj}}$、

κ：せん断変形係数（**表 23-8**）：$1\sim 1.5$（$\kappa=1.2$ とする）

表 23-8　耐力壁 κ の値

断面	柱なし	柱あり	柱が大
τ_{MAX}	$1.5\dfrac{Q}{A}$	$(1\sim 1.5)\dfrac{Q}{A}$	$\dfrac{Q}{A}$
κ	1.5	$1\sim 1.5$	1

$$\delta_{Sj}=\dfrac{\tau_{MAX}}{\beta G}\cdot h_j=\dfrac{\kappa h_j}{\beta G A_{wj}}\cdot Q_j=\dfrac{\kappa\, Q_j}{\beta\, A_{wj}}\cdot\dfrac{12EK_0}{Gh_j}\left[\dfrac{h_j^2}{12EK_0}\right]$$

実用式　$\boxed{\delta_{Sj}=\Delta_S\cdot\dfrac{27.6K_0}{h_j}}$　単位は実用単位を使用する。

ここに、$\Delta_S=\dfrac{\kappa\, Q_j}{\beta A_{wj}}$、$\beta=$ 塑性係数（剛性低下率）であり、$\beta=1$ は弾性、$\beta<1$ は塑性である。β を 1 より小さい適切な値を入れると塑性状態の耐力評価ができる。

⑥ 曲げたわみ：δ_{Bj}（**図 23-15**）

曲げモーメント分布を矩形分布と仮定すると、モールの定理を用いて $\dfrac{M}{EI}$ 図から計

算する。j 層のたわみ δ_j は次式より求まる。

$$\delta_{Bj} = \left(\sum_{i=1}^{j-1}\frac{M_i h_i}{EI_i}\right)\times h_j + \frac{1}{2}\frac{M_j h_j^2}{EI_j} = \left(\sum_{i=1}^{j-1}\frac{M_i}{k_{w_i}} + \frac{1}{2}\frac{M_j}{k_{w_j}}\right)\frac{h_j}{EK_0}\cdot\frac{12EK_0}{h_j^2}\left[\frac{h_j^2}{12EK_0}\right]$$

$$= \left(\sum_{i=1}^{j-1}\frac{M_i}{k_{w_i}} + \frac{1}{2}\frac{M_j}{k_{w_j}}\right)\cdot\frac{12}{h_j}\left[\frac{h_j^2}{12EK_0}\right]$$

ここに、$k_{w_j} = \dfrac{I_{w_j}}{h_j K_0} = j$ 層の壁の剛比

実用式 $\boxed{\delta_{Bj} = 4\Delta_{Bj}\times\dfrac{3}{h_j}}$　　ここに、$\Delta_{Bj} = \sum_{i=1}^{j-1}\dfrac{M_i}{k_{w_i}} + \dfrac{1}{2}\dfrac{M_j}{k_{w_j}}$

⑦ 基礎回転によるたわみ：δ_{Rj}（図 23-16）

基礎回転角を θ_0 とすると、j 層のたわみ δ_{Rj} は次式となる。

$$\delta_{Rj} = \theta_0 h_j = \frac{12EK_0\theta_0}{h_j}\cdot\left[\frac{h_j^2}{12EK_0}\right]$$

実用式 $\boxed{\delta_{Rj} = \Delta_{Rj}}$　　ここに、$\Delta_{Rj} = \dfrac{12EK_0\theta_0}{h_j}$

基礎回転角 θ_0 の値は次式より求める。

$$\theta_0 = 2\sum_{i=1}^{n} Q_i h_i / \left(A_F E_e \ell^2\right)$$

図 23-16　基礎回転によるたわみ

ここに、$A_F =$ 基礎底面積；$E_e =$ 地盤のヤング係数；$\ell =$ 建物の全幅。

⑧ 基礎移動によるたわみ：δ_{D1}（図 23-17）

基礎の移動量を δ_0 とすると 1 階のみ変形し、それ以上の階では相対水平変位は生じない。

$\delta_{D1} = \delta_0$

$\delta_{Dj} = 0$　（$j \geq 2$）

基礎移動は数値を推定することが困難であるため省略する。

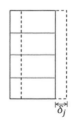

図 23-17　基礎移動

⑨ 全変形と分布係数

$$\delta_{wj} = \delta_{Sj} + \delta_{Bj} + \delta_{Rj} = \Delta_{Sj}\cdot\frac{27.6K_0}{h_j} + 4\Delta_{Bj}\times\frac{3}{h_j} + \Delta_{Rj}$$

$$= \left(\sum_{i=1}^{j-1}\frac{M_i}{k_{w_i}} + \frac{1}{2}\frac{M_j}{k_{w_j}}\right)\cdot\frac{12}{h_j} + \frac{\kappa}{\beta}\frac{Q_j}{A_{wj}}\cdot\frac{12EK_0}{Gh_j} + \frac{12EK_0}{h_j} \qquad (23.4)$$

$$D_{wj} = Q_j / \delta_{wj} \qquad (23.5)$$

⑩ 耐力壁の負担せん断力の求め方

耐力壁が負担するせん断力は、あらかじめ仮定したせん断力を与え、それにより分布係数を求めて、この分布係数よりせん断力を求める。このせん断力と仮定したせん断力が著しく異なるときは、このせん断力を基にして分布係数を再計算し、新たに算出したせん断力とを比較して、差が許容できる範囲まで繰り返すことにより収束して

いく。計算は**表 23-9** を用いて機械的に求まる。**表 23-9** は 4 階建の耐力壁について示してあり、高層になれば適宜行（階数）を増加する。表計算をコンピュータを用いた Excel で作成すれば容易に計算できる。

表 23-9　耐力壁の計算法 2

	1	2	3	4	5	6	7	8	9
j	h_j	Q_j	k_{wj}	A_{wj}	$Q_j h_j$	$M_{j下}$	$2M_j$	$\dfrac{2M_j}{k_{wj}}$	$4\Delta_{Bj}$
4	h_4	Q_4	k_{w4}	A_{w4}	$Q_4 h_4$	$Q_4 h_4$	$M_{4下}$	$\dfrac{2M_4}{k_{w4}}$	$\dfrac{2M_3}{k_{w3}}+\dfrac{2M_4}{k_{w4}}+4\Delta_{B3}$
3	h_3	Q_3	k_{w3}	A_{w3}	$Q_3 h_3$	$Q_3 h_3+M_{4下}$	$M_{4下}+M_{3下}$	$\dfrac{2M_3}{k_{w3}}$	$\dfrac{2M_2}{k_{w2}}+\dfrac{2M_3}{k_{w3}}+4\Delta_{B2}$
2	h_2	Q_2	k_{w2}	A_{w2}	$Q_2 h_2$	$Q_2 h_2+M_{3下}$	$M_{3下}+M_{2下}$	$\dfrac{2M_2}{k_{w2}}$	$\dfrac{2M_1}{k_{w1}}+\dfrac{2M_2}{k_{w2}}+4\Delta_{B1}$
1	h_1	Q_1	k_{w1}	A_{w1}	$Q_1 h_1$	$Q_1 h_1+M_{2下}$	$M_{2下}+M_{1下}$	$\dfrac{2M_1}{k_{w1}}$	$\dfrac{2M_1}{k_{w1}}$

	10	11	12	12'	13	14	15
	δ_{Bj}	β	δ_{Sj}	δ_{Sj}/γ_j	δ_{Rj}	$\delta_j=$ (10)+(12)'+(13) 又は (10)+(12)+(13)	D_{wj}
	$(9)\times\dfrac{3}{h_4}$	β_4	$\dfrac{33.1K_0 Q_4}{\beta_4 A_{w4} h_4}$	$\dfrac{\delta_{S4}}{\gamma_4}$	$\dfrac{12EK_0\theta_0}{h_4}$	$\delta_{B4}+\delta_{S4}+\delta_{R4}$	$\dfrac{Q_4}{\delta_4}$
	$(9)\times\dfrac{3}{h_3}$	β_3	$\dfrac{33.1K_0 Q_3}{\beta_3 A_{w3} h_3}$	$\dfrac{\delta_{S3}}{\gamma_3}$	$\dfrac{12EK_0\theta_0}{h_3}$	$\delta_{B3}+\delta_{S3}+\delta_{R3}$	$\dfrac{Q_3}{\delta_3}$
	$(9)\times\dfrac{3}{h_2}$	β_2	$\dfrac{33.1K_0 Q_2}{\beta_2 A_{w2} h_2}$	$\dfrac{\delta_{S2}}{\gamma_2}$	$\dfrac{12EK_0\theta_0}{h_2}$	$\delta_{B2}+\delta_{S2}+\delta_{R2}$	$\dfrac{Q_2}{\delta_2}$
	$(9)\times\dfrac{3}{h_1}$	β_1	$\dfrac{33.1K_0 Q_1}{\beta_1 A_{w1} h_1}$	$\dfrac{\delta_{S1}}{\gamma_1}$	$\dfrac{12EK_0\theta_0}{h_1}$	$\delta_{B1}+\delta_{S1}+\delta_{R1}$	$\dfrac{Q_1}{\delta_1}$

（注）開口のあるときは(12) 列に代えて(12)' 列を用いる。

例題　例図 8 に示す 1 張間 4 層ラーメンからなる建築物の各層に、地震層せん断力が 4 層 200kN、3 層 400kN、2 層 600kN、1 層 800kN が作用するとき、Ⓐラーメンの耐力壁の分布系数を求める。各階について階高 3.6m（構造階高とする）、張間 4m、柱 0.5m 角、梁 0.3m×0.6m、壁厚 0.12m とする。

① 断面積、断面 2 次モーメント：

$$A_w = 0.12\times 4 = 0.48\,\text{m}^2 、\quad I_w = 0.5^2\times 2^2\times 2 + \dfrac{0.5^4}{12}\times 2 + 0.12\times\dfrac{(4-0.5)^3}{12} = 2.44\,\text{m}^4$$

$$I_c = 0.5^4/12 = 0.0052\,\text{m}^4 、\quad I_b = 0.3\times 0.6^3/12 = 0.0054\,\text{m}^4$$

② 剛度：

$$K_c = 0.0052/3.6 = 0.00144\,\text{m}^3\,;\; K_b = 0.0054/4 = 0.00135\,\text{m}^3\,;\; K_w = 2.44/3.6 = 0.68\,\text{m}^3$$

③ 剛比：$K_0 = K_c$ とおくと、

$$k_c = 1\,;\; k_b = 0.00135/0.00144 = 0.93\,;\; k_w = 0.68/0.00144 = 470$$

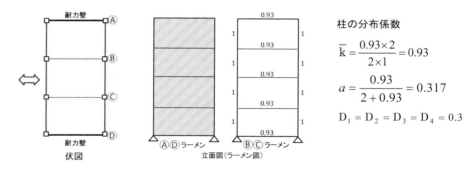

例図8 伏図およびラーメンの剛比

④ 紙面の制約から、耐力壁の負担するせん断力を試算の上で次のように仮定する（適当に耐力壁の負担せん断力を仮定し、**表23-9**の計算を繰り返す）。

（仮定せん断力）：（4層）76kN （3層）177kN （2層）279kN （1層）384kN

この仮定せん断力（**例表1**）を用いて、耐力壁の分布係数を求める。耐力壁の基礎回転を無視して、$\theta_0 = 0$ とする。

$$\frac{33.1K_0}{A_w h} = 0.0276$$

例表1　耐力壁の負担せん断力

	1	2	3	4	5	6	7	8	9	10	11	12	13	14	15
j	k_j	Q_j	k_{wj}	A_{wj}	$Q_j h_j$	$M_{j下}$	$2M_j$	$\frac{2M_j}{k_{wj}}$	$4\Delta_{Bj}$	δ_{Bj}	β	δ_{Sj}	δ_{Rj}	δ_j	D_{wj}
4	3.6	76	470	0.48	274	274	274	0.5	39.7	33.1	1	2.4	0	35.2	2.2
3	3.6	177	470	0.48	637	911	1185	0.25	36.7	30.6	1	4.9	0	35.5	5.0
2	3.6	279	470	0.48	1004	1915	2826	0.6	28.2	23.5	1	7.7	0	31.2	8.9
1	3.6	384	470	0.48	1382	3297	5212	11.1	1.11	6.9	1	10.6	0	17.5	21.9

耐力壁の分布係数　$D_{w1} = 21.9$、$D_{w2} = 8.9$、$D_{w3} = 5.0$、$D_{w4} = 2.2$ となり、これを**例図9**のD値一覧に記入する。

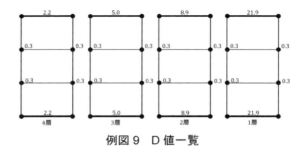

例図9　D値一覧

仮定したせん断力が正しいかどうかを調べると、

$$Q_{w4} = 200 \times \frac{2.2}{0.3 \times 4 + 2.2 \times 2} = 79\,\text{kN} \qquad Q_{c4} = 200 \times \frac{0.3}{0.3 \times 4 + 2.2 \times 2} = 11\,\text{kN}$$

$$Q_{w3} = 400 \times \frac{5.0}{0.3 \times 4 + 5.0 \times 2} = 179\,\text{kN} \qquad Q_{c3} = 400 \times \frac{0.3}{0.3 \times 4 + 5.0 \times 2} = 11\,\text{kN}$$

$$Q_{w2} = 600 \times \frac{8.9}{0.3 \times 4 + 8.9 \times 2} = 281\,\text{kN} \qquad Q_{c2} = 600 \times \frac{0.3}{0.3 \times 4 + 8.9 \times 2} = 9\,\text{kN}$$

$$Q_{w1} = 800 \times \frac{21.9}{0.3 \times 4 + 21.9 \times 2} = 389\,\text{kN} \qquad Q_{c1} = 800 \times \frac{0.3}{0.3 \times 4 + 21.9 \times 2} = 5\,\text{kN}$$

となり、結果は仮定せん断力に近い値である。よって、耐力壁の分布係数はこの値を採用する。柱の負担せん断力は同様に求まる。

（注）もし仮定せん断力と算出した分布係数より求めたせん断力とが大きく異なるならば、求めたせん断力を仮定せん断力として**例表1**の計算を実施し、再び分布係数を求める。

⑤ 負担せん断力（kN）（**例図10**）

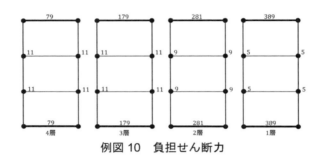

例図10　負担せん断力

下層になるほど、層せん断力は耐力壁でほとんど負担される。しかし、耐力壁に亀裂が生じると、負担せん断力は急激に低下するので、耐力壁の負担せん断力を割り引く必要がある。塑性係数 β を 0.1 とすると 1 層の耐力壁のせん断変形 δ_{S1} は 10.6 から 106 に増加し、たわみ $\delta_{w1} = 113$（実用単位）となり、分布係数は 3.3 と急激に小さくなる。その結果、負担せん断力は 159kN となる。

(3) 耐力壁を線材に置換して架構として解く方法（計算法3）

耐力壁はその重心線を通る線材で置換し、梁は材端に剛域を持つ置換ラーメンに、耐力壁付架構を置換する（**図23-18**）。

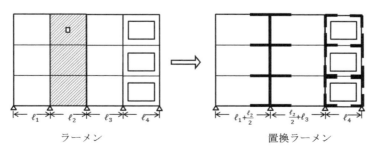

図23-18　計算法3

(4) 耐力壁のせん断剛性をブレースに置換して解く方法（計算法4）

　変形法を架構解析の基本的手法と考えるとき、軸方向の伸縮を考慮に入れたラーメン解析となる。このとき、曲げ変形、せん断変形を発生する耐力壁の変形の状態を、軸方向力による柱の伸縮を考慮した架構変形と対応させる方法であり、耐力壁をブレースに置換して変形法によって架構を解析する（図23-19）。

　耐力壁の曲げ変形は、耐力壁の曲げ剛性EI_wを持つ柱の等価断面剛性EA_cで置換する。一方、耐力壁のせん断変形は、耐力壁のせん断剛性GA_wに等しくなるブレースの断面積で置換する（図23-20）。弾性解析では殆んどこのモデル化が古くから使用されている。

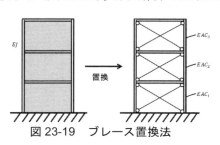

図23-19　ブレース置換法

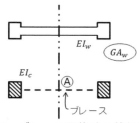

図23-20　ブレース置換法の等価剛性

①　曲げ変形に対する置換（図23-21）

　柱と壁を合わせたI形断面の断面2次モーメントをI_w、置換架構の断面2次モーメントをI_{we}と表せば、

$$I_w = \frac{t\ell_0^3}{12} + 2A_c\frac{\ell^2}{4}$$

$$I_{we} = 2A_{ce}\frac{\ell^2}{4}$$

となる。耐力壁と置換架構の断面2次モーメントが$I_w = I_{we}$と等しくなるような柱の等価断面積A_{ce}は次式となる。

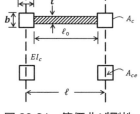

図23-21　等価曲げ剛性

$$A_{ce} = \frac{2I_w}{\ell^2} \tag{23.6}$$

②　せん断変形に対する置換（図23-22）

　耐力壁のせん断変形δ_wは次式となる。

$$\delta_w = \frac{\kappa Q h}{\beta GA_W}$$

ここに、κ＝断面形状により決定されるせん断力の分布係数（I形断面は1.2）；G＝せん断弾性係数；A_W＝壁の断面積；β＝剛性低下率（$\beta=1$は弾性、$\beta<1$は非弾性）。

　置換ブレースの伸縮による水平変位をδ_Bとすると、

$$\delta_B = \frac{Q\ell}{2A_B E \cos^3\theta}$$

ここに、E＝置換ブレースのヤング係数；A_B＝置換ブレースの片側の等価断面積。

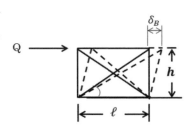

図23-22　等価せん断剛性

　耐力壁のせん断変形δ_wと置換ブレースの変形δ_Bが等しくなる置換ブレースの等価

断面積 A_B は次式となる。

$$A_B = \frac{\beta GA_W \ell}{2E\kappa h\cos^3\theta} \tag{23.7}$$

③　耐力壁上下の梁は、耐力壁の壁板が取りつくので、通常大きな曲げ剛性とせん断剛性を設定する。

例題　例図 11 の RC 造耐力壁をブレースに置換するときの、置換ブレース断面を求める。耐力壁は、柱 50×50cm、スパン 500cm、壁厚 20 cm の鉄筋コンクリート造耐力壁とする。

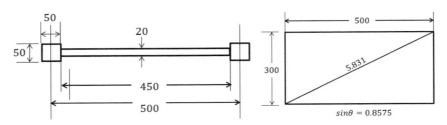

例図 11　耐力壁のブレース置換

$$I_w = \frac{20 \times 450^3}{12} + 2 \times 50 \times 50 \times \frac{500^2}{4} = 4.644 \times 10^8 \text{ cm}^4$$

置換ブレースの等価柱断面：式(23.6)より $A_{ce} = 2 \times 4.644 \times 10^8 / 500^2 \text{ cm}^4 = 3715 \text{ cm}^2$

$\kappa = 1.2$（形状によるせん断係数）、$\beta = 1.0$（剛性低下率）

置換ブレースの等価断面積（片側断面積）：式(23.7)より

$$A_B = \frac{1.0 \times 9.0 \times 10^4 \times 20 \times 500 \times 500}{2 \times 2.1 \times 10^5 \times 1.2 \times 300 \times 0.8575^3} = 4720 \text{ cm}^2$$

(5)　壁エレメント（線材）置換法（計算法 5）

　一貫構造計算ソフトでは、骨組解析は線材を用いたマトリックス法を使用することから、耐力壁は線材要素で置換する必要がある。耐力壁の挙動は曲げ剛性、せん断剛性、境界梁効果により支配されるので、**図 23-23** に示すように、耐力壁は壁エレメント置換でモデル化する。壁エレメント置換モデルは、剛域と見なした剛な上下の梁の要素に壁柱が耐力壁の梁および柱（付帯柱）にピン接合されている。このモデルでは、水平力を受ける耐力壁の曲げ剛性は、付帯柱の軸伸縮で連層耐力壁の曲げ変形を表現する。一方、せん断剛性は壁柱と剛な梁とが負担するモーメントによるせん断変形で表される（**図 23-24**）。

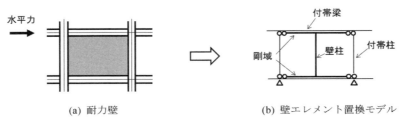

(a) 耐力壁　　　　　(b) 壁エレメント置換モデル

図 23-23　耐力壁のモデル化 [37]

境界梁の効果は、壁エレメントを骨組内に組み込むことにより壁エレメントが耐力壁に取り付く骨組の梁および柱と一体的に動くように梁の剛性を増大させる。**図 23-25** は、連層耐力壁の場合の壁エレメントの配置を示す。

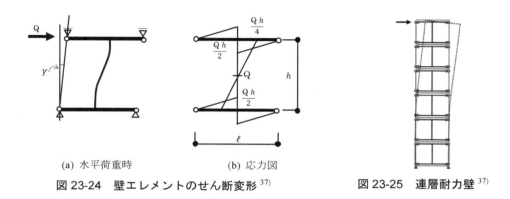

(a) 水平荷重時　　　(b) 応力図

図 23-24　壁エレメントのせん断変形 [37]　　　図 23-25　連層耐力壁 [37]

23.6　開口のある耐力壁の分布係数

(1)　開口の影響

開口の影響は、**表 23-10** に示すように、せん断変形に顕著に表れ、開口によりせん断剛性が低下する。開口が大きくなると、有開口耐力壁のせん断変形はフレームとしての変形になる。

表 23-10　耐力壁の開口の影響 [11]

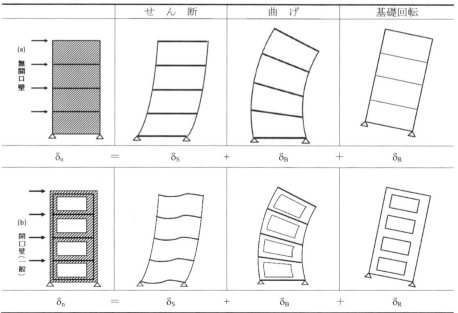

① 小開口耐力壁（p≦0.4）

$$\delta_{wj} = \delta_B + \delta_S/\gamma + \delta_R \tag{23.8}$$

$$D_{wj} = \frac{Q_{wj}}{\delta_{wj}} \tag{23.9}$$

ここに、γ＝開口による剛性低下率　　$\gamma = 1 - 1.25p$

$$p = 等価開口周比 = \frac{開口と等面積で壁と相似矩形の周長}{壁の周長（柱、梁中心線でとる）} = \sqrt{\frac{A_0}{A_w}}$$

ここに、A_w＝壁の面積（柱梁の中心線で囲まれた面積）；
A_0＝実際の開口より各辺 10 cm（サッシの取り付けを考慮）
を引いた開口の面積（図 23-26）。

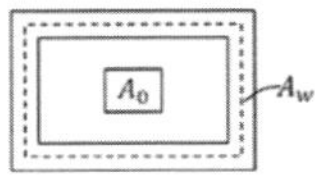

図 23-26　耐力壁の A_w と A_0

② 大開口耐力壁（$p>0.4$）

耐力壁の性状はラーメンに近いものとして、曲げせん断・剛域を考慮したラーメンにより解析する。一般には計算が面倒なため、耐力壁は水平力を負担しないと考える。

例題　層高 3.6m、張間 5m の耐力壁に高さ 1.2m、幅 1.5m の開口（開口から各辺 10cm を引いた後の寸法）がある。この耐力壁の開口による剛性低下率γを求める。

$p = \sqrt{\dfrac{1.2 \times 1.5}{3.6 \times 5}} = 0.32 < 0.4$　小開口耐力壁とみなせる。よって、$\gamma = 1 - 1.25 \times 0.32 = 0.6$ となる。

(2)　各種開口形に対する実用的な対応

① 中央開口の場合

等価開口周比 p が 0.4 以下のときは開口付耐力壁とし、一方、$p>0.4$ のときはフレームとして扱う。

② 横全長開口の場合

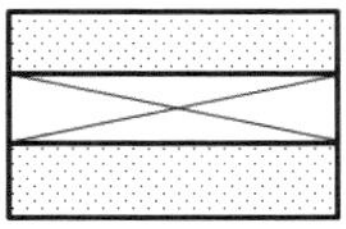

一般には、耐震効果を無視する。ただし、たれ壁、腰壁によって柱の可撓長さが短くなるので、架構の剛性が大きくなり、柱部分に大きなせん断力が作用するので、柱部分に十分なせん断補強が必要である。柱の可撓長さが短い場合、剛性は増大するが靭性がなくなり、脆性破壊を生じやすい。

③ 縦長開口の場合

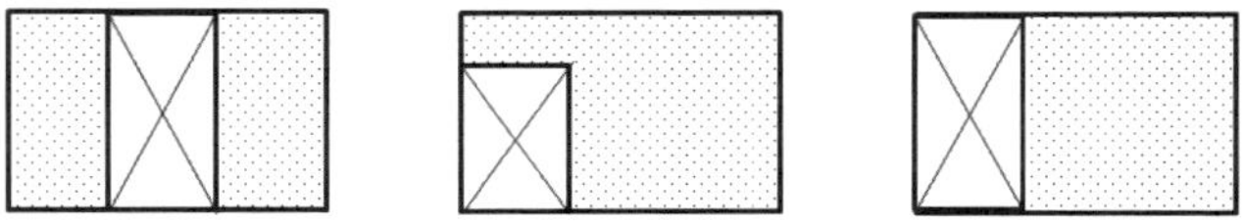

無視する。耐力壁に水平力が作用すると、壁端に垂直方向の軸方向力が生じる。壁が薄いと軸方向力に耐えられなくなるし、軸方向力が大梁にせん断力として作用するので、壁厚が薄い場合は**一般には耐震効果を雑壁として無視して扱う**場合が多い。

23.7 震動方向に平行でない耐力壁の分布係数

建物のある層が地震力の方向に δ 変形するとき、耐力壁はすべて地震力の方向に δ を強制される。壁面が地震力の方向に α 傾く耐力壁は、地震力方向には δ 変形し、その壁面方向には $\delta\cos\alpha$ 変形する。この耐力壁が地震力に平行な際のせん断力（たわみが δ のときのせん断力）を Q とすると、α 傾くときのせん断力は $Q\cos\alpha$ となる。このせん断力を、地震力方向と地震力に垂直な方向とに分解すれば、地震力方向の分力は $Q\cos^2\alpha$ となる（図 23-27）。

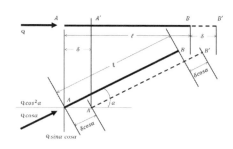

図 23-27 壁面が地震力方向と α 傾く耐力壁

地震力に平行な耐力壁の分布係数を D_w とすると、その壁が地震力方向に α 傾く際の地震力方向の分布係数は $D_w\cos^2\alpha$ である。この分布係数 $D_w\cos^2\alpha$ はせん断力を柱や壁に分布する ΣD の計算に用いる。耐力壁自体のせん断力を求めるには、$D_w\cos\alpha$ を分布係数として用いる。

例題 例図 12 のような平面の建物に地震層せん断力 Q が作用したときの壁の負担せん断力を求める。なお、耐力壁の形状はすべて同じものよりなり、$\alpha=0°$ の耐力壁の分布係数は 12 とする。例図 12 の数値は D 値を示す。

$\alpha=30°$ の耐力壁の分布係数 D_w：

$D_w = 12 \times \cos^2 30° = 9$

$\Sigma D = 1.5+1.6+1.4+1.5+12+9+9 = 36$

耐力壁 W_1 および W_2 の負担せん断力 Q_{W_1} および Q_{W_2}；

$D_{w_1} = 12 \times \cos 30° = 10.4$

$Q_{W_1} = Q\dfrac{D_{w_1}}{\Sigma D} = Q\dfrac{10.4}{36} = 0.29Q$

$Q_{W_2} = Q\dfrac{D_{w_2}}{\Sigma D} = Q\dfrac{12}{36} = 0.33Q$

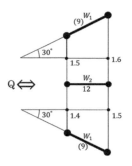

例図 12 加力方向に平行でない耐力壁

23.8 耐力壁偏在による柱・壁のせん断力の補正

耐力壁が偏在すると、建物の剛心（その層の分布係数の中心）と建物の重心（水平荷重の中心）とが一致しなくなり、剛心を回転中心として捩れ回転を生ずる。この結果、同一層でも柱の傾斜が同じでなくなる。

偏心距離が大きい場合の計算法には、①分布係数を修正する方法、②負担せん断力を修正する方法の2つの方法があるが、両者の結果は同じである。ここでは②の方法を述べる。

(1) x 方向のせん断力 Q_x が e_y 偏心するとき（図 23-28）

x_c, y_c＝剛心から柱までの x 方向および y 方向の距離

x_w, y_{cw}＝剛心から耐力壁までの x 方向および y 方向の距離

Q_x＝x 方向の層せん断力

Q_y＝y 方向の層せん断力

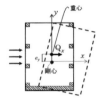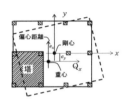

図 23-28　Q_x が e_y 偏心する場合

$$Q_x e_y = \Sigma Q_{cx} y_c + \Sigma Q_{wx} y_w + \Sigma Q_{cy} x_c + \Sigma Q_{wy} x_w = Q_{cx}(\Sigma Q_{cx} y_c + \Sigma Q_{wx} y_w + \Sigma Q_{cy} x_c + \Sigma Q_{wy} x_w)/Q_{cx}$$

$$= Q_{cx}(\Sigma D_{cx} y_c^2 + \Sigma D_{wx} y_w^2 + \Sigma D_{cy} x_c^2 + \Sigma D_{wy} x_w^2)/(D_{cx} y_c) = Q_{cx}(J_x + J_y)/(D_{cx} y_c)$$

$$= Q_{cx} K_R / (D_{cx} y_c)$$

ここに、J_x, J_y＝D 値の2次モーメント；K_R＝捩り剛性。

$$J_x = \Sigma D_{cx} y_c^2 + \Sigma D_{wx} y_w^2 \ ; \ J_y = \Sigma D_{cy} x_c^2 + \Sigma D_{wy} x_w^2$$

$$K_R = J_x + J_y$$

よって、$\quad Q_{cx} = Q_x e_y \cdot \dfrac{D_{cx} y_c}{K_R} \ ; \ Q_{wx} = Q_x e_y \cdot \dfrac{D_{wx} y_w}{K_R}$

同様に $\quad Q_{cy} = Q_x e_y \cdot \dfrac{D_{cy} x_c}{K_R} \ ; \ Q_{wy} = Q_x e_y \cdot \dfrac{D_{wy} x_w}{K_R}$

よって、x 方向のせん断力 Q_x が e_y 偏心するときの柱および耐力壁のせん断力は、偏心 e_y により発生した付加せん断力を偏心がないせん断力に加えると求まる。

$$Q_{cx} = Q_x \frac{D_{cx}}{\Sigma D_x} + Q_x e_y \frac{D_{cx} y_c}{K_R} = Q_x \frac{D_{cx}}{\Sigma D_x}\left(1 + \frac{e_y y_c \Sigma D_x}{K_R}\right) = Q_{cx0}\left(1 + \frac{e_y y_c \Sigma D_x}{K_R}\right)$$

同様に導くと、次の公式を得る。

$$\boxed{\begin{aligned} Q_{cx} &= Q_{cx0}\left(1 + \frac{e_y y_c \Sigma D_x}{K_R}\right) \ ; \ Q_{wx} = Q_{wx0}\left(1 + \frac{e_y y_w \Sigma D_x}{K_R}\right) \\ Q_{cy} &= Q_x \frac{e_y x_c D_{cy}}{K_R} \ ; \ Q_{wy} = Q_x \frac{e_y x_w D_{wy}}{K_R} \end{aligned}}$$

(23.10)

ここに、偏心がないときのせん断力を以下のように表示する。

$$Q_{cx0} = Q_x \frac{D_{cx}}{\Sigma D_x} \ ; \ Q_{wx0} = Q_x \frac{D_{wx}}{\Sigma D_x} \tag{23.11}$$

また、x 方向および y 方向の分布係数の和を ΣD_x、ΣD_y とする。

$$\Sigma D_x = \Sigma D_{cx} + \Sigma D_{wx} \ ; \ \Sigma D_y = \Sigma D_{cy} + \Sigma D_{wy} \tag{23.12}$$

(2) y 方向のせん断力 Q_y が e_x 偏心するとき

同様な展開により、次式を得る。

$$Q_{cy} = Q_{cy0}\left(1 + \frac{e_x x_c \Sigma D_y}{K_R}\right) \; ; \; Q_{wy} = Q_{wy0}\left(1 + \frac{e_x x_w \Sigma D_y}{K_R}\right)$$
$$Q_{cx} = Q_y \frac{e_x y_c D_{cx}}{K_R} \; ; \; Q_{wx} = Q_y \frac{e_x y_w D_{wx}}{K_R}$$

(23.13)

例題 例図 13 は 2 層建築物の伏図である。x 方向に作用する地震力により、層せん断力が 2 層 700kN、1 層 1400kN 作用するときの柱、壁の負担せん断力を求める。部材の剛比を次の値とする（**例図 14**）。

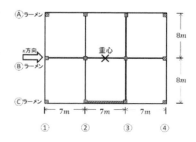

例図 13 伏図

柱　　　　1（x, y 方向とも同じ）
基礎梁　　3
梁　　　　x 方向（屋根梁、床梁）0.9、y 方向　1

耐力壁の分布係数は内柱の 12 倍と仮定する。

（注）耐力壁の分布係数比 12 は大きすぎるが、これを用いる。

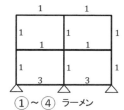
①～④ ラーメン

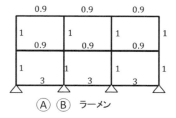
Ⓐ Ⓑ ラーメン

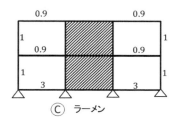
Ⓒ ラーメン

例図 14 剛比

層せん断力：2 層 Q_2=700kN　1 層 Q_1=1400kN

① 分布係数（**例図 15**）：

		(x方向)		(y方向)	
外柱	(2層)	$\bar{k} = \frac{2 \times 0.9}{2 \times 1} = 0.9$	$D_x = \frac{0.9}{2+0.9} \times 1 = 0.31$	$\bar{k} = \frac{2 \times 1}{2 \times 1} = 1$	$D_y = \frac{1}{2+1} \times 1 = 0.33$
	(1層)	$\bar{k} = \frac{0.9+3}{2 \times 1} = 1.95$	$D_x = \frac{1.95}{2+1.95} \times 1 = 0.49$	$\bar{k} = \frac{1+3}{2 \times 1} = 2$	$D_y = \frac{2}{2+2} \times 1 = 0.5$
内柱	(2層)	$\bar{k} = \frac{4 \times 0.9}{2 \times 1} = 1.8$	$D_x = \frac{1.8}{2+1.8} = 0.47$	$\bar{k} = \frac{4 \times 1}{2 \times 1} = 2$	$D_y = \frac{2}{2+2} \times 1 = 0.5$
	(1層)	$\bar{k} = \frac{(0.9+3) \times 2}{2 \times 1} = 3.9$	$D_x = \frac{3.9}{2+3.9} = 0.66$	$\bar{k} = \frac{2 \times 1 + 3 \times 2}{2 \times 1} = 4$	$D_y = \frac{4}{2+4} \times 1 = 0.67$
耐力壁	(2層)	$D_{wx} = 0.47 \times 12 = 5.64$			
	(1層)	$D_{wx} = 0.66 \times 12 = 7.92$			

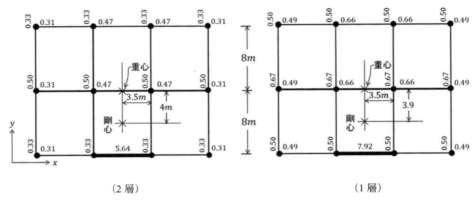

例図 15　分布係数一覧

(2層) $\Sigma D_x = 0.31 \times 6 + 0.47 \times 4 + 5.64 = 9.38$　(1層) $\Sigma D_x = 0.49 \times 6 + 0.66 \times 4 + 7.92 = 13.5$
$\Sigma D_y = 0.33 \times 8 + 0.5 \times 4 = 4.64$　　　　　　　$\Sigma D_y = 0.5 \times 8 + 0.67 \times 4 = 6.68$

② 重心：実際には柱の軸方向力を用いて重心を求めるが、本例題では軸方向力はすべての柱で等しいとして、平面図の中心を重心位置にとる（**例図 15**）。

③ 剛心：座標の原点を重心（平面図の中心）にとると、剛心までの距離 ℓ_x および ℓ_y は次式となる。($\ell_x = 0$)

2層：$\ell_y = \{(5.64 + 0.31 \times 2) \times (-8) + (0.31 \times 2 + 0.47 \times 2) \times 8\} / 9.38 = -4.0\,\mathrm{m}$

1層：$\ell_y = \{(7.92 + 0.49 \times 2) \times (-8) + (0.49 \times 2 + 0.66 \times 2) \times 8\} / 13.5 = -3.9\,\mathrm{m}$

D 値は y 軸に関して対称であるから、剛心は平面図の対称軸 y 軸上に位置しているので、$\ell_x = 0$ となる。**例図 15** に剛心位置を記入する。耐力壁の偏在により剛心は耐力壁の方向に寄ってくる。

④ 偏心距離：剛心を計算する際、座標の原点を重心にとったので、偏心距離は次式より得る。

2層：$e_x = |\ell_x - 0| = 0$　　$e_y = |\ell_y - 0| = 4\,\mathrm{m}$

1層：$e_x = |\ell_x - 0| = 0$　　$e_y = |\ell_y - 0| = 3.9\,\mathrm{m}$

⑤ 剛心まわりのねじり剛性 K_R ＝分布係数の 2 次モーメント：
x, y 座標の原点を剛心にとると、

2層：$K_R = J_x + J_y = (5.64 + 0.31 \times 2) \times (8 - 4)^2 + (0.31 \times 2 + 0.47 \times 2) \times 4^2 + (2 \times 0.31 + 0.47 \times 2) \times (8 + 4)^2$
$+ (0.33 \times 2 + 0.5) \times 10.5^2 \times 2 + (0.33 \times 2 + 0.5) \times 3.5^2 \times 2 = 634\,\mathrm{m}^2$

1層：$K_R = J_x + J_y = (7.92 + 0.49 \times 2) \times (8 - 3.9)^2 + (0.49 \times 2 + 0.66 \times 2) \times 3.9^2 + (0.49 \times 2 + 0.66 \times 2) \times (8 + 3.9)^2$
$+ (0.5 \times 2 + 0.67) \times 10.5^2 \times 2 + (0.5 \times 2 + 0.67) \times 3.5^2 \times 2 = 919\,\mathrm{m}^2$

⑥ 修正した負担せん断力：式(23.10)より

Ⓐ ラーメン

2層　外柱　$Q_x = 700 \times \dfrac{0.31}{9.38}\left(1 + \dfrac{4 \times 12 \times 9.38}{634}\right) = 40\,\text{kN}$ 　　　$Q_y = 700 \times \dfrac{4 \times 10.5 \times 0.33}{634} = 15\,\text{kN}$

　　　内柱　$Q_x = 700 \times \dfrac{0.47}{9.38}\left(1 + \dfrac{4 \times 12 \times 9.38}{634}\right) = 60\,\text{kN}$ 　　　$Q_y = 700 \times \dfrac{4 \times 3.5 \times 0.33}{634} = 5\,\text{kN}$

1層　外柱　$Q_x = 1400 \times \dfrac{0.49}{13.5}\left(1 + \dfrac{3.9 \times 11.9 \times 13.5}{919}\right) = 85\,\text{kN}$ 　　　$Q_y = 1400 \times \dfrac{3.9 \times 10.5 \times 0.5}{919} = 31\,\text{kN}$

　　　内柱　$Q_x = 1400 \times \dfrac{0.66}{13.5}\left(1 + \dfrac{3.9 \times 11.9 \times 13.5}{919}\right) = 115\,\text{kN}$ 　　　$Q_y = 1400 \times \dfrac{3.9 \times 3.5 \times 0.5}{919} = 10\,\text{kN}$

Ⓑ ラーメン

2層　外柱　$Q_x = 700 \times \dfrac{0.31}{9.38}\left(1 + \dfrac{4 \times 4 \times 9.38}{634}\right) = 29\,\text{kN}$ 　　　$Q_y = 700 \times \dfrac{4 \times 10.5 \times 0.5}{634} = 23\,\text{kN}$

　　　内柱　$Q_x = 700 \times \dfrac{0.47}{9.38}\left(1 + \dfrac{4 \times 4 \times 9.38}{634}\right) = 43\,\text{kN}$ 　　　$Q_y = 700 \times \dfrac{4 \times 3.5 \times 0.5}{634} = 8\,\text{kN}$

1層　外柱　$Q_x = 1400 \times \dfrac{0.49}{13.5}\left(1 + \dfrac{3.9 \times 3.9 \times 13.5}{919}\right) = 62\,\text{kN}$ 　　　$Q_y = 1400 \times \dfrac{3.9 \times 10.5 \times 0.67}{919} = 42\,\text{kN}$

　　　内柱　$Q_x = 1400 \times \dfrac{0.66}{13.5}\left(1 + \dfrac{3.9 \times 3.9 \times 13.5}{919}\right) = 84\,\text{kN}$ 　　　$Q_y = 1400 \times \dfrac{3.9 \times 3.5 \times 0.67}{919} = 14\,\text{kN}$

Ⓒ ラーメン

2層　外柱　$Q_x = 700 \times \dfrac{0.31}{9.38}\left(1 - \dfrac{4 \times 4 \times 9.38}{634}\right) = 18\,\text{kN}$ 　　　$Q_y = 700 \times \dfrac{4 \times 10.5 \times 0.33}{634} = 15\,\text{kN}$

　　　内柱　$Q_x = 700 \times \dfrac{5.64}{9.38}\left(1 - \dfrac{4 \times 4 \times 9.38}{634}\right) = 320\,\text{kN}$ 　　　$Q_y = 700 \times \dfrac{4 \times 3.5 \times 0.33}{634} = 5\,\text{kN}$

1層　外柱　$Q_x = 1400 \times \dfrac{0.49}{13.5}\left(1 - \dfrac{3.9 \times 4.1 \times 13.5}{919}\right) = 39\,\text{kN}$ 　　　$Q_y = 1400 \times \dfrac{3.9 \times 10.5 \times 0.5}{919} = 31\,\text{kN}$

　　　内柱　$Q_x = 1400 \times \dfrac{7.92}{13.5}\left(1 - \dfrac{3.9 \times 4.1 \times 13.5}{919}\right) = 630\,\text{kN}$ 　　　$Q_y = 1400 \times \dfrac{3.9 \times 3.5 \times 0.5}{919} = 10\,\text{kN}$

⑦ （参考）以下、次章で説明する偏心率を参考までに求める（弾力半径）。

(x方向)

2層　$_\gamma e_x = \sqrt{\dfrac{K_R}{\Sigma D_x}} = \sqrt{\dfrac{634 \times 10^4\,\text{cm}^2}{9.38}} = 822\,\text{cm}$

1層　$_\gamma e_x = \sqrt{\dfrac{K_R}{\Sigma D_x}} = \sqrt{\dfrac{919 \times 10^4\,\text{cm}^2}{13.5}} = 825\,\text{cm}$

(y方向)

2層　$_\gamma e_y = \sqrt{\dfrac{K_R}{\Sigma D_y}} = \sqrt{\dfrac{634 \times 10^4\,\text{cm}^2}{4.64}} = 1169\,\text{cm}$

1層　$_\gamma e_y = \sqrt{\dfrac{K_R}{\Sigma D_y}} = \sqrt{\dfrac{919 \times 10^4\,\text{cm}^2}{6.68}} = 1173\,\text{cm}$

⑧ 偏心率

(x方向)

2層　$R_{ex} = \dfrac{e_y}{_\gamma e_x} = \dfrac{400}{822} = 0.48 > 0.15$ 　　N.G.

　　　$R_{ey} = \dfrac{e_x}{_\gamma e_y} = \dfrac{0}{1169} = 0. < 0.15$ 　　O.K.

(y方向)

1層　$R_{ex} = \dfrac{e_y}{_\gamma e_x} = \dfrac{300}{825} = 0.47 > 0.15$ 　　N.G.

　　　$R_{ey} = \dfrac{e_x}{_\gamma e_y} = 0 < 0.15$ 　　O.K.

23.9 柱の軸方向力

第 j 層の節点において、右側の梁のせん断力を $Q_{bj右}$、左側の梁のせん断力を $Q_{bj左}$ とすると、柱の変動軸方向力は、当該柱に接続する左および右の梁のせん断力の差が上層から下層へと加算した次式となる。地震の作用方向はいずれの方向にも作用するので、変動軸方向力は最終結果に±を付ける。水平荷重時の中柱の軸方向力は、当該柱に取り付く左と右側の梁のせん断力が同じ場合、梁のせん断力が相殺して柱の軸方向力の変動は生じない（図 23-29）。

最上層 n の柱　　$N_{cn} = Q_{bn右} - Q_{bn左}$

第 j 層の柱　　$N_{cj} = \sum_{i=j}^{n} Q_{bi右} - \sum_{i=j}^{n} Q_{bi左}$

基礎　　$N = \sum_{i=0}^{n} Q_{bi右} - \sum_{i=0}^{n} Q_{bi左}$

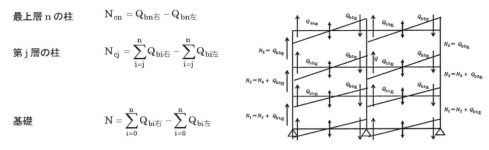

図 23-29　水平荷重時の柱の軸方向力

23.10 耐力壁付柱の軸方向力

連スパン連層壁付柱の軸方向力は、耐力壁の両サイドの柱に大きな変動軸方向力を発生し、中柱の軸方向力の変動は小さい。水平力が作用する場合に生じる柱の変動軸方向力を求める（図 23-30）。

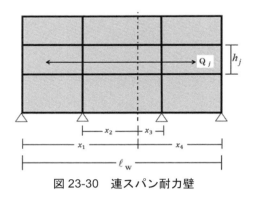

図 23-30　連スパン耐力壁

① 内柱の軸方向力を無視する場合：

$N_{cn上} = 0$

$N_{cn下} = N_{cn-1上} = \mp Q_n h_n / \ell_w$

$N_{cj+1下} = N_{cj上} = \mp \left(Q_n h_n + Q_{n-1} h_{n-1} + \ldots + Q_{j+1} h_{j+1} \right) / \ell_w$

$N_{cj下} = N_{cj-1上} = \mp \left(Q_n h_n + Q_{n-1} h_{n-1} + \ldots + Q_j h_j \right) / \ell_w$

ここに、Q_j＝j層の耐力壁のせん断力；h_j＝j層の階高；ℓ_w＝連スパン耐力壁のスパン。

② 内柱の軸方向力を考慮する場合：

$$N_{cj上} = \left(Q_n h_n + Q_{n-1} h_{n-1} + \ldots + Q_{j+1} h_{j+1}\right) \frac{A_{cj} x_j}{\Sigma A_{cj} x_j^2}$$

$$N_{cj下} = \left(Q_n h_n + Q_{n-1} h_{n-1} + \ldots + Q_j h_j\right) \frac{A_{cj} x_j}{\Sigma A_{cj} x_j^2}$$

ここに、x_j＝連スパン耐力壁の断面の重心から柱までの距離；A_{cj}＝第j層の柱の断面積。特に、柱の断面積がほぼ等しいとき次式となる。

$$N_{cj上} = \left(Q_n h_n + Q_{n-1} h_{n-1} + \ldots + Q_{j+1} h_{j+1}\right) \frac{x_j}{\Sigma x_j^2}$$

$$N_{cj下} = \left(Q_n h_n + Q_{n-1} h_{n-1} + \ldots + Q_j h_j\right) \frac{x_j}{\Sigma x_j^2}$$

例題 連スパン耐力壁の負担せん断力が例図16のとき、柱の変動軸方向力を求める。柱の断面は同一層では同じで、壁厚さも同じとする。

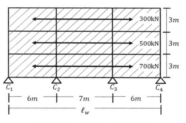

例図16 負担せん断力

① 内柱の軸方向力を無視する場合：$\ell_w = 6+7+6 = 19\,\text{m}$

[C_1, C_4] $\quad N_{3上} = 0$ 　　　　　　　　　[C_2, C_3] $\quad N_{3下} = N_{2上} = N_{1上}$ 　0
$\qquad N_{3下} = N_{2上} = 300 \times 3 / 19 = 48\,\text{kN}$
$\qquad N_{2下} = N_{1上} = (300 \times 3 + 500 \times 3) / 19 = 126\,\text{kN}$
$\qquad N_{1下} = (300 \times 3 + 500 \times 3 + 700 \times 4) / 19 = 273\,\text{kN}$

② 内柱の軸方向力を考慮する場合：重心は連スパン耐力壁の対称軸上にある。

$$\Sigma x^2 = 2 \times (3.5^2 + 9.5^2) = 205\,\text{m}^2$$

[C_1, C_4] $\quad N_{3上} = 0$ 　　　　　　　　　[C_2, C_3] $\quad N_{3上} = 0$

$N_{3下} = N_{2上} = 300 \times 3 \times \dfrac{9.5}{205} = 42\,\text{kN}$ 　　　$N_{3下} = N_{2上} = 300 \times 3 \times \dfrac{3.5}{205} = 16\,\text{kN}$

$N_{2下} = N_{1上} = (300 \times 3 + 500 \times 3) \times \dfrac{9.5}{205} = 111\,\text{kN}$ 　$N_{2下} = N_{1上} = (300 \times 3 + 500 \times 3) \times \dfrac{3.5}{205} = 41\,\text{kN}$

$N_{1下} = (300 \times 3 + 500 \times 3 + 700 \times 4) \times \dfrac{9.5}{205} = 241\,\text{kN}$ 　$N_{1下} = (300 \times 3 + 500 \times 3 + 700 \times 4) \times \dfrac{3.5}{205} = 89\,\text{kN}$

23.11　D 値法による応力計算の求め方

D 値法による部材応力の求め方を例題で示す。

例題　次の設計条件のもとで、水平荷重時の次の各項を求める。

建物	RC 造 2 階建て　x 方向　y 方向共 3 スパン、各層高 4m
伏図	例図 17 の如く、各層共同一
剛比	例図 17 の如く、柱 1.0、屋根梁 1.0、2 階梁 0.8、基礎梁 2.0
地震層せん断力	2 層 800kN　1 層 1600kN（あらかじめ計算されている）

(ⅰ)　耐力壁の負担せん断力を各層ごとに求める。

(ⅱ)　水平荷重時の⑧ラーメンの柱・梁の曲げモーメントおよびせん断力を求め、図示する。

(ⅲ)　柱 C_5、C_6 の x 方向（B ラーメン方向）における柱の軸方向力および基礎への圧縮力を求める。

なお、耐力壁の分布係数比は、内柱の分布係数の各層ともに 5 倍とする。

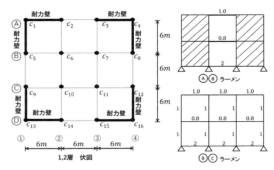

例図 17　伏図および軸組図

① 柱の D 値

	外 柱	内 柱
2 層	$\bar{k}=\dfrac{1+0.8}{2}=0.9$ $D=\dfrac{0.9}{2+0.9}\times 1=0.31$	$\bar{k}=\dfrac{2\times 1+2\times 0.8}{2}=1.8$ $D=\dfrac{1.8}{2+1.8}=0.47$
1 層	$\bar{k}=\dfrac{2+0.8}{2}=1.4$ $D=\dfrac{1.4}{2+1.4}\times 1=0.41$	$\bar{k}=\dfrac{(2+0.8)\times 2}{2}=2.8$ $D=\dfrac{2.8}{2+2.8}\times 1=0.58$

② 耐力壁の D 値（例図 18）

耐力壁の D 値は内柱の 5 倍と仮定する。

　2 層　0.47×5＝2.35　　　1 層　0.58×5＝2.90

③　ΣD_x（y 方向は題意より省略）

　2 層　$\Sigma D_x = 2.35\times 4 + 0.31\times 4 + 0.47\times 4 = 12.52$

　1 層　$\Sigma D_x = 2.9\times 4 + 0.41\times 4 + 0.58\times 4 = 15.56$

④ 柱の負担せん断力

	2層　柱の負担せん断力	1層　柱の負担せん断力
外柱	$800 \times \dfrac{0.31}{12.52} = 19.8\,\text{kN}$	$1600 \times \dfrac{0.41}{15.56} = 42\,\text{kN}$
内柱	$800 \times \dfrac{0.47}{12.52} = 30\,\text{kN}$	$1600 \times \dfrac{0.58}{15.56} = 60\,\text{kN}$

⑤ 耐力壁の負担せん断力

2層　$800 \times \dfrac{2.35}{12.52} = 150\,\text{kN}$　　　1層　$1600 \times \dfrac{2.9}{15.56} = 298\,\text{kN}$

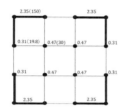
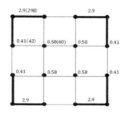

（　）はせん断力 kN

2層　D 値およびせん断力　　　　　　　　1層　D 値およびせん断力

例図 18　D 値およびせん断力一覧

⑥ 反曲点高比

	外　柱	内　柱
2層	$\bar{k} = 0.9 \rightarrow y_0 = 0.40$ $\alpha_1 = \dfrac{1}{0.8} = 1.25$ $\therefore \dfrac{1}{\alpha_1} = \dfrac{0.8}{1} = 0.8$ $\Bigg\} \therefore y_1 = -0.05$ $y_2 = y_3 = 0$ $\therefore y = 0.40 - 0.05 = 0.35$	$\bar{k} = 1.8 \rightarrow y_0 = 0.44$ $\alpha_1 = 0.8 \rightarrow y_1 = 0$ $y_2 = y_3 = 0$ $y = 0.44$
1層	$\bar{k} = \dfrac{0.8}{1} = 0.8 \rightarrow \begin{array}{l} y_0 = 0.6 \\ y_1 = 0 \end{array}$ $\therefore y = 0.60$	$\bar{k} = \dfrac{2 \times 0.8}{1} = 1.6 \rightarrow \begin{array}{l} y_0 = 0.58 \\ y_1 = 0 \end{array}$ $\therefore y = 0.58$

（注）1階の反曲点高さを求めるときは、柱脚固定の $\bar{k}$ を使用する。

⑦ 柱の M

	外　柱	内　柱
2層	$M_上 = 19.8 \times 0.65 \times 4 = 51.5\,\text{kNm}$ $M_下 = 19.8 \times 0.35 \times 4 = 27.7\,\text{kNm}$	$M_上 = 30 \times 0.56 \times 4 = 67.2\,\text{kNm}$ $M_下 = 30 \times 0.44 \times 4 = 52.8\,\text{kNm}$
1層	$M_上 = 42 \times 0.4 \times 4 = 67.2\,\text{kNm}$ $M_下 = 42 \times 0.6 \times 4 = 100.8\,\text{kNm}$	$M_上 = 60 \times 0.42 \times 4 = 100.8\,\text{kNm}$ $M_下 = 60 \times 0.58 \times 4 = 139.2\,\text{kNm}$

⑧ 固定の解除

	外　柱	内　柱
1層	$\bar{k} = \dfrac{2}{1} = 2$ $\mu = \dfrac{1}{2(1+3\times 2)} = 0.071$ $\begin{cases} M_下 = -100.8 \times 0.071 = -7.2\,\text{kNm} \\ M_上 = 7.2\,\text{kNm} \end{cases}$	$\bar{k} = \dfrac{4}{1} = 4$ $\mu = \dfrac{1}{2(1+3\times 4)} = 0.039$ $\begin{cases} M_下 = -139 \times 0.039 = -5.4\,\text{kNm} \\ M_上 = 5.4\,\text{kNm} \end{cases}$
2層	$\bar{k} = \dfrac{0.8}{1} = 0.8$ $\mu = \dfrac{1}{2(1+3\times 0.8)} = 0.15$ $\begin{cases} M_下 = -7.2 \times 0.15 = -1.1\,\text{kNm} \\ M_上 = 1.1\,\text{kNm} \end{cases}$	$\bar{k} = \dfrac{0.8 \times 2}{1} = 1.6$ $\mu = \dfrac{1}{2(1+3\times 1.6)} = 0.086$ $\begin{cases} M_下 = -5.4 \times 0.086 = -0.5\,\text{kNm} \\ M_上 = 0.5\,\text{kNm} \end{cases}$

⑨ 柱の修正した M

	外　柱	内　柱
2層	$M_上 = 51.5 + 1.1 = 52.6\,\text{kNm}$ $M_下 = 27.7 - 1.1 = 26.6\,\text{kNm}$	$M_上 = 67.2 + 0.5 = 67.7\,\text{kNm}$ $M_下 = 52.8 - 0.5 = 52.3\,\text{kNm}$
1層	$M_上 = 67.2 + 7.2 = 74.4\,\text{kNm}$ $M_下 = 100.8 - 7.2 = 93.6\,\text{kNm}$	$M_上 = 100.8 + 5.4 = 106.2\,\text{kNm}$ $M_下 = 139.2 - 5.4 = 133.8\,\text{kNm}$

⑩ 梁の M

（注1）$67.7 \times \dfrac{1.0}{1+1} = 33.8\,\text{kNm}$　　　（注2）$(52.3 + 106.2) \times \dfrac{0.8}{0.8 + 0.8} = 79.2\,\text{kNm}$

以下　省略　M 図に示す。

⑪ 梁の Q

梁　$\dfrac{52.6 + 33.8}{6} = 14.4\,\text{kN}$

⑫ 柱の軸方向力（水平荷重時）

	外　柱	内　柱
2層	14.4 kN	11.3 − 14.4 ＝ −2 kN
1層	14.4 ＋ 30 ＝ 44.4 kN	−2 ＋ 26.4 − 30 ＝ −5.7 kN
基礎	44.4 ＋ 26.8 ＝ 71.2 kN	−5.7 ＋ 22.3 − 26.8 ＝ −10.2 kN
よって	±71.2 kN	±10.2 kN

⑬　M図, Q, N 一覧（例図19）

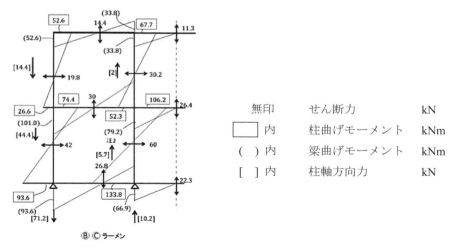

例図19　M図および Q, N 値

第 24 章　耐震計算法

24.1　構造物の応答と耐震計算ルート

(1)　構造物の応答

　建築構造部材で水平力を負担できる垂直部材には、柱と耐力壁（雑壁の耐力を考慮する場合はこれも含める）とがある。これらの部材には、強度は大きいが変形性能が低い脆性部材と、強度は低いが変形性能が大きい靱性部材とがある。脆性的挙動を示す部材としては、極脆性柱（短柱）、せん断柱、せん断壁があり、靱性的挙動を示す部材としては、曲げ柱、曲げ壁がある。鉄筋コンクリート造耐力壁は層間変形角 1/400 でひび割れを発生し、1/250 で最大耐力になり、その後亀裂が生じて急激に強度を減少する。耐力壁のせん断強度は、壁板コンクリートのせん断応力度、または壁筋と付着柱のせん断強度のいずれか大きい方で決まる。耐力壁の終局時のせん断応力の概算値は、両側柱付壁は $3N/mm^2$、片側柱付壁は $2N/mm^2$、柱なし壁は $1N/mm^2$ であり、部材終局強度はこれらの値と断面積との積になる。

　一方、可撓長さが短い柱については、極脆性柱は層間変形角 1/500 で最大強度となり、せん断柱は層間変形角 1/250 で最大強度となる。鉄筋コンクリート造部材はコンクリートの応力－ひずみ関係から理解されるように、脆性材料であるコンクリートを鉄筋で拘束することにより、コンクリートと鉄筋が一体となって強度を発揮するが、最大耐力以後はコンクリートを鉄筋で拘束することができなくなり、脆性的破壊を発生する。これに対して曲げ柱の最大強度は層間変形角 1/250～1/30 であり、靱性は大きいが、強度と層間変形角との関係は放物線のようにゆっくりと最大強度まで増加する。したがって、脆性部材が破壊する小さな層間変形角では、曲げ柱は 100% の強度を発揮できなく、曲げ柱の終局耐力の概ね 0.7 倍（強度寄与係数）である。層間変形角が大きくなると建築物の非構造部材に損傷を発生させる。通常の建築物の窓ガラスが破損するのは、層間変形角 1/100 程度である。超高層ビル等では、1/100 以上に対しても窓ガラスが破損しないように、ガラスを留めているガスケットに工夫を施している。

　構造物は、強度と靱性が異なる多くの種類の構造部位から構成されているので、構造物としての耐力評価をどのようにすれば合理的な設計ができるかは、設計者を悩ますことになる。その回答としては、強度と靱性ができるだけ一致した構造部位で建築物を構成することである。また、極脆性柱やせん断柱からなる脆性部材が破壊する以上の靱性で構造物の耐力評価をする場合は、破壊する脆性部材が支持していた垂直支持力（長期荷重）を隣接する構造部材で支持できなければならない。最近の設計では、

構造物の靱性を重視して、脆性部材の耐力壁に構造スリットを入れて脆性部材をなくす傾向が多い。この傾向は、ルート3の設計法になるほど多い。

(2) 地震入力に対する構造物の耐震性の評価法

建築基準法で認定されている耐震設計に対する構造計算の方法は**図24-1**である。

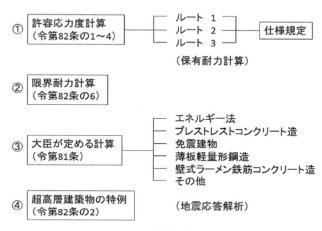

図24-1 構造計算方法

(3) 許容応力度設計法による構造計算

1981（昭和56）年6月1日、耐震設計に関する建築基準法の改定が実施され、その後数度の部分改訂を行って、許容応力度設計法による耐震計算法が現在の形になっている。当初は、水平震度法を用いた耐震設計法から区別するため、新耐震設計法として名称された。1995年1月17日に発生した阪神・淡路大震災では、新耐震設計法により設計された建築物の被害が、それより以前の設計法（水平震度法）で設計された建築物の被害より格段に少なかったことから、新耐震設計法の妥当性が検証されたと言われた。本項では、新耐震設計法の考え方を概説する。地震力の作用を①地上部分の地震力、②地下部分の地震力、③局所地震力とに分けて検討する。

① 地上部分の地震力

各層に作用する地震層せん断力は、次式により求める（**図24-2**）。

$$Q_i = C_i W_i \tag{24.1}$$

ここに、$Q_i =$ i層の地震層せん断力（N）；
$C_i =$ i層の地震層せん断力係数（無次元）；
$W_i =$ i層より上部の重量　$W_i = \sum_{j=i}^{n} w_j$
（$w_j =$ j階の重量）（N）。

式(24.1)の意味するところは、検討している階の地震荷重（当階を含めた上層の荷重

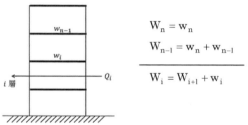

図24-2 地震荷重と層せん断力

を含めた値）の何割を地震力（水平荷重）として考えるかである。i 層の地震層せん断力係数 C_i は、従来の水平震度法では高さの区分により一律に決められていたが、建物の 1 次周期に基づく高さ方向の影響、地盤の影響、地域の地震発生頻度等を考慮して式(24.2)より求める。

$$C_i = Z R_t A_i C_0 \tag{24.2}$$

ここに、Z＝地震地域係数（$Z=1.0～0.7$）；R_t＝振動特性係数（設計用 1 次周期と地盤種別により決まる（**表 17-7** 参照））；A_i＝地震層せん断力係数の高さ方向の分布係数；C_0＝標準せん断力係数。

A_i は建物に作用する地震層せん断力の高さ方向の分布を示す係数であり、次式より求める。

$$A_i = 1 + \left(\frac{1}{\sqrt{\alpha_i}} - \alpha_i \right) \frac{2T}{1+3T} \tag{24.3}$$

ここに、$\alpha_i = W_i / \sum_{j=1}^{n} w_j$（$\sum_{j=1}^{n} w_i$＝建物全体の重量であり、1 階の地震荷重 W_1 と等しい）；T＝設計用 1 次固有周期(s)（略算的には $T=h(0.02+0.01\alpha)$ より求める）。ここに、h＝建築物の高さ（m）；α＝（当該建築物の鉄骨造の高さ）／（建築物の高さ）。純鉄骨造建築物では $\alpha=1$ となり周期 T=0.03h となる。1 階の A_i は $\alpha_1=1$ より $A_1=1$ となる。

一方、振動特性係数 R_t は建築物を建設する地盤と建築物の固有周期とにより決まり、次式より求める。

$T < T_c$ の場合	$R_t = 1$
$T_c \leq T < 2T_c$ の場合	$R_t = 1 - 0.2\,(T/T_c - 1)^2$
$2T_c < T$ の場合	$R_t = \dfrac{1.6 T_c}{T}$

(24.4)

ここに、T_c＝建築物の基礎の底部（剛強な支持杭を使用する場合は、当該支持杭の先端）の直下の地盤種別に応じて規定される地盤の周期である。第 1 種地盤（剛強地盤）$T_c=0.4$s；第 3 種地盤（軟弱地盤）$T_c=0.8$ s；第 2 種地盤（第 1 および 3 以外）$T_c=0.6$ s（詳細は表 17.7 参照）。

標準せん断力係数 C_0 は、地震力に対する強さを 2 段階に分けて考える。

- **一次設計**：耐用年限中に数度は遭遇する程度の中小地震に対しては、建築物の機能を保持する。建築物は被害を発生させない弾性域にある。想定する地震動の地動最大加速度は 80～100gal（気象庁震度階 5 弱）とし、ベースシア係数を 0.2 として、$C_0=0.2$ とする。

- **二次設計**：耐用年限中に一度遭遇するかもしれない程度の大地震に対しては、建築物の崩壊から人命の保護をする。構造体の耐力評価は終局時を検討するので、塑性域に入ることを許容し、その結果として残留変形は残る。想定する地震動の地動最大加速度は 300～400gal（気象庁震度階 6 程度：関東大震災級）とし、ベースシア係数を 1.0 とし、$C_0=1.0$ とする。

② 地下部分の地震力

水平震度法を用いて地震力 P を次式より求める。

$$P = kW_B \tag{24.5}$$

ここに、$k=$ 地下部分の水平震度 $k \geqq 0.1(1-H/40)Z$；$W_B=$ 地下部分の重量。ここに、$H=$ 建築物の地下部分の各部分の地盤面からの深さ（m）であり、$H>20\mathrm{m}$ のときは $H=20\mathrm{m}$ とする。よって、地下 20m 以深の震度は $0.05Z$ となる（図 24-3）。

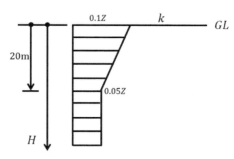

図 24-3　地下部分の震度 k

③ 局部地震力

屋上突起物（ペントハウス、水槽、広告塔等）等の付属部分に作用する地震時の水平力は、建築物本体が増幅器となりムチ振り状態となる場合が想定されるので、水平震度 k は 1.0 以上とする。

（水槽等に作用する地震力 P）＝（水槽重量 w_p）×（水平震度 k）

なお、局部地震力は階と見なさない付属部分の設計用地震力であり、これらによる地震力は建築物の主要構造部の設計に考慮する必要はなく、付属部分の重量が主要部分の地震荷重に付加する。ただし、ペントハウスの柱が直下階の柱の上に乗っている状態なら問題はないが、直下階の柱とペントハウスの柱とがずれていて、梁で支持されている場合は注意する。

(4) 耐震計算のフロー

許容応力度設計法による耐震計算のフローは、図 24-4 のように、一次設計と二次設計とからなる。二次設計はルート 1～3 に分かれる。ルート 1, 2, 3 の順に上位のルートになり、建築物の耐震性能の評価を詳細に検討する。ルートの選定は、建築物の高さが各ルートの高さの条件をクリアしていれば、どのルートを選択してもよい。また、構造規定は上位のルートになるほど構造規定等の制限がなくなり、それに見合った詳細な検討をする。ルート 2 で規定されている構造規定を満足できない場合は、上位のルート 3 での検討をして満足すればよい。ルート 1 は小規模な建築物であり、木造建築物等の取扱いをして、仕様規定を満足すれば二次設計を行わなくてよい。建物の張間方向、桁行方向は異なったルートを選択してもよいが、同じ方向の検討は各階同じルートで耐震性を検討しなければならない。

二次設計に対する規定は、建築物の種類により詳細に規定されている。図 24-5 および図 24-6 は、それぞれ鉄筋コンクリート造および鉄骨造の二次設計の構造計算フローである。なお、木造についての構造計算法は 24.8 節に概要を記す。

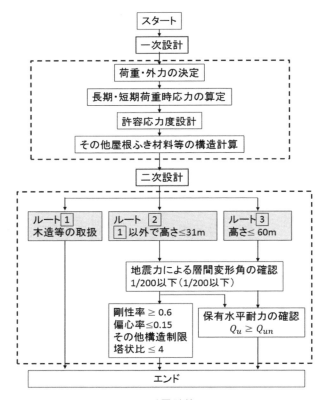

図 24-4　耐震計算フロー

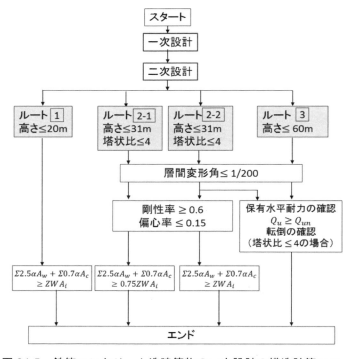

図 24-5　鉄筋コンクリート造建築物の二次設計の構造計算フロー

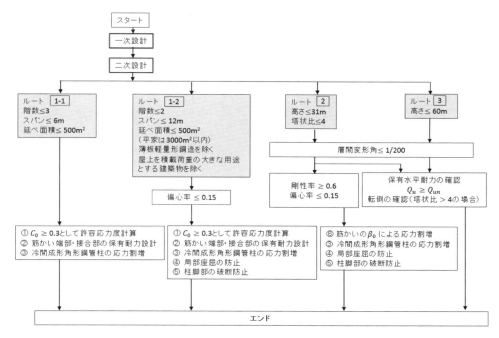

図 24-6　鉄骨造建築物の二次設計の構造計算フロー

24.2　木造建築物等の取扱い

次の規定を適合する小規模な建築物は、木造建築物等の取扱いができ、二次設計は行わなくてよい。

① 鉄筋コンクリート造建築物の場合

高さ 20m 以下で、RC 造の柱および耐力壁（間仕切壁を含む）の水平投影面積が次の規定値を満足する場合は、ルート 1 の取扱いができる。ここに、A_w＝開口周比が 0.4 以下の耐力壁の水平断面積（mm²）であり、柱の断面積を除く（$A_w = \ell_w t_w$）（図 24-7）；A_c＝柱および鉄筋コンクリート造間仕切壁（mm²）；W＝地震荷重(N)；Z＝地震地域係数；α＝コンクリートの設計基準強度による割増係数；$F_c < 18\,\text{N/mm}^2$ の場合 $\alpha = 1.0$；$F_c \geq 18\,\text{N/mm}^2$ の場合 $\alpha = \sqrt{F_c/18} \leq \sqrt{2}$。

$$h \leq 20\text{m}$$
$$\Sigma 2.5\alpha A_w + \Sigma 0.7\alpha A_c \geq ZWA_i$$

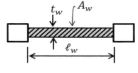

図 24-7　A_w の採り方

② 鉄骨造建築物の場合

次の項目を満足する場合は、ルート1の取扱いができる。

- 階数が3以下、高さ13m以下、軒高9m以下、スパン6m以下、延べ面積500m²以下。
- 標準せん断力係数 $C_0=0.3$ で安全確認をする。
- 水平力を負担する筋かいの端部および接合部が保有耐力接合とする。
- 特定天井に関する基準に適合する。

例題 例図1の平面を有するRC造3階建ての建築物は二次設計が必要かを判定する。なお、コンクリートの設計基準強度は $F_c\,21\,\mathrm{N/mm^2}$ である。

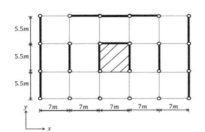

ハッチ部分は屋上にペントハウスを設置
地震地域係数 $Z=1.0$
建築単位重量 $12\mathrm{kN/m^2}$（床面積当たり）
柱 550×550mm
壁厚 150mm
建物全高 13m≦20m

例図1　伏図

① 重量

ペントハウスは床面積の1/8以下であるから、階数に考えない。

$w_p=12\times7\times5.5=462\mathrm{kN}$
$w_3=12\times35\times16.5=6930\mathrm{kN}$ 　　∴ $W_3=462+6930=7400\mathrm{kN}$
$w_2=12\times35\times16.5=6930\mathrm{kN}$ 　　∴ $W_2=6930+7400=14330\mathrm{kN}$
$w_1=12\times35\times16.5=6930\mathrm{kN}$ 　　∴ $W_1=6930+14330=21260\mathrm{kN}$

② 木造建築物等の取扱いに対する検討

本例題では各階共同一の構造であるから、地震荷重 W が最大な1階のみで検討すればよい。

$A_i=1$（1階に対して）；$ZW_1A_1=1\times W_1\times1=W_1$

F_c が $18\mathrm{N/mm^2}$ より大きいので、コンクリート強度の割増係数 α を求める。

$\alpha=\sqrt{21/18}=1.08<\sqrt{2}=1.41$

（x方向）$\Sigma A_w=4\,\text{本}\times150\times(7000-550)=3870\times10^3\,\mathrm{mm^2}$　　$\Sigma2.5\alpha A_w=10449\times10^3$

$\Sigma A_c=24\,\text{本}\times550^2=7260\times10^3\,\mathrm{mm^2}$

$\Sigma0.7\alpha A_c=0.7\times1.08\times7260\times10^3=5488.6\times10^3$

∴ $\Sigma2.5\alpha A_w+\Sigma0.7\alpha A_c=10449\times10^3+5488\times10^3$
　　　　　　　$=15937\times10^3<W_1=21260\times10^3\mathrm{N}$　N.G.

よって、x方向については木造建築物等の取扱いができないので二次設計が必要となる。

(y 方向) $\Sigma A_w = 10 \times 150 \times (5500-550) = 7425 \times 10^3 \text{ mm}^2$ 　　$\Sigma 2.5 \alpha A_w = 200475 \times 10^2$

$$\therefore \Sigma 2.5 \alpha A_w + \Sigma 0.7 \alpha A_c = 200475 \times 10^2 + 5488 \times 10^3$$
$$= 25535.5 \times 10^3 > W_1 = 21260 \times 10^3 \text{N} \quad \text{O.K.}$$

よって、y 方向については木造建築物等の取扱いができるので、二次設計は不要である。

24.3　層間変形角 γ

　層間変形角は当該層のみの水平変位（層間変位）を当該階高で割った値であり、建築物の各階の変形状態を把握する指標である。層間変形角の規定は、各層の変形が大きすぎると、帳壁、内外装材、設備等がその変形に追従できずに破損・脱落したり、構造体および非構造体に有害な影響が出ることを防ぐための措置であり、各層について次の規定を満足しなければならない。

$$\boxed{\begin{aligned} \gamma_i &\leq \frac{1}{200} \quad \text{（通常の場合）} \\ \gamma_i &\leq \frac{1}{120} \quad \text{（特別な場合）} \end{aligned}} \tag{24.6}$$

ここに、$\gamma_i = \mathrm{i}$ 層の層間変形角。

　帳壁および外装材について、それらの本体および構造耐力上主要な部分への取付け部分に脱落、破損等の重大な損傷が生じないで、追随し得る層間変形角の範囲が適切な計算または実験によって確認されている場合は、制限値の緩和の限度は当該計算または実験によって確認された範囲でかつ、1/120 に緩和できる。

　ただし、壁仕上げが金属板、ボード類、スレート板、合板、小巾板又はこれらに類するものでなされており、それらが脱落のおそれのないよう取り付けられている場合は、制限値の緩和の限度は 1/120 とする。

　層間変形角の略算法は、建築物の剛床仮定が成立するとして、当該層全体の剛性から層の変形量を求める。

$$（略算的） \boxed{\gamma \equiv \frac{\delta}{h} = \frac{Q}{\Sigma D} \cdot \frac{h}{12 E K_0}} \tag{24.7}$$

ここに、$\Sigma D =$ 当該層の鉛直部材（柱および耐力壁）の D 値の総和；$Q =$ 当該層の地震層せん断力；$\delta =$ 当該層の層間変位；$E =$ ヤング係数（RC 造の場合 $E = 2.05 \times 10^4 \text{N/mm}^2$、S 造の場合 $E = 2.05 \times 10^5 \text{N/mm}^2$）；$K_0 =$ 標準剛度；$h =$ 当該階の高さ（mm）。

（注）　層間変形角は部材角を意味する。よって、①たわみ角法の場合には、層間変形角 γ は部材角 R に等しい。一方、②固定モーメント法の場合には、強制部材角 $R_0 = 1$ を与えたときの倍率 δ の値である。

24.4 剛性率・偏心率、その他

(1) 剛性率

建築物の各層の間に剛性の偏りがあると、地震時に剛性の小さい層に変形・損傷が集中しやすい。1階がピロティ等の構造物は上階と比べて1層の剛性が弱く、過去の地震でも大きな被害が発生した。剛性の均質化を行うために剛性率に対して規定する。

$$\boxed{R_s = \frac{\gamma_s}{\overline{\gamma_s}} \geq 0.6} \tag{24.8}$$

ここに、

$\gamma_s =$ 各層の層間変形角の逆数　　$\gamma_s = \dfrac{h}{\delta} = \dfrac{1}{\gamma}$

$\overline{\gamma_s} =$ 当該建築物の γ_s の相加平均　　$\overline{\gamma_s} = \dfrac{\sum\limits^{n} \gamma_s}{n}$

上式において、$h=$当該層の階高；$\delta=$一次設計用地震力により当該層に生じた層間変位；$n=$地上部分の階数。

剛性率は $R_s=1$ を平均値とすると、$R_s>1.0$ は建築物全体から見て変形しにくい層である。一方、$R_s<1.0$ は建築物全体から見て変形しやすい層である。建築物の高さ方向に連続する層で剛性率 R_s の値が急変することは、振動性状から好ましくないので、剛性率の変化に十分配慮する必要がある（図24-8）。

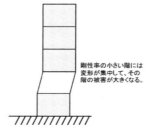

図 24-8　剛性率の小さい層への損傷の集中

例題　鉄筋コンクリート造3階建ての建築物に**例図2**のように地震層せん断力が作用するとき、各層の層間変形角および剛性率を求め、二次設計のルート2の規定を満足しているかをチェックする。

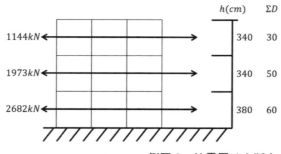

例図2　地震層せん断力

コンクリートのヤング係数
$E = 2.05 \times 10^4 \text{ N/mm}^2$
標準剛度　$K_0 = 10^6 \text{ mm}^3$

① 層間変形角　γ_i　式(24.7)より

3層　$\gamma_3 = \dfrac{1144 \times 10^3}{30} \times \dfrac{3400}{12 \times 2.05 \times 10^4 \times 10^6} = 5.27 \times 10^{-4} \quad < \quad \dfrac{1}{200} = 5 \times 10^{-3}$

2層　　　$\gamma_2 = \dfrac{1973 \times 10^3}{50} \times \dfrac{3400}{12 \times 2.05 \times 10^4 \times 10^6} = 5.45 \times 10^{-4}$　　$<$　　$\dfrac{1}{200}$

1層　　　$\gamma_1 = \dfrac{2682 \times 10^3}{60} \times \dfrac{3800}{12 \times 2.05 \times 10^4 \times 10^6} = 6.90 \times 10^{-4}$　　$<$　　$\dfrac{1}{200}$

層間変形角 γ は各層ですべて 1/200（＝0.005）以下にあり、規定を満足している。

② 剛性率 R_s

3層　　　$\gamma_s = \dfrac{1}{5.27 \times 10^{-4}} = 1.90 \times 10^3$

2層　　　$\gamma_s = \dfrac{1}{5.45 \times 10^{-4}} = 1.83 \times 10^3$

1層　　　$\gamma_s = \dfrac{1}{6.90 \times 10^{-4}} = 1.45 \times 10^3$

$\Sigma \gamma_s = (1.90 + 1.83 + 1.45) \times 10^3 = 5.18 \times 10^3$、　$\overline{\gamma}_s = 5.18 \times 10^3 / 3 = 1.73 \times 10^3$

これより各層の剛性率 R_s を求める。

3層　　　$R_s = \dfrac{1.90 \times 10^3}{1.73 \times 10^3} = 1.10$　　$>$　　0.6　　　O.K.

2層　　　$R_s = \dfrac{1.83 \times 10^3}{1.73 \times 10^3} = 1.06$　　$>$　　0.6　　　O.K.

1層　　　$R_s = \dfrac{1.45 \times 10^3}{1.73 \times 10^3} = 0.84$　　$>$　　0.6　　　O.K.

剛性率 R_s は各層ですべて 0.6 以上であり、規定を満足している。

(2) 偏心率

壁・柱等の平面的配置が悪いと当該階の重心と剛心がずれ偏心距離が大きくなり、地震時に捩れ振動を生じる（**図 24-9**）。偏心率は捩れ振動の起こしやすさの指標であり、次の規定を満足する必要がある。

$$R_{ex} = \dfrac{e_y}{\gamma_{ex}} \leq 0.15 \quad ; \quad R_{ey} = \dfrac{e_x}{\gamma_{ey}} \leq 0.15 \quad (24.9)$$

ここに、e ＝偏心距離；γ_e ＝弾力半径。弾力半径は次式より求める。

$$\gamma_{ex} = \sqrt{\dfrac{K_R}{\Sigma D_x}} \qquad \gamma_{ey} = \sqrt{\dfrac{K_R}{\Sigma D_y}}$$

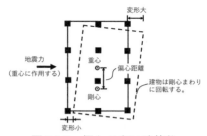

図 24-9　偏心の多い建築物

［計算順序］（図 24-10）

① 重心（g_x, g_y）

各層の重心は、鉛直荷重を支持する柱等の構造耐力上主要な部材に生ずる長期荷重による軸方向力 N およびその座標 X、Y から計算される。重心の座標を g_x、g_y とすると、

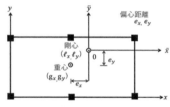

24-10　振れに関する記号

$$g_x = \frac{\Sigma(N \cdot X)}{W} \; ; \; g_y = \frac{\Sigma(N \cdot Y)}{W} \qquad W = \Sigma N \tag{24.10}$$

と得られる。ここで、Σは鉛直荷重を支持する柱等すべてについての和をとる。ただし、各層共、固定荷重、積載荷重等が平面的に一様に分布していて、偏りがない場合には、平面の中心が重心に一致すると仮定してよい。

② 剛心（ℓ_x, ℓ_y）

柱、耐力壁等の耐震要素の各計算方向（x 方向および y 方向）の水平剛性を D_x, D_y、その座標を X、Y、剛心の座標を ℓ_x, ℓ_y とすれば、各層の剛心は下式より得られる。

$$\ell_x = \frac{\Sigma(D_y \cdot X)}{\Sigma D_y} \; ; \; \ell_y = \frac{\Sigma(D_x \cdot Y)}{\Sigma D_x} \tag{24.11}$$

ここで、Σは x 方向または y 方向に有効な耐震要素についての和をとる。各耐震要素の座標 X、Y は、それらの要素の図心の座標を用いてよい。

③ 偏心距離：e_x, e_y

偏心距離は、重心および剛心の座標から次式で計算する。

$$e_x = |\ell_x - g_x| \; ; \; e_y = |\ell_y - g_y| \tag{24.12}$$

④ ねじり剛性：K_R

各層の剛心周りのねじり剛性を計算する。これは各層ごとに 1 つ得られる。剛心周りの計算になるので、座標の平行移動を行い、剛心を座標の原点とする新しい座標系を $\bar{X}, \bar{Y}$ とすれば、各耐震要素の座標は、

$$\bar{X} = X - \ell_x \; ; \; \bar{Y} = Y - \ell_y \tag{24.13}$$

と表示される。各耐震要素の剛性は座標変換による変更はない。剛性周りのねじれ剛性 K_R は、

$$K_R = \Sigma\left(D_x \cdot \bar{Y}^2\right) + \Sigma\left(D_y \cdot \bar{X}^2\right) \tag{24.14}$$

である。Σは、x 方向および y 方向それぞれに有効な耐震要素についての和をとる。

⑤ 弾力半径：γ_{ex}, γ_{ey}

x 方向および y 方向の弾力半径を γ_{ex}, γ_{ey} とすると、次式で定義する。

$$\begin{aligned}\gamma_{ex} &= \sqrt{\frac{K_R}{\Sigma D_x}} = \sqrt{\frac{\Sigma\left(D_x \cdot \bar{Y}^2\right) + \Sigma\left(D_y \cdot \bar{X}^2\right)}{\Sigma D_x}} \\ \gamma_{ey} &= \sqrt{\frac{K_R}{\Sigma D_y}} = \sqrt{\frac{\Sigma\left(D_x \cdot \bar{Y}^2\right) + \Sigma\left(D_y \cdot \bar{X}^2\right)}{\Sigma D_y}}\end{aligned} \tag{24.15}$$

⑥ 偏心率：R_{ex}, R_{ey}

x および y 各方向に対する偏心率をそれぞれ R_{ex} および R_{ey} とすれば、次式となる。

$$R_{ex} = e_y / \gamma_{ex} \leq 0.15 \; ; \; R_{ey} = e_x / \gamma_{ey} \leq 0.15 \tag{24.16}$$

偏心距離 e_x, e_y については添字が検討方向と逆になっていることに注意が必要である。

(3) その他必要な構造計算の基準⇒告示 1791 号

応力度、層間変形角、剛性率、偏心率の仕様規定を検討した建物に対して、耐震性能として各部分の**ねばり**の**能力**を検討する。

鉄筋コンクリート造建築物については、次の各項のいずれかを満足すること。

① 第 1 号⇒耐力壁、柱、間仕切壁の所要量

$$\boxed{\Sigma 2.5\alpha A_w + \Sigma 0.7\alpha A_c \geqq 0.75 ZWA_i} \quad \text{（SRC の場合、係数 0.7 を 1 とする）} \quad (24.17)$$

ここに、α＝コンクリートの設計基準強度による割増係数（前出）；A_w＝耐力壁の断面積（mm^2）；A_c＝柱および間仕切壁の断面積（mm^2）。

② 第 2 号⇒耐力壁、柱の所要量（構造耐力部材のみ）

$$\boxed{\Sigma 1.8\alpha A_w + \Sigma 1.8\alpha A_c \geq ZWA_i} \quad \text{（SRC の場合、係数 1.8 を 2 とする）} \quad (24.18)$$

24.5 地震時のエネルギー吸収

(1) ルート 3 での検討法

ルート 3 では大地震時に建築物が崩壊しないための検討として、建築物が保有している水平耐力（保有水平耐力 Q_u）と各階の必要保有水平耐力 Q_{un} を求め、各階について、

$$Q_u \geq Q_{un} \quad \text{（各階に対して）} \tag{24.19}$$

を満足する必要がある。

保有水平耐力 Q_u はその層の鉛直部材である柱の保有水平耐力の和と耐力壁または筋かいの保有水平耐力の和を合わせた値である。

$$Q_u = \Sigma\ _C Q_u + \Sigma\ _B Q_u \tag{24.20}$$

ここに、$\Sigma\ _C Q_u$＝柱の保有水平耐力の和；$\Sigma\ _B Q_u$＝耐力壁または筋かいの保有水平耐力の和。

一方、必要保有水平耐力 Q_{un} は次式より求まる。

$$Q_{un} = D_s F_{es} Q_{ud} \tag{24.21}$$

上式に、敷地の地理的位置や地形的状況による割増係数として地震入力補正係数 G（1.0 以上で 1.0〜1.2 を目安）を考慮すると、

$$Q_{un} = D_s F_{es} G Q_{ud} \tag{24.21}'$$

となる。ここに、D_s＝構造特性係数（24.7 節より求める）；F_{es}＝剛性率・偏心率に応じた係数（$F_{es} = F_e \cdot F_s$）；Q_{ud}＝地震力によって各階に生ずる水平力は次式により求める。

$$Q_{ud} = Z \cdot R_t \cdot A_i \cdot C_0 \cdot W_i \tag{24.22}$$

ここに、$C_0 \geq 1.0$；W_i＝i 階の地震荷重　$W_i = \sum_{j=i}^{n} w_j$（ここに、w_j＝j 階のみの地震時荷重）。

大地震時は $C_0 = 1.0$ 以上としているので、$C_0 = 0.2$ を用いる一次設計の 5 倍となる。

(2) エネルギー吸収と D_s

新耐震設計法のルート 3 では構造特性係数 D_s により、建物を塑性化させた際のエネ

ルギー吸収を考慮している。1質点系の構造物が地震動を受ける場合、架構の周期が比較的短周期の範囲では、架構の復元力が弾性の場合と完全弾塑性の場合について応答値を比較すると、弾性応答と弾塑性応答の強度－変形関係を囲む面積（エネルギー）は図24-11のように同じになる。これをNewmarkのエネルギー一定則という。

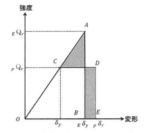

図24-11 地震時のエネルギー吸収

塑性率 μ を、次式で定義する。

$$\mu = \frac{{}_p\delta_r}{\delta_y} \tag{24.23}$$

ここに、δ_y＝部材が降伏を生じた時の変位；${}_p\delta_r$＝最大塑性変形。

線形応答せん断力 ${}_EQ_r$ と降伏せん断力 ${}_pQ_r$ は次式の関係にある。

$$\frac{{}_pQ_r}{{}_EQ_r} = \frac{1}{\sqrt{2\mu-1}} \tag{24.24}$$

建築物の応答による低減比に、減衰による効果を付加すると構造特性係数 D_s は、

$$D_s = \frac{1}{\sqrt{2\mu-1}} \times D_h \tag{24.25}$$

と表せる。ここに、μ＝構造骨組の各階の塑性率；D_h は減衰定数 h を用いて、

$$D_h = \frac{1.5}{1+10h} \tag{24.26}$$

で与えられる。ここに、h＝減衰定数。

ルート3では構造特性係数 D_s により地震力を当該建築物の塑性挙動を期待して低減している。したがって、架構の靱性が富むほど、また減衰が大きいほど D_s 値は小さくできることになる。

一般にRC造、SRC造の場合、柱および梁部材がせん断破壊、付着破壊、圧縮破壊を生じる場合は靱性に乏しく、曲げ破壊は靱性に富む。SRC造の充腹ウェブ材の部材は、せん断柱であっても靱性を有する。耐力壁は、一般に、曲げ耐力よりせん断耐力の方が小さく、柱や梁に比べるとせん断破壊を生じやすい。しかし、せん断破壊が生じる前に曲げ破壊や基礎の浮上り回転が生じる場合には、比較的靱性に富む。

一方、S造の部材は靱性が富むが、継手・仕口の非保有耐力接合、柱および梁の局部座屈、横座屈により靱性が期待できない。鉄骨筋かいの非保有耐力接合と圧縮ブレースの座屈は、靱性を期待できない。

(3)　D_s 値

建築物の靱性を確保し、塑性化を許容する範囲まで応答を拡張すれば、D_s 値により地震力を低減できることになる。D_s 値の導入には、建築構造物が塑性化しても粘り強さを保持することが必要条件となる。RC造では、D_s 値は柱および梁の破壊種別、耐力壁の破壊性状、負担せん断力比により決まる。S造では局部座屈、横座屈、仕口・

継手の保有耐力接合、筋かいの有効細長比により決まる。D_s 値としては、鉄骨構造では 0.25〜0.5、鉄筋コンクリート構造では S 造の値に 0.05 を加えて 0.30〜0.55 となる。木造では鉄骨構造と同様に 0.25〜0.5 となる。

なお、鉄骨造建築物および鉄筋コンクリート造建築物に対する D_s 値の算定法の概要は 24.7 節に記す。

(4) 形状係数 F_{es}

建物の耐震性を低下させる要素として剛性率と偏心率があり、これらを形状係数 F_{es}（剛性率 F_s と偏心率 F_e の積）として耐震性の評価に反映している。剛性率が 0.6 未満の場合や、偏心率が 0.15 を超している建築物については、**表 24-1** および **表 24-2** のようにペナルティーとして必要保有水平耐力を高める。

表 24-1　F_s の値

	剛性率 R_s	F_s
①	$R_s \geq 0.6$	1.0
②	$R_s < 0.6$	$2.0 - \dfrac{R_s}{0.6}$

表 24-2　F_e の値

	偏心率 R_e	F_e
①	$R_e \leq 0.15$	1.0
②	$0.15 < R_e < 0.3$	①と③とに掲げる数値を直線的に補間した数値
③	$R_e \geq 0.3$	1.5

(5) 保有水平耐力の計算法 Q_u

ルート 3 では、D_s の導入により建物の靭性を悪化させる要素をクリアした場合、建築物が保有している水平耐力を層ごとに決定する必要がある。保有水平耐力の計算法は、精算法としてはコンピュータソフトを用いた増分解析、略算法としては節点振分け法、仮想仕事法、層モーメント法等がある。保有水平耐力は、高さ方向にどのような外力分布を作用させるかにより大きく異なる。一般には、1 次モードに対応して、A_i 分布の外力分布を用いる。略算法の節点振分け法、仮想仕事法では架構の崩壊形から求めた分布は A_i 分布と異なる。

外力分布を A_i 分布として増分解析する際、脆性部材が先に破壊する場合がある、構造物の崩壊形として次の 3 パターンが考えられ、それらに対応した保有水平耐力の求め方を記す。

① **全体崩壊形**

構造物全体が不安定機構を形成し、鉛直部材がすべて脆性部材でない場合は、

⇒　鉛直部材の耐力の和を保有水平耐力とする（図 24-12 ①-1〜①-4）。

② **部分崩壊形**

特定の階が不安定機構を形成し、その際の鉛直部材がすべて脆性部材でない場合は、

⇒ 鉛直部材の耐力の和を保有水平耐力とする（図24-12 ②-1～②-2）。

③ 局部崩壊形

特定の鉛直部材が脆性部材であり、その部材の破壊により鉛直力を支持できない場合は、建築物の崩壊とする。

⇒ 崩壊時の鉛直部材の耐力の和を保有水平耐力とする（図24-12 ③）。

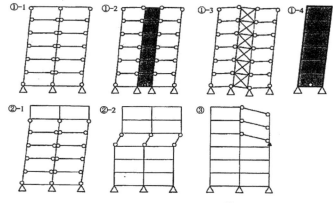

図24-12 崩壊形の例[42]

要は、脆性部材が破壊しても、直交壁などで鉛直支持耐力が確保されれば、その部材を取り除いて増分解析を行えばよい。ただし、部分崩壊形の場合、すべての鉛直部材が破壊すれば、それらを取り除くことはできないので、鉛直荷重の支持耐力が喪失した時点での水平耐力とする。

24.6 現行耐震設計法の問題点

(1) 熊本地震

2016年4月14日、熊本県熊本地方の日奈久断層帯と布田川断層帯を震央とする気象庁マグニチュード（M_J）6.5、モーメントマグニチュード（M_w）6.2の地震が発生し、震度7を熊本県益城町で観測した。その後同日には、表24-3に示すように震度6弱以上の地震が頻発し、震度7の地震に2回も遭遇することになる。4月16日1時25分に発生した地震の防災科学技術研究所設置のKiK-net益城（観測点コードKMMH16）の最大加速度は1362galである。

表24-3 熊本地震の強い地震の頻度状況

	発生日時		震央	規模 M_J (M_w)	震度
2016年	4月14日	21時23分	熊本県熊本地方	M_J 6.5 (6.2)	7
	4月14日	22時7分	熊本県熊本地方	M_J 5.8 (M_w 5.4)	6弱
	4月15日	0時3分	熊本県熊本地方	M_J 6.4 (M_w 6.0)	6強
	4月16日	1時25分	熊本県熊本地方	M_J 7.3 (M_w 7.0)	7
	4月16日	1時45分	熊本県熊本地方	M_J 5.9 (M_w 5.8)	6弱
	4月16日	3時55分	熊本県熊本地方	M_J 5.8 (M_w 5.6)	6強
	4月16日	9時48分	熊本県熊本地方	M_J 5.4 (M_w 5.2)	6弱

熊本地震で注目すべき留意点は、断層帯の比較的浅い場所で地震が多発し、震度6強以上の地震が1回でなく継続して発生したことである。最初の地震で耐えた建築物でもダメージを受けており、その後継続して発生した地震により崩壊しているケースもある。
　熊本地震による建築物の被害から、断層帯近傍で発生する地震が現行の耐震設計の基盤をなす仮定と矛盾する事項が発生している。これらの問題点を以下で検討する。

(2)　二次設計における大地震の取扱い

　現行の建築物の耐震設計法は、小地震と大地震とに分けて対応し、大地震を扱う二次設計は「耐用年限中に一度遭遇するかもしれない程度の大地震に対して崩壊から人命の保護をすること」になっている。これまで大きな地震が続く場合も数例観測されたが、熊本地震のように震度6以上の大地震の頻度が多い場合は過去の地震事例では見られなく、二次設計における仮定は根底から覆されたことになる。
　また、ルート3では、図24-11に示した地震時のエネルギー吸収として、弾性応答と完全弾塑性応答との比較から構造特性係数D_s値を導入して、建築物の靭性を期待して入力地震動を低減している。建築物を経済的に建設するために、構造物の靭性を期待して入力地震動による水平力を小さくすることが考えられた。建築物の靭性を期待することは、塑性変形も大きくなり構造物は損傷を発生する。また、変形が大きくなると、P－Δ効果も発生して更に構造物の耐力を弱めることになる。
　地震が繰返し作用する場合には、建築物の累積ダメージが大きくなり、崩壊になるケースが発生するので、大地震の発生頻度の検討と、構造物の累積ダメージを評価することが、今後の耐震設計で重要となる。また、大地震が発生すると、それと同程度の余震が数回発生することもあるので、建物がダメージを受けていると、増々耐荷力を喪失して余震で崩壊することになる。従って、建築物のダメージをできるだけ少なくするために、耐震性能を高める必要がある。
　建物の耐震性は図24-11に示すように、（強度）と（靭性）の積であるが、繰り返し作用する大地震に対しては想定した靭性が急激に喪失していくので、耐震余力を評価したD_s値の検討が必要と考えられる。

(3)　繰返し載荷による構造物の耐震挙動

　弾性設計では、構造物は地震力が作用しなくなると元に戻り、新たに発生した地震力に対して、全てのエネルギーを強度－変形関係で発揮できる。一方、弾塑性設計法では、構造物は大地震時に定常ループを超えた大きな塑性変形を生じ、構造部材の損傷と大きな累積塑性変形を生じる。
　構造物は地震により繰返し荷重を受ける。この繰返し荷重により構造物の耐震性能がどのように失われるかを述べる。地震による構造物の応答が弾塑性域にある場合の時刻暦解析法には、部材モデルと層モデルがある。部材モデルは、架構を構成する梁・柱部材に、それらの部材の材料法則による応力―ひずみ関係を使用する。一方、層モデルは柱・梁の部材で構成する建物の層としての水平荷重（層せん断力）と変位（層

間変位）の関係を表す履歴復元力特性を利用する。部材モデルはフレーム解析法で使用され、層モデルは質点系モデル（串団子モデル）や静的計算法で使用される。近年コンピュータの性能が向上し、フレームモデルの解析法が普及してきている。実験的に求める履歴復元力特性には、静的加力の正負交番繰返し載荷による方法と、振動台を用いた動的な交番繰返しによる方法とがある。層の復元力特性を求める解析的方法には、静的水平力を順に加力してプッシュオーバーによる方法が広く利用されている。

層の履歴復元力特性は、構造物により異なるが、大きな水平力が作用すると、構造物の部材は部分的に塑性変形を繰返し、累積する。繰返し載荷により変位 δ が大きくなる程、部材の塑性化により、水平耐力 Q が減少する。構造物の耐震性は $Q-\delta$ 曲線で囲まれた面積が大きい程耐震性が高い。しかし、繰返し載荷によりエネルギー吸収性能が低下し、靭性の無い構造物では、急激な耐力低下を発生する。

図 24-13 は鉄骨造の $Q-\delta$ 関係を示す。繰返しの変位振幅が小さい範囲は、固定した履歴ループを描く．この状態を定常状態と呼び、安定したループとなる。しかし、繰返しの変位振幅が大きくなると、非定常ループに入り、曲げ座屈、横座屈、局部座屈が生じて、耐力が低下して破断に至る。耐力低下を生じると $Q-\delta$ 曲線で囲まれた面積が小さくなるので、構造物はさらに変形を増大させて塑性エネルギーを確保する必要がある。この結果、益々変形が進んで耐力低下を生じて構造物が倒壊・損傷することになる。

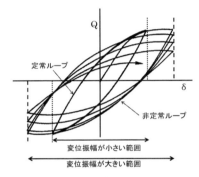

図 24.13 鉄骨構造の復元力特性

鉄筋コンクリート造建築物では、せん断補強筋が十分でない柱はせん断補強筋によるコンクリートの拘束効果を失うと、急激に耐力低下を生じる。木造建築物の復元力特性は低荷重時に剛性低下するスリップ特性を示す傾向にある。

大きな地震力の作用により大きな塑性変形を経験した構造物は、それ以後の作用する同程度の地震に対して、著しく耐震性能が低いと言える。この傾向は地震が大きいほど顕著である。よって、ダメージを受けた構造物の耐震性能の評価と、余震に対する確保すべき耐震性を考慮すると、出来るだけ塑性変形は少ない方が好ましい。

(4) 地震地域係数の取扱い

次に問題になるのが、地震地域係数 Z の取扱いである。地震地域係数 Z は、図 24-14 に示すように4段階に分かれ、1.0、0.9、0.8、0.7（沖縄県）の値をとる。熊本県は断層帯を持つ地震の多い地域であるが、地震地域係数は $Z=0.9$、0.8 であり、地震力が低減されている。

地震地域係数は、1952（昭和27）年に建築基準法に導入された。これは東京大学河角広教授の研究を基に、日本建築学会「地震荷重－その現状の展望（1987年）」によると「既往の地震危険度マップを加重平均して求めて得られた相対的な地震動の強さ

のマップの結果を行政区域ごとに振り分けたもの」である。地震地域係数 Z と地震動の加速度との関係は、**図 24-14** と **図 24-15** を比較すると、$Z=1.0$ の地域は 200 cm/s² 以上、$Z=0.9$ の地域は 100〜200 cm/s² である。なお、**図 24-15** は地表加速度の 100 年再現期待値を示す。

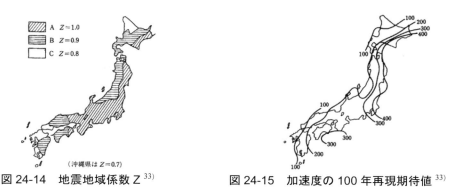

図 24-14　地震地域係数 Z [33]　　　　図 24-15　加速度の 100 年再現期待値 [33]

　地震地域係数 Z が 1.0 より低減している地域では地震が発生しづらく、また発生しても地表加速度が小さいことを示している。しかし、**図 24-16** に示すように、地震低減地域で巨大地震が数々発生している。地震は断層のずれにより発生するが、河角の調査では断層は考慮されていない。地震地域係数の低減は、建物に要求される地震動に直接作用する係数であり、例えば $Z=0.8$ の地域では、建物に作用する地震層せん断力は $Z=1.0$ の地域より 20%低減されることになる。地震地域係数が低減される地域に作用する地表加速度が想定通りに小さければ建物被害も少なくて済むが、耐用年数 1 回遭遇するかもしれない震度 7 クラスの地震に対しては、地震地域係数の低減は建物の崩壊を招くこととなる。そのため、静岡県では $Z=1.0$ を 1.2 に、その他の地域においても地震地域係数の低減を実施していない自治体がある。

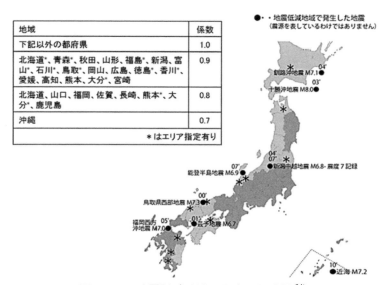

図 24-16　地震低減地域で発生した地震 [34]

建築物の耐震性に大きく影響する係数として、
　地震地域係数 Z（1.0～0.7）
　重要度係数 I（Ⅰ類は 1.5、Ⅱ類は 1.25、Ⅲ類は 1.0）
　地震入力補正係数 G（1.0～1.2）
　積雪荷重の低減係数：表 2-2 における 0.7 および 0.35

がある。建築基準法は最低限度の満足すべき基準であり、建物の用途、重要性を考慮して、より耐震性の高い建物を作るべきである。なお、「官庁施設の総合耐震計画基準」で規定している構造体に対する震度 7 に対する耐震性能は、重要度係数Ⅰ類については補修なく使用できること、Ⅱ類は大きな補修なく使用できること、Ⅲ類は損傷するが建物全体は崩壊に至らなく、人命の安全確保ができることとしている。

災害時の避難施設として使用される建築物については、重要度係数 $I=1.25$ を用いる。重要度係数 I は、RC および SRC 造建築物についてはルート 1、ルート 2、ルート 3 のいずれにおいても割増しを行う。ルート 1 およびルート 2 では、地震荷重 W_i に重要度係数 I を掛け、ルート 3 では C_0 に重要度係数 I を掛けると解釈すればよい。一方、S 造建築物については、C_0 に I を掛けると解釈する。よって、軽微な構造物で木造建築物等の取り扱いができる条件としての $C_0=0.3$ での規定は重要度係数 I を掛けた $C_0=0.3\times I$ の値に対して満足する必要がある。

(5) 耐力壁等への水平力の伝達

現行の耐震基準を満足しても、木造住宅の多くが崩壊している。これらの崩壊は、耐力壁（軸組筋違を含む）の配置に問題があると考えられる。

耐力壁や軸組筋違は大きな水平力を負担できるが、これらの水平力は床を介して耐力壁や軸組筋違に伝達される。上階の大きな負担せん断力を下階に効率良く伝達するには、上下階が連続した連層耐力壁や連層筋違が有効である。木造建築物では床組の面内剛性が低く、大きな水平力を伝達することができない。そのため、下階と上階とが連層していない耐力壁（木造では軸組筋違を指す）では、床を介して十分な水平力を下階の耐力壁に伝達できない。したがって、1 階が大広間で耐力壁が周辺に配置されていても、2 階の耐力壁が負担したせん断力は耐力壁が連層していないので、2 階の床を介して 1 階の離れた位置にある耐力壁に伝達することができない。そのため、1 階の水平力に対する壁倍率が十分であっても、耐力壁に伝達される水平力が少ないので、建物全体として水平耐力が不足して崩壊する。

連層耐力壁は、2 階で負担した水平力を容易に 1 階の耐力壁に伝達し、さらに、2 階床面で伝達可能な水平力が 1 階の耐力壁に加算して大きな水平力を負担できる。下階の耐力壁の有効性を示す指標として上階と下階の層が重なっている直下率を用いるが、大きな床面剛性が期待できない木造建築物では、耐力壁の直下率と配置間隔、捩れない均等な配置に心掛けるべきである。床の伝達能力を評価した耐力壁の評価は、非木造建築物では一般に認識されている事項であるが、木造建築物では床の剛性が低いので留意すべきである。今後は、床面内の剛性を高める対策や、面内剛性が高い CLT

（Cross Laminated Timber）の利用が考えられる。

24.7 各種構造の D_s 値

D_s 値は、張間方向および桁行方向の各階について求める。

(1) 鉄骨造の D_s を算出する方法

［鉄骨造建築物の D_s の算定手順］

① すべての部材の種別名を分類する
・柱および梁の形状から、FA～FD に分類する。
　　種別 FD が存在する場合　　→　　FD とする。
　　種別 FC、FD がない場合　　→　　FB とする。
　　種別 FD がなく、FC が存在する場合　→　FC とする。
・筋かいの有効細長比から、BA～BC に分類する。
② 塑性ヒンジの形成による柱種別の見直しを行う。
③ 種別 FA, FB, FC の各水平耐力の和、${}_cQ_A$, ${}_cQ_B$, ${}_cQ_C$ を求める。
　種別 BA, BB, BC の水平耐力の和、${}_BQ_A$, ${}_BQ_B$, ${}_BQ_B$ を求める。

④ 柱　　　$\gamma_A = \dfrac{{}_cQ_A}{\Sigma_c Q}$; $\gamma_C = \dfrac{{}_cQ_C}{\Sigma_c Q}$　　　ここに、$\Sigma_C Q = {}_cQ_A + {}_cQ_B + {}_cQ_C$

　　筋かい　$\gamma_A = \dfrac{{}_BQ_A}{\Sigma_B Q}$; $\gamma_C = \dfrac{{}_BQ_C}{\Sigma_B Q}$　　　ここに、$\Sigma_B Q = {}_BQ_A + {}_BQ_B + {}_BQ_C$

γ_A, γ_C を用いて、**表 24-6** より柱および筋かいの A, B, C を決める。

⑤ β_u ＝筋かい（耐力壁を含む）／保有水平耐力

表 24-7 の縦軸に筋かいの種別 A～B と β_u を、横軸に柱の部材群 A～D を用いて D_s 値を求める。

［鉄骨造建築物の D_s 算定表群］

鋼材の基準強度 F : $SN400$ 級　$F = 235\,\text{N/mm}^2$; $SN490$ 級　$F = 275\,\text{N/mm}^2$

表 24-4、**表 24-5** 参照。

表 24-4 JIS 規格材の F 値 (N/mm²)

構造種別	建築構造用		一般構造用			溶接構造用		
種類	SN400 SNR400 STK400	SN490 SNR490 STKR490	SS400 STK400 STKR400 SSC400 SWH400	SS490	SS540	SM400	SM490 SM490Y STKR490 STK490	SM520
F 厚さ40mm以下	235	325	235	275	375	235	325	355
F 厚さ40mmを超え100mm以下	215	295	215	255	—	215	295	335 75mmをこえるものは325
F_u	400	490	400	490	540	400	490	520

表 24-5 認定材 BCR, BCP の F 値 (N/mm²)

種類	BCR295	BCP235	BCP325
板厚 (mm)	6〜22	6〜40	
F	295	235	325

① 柱および梁の種別(表 24-6)

表 24-6 柱および梁の種別

部材	柱					梁		柱および梁の種別
断面形状	H形鋼		角形鋼管	円形鋼管		H形鋼		
部位	フランジ	ウェブ	—	—	フランジ	ウェブ		
幅厚比または径厚比	9.5α	43α	33α	$50\alpha^2$	9α	60α		FA
	12α	45α	37α	$70\alpha^2$	11α	65α		FB
	15.5α	48α	48α	$100\alpha^2$	15.5α	71α		FC
	FA、FB および FC のいずれにも該当しない場合							FD

ここに、$\alpha = \sqrt{235/F}$

② 筋かいの種別(表 24-7)

筋かいの有効細長比 λ = (座屈長さ) / (断面の最小2次率半径)

表 24-7 筋かいの種別

	有効細長比	筋かいの種別
(1)	$\lambda \leq 495/\sqrt{F}$	BA
(2)	$495/\sqrt{F} < \lambda \leq 890/\sqrt{F}$ または $1980/\sqrt{F} \leq \lambda$	BB
(3)	$890/\sqrt{F} < \lambda < 1980/\sqrt{F}$	BC

③ 筋かい・柱、梁の部材種別（**表 24-8**）

柱および筋かいごとに、各種別に分類された部材群の水平耐力の和を求める。

$_CQ_A$ ＝柱種別 FA の水平耐力の和； $_BQ_A$ ＝筋かい種別 BA の水平耐力の和
$_CQ_B$ ＝柱種別 FB の水平耐力の和； $_BQ_B$ ＝筋かい種別 BB の水平耐力の和
$_CQ_C$ ＝柱種別 FC の水平耐力の和； $_BQ_C$ ＝筋かい種別 BC の水平耐力の和

柱・梁の場合　　　　　　　$\gamma_A = {_CQ_A}/({_CQ_A}+{_CQ_B}+{_CQ_C})$； $\gamma_C = {_CQ_C}/({_CQ_A}+{_CQ_B}+{_CQ_C})$

筋かい（耐力壁）の場合　　$\gamma_A = {_BQ_A}/({_BQ_A}+{_BQ_B}+{_BQ_C})$； $\gamma_C = {_BQ_C}/({_BQ_A}+{_BQ_B}+{_BQ_C})$

表 24-8　部材群の種別

	部材の耐力の場合	部材群の種別
(1)	$\gamma_A \geq 0.5$　かつ　$\gamma_C \leq 0.2$	A
(2)	$\gamma_C < 0.5$（部材群としての種別が A の場合を除く。）	B
(3)	$\gamma_C \geq 0.5$	C

④ D_s 値（**表 24-9**）

　　　$\beta_u =$（階の筋かい（耐力壁を含む）の水平耐力の和）／（保有水平耐力）。

ここで、β_u は柱・梁の部材群の種別により保有水平耐力が異なる。

種別 A〜C の場合　⇒　$\beta_u = ({_BQ_A}+{_BQ_B}+{_BQ_C})/({_BQ_A}+{_BQ_B}+{_BQ_C}+{_CQ_A}+{_CQ_B}+{_CQ_C})$

種別 D の場合　　⇒
　　　$\beta_u = ({_BQ_A}+{_BQ_B}+{_BQ_C})/({_BQ_A}+{_BQ_B}+{_BQ_C}+{_CQ_A}+{_CQ_B}+{_CQ_C}+{_CQ_D})$

表 24-9　Ds 値

			柱および梁の部材群の種別			
			A	B	C	D
筋かいの種別		A または $\beta_u = 0$ の場合	0.25	0.3	0.35	0.4
	B	$0 < \beta_u \leq 0.3$ の場合	0.25	0.3	0.35	0.4
		$0.3 < \beta_u \leq 0.7$ の場合	0.3	0.3	0.35	0.45
		$\beta_u > 0.7$ の場合	0.35	0.35	0.4	0.5
	C	$0 < \beta_u \leq 0.3$ の場合	0.3	0.3	0.35	0.4
		$0.3 < \beta_u \leq 0.5$ の場合	0.35	0.35	0.4	0.45
		$\beta_u > 0.5$ の場合	0.4	0.4	0.45	0.5

(2) 鉄筋コンクリート造の D_s を算出する方法

［鉄筋コンクリート造建築物の D_s の算定手順］

① 柱および梁を部材種別（**表 24-10**）FA, FB, FC, FD に分類する。

② 耐力壁を部材種別（**表 24-11**）WA, WB, WC, WD に分類する。

③ 柱　　$\gamma_A = \dfrac{種別 FA 柱の耐力の和\ {_CQ_A}}{{_CQ_A}+{_CQ_B}+{_CQ_C}}$　； $\gamma_C = \dfrac{種別 FC 柱の耐力の和\ {_CQ_C}}{{_CQ_A}+{_CQ_B}+{_CQ_C}}$

表 24-12 より、柱および梁の部材群種別 A, B, C を求める。

耐力壁　$\gamma_A = \dfrac{種別WA耐力壁の耐力の和 \ _wQ_A}{_wQ_A + _wQ_B + _wQ_C}$

$\gamma_C = \dfrac{種別WC耐力壁の耐力の和 \ _wQ_C}{_wQ_A + _wQ_B + _wQ_C}$

表 24-12 より、耐力壁の部材群種別 A, B, C を求める。

④　D_s 値

　　イ　耐力壁のない剛節架構の場合　　⇒　表 24-13 より求める。
　　ロ　壁式構造の場合　　　　　　　　⇒　表 24-14 より求める。
　　ハ　剛節架構と耐力壁を併用の場合　⇒　表 24-15 より求める。

$$\beta_u = \dfrac{耐力壁（筋かいを含む）の水平耐力の和}{保有水平耐力}$$

縦軸：耐力壁の A〜D と β_u

横軸：柱の A〜D

[鉄筋コンクリート造建築物の D_s 算定表群]

① 柱および梁の種別（表 24-10）

崩壊形に達する場合に塑性ヒンジを生じないことが明らかな柱の種別は、表によらず梁の種別による。

表 24-10　柱および梁の種別

部材	柱および梁	柱				梁	柱および梁の種別
	破壊の形式	h_0/D	σ_0/F_C	p_t	τ_u/F_C	τ_u/F_C の種別	
条件	せん断破壊、付着割裂破壊および圧縮破壊その他の構造耐力上支障のある急激な耐力の低下の恐れのある破壊を生じないこと。	2.5 以上	0.35 以下	0.8 以下	1.0 以下	0.15 以下	FA
		2.0 以上	0.45 以下	1.0 以下	0.125 以下	0.2 以下	FB
		—	0.55 以下	—	0.15 以下	—	FC
	FA、FB または FC のいずれにも該当しない場合						FD

h_0 ＝柱の内法高さ（cm）；D ＝柱の幅（cm）；σ_0 ＝柱の軸方向応力度（N/mm²）；p_t ＝引張鉄筋比（％）；F_C ＝コンクリートの設計基準強度（N/mm²）；τ_u ＝柱または梁の断面に生じる平均せん断応力度（N/mm²）

② 耐力壁の種別（表 24-11）

表 24-11　耐力壁の種別

部材	耐力壁	壁式構造以外	壁式構造	耐力壁の種別
	破壊の形式	τ_u/F_C の数値	τ_u/F_C の数値	
条件	せん断破壊その他の構造耐力上支障のある急激な耐力の低下の恐れのある破壊を生じないこと。	0.2 以下	0.1 以下	WA
		0.25 以下	0.125 以下	WB
		—	0.15 以下	WC
	WA、WB または WC のいずれにも該当しない場合			WD

③ 柱および梁並びに耐力壁の部材群の種別 (**表 24-12**)

柱および梁の部材群種別

γ_A ＝ (FA 柱の耐力の和) ／ (FA 柱を除くすべての柱の水平耐力の和)

γ_C ＝ (FC 柱の耐力の和) ／ (FD 柱を除くすべての柱の水平耐力の和)

耐力壁の部材群の種別

γ_A ＝ (WA 耐力壁の耐力の和) ／ (WD 耐力壁を除くすべての耐力壁の水平耐力の和)

γ_C ＝ (WC 耐力壁の耐力の和) ／ (WD 耐力壁を除くすべての耐力壁の水平耐力の和)

表 24-12　部材群の種別

	部材の耐力の場合	部材群の種別
(1)	$\gamma_A \geq 0.5$　かつ　$\gamma_C \leq 0.2$	A
(2)	$\gamma_C < 0.5$　(部材群としての種別が A の場合を除く。)	B
(3)	$\gamma_C \geq 0.5$	C

④ D_s 値

イ　耐力壁を設けない剛節架構の場合 (**表 24-13**)

表 24-13　D_s 値

柱および梁の部材群の種別	D_s の数値
A	0.3
B	0.35
C	0.4
D	0.45

ロ　壁式構造の場合 (**表 24-14**)

表 24-14　D_s 値

耐力壁の部材群の種別	D_s の数値
A	0.45
B	0.5
C	0.55
D	0.55

ハ　剛節架構と耐力壁を併用した場合 (**表 24-15**)

β_u ＝ (耐力壁 (筋かいを含む) の水平耐力の和) ／ (保有水平耐力)

表 24-15　D_s 値

			柱および梁の部材群の種別			
			A	B	C	D
耐力壁の部材群の種別	A	$0 < \beta_u \leq 0.3$	0.3	0.35	0.4	0.45
		$0.3 < \beta_u \leq 0.7$	0.35	0.4	0.45	0.5
		$\beta_u > 0.7$	0.4	0.45	0.45	0.55
	B	$0 < \beta_u \leq 0.3$	0.35	0.35	0.4	0.45
		$0.3 < \beta_u \leq 0.7$	0.4	0.4	0.45	0.5
		$\beta_u > 0.7$	0.45	0.45	0.5	0.55
	C	$0 < \beta_u \leq 0.3$	0.35	0.35	0.4	0.45
		$0.3 < \beta_u \leq 0.7$	0.4	0.45	0.45	0.5
		$\beta_u > 0.7$	0.5	0.5	0.5	0.55
	D	$0 < \beta_u \leq 0.3$	0.4	0.4	0.45	0.45
		$0.3 < \beta_u \leq 0.7$	0.45	0.5	0.5	0.5
		$\beta_u > 0.7$	0.55	0.55	0.55	0.55

24.8 参考：木造の構造計算

(1) 木造の構造計算法

構造種別により分かれる。

① **在来軸組構法** → 建築基準法施行令第46条第4項の壁量規定

柱と梁を主たる構造要素とし、伝統的な仕口、継手で組立てられている構造であり、水平抵抗要素（筋かい、耐力壁）の壁量を規定する。

② **集成材等建築物**

構造用集成材や構造用製材を用いて構造計算により安全性を確認し、令第46条第4項の壁量規定の適用を除外する。

(2) 木造の構造計算ルート

構造種別により、構造計算ルートは図24-17による。

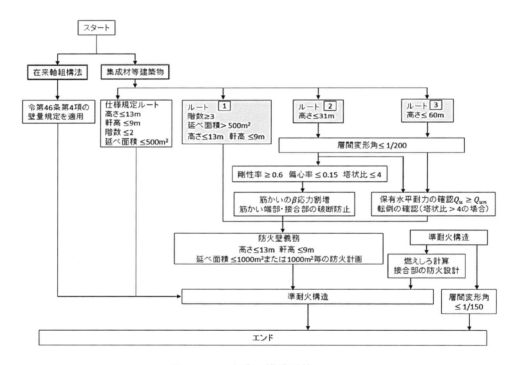

図 24-17　木造の構造計算ルート

付録　マトリックス代数の概説

(1) 列ベクトル

$$\{a\} = \begin{Bmatrix} a_1 \\ a_2 \\ \vdots \\ a_n \end{Bmatrix}$$

(2) 行ベクトル

$$\{a\} = \{a_1 \ a_2 \ \cdots a_n\}$$

(3) スカラー倍

$$\alpha \begin{Bmatrix} a_1 \\ a_2 \\ \vdots \\ a_n \end{Bmatrix} = \begin{Bmatrix} \alpha a_1 \\ \alpha a_2 \\ \vdots \\ \alpha a_n \end{Bmatrix}$$

$$\alpha \{a_1 \ a_2 \ \cdots a_n\} = \{\alpha a_1 \ \alpha a_2 \ \cdots \alpha a_n\}$$

(4) 変換法則

$$\{a\} + \{b\} = \{b\} + \{a\}$$

(5) 内積

$$(a,b) = \{a_1 \ a_2 \ \cdots a_n\} \begin{Bmatrix} b_1 \\ b_2 \\ \vdots \\ b_n \end{Bmatrix} = a_1 b_1 + a_2 b_2 + \cdots a_n b_n$$

(6) マトリックス

$$[a_{ij}] = \begin{bmatrix} a_{11} & a_{12} & \cdots & a_{1n} \\ a_{21} & a_{22} & \cdots & a_{2n} \\ \vdots & & & \\ a_{m1} & a_{m2} & \cdots & a_{mn} \end{bmatrix}$$

m 行×n 列

$m = n$ のとき → 正方マトリックスと呼ぶ。

① 正方マトリックス

$$[a_{ij}] = \begin{bmatrix} a_{11} & a_{12} & \cdots & a_{1n} \\ a_{21} & a_{22} & \cdots & a_{2n} \\ \vdots & & & \\ a_{n1} & a_{n2} & \cdots & a_{nn} \end{bmatrix}$$

② 対角マトリックス

$$[a_{ij}] = \begin{bmatrix} a_{11} & & & 0 \\ & a_{22} & & \\ & & \ddots & \\ 0 & & & a_{nn} \end{bmatrix}$$

③ 単位マトリックス

$$[a_{ij}] = \begin{bmatrix} 1 & & & 0 \\ & 1 & & \\ & & \ddots & \\ 0 & & & 1 \end{bmatrix} = [I]$$

④ 対称マトリックス

$$[a_{ij}] = [a_{ji}]$$

EX. $\begin{bmatrix} 1 & 2 \\ 2 & 3 \end{bmatrix}$

⑤ 三角マトリックス

上三角マトリックス   下三角マトリックス

$\begin{bmatrix} 1 & 2 & 3 \\ 0 & 5 & 4 \\ 0 & 0 & 6 \end{bmatrix} = [U]$ $\begin{bmatrix} 1 & 0 & 0 \\ 2 & 3 & 0 \\ 5 & 4 & 6 \end{bmatrix} = [L]$

⑥ 転置マトリックス

$$[a_{ij}] = \begin{bmatrix} a_{11} & a_{12} & \cdots & a_{1n} \\ a_{21} & a_{22} & \cdots & a_{2n} \\ \vdots & & & \\ a_{n1} & a_{n2} & \cdots & a_{nn} \end{bmatrix} = [A] \quad \text{の転置は} \quad [a_{ij}]^T = \begin{bmatrix} a_{11} & a_{21} & \cdots & a_{n1} \\ a_{12} & a_{22} & \cdots & a_{n2} \\ \vdots & & & \\ a_{1n} & a_{2n} & \cdots & a_{nn} \end{bmatrix} = [A]^T$$

$[a_{ij}] = [a_{ji}]^T \quad \rightarrow \quad [A] = [A^T]^T$

⑦ 逆マトリックス

$[A] \rightarrow [A]^{-1}$

逆マトリックスが存在する → 正則 (regular)

逆マトリックスが存在しない → 特異 (singular) → $|A| = 0$ となる

$[A][A]^{-1} = [I]$

⑧　バンドマトリックス

$$\begin{bmatrix} \times & \times & & & & \\ \times & \times & \times & & & \\ & \times & \times & \times & & \\ & & \times & \times & \times & \\ & & & & \times & \times \end{bmatrix}$$

　　　　　　└┘
　　　　　バンド幅

⑨　余因子マトリックス（Cofactor matrix）

$$[A]^c = \begin{bmatrix} A_{11} & A_{12} & \cdots & A_{1n} \\ A_{21} & A_{22} & \cdots & A_{2n} \\ \vdots & & & \\ A_{n1} & A_{n2} & \cdots & A_{nn} \end{bmatrix}$$

ここに、$A_{11} \cdots A_{ij}$ は余因子

$$A_{ij} = (-1)^{i+j} |a_{ij}|$$

⑩　adjoint matrix

$$adj[A] = \begin{bmatrix} A_{11} & A_{21} & \cdots & A_{n1} \\ A_{12} & A_{22} & \cdots & A_{n2} \\ \vdots & & & \\ A_{1n} & A_{2n} & \cdots & A_{nn} \end{bmatrix} = \{[A]^c\}^T$$

⑪　マトリックス[A]と adjoint matrix adj[A]

$$[A] adj[A] = \begin{bmatrix} |A| & 0 & 0 & \cdots \\ 0 & |A| & 0 & \cdots \\ \vdots & & & \ddots \\ 0 & & & |A| \end{bmatrix} = |A|[I]$$

　　　　　　　　　　　　　　　　　　　↑
　　　　　　　　　　　　　　　　　determinant

⑫　上式に $[A]^{-1}$ を前乗すると、

$$[A]^{-1}[A] adj[A] = [A]^{-1} |A| [I]$$

ここで、

$$[A]^{-1}[A] = [I]$$

であるから

$$[I] adj[A] = [A]^{-1} |A| [I]$$

となる。よって、逆マトリックス $[A]^{-1}$ は次式で求まる。

$$[A]^{-1} = \frac{adj[A]}{|A|}$$

(7) 和と差

$$[A] \pm [B] = [A \pm B]$$

$$\begin{bmatrix} a_{11} & a_{12} & \cdots & a_{1n} \\ a_{21} & a_{22} & \cdots & a_{2n} \\ \vdots & & & \\ a_{m1} & a_{m2} & \cdots & a_{mn} \end{bmatrix} \pm \begin{bmatrix} b_{11} & b_{12} & \cdots & b_{1n} \\ b_{21} & b_{22} & \cdots & b_{2n} \\ \vdots & & & \\ b_{m1} & b_{m2} & \cdots & b_{mn} \end{bmatrix} = \begin{bmatrix} a_{11} \pm b_{11} & a_{12} \pm b_{12} & \cdots & a_{1n} \pm b_{1n} \\ a_{21} \pm b_{21} & a_{22} \pm b_{22} & \cdots & a_{2n} \pm b_{2n} \\ \vdots & & & \\ a_{m1} \pm b_{m1} & a_{m2} \pm b_{m2} & \cdots & a_{mn} \pm b_{mn} \end{bmatrix}$$

(EX.) $\begin{bmatrix} 1 & 2 & 3 \\ 4 & 5 & 6 \end{bmatrix} + \begin{bmatrix} 4 & 5 & 1 \\ 1 & 6 & 2 \end{bmatrix} = \begin{bmatrix} 5 & 7 & 4 \\ 5 & 11 & 8 \end{bmatrix}$

(8) 積

$$\begin{bmatrix} a_{11} & a_{12} & \cdots & a_{1n} \\ a_{21} & a_{22} & \cdots & a_{2n} \\ \vdots & & & \\ a_{m1} & a_{m2} & \cdots & a_{mn} \end{bmatrix} \begin{bmatrix} b_{11} & b_{12} & \cdots & b_{1\ell} \\ b_{21} & b_{22} & \cdots & b_{2\ell} \\ \vdots & & & \\ b_{n1} & b_{n2} & \cdots & b_{n\ell} \end{bmatrix} = \begin{bmatrix} c_{11} & c_{12} & \cdots & c_{1\ell} \\ c_{21} & c_{22} & \cdots & c_{2\ell} \\ \vdots & & & \\ c_{m1} & c_{m2} & \cdots & c_{m\ell} \end{bmatrix}$$

　　　　　　　　ⓜ行 n列　　　　　n行 ⓛ列　　　　　　　m行 ℓ列

（注）マトリックスの積は、前乗のマトリックスの列と後乗のマトリックスの行とが同じ数でなければならない。

(EX.) $\begin{bmatrix} 1 & 2 \\ 3 & 4 \end{bmatrix} \begin{bmatrix} 5 & 6 \\ 7 & 8 \end{bmatrix} = \begin{bmatrix} 1 \times 5 + 2 \times 7 & 1 \times 6 + 2 \times 8 \\ 3 \times 5 + 4 \times 7 & 3 \times 6 + 4 \times 8 \end{bmatrix} = \begin{bmatrix} 19 & 22 \\ 43 & 50 \end{bmatrix}$

例題　マトリックス$[A]$の逆マトリックス$[A]^{-1}$を求める。また、転置マトリックス$[A]^T$を求める。

① マトリックス$[A]$

$$[A] = \begin{bmatrix} 1 & -3 & 0 \\ 5 & -7 & 8 \\ 9 & 2 & 3 \end{bmatrix}$$

② determinant

$$|A| = \begin{vmatrix} 1 & -3 & 0 \\ 5 & -7 & 8 \\ 9 & 2 & 3 \end{vmatrix} = 1 \times (-7) \times 3 + 5 \times 2 \times 0 + 9 \times (-3) \times 8 - 0 \times (-7) \times 9 - 8 \times 2 \times 1 - 3 \times (-3) \times 5 = -208$$

③ Cofactor matrix

$$[A]^c = \begin{bmatrix} (-1)^2 \begin{vmatrix} -7 & 8 \\ 2 & 3 \end{vmatrix} & (-1)^3 \begin{vmatrix} 5 & 8 \\ 9 & 3 \end{vmatrix} & (-1)^4 \begin{vmatrix} 5 & -7 \\ 9 & 2 \end{vmatrix} \\ (-1)^3 \begin{vmatrix} -3 & 0 \\ 2 & 3 \end{vmatrix} & (-1)^4 \begin{vmatrix} 1 & 0 \\ 9 & 3 \end{vmatrix} & (-1)^5 \begin{vmatrix} 1 & -3 \\ 9 & 2 \end{vmatrix} \\ (-1)^4 \begin{vmatrix} -3 & 0 \\ -7 & 8 \end{vmatrix} & (-1)^5 \begin{vmatrix} 1 & 0 \\ 5 & 8 \end{vmatrix} & (-1)^6 \begin{vmatrix} 1 & -3 \\ 5 & -7 \end{vmatrix} \end{bmatrix} = \begin{bmatrix} -37 & 57 & 73 \\ 9 & 3 & -29 \\ -24 & -8 & 8 \end{bmatrix}$$

④ adjoint matrix

$$adj[A] = \{[A]^c\}^T = \begin{bmatrix} -37 & 9 & -24 \\ 57 & 3 & -8 \\ 73 & -29 & 8 \end{bmatrix}$$

⑤ 逆 matrix

$$[A]^{-1} = \frac{1}{|A|} adj[A] = \frac{1}{-208} \begin{bmatrix} -37 & 9 & -24 \\ 57 & 3 & -8 \\ 73 & -29 & 8 \end{bmatrix}$$

⑥ チェック

$$[A][A]^{-1} = \begin{bmatrix} 1 & -3 & 0 \\ 5 & -7 & 8 \\ 9 & 2 & 3 \end{bmatrix} \cdot \left(\frac{1}{-208}\right) \cdot \begin{bmatrix} -37 & 9 & -24 \\ 57 & 3 & -8 \\ 73 & -29 & 8 \end{bmatrix} = \begin{bmatrix} 1 & 0 & 0 \\ 0 & 1 & 0 \\ 0 & 0 & 1 \end{bmatrix} = [I] \quad \text{O.K.}$$

⑦ determinant $|A|$ は次式でも求められる。

$$[A]adj[A] = \begin{bmatrix} 1 & -3 & 0 \\ 5 & -7 & 8 \\ 9 & 2 & 3 \end{bmatrix} \begin{bmatrix} -37 & 9 & -24 \\ 57 & 3 & -8 \\ 73 & -29 & 8 \end{bmatrix} = \begin{bmatrix} -208 & 0 & 0 \\ 0 & -208 & 0 \\ 0 & 0 & -208 \end{bmatrix} = -208 \begin{bmatrix} 1 & 0 & 0 \\ 0 & 1 & 0 \\ 0 & 0 & 1 \end{bmatrix}$$

$$\therefore [A]adj[A] = |A| \cdot [I] \rightarrow [A] \cdot \frac{1}{|A|} adj[A] = [I]$$

$[A]^{-1}$ とおく

⑧ 転置マトリックス

$$[A]^T = \begin{bmatrix} 1 & 5 & 9 \\ -3 & -7 & 2 \\ 0 & 8 & 3 \end{bmatrix}$$

参考文献

1. 中原一郎『材料力学 上巻』養賢堂、1965.
2. 中原一郎『材料力学 下巻』養賢堂、1966.
3. 小野 薫、加藤 渉『建築応用力学』共立出版、1966.
4. 小松定夫『薄肉構造物の理論と計算(I)』山海堂、1969.
5. S.P. Timoshenko and J.M. Gere: "Theory of elastic stability", McGraw-Hill, 1963.
6. V.Z. Vlasov(奥村敏恵 訳)『薄肉弾性ばりの理論』技報堂、1967.
7. 斎藤謙次『建築構造力学』理工図書、1964.
8. C. Alexander: "Principles of structural stability theory", Prentice-Hall, 1974.
9. 小野 薫『撓角法』紀元社、1971.
10. 髙岡宣善『構造部材のねじり解析』共立出版、1975.
11. 武藤 清『耐震計算法－耐震設計シリーズ 1.』丸善、1963.
12. 武藤 清『構造力学の応用－耐震設計シリーズ 5.』丸善、1967.
13. 藤田譲、楠田忠雄、川井忠彦『塑性設計法』森北出版、1960.
14. 山田孝一郎、松本芳紀『建築構造力学Ⅰ,Ⅱ』森北出版、1985.
15. 桑村 仁『鋼構造の性能と設計』共立出版、2002.
16. 桑村 仁『建築の力学－塑性論とその応用』井上書院、2007.
17. T.V. Galanbos: "Structural members and frames", Prentice-Hall, 1968.
18. F. Bleich: "Buckling strength of metal structures", McGraw-Hill, 1952.
19. S.P. Timoshenko and J.N. Goodier: "Theory of elasticity", (Third Edition) McGraw-Hill, 1970.
20. 坂田 勝『固体力学』朝倉書店、1975.
21. 山口柏樹『断・塑性力学』森北出版、1975.
22. 国土交通省国土技術政策総合研究所、国立研究開発法人建築研究所『2015 年版 建築物の構造関係技術基準解説書』全国官報販売協同組合、2015.
23. 竹内洋一郎、関谷 壮『わかる弾性学』日新出版、1982.
24. 工藤英明『塑性学』森北出版、1976.
25. 鵜戸口英善『塑性学』共立出版、1968.
26. 土木学会構造工学委員会、構造力学公式集改訂委員会『構造力学公式集』土木学会、1993.
27. 宮本 博『3 次元弾性論』裳華房、1967.
28. 大久保肇『応用弾性学』朝倉書店、1977.
29. 前澤成一郎『弾性学』森北出版、1970.
30. Y.C. Fung、大橋義夫(村上澄男、神谷紀生 訳)『固体の力学/理論』培風館、1970.
31. 伊藤勝悦『弾性力学入門』森北出版、2006.
32. 髙畠秀雄『超高層ビルの簡易動的設計法』鹿島出版会、2016.
33. 日本建築学会『地震荷重－その現状と将来の展望』日本建築学会、1987.
34. 有限会社 ADS 計画研究所ホームページ「住いの水先案内人」より
35. 髙畠秀雄『南海トラフ巨大地震の防災対策』鹿島出版会、2014.
36. 社団法人日本鋼構造協会『わかりやすい鉄骨の構造設計 第 4 版』技報堂出版、2012.
37. 一般財団法人日本建築センター『構造計算適合性判定を踏まえた建築物の構造設計実務のポイント』日本建築センター、2016.
38. 社団法人日本鋼構造協会『わかりやすい鉄骨の構造設計 第 1 版』技報堂出版、1983.
39. 中原一郎『応用弾性学』実教出版、1990.
40. 日本建築学会『鋼構造設計規準』日本建築学会、2005.
41. 日本建築学会『鋼構造限界状態設計指針・同解説』日本建築学会、2002.
42. 国土交通省住宅建築指導課他(編集)『2015 年度建築物の構造関係技術基準解説書』全国官報販売組合、2015.

43. H. Takabatake: "Effects of dead loads in static beams", Journal of Structural Engineering, Vol.116(4), pp.1102-1120, 1990.
44. H. Takabatake: " Effects of dead loads on natural frequencies of beams", Journal of Structural Engineering, Vol.117(4), pp.1039-1052, 1991.
45. H. Takabatake: "Effects of dead loads in dynamic plates", Journal of Structural Engineering, Vol.118(1), pp.34-51, 1992.
46. H. Takabatake: "Effects of dead loads on dynamic analyses of beams", Earthquake and Structures, Vol.1 (4), pp.411-425, 2010.
47. H. Takabatake:" Effects of dead loads on the static analysis of plates", Structural Engineering and Mechanics, Vol.42(6), pp.761-781, 2012.
48. H. Takabatake: "Effects of dead loads on dynamic analyses of beams subject to moving loads", Earthquake and Structures, Vol.5 (5), pp.589-605, 2013.

著者略歴

髙畠 秀雄（金沢工業大学 教授、地域防災環境科学研究所 顧問）
（たかばたけ ひでお）

最終学歴： 京都大学大学院
職歴： 金沢工業大学 講師、助教授を経て教授
同大学附置研究所 地域防災環境科学研究所 所長を経て顧問兼任 現在に至る
学位： 工学博士
専門： 建築構造解析、耐震構造 他
論文等： 国際的 Journal に論文多数
1996～1997 年 日本建築学会理事 他
著書
「南海トラフ巨大地震の防災対策」鹿島出版会、2014 年
「再考 日本流ものづくり」鹿島出版会、2015 年
「超高層ビルの簡易動的設計法」鹿島出版会、2016 年
H. Takabatake, Simplified Analytical Methods of Elastic Plates, Springer, 2018
（以下分担執筆）
「骨組構造解析法要覧（成岡昌夫・中村恒善 編）」培風館、1976 年
　　第 17 章　棒材理論の基本的仮定および基礎式、pp. 352-378
「建築における計算応用力学の進展（応用力学シリーズ 9）」日本建築学会、2001 年
　　第 5 章　床スラブの簡易解析法、pp. 113-139
「最近の建築構造解析理論の基礎と応用（応用力学シリーズ 11）」日本建築学会、2004 年
　　第 6 章　棒材理論による高層ビルの簡易解析法、pp. 145-184
Advances in VIBRATION ENGINEERING and STRUCTURAL DYNAMICS, INTECH, 2012
H. Takabatake, Chapter 10, "A simplified analytical method for high-rise buildings", pp.235-283
Tall Buildings: Design Advances for Construction, Edited by J. W. Bull, Saxe-Coburg Publications, 2014
H. Takabatake, T. Nonaka; Chapter 5, "Earthquake damage identification of steel mega structures," pp.115-142

建築設計のための構造力学
建築構造技術の基礎

2018 年 3 月 20 日　第 1 刷発行

著　者　髙畠 秀雄

発行者　坪内 文生

発行所　鹿島出版会
　　　　104-0028　東京都中央区八重洲 2 丁目 5 番 14 号
　　　　Tel. 03（6202）5200　振替 00160-2-180883

落丁・乱丁本はお取替えいたします。
本書の無断複製(コピー)は著作権法上での例外を除き禁じられています。
また、代行業者等に依頼してスキャンやデジタル化することは、たとえ
個人や家庭内の利用を目的とする場合でも著作権法違反です。

装幀：石原 亮　　DTP：エムツークリエイト　　印刷・製本：壮光舎印刷
© Hideo TAKABATAKE, 2018
ISBN 978-4-306-03385-6　C3052　Printed in Japan

本書の内容に関するご意見・ご感想は下記までお寄せください。
URL：http://www.kajima-publishing.co.jp
E-mail：info@kajima-publishing.co.jp